全国高等教育自学考试指定教材
计算机网络专业（独立本科段）

互联网及其应用

（含：互联网及其应用自学考试大纲）
（2011年版）

全国高等教育自学考试指导委员会 组编
主　编　贾卓生
参　编　唐　宏　王　锋　魏慧琴

机械工业出版社

本书根据全国高等教育自学考试计算机网络专业（独立本科段）《互联网及其应用考试大纲》的内容编写，可作为参加该课程自学考试人员的学习用书。本书共7章。第1章讲解了互联网的基本概念和发展历史；第2章讲解了互联网技术，包括IP地址和TCP/IP协议、IPv6基础知识等；第3章讲解了网络技术基础，包括互联网的网络设计、安装、配置、连通方法，以及虚拟专用网络技术；第4章讲解了网络应用技术；第5章讲解了网络应用制作技术；第6章讲解了常用服务器的安装及配置；第7章讲解了计算机网络安全及管理技术。

本书在内容上力求做到概念清楚、范围适当、方法实用。

图书在版编目（CIP）数据

互联网及其应用/贾卓生主编 . —北京：机械工业出版社，2011.4
（2022.7 重印）
全国高等教育自学考试指定教材·计算机网络专业·独立本科段
ISBN 978 - 7 - 111 - 33749 - 2

Ⅰ.①互… Ⅱ.①贾… Ⅲ.①互联网络 – 高等教育 – 自学考试 – 自学参考资料 Ⅳ.①TP393.4

中国版本图书馆 CIP 数据核字（2011）第 041556 号

机械工业出版社（北京市百万庄大街22号 邮政编码100037）
责任编辑：赵 轩 责任校对：刘秀丽
北京机工印刷厂印刷
2022 年 7 月第 1 版·第 13 次印刷
184mm×260mm · 17.5 印张 · 418 千字
标准书号：ISBN 978 - 7 - 111 - 33749 - 2
定价：45.00 元

电话服务　　　　　　　　网络服务
客服电话：010 - 88361066　　机 工 官 网：www.cmpbook.com
　　　　　010 - 88379833　　机 工 官 博：weibo.com/cmp1952
　　　　　010 - 68326294　　金 书 网：www.golden-book.com
封底无防伪标均为盗版　　机工教育服务网：www.cmpedu.com

组编前言

21世纪是一个变幻难测的世纪，是一个催人奋进的时代，科学技术飞速发展，知识更替日新月异。希望、困惑、机遇、挑战随时随地都有可能出现在每一个社会成员的生活之中。抓住机遇，寻求发展，迎接挑战，适应变化的制胜法宝就是学习——依靠自己学习，终生学习。

作为我国高等教育组成部分的自学考试，其职责就是在高等教育这个水平上倡导自学、鼓励自学、帮助自学、推动自学，为每一个自学者铺就成才之路。组织编写供读者学习的教材就是履行这个职责的重要环节。毫无疑问，这种教材应当适合自学，应当有利于学习者掌握、了解新知识、新信息，有利于学习者增强创新意识、培养实践能力、形成自学能力，也有利于学习者学以致用、解决实际工作中所遇到的问题。具有如此特点的书，我们虽然沿用了"教材"这个概念，但它与那种仅供教师讲、学生听，教师不讲、学生不懂，以"教"为中心的教科书相比，已经在内容安排、编写体例、行文风格等方面都大不相同了。希望读者对此有所了解，以便从一开始就树立起依靠自己学习的坚定信念，不断探索适合自己的学习方法，充分利用已有的知识基础和实际工作经验，最大限度地发挥自己的潜能，以达到学习的目标。

欢迎读者提出意见和建议。

祝每一位读者自学成功！

全国高等教育自学考试指导委员会
2010年11月

编者的话

本书根据全国高等教育自学考试计算机网络专业（独立本科段）《互联网及其应用考试大纲》的内容编写，可作为参加该课程自学考试人员的学习用书。根据全国高等教育自学考试指导委员会对自学教材的要求，本书在内容上力求做到概念清楚、范围适当、方法实用。

本书是2000年编写的全国高等教育自学辅导教材《互联网及其应用》的修改再版。互联网及其应用是当今信息技术的重要组成部分，作为信息高速公路的基础设施之一，它的影响不仅涉及从事计算机的专职人员，而且已经渗透到社会经济、政治、文化及教育等各界人员，甚至是普通的居民百姓。互联网的概念和各类应用技术，不仅是专业人员应掌握的知识，而且也是广大科技工作者和政府机构人员，以至每位知识公民的必备基础知识。因此，本书既注意了希望通过全国高等教育自学考试获得计算机网络专业技术资格的人员的需要，也照顾了仅以应用互联网为目的的广大实际操作者的要求。

本书共7章。第1章讲解了互联网的基本概念和发展历史，该章使读者对互联网概况有了全面了解；第2章讲解了互联网技术，包括IP地址和TCP/IP协议、IPv6基础知识，以及接入互联网的方法和通信软件的参数配置；第3章讲解了网络技术基础知识，包括互联网的网络设计、安装、配置、连通方法，以及虚拟专用网络技术，这部分内容是网络管理人员所必须了解的；第4章讲解了网络应用技术；第5章讲解了网络应用制作技术，主要介绍了HTML页面制作技术，以及XML、Java的一般概念；第6章讲解了常用服务器的安装及配置；第7章讲解了计算机网络安全及管理技术。

本书由贾卓生主编。参加本书编写的人员还有北京交通大学信息中心的王锋、唐宏高级工程师，以及计算机与信息技术学院的魏慧琴副教授。其中，贾卓生编写了第1章和第3章，王锋编写第2章和第7章，唐宏编写了第4章和第5章，魏慧琴编写了第6章。由于时间仓促，加上编者的水平和经验有限，书中难免有不妥之处，恳请广大读者对本书的内容及写作提出宝贵的意见，以便再版时作进一步完善及改进。

编　者
2011年1月

目 录

组编前言
编者的话
互联网及其应用自学考试大纲

第1章 互联网概述 23
- 1.1 互联网的基本概念 25
- 1.2 互联网的发展历史 25
- 1.3 我国互联网的建设与发展 26
  - 1.3.1 我国互联网的建设与发展大事记 26
  - 1.3.2 我国互联网的现状 27
  - 1.3.3 我国互联网的发展重点 30
  - 1.3.4 互联网的未来 31
- 1.4 互联网的体系结构 32
  - 1.4.1 互联网的定义 32
  - 1.4.2 互联网的组成 32
  - 1.4.3 互联网的网络体系结构 34
  - 1.4.4 互联网的工作方式 34
  - 1.4.5 互联网的拓扑结构 35
  - 1.4.6 网络互连 36
  - 1.4.7 互联网的主要性能指标 38
- 1.5 Intranet的基本概念 40
  - 1.5.1 Intranet的定义 40
  - 1.5.2 Intranet的特点 40
  - 1.5.3 Intranet的应用 40
- 1.6 互联网的应用 40
- 1.7 下一代互联网的特点与发展 44
  - 1.7.1 下一代互联网的特点 44
  - 1.7.2 下一代互联网的发展 45
- 1.8 习题 46

第2章 互联网技术 49
- 2.1 互联网的基本技术 51
  - 2.1.1 互联网的结构 51
  - 2.1.2 TCP/IP协议 52
  - 2.1.3 IP地址 55
  - 2.1.4 域名 58
  - 2.1.5 网络地址翻译技术 60
  - 2.1.6 动态主机配置协议 62
  - 2.1.7 IP组播技术 63
  - 2.1.8 IP安全性 64
- 2.2 IPv6基础知识 65
  - 2.2.1 IPv6的新特性 65
  - 2.2.2 IPv6地址 66
  - 2.2.3 邻居发现 69
  - 2.2.4 地址自动配置 71
  - 2.2.5 IPv4向IPv6的过渡 72
- 2.3 接入互联网 73
  - 2.3.1 窄带拨号方式 73
  - 2.3.2 准宽带方式 76
  - 2.3.3 宽带方式 77
  - 2.3.4 3G无线上网 79
- 2.4 习题 80

第3章 网络技术基础 83
- 3.1 网络互连与实现技术 85
  - 3.1.1 网络互连技术 85
  - 3.1.2 中继器 86
  - 3.1.3 网桥 86
  - 3.1.4 路由器 87
  - 3.1.5 网关 87
  - 3.1.6 防火墙 88
  - 3.1.7 缓冲器 88
  - 3.1.8 网络互连实例 88
- 3.2 交换式局域网 89
  - 3.2.1 交换的基本概念 90
  - 3.2.2 交换的实现方法 90
  - 3.2.3 三层交换技术 91
  - 3.2.4 高层交换技术 91
- 3.3 虚拟局域网技术 92
- 3.4 虚拟专用网络 94
- 3.5 习题 95

第4章 网络应用技术 97
- 4.1 WWW浏览器 99
  - 4.1.1 相关概念 99
  - 4.1.2 WWW浏览器的使用 100
  - 4.1.3 搜索功能 101

4.2 电子邮件 …………………………… 102	4.11 习题 ……………………………… 144
4.2.1 电子邮件的基本概念 ………… 102	**第 5 章 网络应用制作技术** …………… 145
4.2.2 Outlook Express 的使用 ……… 103	5.1 HTML 语言简介 …………………… 147
4.2.3 Foxmail 的使用 ……………… 107	5.1.1 HTML 介绍 …………………… 147
4.2.4 Web Mail 的使用 ……………… 110	5.1.2 HTML 语言 …………………… 147
4.3 远程登录 ………………………… 111	5.2 Web 页面设计 ……………………… 151
4.3.1 远程登录的基本概念 …………… 111	5.2.1 网页设计的原则 ………………… 151
4.3.2 Telnet 的使用方法 …………… 111	5.2.2 网页设计的方法 ………………… 152
4.4 文件传输 ………………………… 112	5.2.3 Dreamweaver 的使用 …………… 152
4.4.1 FTP 的基本概念 ……………… 113	5.2.4 Flash 的使用 …………………… 156
4.4.2 FTP 的常用命令 ……………… 113	5.2.5 网页的浏览 …………………… 160
4.4.3 IE 下的 FTP …………………… 115	5.3 JavaScript 语言 …………………… 160
4.4.4 LeapFTP 的使用 ……………… 116	5.3.1 JavaScript 介绍 ………………… 160
4.4.5 NetAnts 的使用 ……………… 116	5.3.2 JavaScript 的引入 ……………… 161
4.4.6 BT 的使用 …………………… 118	5.3.3 基本数据结构 ………………… 162
4.4.7 迅雷的使用 …………………… 120	5.3.4 事件驱动及事件处理 …………… 163
4.5 网络新闻组 ……………………… 122	5.3.5 基于对象的 JavaScript 语言 …… 164
4.5.1 网络新闻组分类 ……………… 122	5.4 XML ……………………………… 165
4.5.2 News 新闻组的配置 …………… 122	5.4.1 XML 介绍 …………………… 165
4.6 网络社区 ………………………… 124	5.4.2 XML 文档结构 ………………… 166
4.6.1 网络社区的类型 ……………… 124	5.4.3 XML 语法 …………………… 168
4.6.2 电子公告板 …………………… 124	5.4.4 XSL 介绍 …………………… 169
4.6.3 博客 ………………………… 127	5.5 动态页面技术 ……………………… 171
4.7 多媒体应用 ……………………… 128	5.5.1 Web 数据库 …………………… 171
4.7.1 音/视频加工处理和编码 ……… 128	5.5.2 ASP 介绍 …………………… 174
4.7.2 网络电话 ……………………… 129	5.5.3 PHP 介绍 …………………… 179
4.7.3 网络传真 ……………………… 129	5.5.4 JSP 介绍 …………………… 181
4.7.4 网络电视会议 ………………… 130	5.6 习题 ……………………………… 183
4.7.5 视频点播和广播 ……………… 130	**第 6 章 常用服务器的安装与配置** …… 185
4.7.6 网络游戏 …………………… 131	6.1 域名服务器 ……………………… 187
4.8 互联网即时通信 ………………… 131	6.1.1 域名服务系统 ………………… 187
4.8.1 MSN ………………………… 131	6.1.2 域名服务器和解析器 …………… 188
4.8.2 QQ …………………………… 134	6.1.3 Linux 下 DNS 服务器的配置 …… 190
4.9 电子商务 ………………………… 136	6.1.4 Windows 2003 下 DNS 服务器
4.9.1 电子商务的平台 ……………… 137	的配置 ………………………… 193
4.9.2 电子商务的支付 ……………… 137	6.2 电子邮件服务器 …………………… 197
4.9.3 电子商务的交易过程和基本	6.2.1 Linux 系统的邮件服务器 ……… 197
程序 ………………………… 138	6.2.2 在 Windows 2003 上建立电子邮件
4.9.4 网上银行 …………………… 141	系统 ………………………… 199
4.10 网络打印 ………………………… 141	6.3 文件传输服务器 …………………… 202
4.10.1 网络打印的途径 ……………… 141	6.3.1 FTP 服务器介绍 ……………… 202
4.10.2 打印机的共享 ………………… 142	6.3.2 Linux 下的 FTP 服务器 ………… 203
4.10.3 网络打印机的设置 …………… 143	6.3.3 Microsoft IIS FTP 服务器 ……… 205

- 6.4 电子公告板服务器 …………… 206
  - 6.4.1 BBS 系统的安装 …………… 206
  - 6.4.2 BBS 的管理 …………………… 208
- 6.5 WWW 服务器 …………………… 210
  - 6.5.1 Linux 下 WWW 服务器的安装 ………………………… 210
  - 6.5.2 Windows 2003 下 WWW 服务器的安装 …………………… 214
  - 6.5.3 WWW 服务器的运行和维护 … 216
- 6.6 动态主机配置服务 ……………… 217
  - 6.6.1 DHCP 的实现机理 …………… 217
  - 6.6.2 DHCP 服务器的配置 ………… 218
  - 6.6.3 DHCP 的不足 ………………… 221
- 6.7 代理服务器 ……………………… 221
  - 6.7.1 代理服务器配置局域网 TCP/IP 协议参数 ……………………… 221
  - 6.7.2 代理服务器软件的安装与设置 ……………………………… 222
  - 6.7.3 客户计算机使用代理的设置 … 225
- 6.8 视频点播服务器 ………………… 225
  - 6.8.1 搭建视频点播服务器 ………… 226
  - 6.8.2 管理和配置 …………………… 226
  - 6.8.3 访问视频服务器资源 ………… 227
- 6.9 习题 ……………………………… 228

第 7 章 计算机网络安全及管理技术 ……………………………… 229

- 7.1 计算机网络安全 ………………… 231
  - 7.1.1 网络系统安全介绍 …………… 231
  - 7.1.2 信息安全技术 ………………… 234
  - 7.1.3 网络攻击与网络病毒 ………… 240
  - 7.1.4 网络安全设施 ………………… 242
  - 7.1.5 安全接入技术 ………………… 246
  - 7.1.6 网络系统可靠性 ……………… 250
- 7.2 网络管理 ………………………… 252
  - 7.2.1 计算机网络管理介绍 ………… 253
  - 7.2.2 简单网络管理协议 …………… 254
  - 7.2.3 远程监控 ……………………… 260
  - 7.2.4 计算机网络管理的实施 ……… 261
  - 7.2.5 计算机网络管理的发展趋势 … 262
- 7.3 网络热点技术 …………………… 262
  - 7.3.1 目录服务 ……………………… 262
  - 7.3.2 负载均衡 ……………………… 266
- 7.4 习题 ……………………………… 269

互联网及其应用
自学考试大纲

全国高等教育自学考试指导委员会制定

出 版 前 言

为了适应社会主义现代化建设事业的需要，鼓励自学成才，我国在 20 世纪 80 年代初建立了高等教育自学考试制度。高等教育自学考试是个人自学，社会助学和国家考试相结合的一种高等教育形式。应考者通过规定的专业课程考试并经思想品德鉴定达到毕业要求的，可获得毕业证书；国家承认学历并按照规定享有与普通高等学校毕业生同等的有关待遇。经过近 30 年的发展，高等教育自学考试为国家培养造就了大批专门人才。

课程自学考试大纲是国家规范自学者学习范围、要求和考试标准的文件。它是按照专业考试计划的要求，具体指导个人自学、社会助学、国家考试、编写教材及自学辅导书的依据。

为更新教育观念，深化教学内容方式、考试制度、质量评价制度改革，更好地提高自学考试人才培养的质量，全国考委各专业委员会按照专业考试计划的要求，组织编写了课程自学考试大纲。

新编写的大纲，在层次上，专科参照一般普通高校专科或高职院校的水平，本科参照一般普通高校本科水平；在内容上，力图反映学科的发展变化以及自然科学和社会科学近年来研究的成果。

全国考委电子电工与信息类专业委员会参照普通高等学校互联网及其应用课程的教学基本要求，结合自学考试计算机网络专业（独立本科段）的实际情况，组织编写的《互联网及其应用自学考试大纲》，经教育部批准，现颁发施行。各地教育部门、考试机构应认真贯彻执行。

全国高等教育自学考试指导委员会
2010 年 12 月

目 录

出版前言
一、课程性质与课程目标 ··· 4
   （一）课程性质和特点 ··· 4
   （二）课程目标 ··· 4
   （三）本课程与相关课程的联系 ··· 4
二、课程内容与考核目标 ··· 4
   第 1 章　互联网概述 ··· 4
   第 2 章　互联网技术 ··· 6
   第 3 章　网络技术基础 ··· 7
   第 4 章　网络应用技术 ··· 8
   第 5 章　网络应用制作技术 ··· 10
   第 6 章　常用服务器的安装与配置 ······································· 11
   第 7 章　计算机网络安全及管理技术 ····································· 12
三、有关说明与实施要求 ··· 13
   （一）关于考核要求中 4 个能力层次的说明 ······························· 13
   （二）关于自学教材 ··· 13
   （三）自学方法的指导 ··· 13
   （四）学时分配 ··· 14
   （五）对社会助学的要求 ··· 14
   （六）关于命题与考试的若干规定 ······································· 14
附录 ·· 15
   附录 A　参考样卷 ·· 15
   附录 B　参考样卷答案 ·· 18
后记 ·· 21

一、课程性质与课程目标

（一）课程性质和特点

本课程是全国高等教育自学考试计算机网络专业（独立本科段）的一门专业基础课，并可作为其他专业的选修课程。其设置目的在于使自学考生通过学习本课程，能够掌握互联网络的基本概念和基本知识，以及互联网的应用，学会如何构建和使用互联网，使考生在实际工作中能够熟练设置和使用互联网络。

本课程是从互联网的基本概念出发，言简意赅、循序渐进地介绍了互联网的构成、主要应用、网络互连、网络安全与可靠、网络服务器的安装与设置、主页设计与开发等，基本上覆盖了互联网的主要技术知识。通过独立本科段的学习，要求同学们能熟练地操作和使用互联网。重点掌握互联网的体系结构、互联网的应用、TCP/IP、下一代互联网技术、互联网常用服务器的安装和设置、网络互连知识、网络安全和管理、主页制作与开发等。

在学习本课程时，要求同学们应具备的知识基础包括计算机基础操作知识、计算机网络的基本知识。

（二）课程目标

课程的总目标是：培养考生掌握互联网所需的基本理论、基本方法、基本技术及其应用能力，具有分析和解决互联网建设中有关网络应用问题的初步能力。通过课程学习，要求考生：

1）了解掌握互联网的基本概念和发展历史，并对互联网有一个全面的概况了解。

2）了解互联网的网络体系结构、互联网的模型、设备和软件体系，以及各种互联网入网的用户接入方法和配置。

3）熟练掌握互联网应用技术，学会使用各种网络应用的方法。

4）掌握互联网网络的设计、安装、配置以及连通方法，互联网常用服务器的安装及配置，网络的安全和管理措施。

5）掌握网页制作技术，包括 HTML 页面制作技术，以及 XML、Java 的一般概念。

6）了解互联网的安全、防火墙、网络管理的协议和功能以及网络热点技术；熟悉网络安全和网络管理技术。

7）通过案例，熟练掌握主要互联网应用的使用、安装和配置。

（三）本课程与相关课程的联系

本课程要求考生学习前应该先修"计算机应用技术"、"计算机网络基本原理"两门课程。

二、课程内容与考核目标

第1章 互联网概述

（一）考核内容

1. 互联网的定义

2. 互联网的起源和发展过程
3. 我国互联网的建设与发展
4. 互联网的一般结构
5. Intranet 网络
6. 互联网的应用
7. 下一代互联网的基本概念

（二）学习目的和要求

通过对本章的学习，读者知道什么是互联网，了解互联网的由来、现状与发展过程，掌握互联网的体系结构和互联网在我国的基本情况，认识互联网的基本应用范围和作用以及 Intranet 的基本概念，掌握互联网的主要应用，认识下一代互联网的基本概念。

本章重点为互联网的概念和互联网的体系结构。

（三）考核知识点与考核要求

1）互联网的定义，要求达到识记层次。
①识记互联网的定义。
②识记互联网的基本概念。

2）互联网的起源和发展过程，要求达到识记层次。
①识记互联网的发展历史。
②识记互联网的起源和目前的现状。

3）我国互联网的建设与发展，要求达到识记层次。
①能说出我国互联网建设结构和 10 大主要网络。
②能说出 NCFC、CERNET、CHINANET 的组成。
③识记主干网、园区网的主要指标和涉及范围。
④识记研究和使用互联网的重要意义。
⑤识记互联网与传统通信网的互连关系。
⑥识记互联网未来的发展。

4）互联网的一般结构，要求达到领会层次。
①领会互联网的体系结构。
②领会互联网的定义。
③熟知互联网的组成。
④领会网络间的互连。
⑤熟知互联网的主要性能指标。
⑥领会应用 TCP/IP 技术实现网络互连。
⑦熟知使用中间计算机实现网关的功能。

5）Intranet 网络，要求达到领会层次。
①领会 Intranet 网络的基本概念。
②熟知 Intranet 网络的应用特点与运行机制。

6）互联网的应用，要求达到领会层次。
①熟悉 WWW、电子邮件、远程登录、文件传输、网络社区、新闻组、即时通信、电子商务、网络多媒体的基本概念。

②领会 WWW、电子邮件、远程登录、文件传输、网络社区、新闻组、即时通信、电子商务、网络多媒体的作用和应用环境。

7）下一代互联网的基本概念，要求达到领会层次。

①领会下一代互联网的基本概念。

②熟知下一代互联网的特点。

③领会下一代互联网的发展。

第 2 章 互联网技术

（一）考核内容

1. 互联网的基本技术
2. IPv6 基础知识
3. 接入互联网

（二）学习目的和要求

通过对本章的学习，读者了解与互联网有关的网络通信协议的基础知识，包括 OSI 七层参考模型、TCP/IP、IP 地址和 NAT、DHCP、IP 组播等。掌握 IPv6 的基本知识、主机地址和域名的基本概念、接入互联网的方法等。

重点掌握 TCP/IP 协议、主机地址和域名、IPv6 的工作原理、接入互联网的方法。

（三）考核知识点与考核要求

1）互联网的网络通信协议，要求达到领会层次。

①综合应用 TCP/IP 协议，TCP/IP 协议的基本概念，TCP/IP 协议簇与 OSI 参考模型间的对应关系。

②领会地址转换协议与反向地址转换协议、TCP 和 UDP、TCP/IP 与高层协议的连接。

③熟悉网络地址翻译（NAT）技术。

④熟悉动态主机配置协议（DHCP）的概念。

⑤领会 IP 组播和 IP 安全的原理。

2）地址与域名，要求达到领会层次。

①熟知 IP 地址、IP 地址原理、IP 分组格式。

②领会 IP 地址在互联网中的表示形式。

③领会 DNS 域名系统。

④领会域名的基本概念、域名与 IP 的对应关系。

⑤领会域名系统的建立方法。

⑥领会在互联网中主机的基本概念。

⑦领会域名与主机名的关系。

3）IPv6 基础知识，要求达到领会层次。

①领会 IPv6 的新特征。

②熟悉 IPv6 地址的原理、邻居发现机制。

③熟悉 IPv6 地址自动配置技术。

④领会 IPv4 向 IPv6 过渡的技术。

4）接入互联网的方法，要求达到简单应用层次。
①识记电话拨号、专线和以太网3种入网方式的基本概念。
②简单应用主要的硬件设备：PC、MODEM、电话线和RS-232电缆等设备。
③简单应用窄带拨号接入方式软件操作。
④简单应用宽带和准宽带接入方式软件操作。
⑤简单应用3G无线接入方式软件操作。

第3章　网络技术基础

（一）考核内容
1. 网络互连与实现技术
2. 交换式局域网
3. 虚拟局域网技术
4. 虚拟专用网络

（二）学习目的和要求
通过对本章的学习，读者了解如何对互联网进行规划和设计，了解和选择网络互连设备的作用和实现技术，掌握交换式局域网的实现方式，了解虚拟网络和虚拟专用网的技术。
重点掌握网络互连设备的作用和互联技术。

（三）考核知识点与考核要求
1）网络互连软硬件设备，要求达到领会层次。
①领会中继器的工作原理、功能。
②领会中继器在网络中的作用以及使用方法。
③领会网桥的工作原理、功能。
④领会网桥在网络中的作用以及使用方法。
⑤熟悉路由器的工作原理、功能。
⑥领会路由器在网络中的作用以及使用方法。
⑦领会网关的工作原理、功能。
⑧领会网关在网络中的作用以及使用方法。
⑨领会防火墙的工作原理、功能。
⑩领会防火墙在网络中的作用以及使用方法。
⑪领会缓冲器的工作原理、功能。
⑫领会缓冲器在网络中的作用以及使用方法。
⑬网络互连实例能够简单应用。
2）交换式局域网，要求达到领会层次。
①熟悉交换机的基本概念。
②领会交换机的实现方式。
③熟悉三层交换技术。
④领会三层以上交换技术。
3）虚拟网络技术，要求达到领会层次。
①领会虚拟网络（VLAN）的实现与性能。

②了解 VLAN 间的通信方式。
4）虚拟专用网技术，要求达到领会层次。
①领会虚拟专用网（VPN）的功能、协议、实现技术。
②了解 VPN 的网络安全。

第 4 章　网络应用技术

（一）考核内容

1. WWW 浏览
2. 电子邮件
3. 远程登录
4. 文件传输
5. 网络新闻组
6. 网络社区
7. 多媒体应用
8. 互联网即时通信
9. 电子商务
10. 网络打印

（二）学习目的和要求

通过对本章的学习，读者应熟练掌握网络常用的原理、功能和操作，并能简单配置这些应用的系统参数，了解网络社区、电子商务、多媒体应用等原理。

重点掌握电子邮件、文件传输、WWW 浏览、远程登录、即时通信。难点在于各种应用的网络参数配置。

（三）考核知识点与考核要求

1）WWW 浏览，要求达到综合应用层次。
①领会 WWW 的定义，网页与链接的含义。
②领会 WWW 的主要特点、统一资源定位器（URL）、HTTP。
③综合应用 IE 浏览器的参数设置、功能和使用方法（实验一）。
④综合应用搜索引擎的使用方法。

2）电子邮件，要求达到综合应用层次。
①识记电子邮件的定义。
②领会简单函件传输协议（SMTP）的工作原理。
③领会 POP3 的概念及其相互关系。
④领会电子邮件的地址、收件人，抄送和密件抄送的区别。
⑤熟知常用的电子邮件应用程序设置参数。
⑥综合应用 Outlook Express、Foxmail 或 Web Mail 接收、发送、转发、回复电子邮件（实验二）。

3）远程注册，要求达到综合应用层次。
①领会远程注册的含义、命令格式及相应功能。
②熟悉 Telnet 协议。

③综合应用 Telnet 的使用。

4）文件传输，要求达到综合应用层次。

①熟知上传和下载的含义、命令格式及相应意义。

②领会文件传输的协议、匿名服务、文本文件和二进制文件的传输。

③综合应用非命令方式的应用程序的操作。

④学会使用 IE、LeapFTP 获取文件传输的方法。

⑤综合应用 NetAnts、BT、迅雷下载共享文件（实验三）。

5）网络新闻组，要求达到综合应用层次。

①能够说出网络新闻组的概念及功能，新闻组的分类。

②领会 News 的功能配置。

③领会参加和取消新闻组的方法。

④简单应用建立新的专题组的方法，学会通过电子邮件参加和获取新闻组的方法。

6）网络社区，要求达到综合应用层次。

①熟悉网络社区的类型。

②熟悉电子公告板的含义和主要功能。

③了解常用的 BBS 软件的共同点和区别。

④综合应用网络社区，熟悉博客的功能，能够在博客网站开通自己的博客，学会注册、阅读、发表文章的方法（实验四）。

7）多媒体应用，要求达到领会层次。

①领会音视频加工处理及编码原理。

②领会网络电话的概念、常用软件、网上传真的含义。

③领会网络电话的功能，通信条件，白板的概念和使用，网络电视会议的特点、功能和硬件环境。

④了解网络视频会议的概念。

⑤学会音视频点播和广播的使用。

⑥领会网上音乐的模式，电影文件的常用格式，网络游戏的含义。

⑦领会在网上听音乐、看电影、玩游戏的方法。

8）互联网网络即时通信工具 MSN 和 QQ，要求达到简单应用层次。

①了解 MSN 和 QQ 的功能。

②识记 MSN 和 QQ 的工作原理。

③简单应用即时通信工具，学会常用 MSN 和 QQ 软件的使用方法（实验五）。

9）电子商务，要求达到综合应用层次。

①识记电子商务的基本概念、功能和实现方法。

②领会网络安全措施。

③综合应用电子商务，学会使用网上银行、网上商场、网上购物。

10）网络打印，要求达到简单应用层次。

①识记网络打印的途径和设置。

②简单应用网络共享打印。

第5章 网络应用制作技术

（一）考核内容
1. HTML 语言简介
2. Web 页面设计
3. JavaScript 语言
4. XML 语言
5. 动态页面技术

（二）学习目的和要求

通过对本章的学习，读者应了解网络主页的基本构成和使用的技术，明确各种主页制作语言的功能和实现方法，掌握 HTML 语言的基本结构、JavaScript 语言的初步基础、XML 语言的基本功能，能够使用网页创作工具制出网页。学会在网络环境下分布式数据库系统和客户服务体系的构造方法及技术。

重点掌握 HTML 语言以及利用网页创作工具制作网页。

（三）考核知识点与考核要求

1）HTML 语言简介，要求达到综合应用层次。
①熟知 HTML 语言和 HTML 基本语法。
②领会 HTML 高级语法和动态 HTML。
③综合应用 HTML 语言各种语法的应用编程。

2）Web 页面设计，要求达到综合应用层次。
①领会网页设计原则和网页设计方法。
②学会网页设计工具的使用方法。
③熟练掌握网页的制作技术和方法。
④综合应用 Web 页面设计工具，能够使用 Dreamweaver 和 Flash 等工具制作主页（实验六）。

3）JavaScript 语言，要求达到简单应用层次。
①识记 JavaScript 语言的发展，JavaScript 语言的特点及其功能。
②领会 JavaScript 程序的分类和基本语法。
③能够在主页中简单应用 JavaScript 语言创建动态内容。

4）XML 语言，要求达到简单应用层次。
①说出 XML 语言的定义、功能和语法。
②领会 XML 语言的文档结构。
③能够在主页中简单应用 XML 语言。

5）动态页面技术，要求达到简单应用层次。
①熟知分布式数据库系统的定义和开发规范，客户服务系统结构。
②领会网络环境下分布式数据库的开发、发布技术和方法。
③了解 ASP 的特色、简单应用运行环境和数据库访问方法。
④了解 PHP 的特色、简单应用运行环境和数据库访问方法。
⑤了解 JSP 的特色、简单应用运行环境和数据库访问方法。

第6章 常用服务器的安装与配置

（一）考核内容

1. 域名服务器
2. 电子邮件服务器
3. 文件传输服务器
4. 电子公告板服务器
5. WWW 服务器
6. 动态主机配置服务
7. 代理服务器
8. 视频点播服务器

（二）学习目的和要求

通过对本章的学习，读者能够掌握 Internet/Intranet 网上常见的应用服务器的安装和配置，这些服务器包括域名服务 DNS、电子邮件服务 E-mail、文件传输服务（FTP）、WWW 服务、电子公告板（BBS）系统、动态主机配置服务、代理服务、视频点播等，并能理解各种服务器的概念、工作原理和各种参数的含义。

重点为域名服务、电子邮件、文件传输、WWW 服务器、动态主机配置服务的安装与配置。

（三）考核知识点与考核要求

1）域名服务器，要求达到简单应用层次。
①熟知域名服务的基本概念和域名服务系统。
②领会域名服务机制。
③领会域名服务器和解析器的工作原理，以及域名服务器的解析方法。
④简单应用在 UNIX 和 Windows 2003 操作系统下域名服务器的安装与配置。

2）电子邮件服务器，要求达到简单应用层次。
①领会电子邮件服务器的基本概念。
②领会电子邮件服务器的结构原理。
③简单应用在 UNIX 和 Windows 操作系统下电子邮件服务器的安装、配置和测试。
④领会 POP3 服务的安装。
⑤了解函件服务器的管理与维护：别名、队列、日志管理和权限设定。

3）文件传输服务器，要求达到简单应用层次。
①领会文件传输服务器概念、工作机制、匿名服务和文件传输服务器的目录结构。
②简单应用在 UNIX 和 Windows 操作系统下文件传输服务器的安装、建立账号、目录授权和日志管理。

4）电子公告板服务器，要求达到简单应用层次。
①识记电子公告板服务器的概念、工作机制。
②简单应用服务器的安装、账号设定、源代码的获得和编译，设置 SYSOP 权限、系统参数和功能表，建立讨论区、精华区，修改配置文件，分类使用者权限，建立附属功能（闲聊、游戏）。

5）WWW 服务器，要求达到简单应用层次。

①领会 WWW 服务器的概念和工作原理。

②简单应用 WWW 服务软件的下载、安装、配置、启动，WWW 服务器的运行和维护。

6）动态主机配置服务，要求达到简单应用层次。

①领会 DHCP 实现机制。

②简单应用配置 DHCP 服务器。

7）代理服务器，要求达到识记层次。

①识记代理服务器 TCP/IP 参数配置。

②识记代理服务器软件的安装与配置。

③识记客户端代理的设置。

8）实时音频与视频流服务器，要求达到识记层次。

①识记音频与视频流服务器的概念和工作原理。

②识记服务器的安装与配置、音视频数据的生成和管理。

第 7 章　计算机网络安全及管理技术

（一）考核内容

1. 计算机网络安全
2. 网络管理
3. 网络热点技术

（二）学习目的和要求

通过对本章的学习，读者应了解计算机网络安全和防火墙的概念，认识网络安全和防火墙技术，掌握网络管理的协议和功能，了解目录服务、负载均衡的技术和功能。

重点掌握防火墙技术和网络管理技术。

（三）考核知识点与考核要求

1）计算机网络安全和防火墙技术，要求达到领会层次。

①识记计算机网络安全基础。

②领会网络安全控制措施：物理安全、访问控制、传输安全。

③领会防火墙的基本概念，防火墙技术分类。

④领会网络黑客、网络病毒、网络垃圾。

⑤领会网络系统可靠性、系统容错与冗余设计。

⑥领会防火墙应用系统，UNIX 和 Windows 系统安全设计。

⑦领会安全接入技术。

2）网络管理，要求达到领会层次。

①识记网络管理的概念、功能。

②领会 SNMP 的操作命令，RMON 的分类。

③领会网络管理核心技术 SNMP 和 RMON，SNMP 的管理模型，RMON 的功能和实现技术。

④了解常用网络管理软件的分类和主要功能。

3）网络热点技术，要求达到识记层次。

①识记目录服务的作用和功能。
②识记负载均衡的作用和功能。

三、有关说明与实施要求

（一）关于考核要求中 4 个能力层次的说明

1）识记：要求考生能够识别和记忆本大纲规定的有关知识点的主要内容，包括概念的定义、特性（特点）和分类（如互联网的建设与发展历史、网络热点技术等）；方法、过程、技术和原则（如 JavaScript 语言的特点及功能等）等。并能够根据考核的不同要求，作出正确的表达、选择和解释。识记要求能够指出是什么。

2）领会：要求考生能够领悟和理解本大纲规定的有关知识点的内涵与外延，熟悉其内容要点和它们之间的区别与联系，如互联网的体系结构、下一代互联网的特点和发展、网络互连技术、地址和域名概念等。并能够根据考核的不同要求，作出正确的解释、说明和论述。领会要求能够回答为什么。

3）简单应用：要求考生能够简单地运用本大纲规定的知识点，分析和解决实际问题，如网络新闻组、互联网网络即时通信工具、网络打印。简单应用要求考生能够运用本课程中规定的少量知识点，分析和解决一般的应用问题，能够简单回答干什么、怎么做。

4）综合应用：要求考生能够简单或综合地运用本大纲规定的知识点，分析和解决实际问题，如 WWW 浏览、电子邮件、文件传输、网络社区、电子商务，以及 HTML 语言、网络设计等。综合应用要求考生能够运用本课程中规定的多个知识点，分析和解决复杂的应用问题，要求能够回答干什么、怎么做。

（二）关于自学教材

《互联网及其应用》，全国高等教育自学考试指导委员会组编，贾卓生主编，机械工业出版社，2011 年出版。

（三）自学方法的指导

1）本课程是一门理论与应用相结合的课程，并有较强的应用价值。考生在学习时应注意在掌握其基本原理的基础上，重点学会实际应用的操作。

2）学生要有足够的上机实习时间，练习和掌握课本中主要的应用。

3）各章学习方法：

第 1 章了解互联网的概念，了解互联网的由来、现状与发展过程，掌握互联网的组织结构和互联网在我国的基本情况，认识互联网的基本应用范围和作用以及 Intranet 的基本原理。

第 2 章了解与互联网有关的网络通信协议的基础知识。掌握主机地址和域名的基本概念，Internet/Intranet 的组成，接入互联网的方法等。拨号入网方式的基本概念，掌握硬件连接方法和支持软件的安装与参数设置。

第 3 章了解局域网的规划、设计、互连设备，掌握它们的性能、安装和参数设置方法。

第 4 章熟练掌握网络常用应用的原理、功能和操作，并能简单配置这些应用的系统参数。

第 5 章了解网络主页的基本构成和使用的技术，掌握 HTML 语言的基本结构，Java、

JavaScript、XML 语言的初步基础，分布式数据库系统和客户服务体系的构造方法及技术。

第 6 章掌握 Internet/Intranet 网上常见的应用服务器的安装和配置。

第 7 章了解计算机网络安全和防火墙的概念和技术，掌握网络管理的协议和功能。

（四）学时分配

本课程是一门专业基础课，共 5 学分，其中包括上机实习 1 学分。建议学习时数为 250 学时，建议分配学时如下：

章 次	课 程 内 容	自学时间/h
1	互联网概述	25
2	互联网技术	25
3	网络技术基础	30
4	网络应用技术	55
5	网络应用制作技术	40
6	常用服务器的安装与配置	40
7	计算机网络安全及管理技术	35

（五）对社会助学的要求

该课程要求教学助学点做到：

1）应熟知考试大纲对课程所提出的总体要求和各章知识点。

2）助学辅导应以指定教材为基础，以考试大纲为依据，不得随意增减内容。

3）辅导老师要熟悉教材，尽量通过生动的引例或实例把知识点、难点、易出错点给考生讲出来。

4）辅导老师的主要任务是给考生讲授解决问题的思路和方法。注意正确引导考生做到理论和实际相结合，帮助考生树立系统思考方式，去认识和解决互联网使用过程中所面临的各类应用问题。

5）应当采取启发式和实践型教学，鼓励考生通过网络等多种渠道学习，不断培养考生的自学能力。

（六）关于命题与考试的若干规定

1）考试方式为闭卷笔试。考试时间为 150min。评卷采用 100 分制，60 分为及格。考试时只允许携带钢笔、签字笔和铅笔，答卷规定用钢笔或签字笔完成。

2）本大纲在各章的考核要求中所列出的所有内容都是考试的内容范围。试题覆盖到各章，命题要突出重点章节，要加大重点内容的覆盖密度。

3）本课程对考核要求中不同能力层次的考试分数比例。

识记: 领会: 应用大致为 3 : 5 : 2 。

4）试题难易程度比例。

易: 较易: 较难: 难大致为 2 : 3 : 3 : 2 。

5）本课程和考试命题的主要题型一般包括：单项选择题、填空题、名词解释题、简答题、综合分析题等。

附录

附录 A 参考样卷

一、单项选择题（本大题共 20 小题，每小题 1 分，共 20 分）

在每小题列出的 4 个备选项中只有一个是符合题目要求的，请将其代码填写在题后的括号内。错选、多选或未选均不得分。

1. 网桥实现的寻址是 【　】
   A. 网络地址寻址　　　　　　　　B. MAC 地址寻址
   C. 主机地址寻址　　　　　　　　D. 端口地址寻址

2. 文件传输是指在不同的计算机系统中传输文件的过程，Internet 支持的文件传输协议是 【　】
   A. Telnet　　　　　　　　　　　B. SNMP
   C. HTTP　　　　　　　　　　　　D. FTP

3. 路由器提供子网间的路由选择，并对网络资源进行动态控制，它实现的互联层次是 【　】
   A. 物理层　　　　　　　　　　　B. 数据链路层
   C. 网络层　　　　　　　　　　　D. 传输层

4. 中继器工作于 OSI 七层参考模型的物理层，它实现的转发功能为 【　】
   A. 报文转发　　　　　　　　　　B. 分组转发
   C. 帧转发　　　　　　　　　　　D. 位转发

5. 为了解决 SLIP 协议存在的问题，Internet IETF 成立了一个组来制定点到点的数据链路协议的 Internet 标准，该标准被命名为 【　】
   A. PPP 协议　　　　　　　　　　B. NCP 协议
   C. FTP 协议　　　　　　　　　　D. UDP 协议

6. IPv6 中的 IP 地址为 【　】
   A. 32 位　　　　　　　　　　　　B. 64 位
   C. 128 位　　　　　　　　　　　D. 256 位

7. 对于 B 类 IP 地址的网络，其默认的子网掩码是 【　】
   A. 255.0.0.0　　　　　　　　　　B. 255.255.0.0
   C. 255.255.255.0　　　　　　　　D. 0.0.255.255

8. B 类 IP 地址的最高两位为 【　】
   A. 00　　　　　　　　　　　　　B. 01
   C. 10　　　　　　　　　　　　　D. 11

9. 调制解调器由调制器（Modulator）和解调器（Demodulator）两部分组成，其中解调器实现的功能是 【　】
   A. 把模拟信号转变为数字信号　　B. 把数字信号转变为模拟信号
   C. 把模拟信号转变为音频信号　　D. 把音频信号转变为模拟信号

15

10. 在双绞线网络（10Base-T）环境中，双绞线与网卡相连的接口标准是 【 】
    A. RJ-45   B. AUI
    C. BNC   D. RJ-11
11. 为了将具有大量数据传输的企业局域网与广域网相连，不宜采用的连接方式是 【 】
    A. PSTN 拨号线路   B. DDN 网
    C. 帧中继网   D. ATM 网
12. 电子邮件的邮箱地址是由一个字符串组成的，格式为××××@××××，其中@左边的部分为 【 】
    A. 主机名   B. 文件名
    C. 路径名   D. 用户名
13. 在 Internet 中发送电子邮件时使用的协议是 【 】
    A. FTP 协议   B. SNMP 协议
    C. SMTP 协议   D. Telnet 协议
14. 访问 BBS 时最受欢迎的软件是 【 】
    A. QuickTime   B. Telnet
    C. XML   D. FTP
15. 在 URL 描述格式的访问方法部分，目前大多数 Web 使用 【 】
    A. gopher   B. mailto
    C. news   D. http
16. 在 UNIX 系统与 Windows NT 系统下配置 DNS 时都要配置一种 NS 记录，该记录的功能是 【 】
    A. 指定域名服务器的 IP 地址   B. 指定域名服务器的主机名
    C. 指定域名服务器的域名到 IP 地址的映射
    D. 指定域名服务器的别名
17. 访问控制是一种重要的网络安全措施，可以通过多种技术实现，但不包括 【 】
    A. 口令   B. 网管
    C. 加密   D. 审计
18. MS-DOS 是一种较早的操作系统，其安全性较差，整个系统是不可信的。按照"橘皮书"，其安全级别属于 【 】
    A. 计算机安全最低一级   B. 自主安全保护级
    C. 受控存取保护级   D. 结构化保护级
19. <Title> 标记是一种重要的 HTML 语言标记，该标记 【 】
    A. 标记的文本显示在浏览器的提示栏
    B. 标记的文本不能建立链接
    C. 必须包含在 <Body>…</Body> 之间
    D. 必须包含在 <Head>…</Body> 之间
20. 用 HTML 制作网页时，实质上是以文本文件为基础，用一系列的标记符号描述其格式。标记名通常写在 【 】

A. ｛　｝内　　　　　　　　B. ［　］内
C. （　）内　　　　　　　　D. <　>内

二、**填空题**（本大题共 20 小题，每小题 1 分，共 20 分）

请在每小题的空格中填上正确答案。错填、不填均不得分。

21. 接入 Internet 的每一台计算机都有一个唯一的地址标识，这个标识称为_____。

22. 以一个结点为中心处理机，各种类型的入网机器均与该中心处理机有物理链路直接相连，其他结点间不能直接通信，需要中心处理机转发，这样的网络拓扑结构是_____。

23. 要在远程计算机上登录，首先要成为该系统的合法用户并有相应的账号和_____。

24. 局域网主要由工作站、_____、网卡、通信介质和网络软件组成。

25. ARP 协议采用广播消息的方法来获取网上 IP 地址对应的_____。

26. 在网络层交换的数据单元是_____。

27. 网络层接受来自数据链路层的服务，并向_____层提供服务。

28. WWW 的应用是客户/服务器方式，客户端的应用软件称为_____。

29. 通过拨号方式接入 Internet 的方式主要有两种，一种为模拟终端的方式，另一种为_____。

30. 在网卡与 HUB 相连接时，两端的 RJ-45 的线序一一对应，即网卡的发送信号线为 1、2，接收信号线为_____。

31. 根据连接 LAN 的类型不同，网桥分为 4 种类型，分别是封装网桥、转换网桥、源路由选择网桥和_____。

32. 要访问非匿名 FTP 服务器，必须先向该服务器的系统管理员申请用户名和_____。

33. URL 以一种全世界统一的唯一标识来确定某个网络资源，其描述格式分为 4 个组成部分，分别为_____、主机地址、路径名及文件名。

34. 虚拟现实是计算机模拟的三维环境，三维环境的可交互性及_____是其主要特征。

35. Web 的工作可分为 4 个基本阶段，它们是连接、请求、应答和_____。

36. 如果 UNIX 邮件服务器工作不正常，除了检查 sendmail 的配置以外，还要检查_____配置是否正确。

37. HTML 是一种计算机程序语言，专门用来编写_____。

38. DHTML 与 HTML 最主要的区别是 DHTML 的文档内容的展示方式增加了_____。

39. 网络攻击是网络安全潜在的威胁，有一些攻击者闯入计算机破坏系统和数据。通常将这种攻击者称为_____。

40. 网络的可靠性是指网络系统的_____。

三、**名词解释题**（本大题共 5 小题，每小题 3 分，共 15 分）

41. ADSL

42. 中继器（Repeater）

43. PGP（Pretty Good Privacy）技术

44. 分布式数据库

45. 域名解析器

四、简答题（本大题共 5 小题，每小题 5 分，共 25 分）

46. C 类网络为网络地址分配了 24 个二进制位，只为主机地址分配了 8 个二进制位。若主机地址的前 4 位用于划分子网，主机地址禁止使用全 0 或全 1 码，则每个子网最多还能容纳多少台主机？给出子网中主机地址段全部主机的地址码。

47. 简述在实现远程注册时，本地机上的"客户"程序需完成的主要功能。

48. 简述 XML 的工作方式。

49. 分析本题域名结构图，分别给出 www、flp、bbs、gopher、mail 的域名。

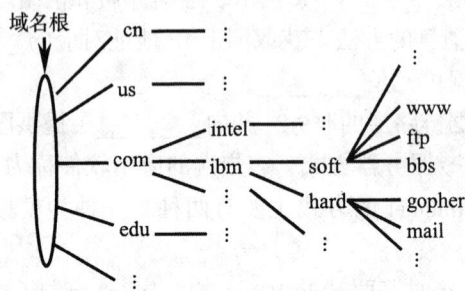

50. 单一网络过滤系统是最简单的防火墙，属于网络层防火墙，通常采用包过滤技术，逻辑结构如本题图所示。简述这种防火墙的工作原理。

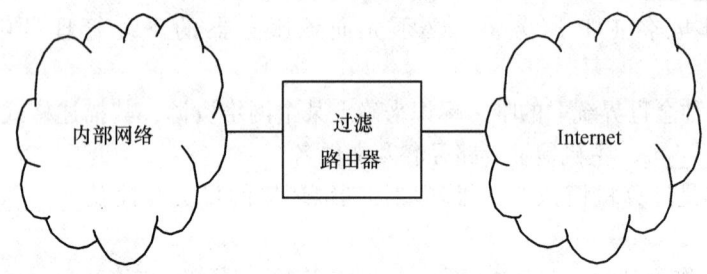

五、综合分析题（本大题共 2 小题，每小题 10 分，共 20 分）

51. 为在美国、澳大利亚都有分部的公司设计一个企业网络，使这个公司的网络不但能够内部互连，而且能够访问互联网。

52. 在 Internet 上，IP 地址是一种有限的资源，对于一个企业来说申请大量的合法 IP 地址往往是不可能的，而随着企业的发展，内部网的上网计算机数越来越多，总会出现 IP 地址不够用的问题。那么怎样解决企业内部 IP 地址不够的问题呢？

附录 B 参考样卷答案

一、单项选择题

1. B   2. D   3. C   4. D   5. A
6. C   7. B   8. C   9. A   10. A
11. A   12. D   13. C   14. B   15. D

16. B　　17. C　　18. A　　19. B　　20. D

二、填空题

21. IP 地址
22. 星形结构
23. 口令（或密码）
24. 服务器
25. MAC 地址
26. 包（或分组）
27. 传输
28. 浏览器
29. SLIP/PPP 方式
30. 3、6
31. 透明网桥
32. 口令（或密码）
33. 访问方法（或协议）
34. 实时性
35. 关闭（或结束）
36. 域名服务器
37. Web 页（或网页）
38. 动态效果
39. 网络入侵者
40. 容错能力

三、名词解释题

41. ADSL 也称为不对称数字用户服务线，它使用标准的两对电话线，特点是接收信息的速率大大高于发送信息的速率。

42. 中继器是局域网环境用来延长网络距离的互连设备，工作于 OSI 的物理层，对在线路上衰减的信号具有放大再生的功能。

43. PGP 技术是一种基于 RSA 加密技术的邮件加密技术，主要用于防止非授权者对邮件的阅读与修改，同时还能为邮件提供数字签名以保证邮件的真实性。

44. 分布式数据库是指物理上分布、逻辑上集中的数据库。

45. 域名解析器是在客户方负责查询域名服务器，解释域名服务器应答，并将查询到的有关信息返回请求的程序或用户。

四、简答题

46. 最多还能容纳 14 台主机；

全部主机地址码为：

0001，0010，0011，0100，0101，0110，0111，1000，1001，1010，1011，1100，1101，1110。

47. 本地机上的"客户"程序需完成的主要功能：

1）建立与远程服务器的 TCP 连接。

2）从键盘上接收输入的字符。

3）把输入的字符串变成标准格式并传送给远程服务器。

4）从远程服务器接收信息。

5）把该信息显示在本地机的屏幕上。

48. XML 是一种按需自定义元标注语言，提供描述不同类型数据的标准格式。当使用 XML 设计一个标记语言时，设计者必须定义一个标记集合，用来携带含义或者表示表及内容。标记、标记的内容以及结束标记合称为元素。XML 中用来设计带标记的元素是 XML 文档的构造块，这种元素可以有若干个属性，并且可以包含子元素，这些子元素可以是文本数据，也可以是带标记的元素。XML 文件由解析器来处理。一般来说，解析器分析语法、结构或者给定文件的程序。对程序语言来说，编译器的语法分析部分是解析器的一个常用例子。XML 解析器用来分析 XML 编码语法，处理 XML 数据的程序使用 XML 解析器从 XML 文档中分离和提取标记属性及元素的内容。

49. （1）www.soft.ibm.com

（2）ftp.soft.ibm.com

（3）bbs.soft.ibm.com

（4）gopher.hard.ibm.com

（5）mail.hard.ibm.com

50. 这种防火墙由"过滤路由器"根据网络层和传输层的原则对传输的信息进行过滤。通常采用包过滤技术，由路由器对网络的出入口通过的数据包进行选择，只有满足条件的数据包才允许通过，否则被抛弃而不能通过。

五、综合分析题

答案略。

后　记

　　本大纲是根据全国高等教育自学考试指导委员会电子电工与信息类专业委员会制定的《高等教育自学考试计算机网络专业（独立本科段）考试计划》和全国高等教育自学考试指导委员会《关于修订高等教育自学考试课程自学考试大纲的几点意见》的精神制定的。

　　本大纲提出初稿后，曾聘请专家通审，并由电子电工与信息类专业委员会在北京组织召开审稿会进行审稿，根据审稿会意见由编者作了修改。最后由电子电工与信息类专业委员会定稿。

　　本大纲由贾卓生高级工程师（北京交通大学）负责主编。参加审稿并提出修改意见的有马跃副教授（北京邮电大学，主审），张骏温副教授（北京交通大学）。

　　对参与本大纲编写和审稿的各位专家表示感谢。

全国高等教育自学考试指导委员会
电子电工与信息类专业委员会
2010 年 12 月

第 1 章 互联网概述

互联网是一种计算机网络的集合，以 TCP/IP（Transmission Control Protocol/Internet Protocol，传输控制协议/网际协议）进行数据通信，把世界各地的计算机网络连接在一起，实现信息交换和资源共享。

本章主要介绍互联网的基本概念，了解互联网的发展历史，了解互联网在我国的基本情况和发展。

互联网是全球最大的、开放的、由众多网络互连而成的计算机互联网。互联网可以连接各种各样的计算机系统和计算机网络，不论是微型计算机还是大/中型计算机，不论是局域网还是广域网，不管它们在什么地方，只要共同遵循 TCP/IP 协议，就可以接入互联网。互联网提供了丰富的、瞬息万变的信息资源，成为人们获取信息的一种方便、快捷、有效的手段，以及人们交流的重要途径，成为信息社会的重要支柱。

1.1 互联网的基本概念

互联网是建立在一组共同协议之上的网络设备和线路的物理集合，是一组可共享的资源集。互联网包括：基于 TCP/IP 协议的网间网；使用和开发这些网络的用户群；可以从网络上获得的资源集。

狭义的互联网是指所有采用 IP 协议的网络互连的集合，TCP/IP 协议的分组（Packet）通过路由选择实现相互传输，它也可以称为 IP Internet。

广义的互联网是指 IP 互联网加上所有能通过路由选择到达目的站的网络，包括使用电子邮件等应用层网关的网络、各种存储转发的网络，以及采用非 IP 协议的网络互连的集合。

1.2 互联网的发展历史

互联网起源于美国国防部高级研究计划局（Advanced Research Project Agency，ARPA）网。在 20 世纪 60 年代末期，美国军方出于军事需要，计划建立一个计算机网络——当该网络中的一部分被破坏时，其余网络部分会很快建立起新的联系。当时在美国的 4 个地区进行了网络互连实验，并采用 TCP/IP 协议作为基础协议。

1969～1983 年是互联网的形成阶段，主要用做网络技术的研究和试验，在部分美国大学和研究部门中运行和使用。

从 1983 年开始互联网逐步进入实用阶段，在美国和其他一部分发达国家的大学和研究部门中得到广泛使用，作为教学、科研和通信的学术网络。与此同时，世界上很多国家相继建立了本国的主干网并接入互联网，成为互联网的组成部分。

1983 年，ARPA 和美国国防部通讯局研制成功了异构网络的 TCP/IP 协议，美国加利福尼亚大学伯克利（Berkeley）分校把该协议作为美国伯克利软件发行中心（Berkeley Software Distribution，BSD）UNIX 系统的一部分，使得该协议在社会上流行起来，从而诞生了真正的互联网。

1986 年，美国国家科学基金会（National Science Foundation，NSF）利用 TCP/IP 通信协议，在 5 个科研教育服务超级电脑中心的基础上建立了 NSFnet 广域网，在全美国实现资源共享。由于美国国家科学基金会的鼓励和资助，很多大学、政府资助的研究机构甚至私营的研究机构纷纷把自己的局域网并入 NSFnet 中。如今，NSFnet 已成为互联网的重要骨干网之一。

1989 年，由 CERN 开发成功的万维网（World Wide Web，WWW），为互联网实现广域网超媒体信息截取/检索奠定了基础。从此，互联网开始进入迅速发展时期。

20 世纪 90 年代，互联网事实上已成为一个"网间网"，各个子网分别负责自己的建设和运行费用，而这些子网又通过 NSFnet 互连起来。

1993 年，美国国家超级计算机应用中心（NCSA）发表的 Mosaic 以其独特的图形用户界面（Graphical User Interfaces，GUI）赢得了人们的喜爱，紧随其后的网络浏览工具 Netscape 的发表，以及 WWW 服务器的增长，掀起了互联网应用的新高潮。

1995 年，互联网开始大规模应用在商业领域，当年美国互联网业务的总营业额为 10 亿美元。

互联网最初的宗旨是用来支持教育和科研活动，但是随着互联网规模的扩大，应用服务的发展，以及市场全球化需求的增长，1991 年互联网正式允许商业入网，开始了商业化服务。在互联网引入商业机制后，准许以商业为目的的网络接入互联网，使互联网得到了迅速发展，很快便达到了今天的规模。世界各地无数企业和个人纷纷涌入互联网，为互联网的发展带来了一个新的飞跃。

1.3 我国互联网的建设与发展

1.3.1 我国互联网的建设与发展大事记

我国于 1983 年第一次与国外通过计算机和网络进行通信，从此拉开了中国互联网建设的帷幕。

1983 年，中国高能物理研究所通过商用电话线，与欧洲原子能质子物理实验室（CERN）直接建立了电子通信连接，实现了两个结点间的电子邮件传输。

1986 年，北京计算机应用技术研究所开始与国际联网，建立了中国学术网（CANET）。

1989 年，由世界银行贷款，原国家计委、国家教委、中国科学院等配套投资，开始了中国国家计算与网络设施（NCFC）高技术信息基础设施项目的建设。

1990 年 10 月，CANET 向 InterNIC 申请注册了我国的最高域名 CN。从此，我国发出的电子邮件有了自己的域名。

1992 年，中科院网 CASNET（连接了中关村地区 30 多个研究所及三里河中科院院部）、清华大学校园网 TUNET 和北大校园网 PUNET 全部建成。

1993 年，以高速光缆和路由器组成的 NCFC 主干网建成，它将上述 3 个研究单位和院校互连起来，提供了方便快速的信息交流和学术访问。

1993 年 2 月，由原国家计委投资、教育部主持的中国教育和科研计算机网（CERNET）开始进入规划阶段，它把全国大专院校和科研机构互连起来，改善了我国的教育和科研环境，推动了教育和科研事业的发展。

1994 年，由原邮电部投资建设的中国公用计算机互联网（CHINANET）开始启动，1996 年该网经过联调测试后模拟开通，正式投入运行。

1994年6月，为了与国家信息高速公路的发展相适应，我国推出了"金桥工程"、"金关工程"和"金卡工程"的"三金工程"项目。其目的是建立一个国家公用经济信息通信网，即金桥网（GBNET）。

1997年10月，中国公用计算机互联网（CHINANET）实现了与中国其他3个互联网络，即中国科技网（CSTNET）、中国教育和科研计算机网（CERNET）、中国金桥信息网（CHINAGBN）的互连互通。

1998年6月，CERNET正式参加下一代IP协议（IPv6）试验网6BONE。

2000年7月19日，中国联通互联网（UNINET）正式开通。

2000年9月，CERNET的信息服务中心CERNIC在国内率先提供IPv6地址分配服务。

2001年12月20日，我国十大骨干互联网签署了互连互通协议，这意味着中国网民今后可以更方便、通畅地进行跨地区访问了。

2003年3月17日，我国国家顶级域名CN下正式开放二级域名注册，用户可以在顶级域名CN下直接注册二级域名，这是我国自有域名体系以来的第一次重大变化。

2003年8月，国务院正式批复启动"中国下一代互联网示范工程"（China Next Generation Internet，CNGI）。CNGI是实施我国下一代互联网发展战略的起步工程，由国家发展和改革委员会主持，中国工程院技术总协调，由国家发展和改革委员会、科技部、信息产业部、国务院信息化办公室、教育部、中国科学院、中国工程院、国家自然科学基金委员会等八部委联合领导。

2004年12月23日，我国国家顶级域名CN服务器的IPv6地址成功登录到全球域名根服务器，标志着CN域名服务器接入IPv6网络，支持IPv6网络用户的CN域名解析，这表明我国国家域名系统进入下一代互联网。

2004年12月25日，我国第一个下一代互联网示范工程（CNGI）核心网之一CERNET 2主干网正式开通。

2005年12月31日，我国CN国家域名注册量首次突破百万大关，达到1096924个。在所有亚洲国家和地区顶级域名（ccTLD）的注册量中位居第一，在全球所有国家和地区顶级域名的注册量中位居第六。

2008年6月30日，我国网民总人数达到2.53亿人，首次跃居世界第一。同年7月22日，CN域名注册量达1218.8万个，首次成为全球第一大国家顶级域名。

2010年7月15日，我国网民规模达4.2亿人，互联网普及率持续上升增至31.8%。

1.3.2 我国互联网的现状

2010年7月15日，中国互联网络信息中心（CNNIC）在北京发布了《第26次中国互联网络发展状况统计报告》，该报告显示，截至2010年6月底，我国网民规模达4.2亿人，互联网普及率持续上升增至31.8%。值得关注的是，互联网商务化程度迅速提高，全国网络购物用户达到1.4亿人，网上支付、网络购物和网上银行半年内用户增长率均在30%左右，远远超过其他类网络应用。图1-1所示为我国近几年网民规模及增长率。

手机网民成为拉动我国总体网民规模攀升的主要动力。手机网民用户达到2.77亿，在整体网民中的占比攀升至65.9%，比2009年年底增加了4334万人，增幅达18.6%。其中，大约有4914万的网民只使用手机上网，占网民总数的11.7%。移动互联网展现出了巨大的发展潜力。我国网民的互联网应用表现出商务化程度迅速提高、娱乐化倾向继续保持、沟通和信息工具价值加深的特点。

图 1-1　我国网民规模及增长率

2010 年，网络视频用户规模达到 2.65 亿，使用率从 2009 年年末的 62.6% 上升到 63.2%。虽然增幅不大，但却结束了去年网络视频用户下滑的局面，使用率开始缓慢上升。2010 年上半年，网络视频新增用户 2500 万，增幅达 10.4%。随着国家三网融合政策的部署和实施，我国网络视频也将迎来新的发展机遇：视频传输速率的提高，接入渠道的增多，将使网络视频获得更广泛的用户支持，成为大众视频消费的重要方式，快速提升网络视频的媒体价值和商业价值。

同样是网络娱乐类应用，网络文学的使用率为 44.8%，用户规模达 1.88 亿，较 2009 年底增长 15.7%，是互联网娱乐类应用中用户规模增幅最大的一项。3G 时代手机网民的增长，以及用户对无线内容的庞大需求，拉动了手机网络文学的使用率，对网络文学用户规模增长起到推动作用。

在各类互联网应用中，网络商务应用仍然受到各种安全因素的困扰。仅 2010 年上半年，就有 59.2% 的网民在使用互联网过程中遇到过病毒或木马攻击；30.9% 的网民账号或密码被盗过；电子商务网站访问者中 89.2% 的人担心假冒网站，其中，86.9% 的人表示如果无法获得该网站进一步的确认信息，将会选择退出交易。网络安全和信任问题已经成为网络商务深层次发展的最大制约因素，互联网向商务交易型应用的发展，急需建立更加可信、可靠的网络环境。

从网络基础资源状况来看，2009 年年底我国 IPv4 地址已经达到 2.3 亿，数量仅次于美国，是全球第二大 IPv4 地址拥有国。目前我国 IPv4 地址数量仍然增长迅速，年增长率为 28.2%。2009 年底域名总数为 1682 万，其中 80% 为 CN 域名。域名利用率正在增加，网站数量继续平稳增长。网站数量达到 323 万个。国际出口带宽达到 866367Mbit/s，增长迅速，年增长率达到 35.3%。从 2008 年年底到 2009 年年底，地址、域名、网站、国际出口带宽的变化情况见表 1-1。

表 1-1 2008 年年底到 2009 年年底我国互联网基础资源对比

基础资源①	2008 年 12 月	2009 年 12 月	年增长量	年增长率(%)
IPv4/个	181273344	232446464	51173120	28.2
域名/个	16826198	16818401	-7797	-0.05
CN 域名/个	13572326	13459133	-113193	-0.83
网站/个	2878000	3231838	353838	12.3
CN 域名下的网站/个	2216400	2501308	284908	12.9
国际出口带宽/Mbit/s	640286.67	866367.20	226080.53	35.3

我国目前有 10 家网络运营商（即十大互联网单位），有上百家有跨省经营资格的网络服务提供商（ISP）。十大互联网单位分别是：中国公用计算机互联网（ChINANET）；中国科技网（CSTNET）；中国教育和科研计算机网（CERNET）；中国联通互联网（UNINET）；中国移动通信网（CMNET）；中国金桥信息网（CHINAGBN）（已并入网通）；中国网通公用互联网（CNCNET）；中国国际经济贸易互联网（CIETNET）；中国长城互联网（CGWNET）；中国卫星集团互联网（CSNET）。

它们在我国互联网的不同领域中分别扮演着重要角色，为我国经济、文化、教育和科学研究的发展起着重要的作用，同时代表我国通过互联网上的信息服务向全世界展示着我国的发展。各网络运营单位在网络规模、用户数量和网上资源上差距很大。下面介绍几个主要的网络接入商的情况。

1. 中国公用计算机互联网（CHINANET）

中国公用计算机互联网（CHINANET）是 1995 年由原邮电部投资建设的国家级网络，于 1996 年 6 月在全国正式开通。最初仅有北京、上海两个国际出口，北京出口速率是 256kbit/s，上海出口速率为 64kbit/s。如今 CHINANET 已经在全国所有省会城市及 230 多个城市建立骨干网、接入网，国际出口总速率已经达到 80Mbit/s。

CHINANET 是面向社会公开开放的、服务于社会公众的大规模的网络基础设施和信息资源的集合，主要提供商业服务，其用户多为使用电话拨号入网的个人用户及计算机行业相关公司。随着国内各行业的各种信息资源开始在互联网上提供服务，CHINANET 的前景非常光明。

CHINANET 的一个基本目标是尽量扩大地理覆盖范围，使更多的用户通过本地电话和短距离的专线方便地接入 CHINANET。

2. 中国科技网（CSTNET）

1989 年 8 月，中国科学院承担了原国家计委立项的"中关村教育与科研示范网络"（NCFC）——中国科技网（CSTNET）前身的建设。1994 年 4 月，NCFC 率先与美国 NSFNET 直接互连，实现了我国与互联网全功能网络连接，标志着我国最早的国际互联网络的诞生。1995 年 12 月，中国科学院"百所"联网工程完成；1996 年 2 月，中国科学院决定正式将以 NCFC 为基础发展起来的中国科学院院网（CASNET）命名为"中国科技网"（CSTNET）。

历经10余年的发展，目前，CSTNET由北京、广州、上海、昆明、新疆等13家地区分中心组成国内骨干网，拥有多条通往美国、俄罗斯、韩国、日本等国际出口，并与中国电信ChinaNet、中国联通（中国网通）China169、中国教育和科研计算机网（CERNET）、国家互联网交换中心（NAP）等国内主要互联网运营商实现高速互连，中国科技网已成为我国互联网行业快速发展的一支主要力量。

CSTNET以实现中国科学院科学研究活动信息化（e-Science）和科研活动管理信息化（ARP）为建设目标，先后独立承担了中国科学院"百所"联网、中国科学院网络升级改造等近百项网络工程的建设以及国家"863"计算机网络和信息管理系统、网络流量计费系统、网络安全系统等项目的开发，并且负责中国科学院视频会议系统、邮件系统的建设和维护。目前，正在参与中国下一代互联网的建设。

3. 中国教育和科研计算机网（CERNET）

CERNET为联网的广大高校师生提供网络基本服务，包括电子邮件、Web浏览、资源共享、学术研究与讨论、IP电话、IP视频等，同时还支持一批国家教育信息化的重大应用。

（1）中国教育和科研计算机网门户等系列重要教育网站

CERNET承担建设了以www.edu.cn为代表的系列权威的重要的教育科研网站，面向全球互联网用户提供丰富的中国教育信息资源与服务。

（2）中国高等教育文献保障系统（CALIS）

依托CERNET网络保障建设的CALIS是"211工程"高等教育公共服务体系的重要组成部分，已经建成了由全国管理中心和4个全国文献中心、8个地区中心、15个省中心、22个数字图书馆基地、100家"211工程"院校图书馆组成的三级全国高校文献保障和服务体系。CALIS已建成了分布式"中国高等教育数字图书馆（CADLIS）"支撑和服务平台，包括书目数据量达270万、馆藏数据量达2000万的全国联机编目系统和联合目录数据库，在50多所高校之间形成馆际互借与文献传递网络。

（3）中国教育科研网格（ChinaGrid）

依托CERNET基础网络建设的ChinaGrid，是"211工程"高等教育公共服务体系建设的重要内容，提供了网格公共支撑平台CGSP，集成了分布于全国13个省市20所重点高校的计算、存储、数据、软件等信息资源，建立了聚合计算能力达到16万亿次、存储能力达到180TB的网格环境，并开发部署了一系列具有重要影响的典型网格应用，为重大科学研究和学科建设提供了先进技术手段和重要基础平台。

（4）重点学科信息资源系统

由CERNET牵头承担建设的重点学科信息资源系统是"211工程"高等教育公共服务体系建设的内容，已经建成重点学科信息服务体系支撑平台和重点学科信息服务体系，建成分子生物等14个重点学科信息资源系统，信息资源总量达到6.3TB。

截至2009年12月，CERNET主干网连接38个主结点，传输速率达到2.5～20Gbit/s，覆盖了31个省市近200座城市，与国内外其他互联网互连总带宽超过50Gbit/s。

1.3.3 我国互联网的发展重点

我国互联网现在已经取得了如此好的成绩，同时政府也对我国因特网今后的发展重点作了部署：

1）根据国务院已颁布的《电信条例》和《因特网信息服务管理办法》修订已有的网络管理法规，并根据网络发展实际不断完善和制定新的法规。

2）扩大网络规模，优化网络结构，避免重复建设，使网络向综合化、宽带化、智能化方向发展。

3）在基础网络方面，要进一步引入竞争机制，促使价格降低，改善服务，解决带宽这个制约网络发展的瓶颈问题。

4）充分利用社会资源，如图书馆、公共数据库等，丰富网上中文内容。

5）要十分重视网络安全问题。目前，国内的高校和科研机构已有多项科研计划专门研究，一些成果已开始应用。

6）加强我国与国际网络界的联系。我国教育和科研部门已经开始与国外进行关于下一代因特网的合作研究。第一代因特网主要是由国外研究发展的，我国起步虽晚，但是通过努力已经逐渐缩小了与国际水平的距离。

1.3.4 互联网的未来

互联网给全世界带来了非同寻常的机遇。人类经历了农业社会、工业社会，当前正在迈进信息社会。信息作为继材料、能源之后的又一重要战略资源，它的有效开发和充分利用已经成为社会和经济发展的重要推动力和取得经济发展的重要生产要素，它正在改变着人们的生产方式、工作方式、生活方式和学习方式。首先，网络缩短了时空的距离，大大加快了信息的传递，使得社会的各种资源得以共享。其次，网络创造出了更多的机会，可以有效地提高传统产业的生产效率，有力地拉动消费需求，从而促进经济增长，推动生产力进步。同时，网络也为各个层次的文化交流提供了良好的平台。

互联网的确创造了一个奇迹，但在奇迹背后存在着日益突出的问题，给人们提出了极大的挑战。比如，信息贫富差距开始扩大，财富分配出现不平等；网络的开放性和全球化，促进了知识的共享和经济的全球化，但也使得网络安全和信息安全成为非常严峻的问题；网络的竞争已成为国家和企业间高技术的竞争和人才的竞争；网络带来了信息的全球性流通，也加剧了文化渗透，各国都在为捍卫自己的网络文化而努力。我国拥有悠久的文化，如何使得这种厚重的文化在网络上得以延伸，这个问题显得尤其突出。

我国的网络规模距离网络发达国家还有很大差距，但是随着基础设施的增加，宽带技术的使用，在网络规模上会有稳步的发展。我国的网络管理法规还相对滞后和不够完善，要根据国家已颁布的《电信条例》修订现有部门规章中不适应的部分，为新业务制定新规定，做到法规到位。由于语言和观念的原因，中文信息资源上网还需要付出更多的努力。另外，我国网络业在资本投入、经营模式、经营理念、技术创新等方面都需要进行深入的思考和研究。国外成功的方式在我国未必可行，因此不能照搬，要发展适合我国国情的模式。

从目前的情况来看，互联网市场仍具有巨大的发展潜力，未来其应用将涵盖从办公室共享信息到市场营销、服务等广泛领域。另外，互联网带来的电子贸易正改变着现今商业活动的传统模式，其提供的方便而广泛的互连必将对未来社会生活的各个方面带来影响。

然而互联网也有其固有的缺点，如网络无整体规划和设计，网络拓扑结构不清晰以及容错及可靠性能的缺乏，而这些对于商业领域的不少应用是至关重要的。安全性问题是困扰互联网用户发展的另一主要因素。虽然现在已有不少的方案和协议来确保互联网上的联机商业交易的可靠进行，但真正适用并将主宰市场的技术和产品目前尚不明确。所有这些问题都在一定程度上阻碍了互联网的发展，只有解决了这些问题，互联网才能更好地发展。

另外，随着云计算和物联网的兴起，也必将为互联网在我国的发展打下一个良好的基础。

1.4 互联网的体系结构

所谓互联网，是指互相连接起来的多台计算机的集合。它通常包括互连和互联两个层次。互连是物理的，由硬件实现，连接介质可以是双绞线、同轴电缆或光纤等"有线"传输介质，也可以是激光、微波或卫星等"无线"传输介质。互联是逻辑的，由软件实现。在网络结构的最底层（物理层），信息交换体现为直接相连的两台机器之间的比特流传输。物理层以上各层有了逻辑结构，越往上逻辑结构越复杂，越接近用户真正需要的形式。信息交换在网络的低层由硬件实现，而到了高层则由软件实现。

1.4.1 互联网的定义

从应用目的来说，计算机网络是以相互共享资源（硬件、软件和数据等）方式而连接起来的、各自具备独立功能的计算机系统的集合。

从物理结构来看，可对计算机网络给予广义的定义。广义的计算机网络是：在协议控制下，由一台或多台计算机、若干台终端设备、数据传输设备，以及用于终端和计算机之间、或者若干台计算机之间数据流动的通信控制处理机等所组成的系统的集合。这个定义表明计算机网络是在协议控制下通过通信系统来实现计算机之间的连接的。

网络系统是由网络操作系统和用以组成计算机网络的多台计算机，以及各种通信设备构成的。在计算机网络系统中，每台计算机的功能是相对独立的，所以把计算机网络定义为：凡是将地理位置不同，并具有独立功能的多个计算机系统通过通信设备和线路连接起来，以功能完善的网络软件实现网络中资源共享的系统，称为计算机网络系统。

1.4.2 互联网的组成

互联网网络系统由网络硬件和网络软件组成。在网络系统中，硬件对网络的性能起着决定的作用，是网络运行的实体；而网络软件则是支持网络运行、挖掘网络潜力的工具。

1. 网络硬件

网络硬件是计算机网络系统的物质基础。构成一个计算机网络系统，首先要将计算机及其附属硬件设备与网络中的其他计算机系统连接起来，实现物理连接。不同的计算机网络系统，在硬件方面是有差别的。随着计算机技术和网络技术的发展，网络硬件日趋多样化，且功能更强，结构更复杂。常见的网络硬件有计算机、网络接口卡、集中器、结点机、调制解调器、路由器以及传输介质等。

网络中的计算机主要分为网络客户机和服务器两类。网络客户机是具有访问网络功能的普通计算机，也称为工作站，如连网的 PC。有的客户机本身不具备计算功能，只提供操作网络的界面，如连网的终端机。服务器是具有较强的计算功能和丰富的信息资源的高档计算机，它们向网络客户提供服务，并负责对网络资源的管理。

图 1-2 所示为连接了一台服务器、两台打印机和以多台 PC 为工作站的计算机网络系统。

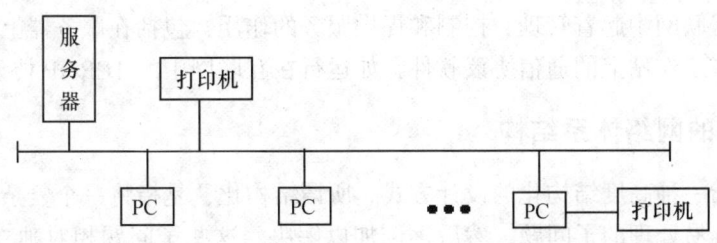

图 1-2 典型的计算机网络系统

下面分别讲解网络硬件中主要的服务器、工作站、插在服务器和工作站中的网卡、通信介质的功能。

（1）服务器

服务器是运行于网络上提供网络服务的计算机，是网络系统中的重要组成部分，一个网络至少要有一台服务器，也可有多台。通常用小型计算机或高档微机作为网络的服务器。

服务器的主要功能是为网络工作站上的用户提供共享资源、管理网络文件系统、提供网络打印服务、处理网络通信、响应工作站上的网络请求等。常用的网络服务器有文件服务器、通信服务器、计算服务器和打印服务器等。

（2）网络工作站

网络工作站是通过网卡连接到网络上的一台个人计算机，它仍保持原有计算机的功能，作为独立的个人计算机为用户服务，同时它又可以按照被授予的一定权限访问服务器。当然也有些无盘网络工作站，它无法独立运行，必须通过网卡访问服务器，从服务器下载启动的操作系统，系统启动后，就可作为独立的计算机为用户服务了。各工作站之间可以进行相互通信，也可以共享网络的其他资源。

（3）网卡

网卡是计算机与通信介质的接口。网络服务器和每一个工作站都至少配有一块网卡，使用通信介质将它们彼此连接起来。在接受网络通信介质上传送的信息时，网卡把传来的信息按照网络卡的信号编码要求交给主机处理。在主机向网络发送信息时，网卡把发送的信息按照网络传送的要求用网络编码信号向网络发送出去。网卡根据其连接方式的不同，分为有线网卡和无线网卡两种。

（4）通信介质

通信介质是网络上传输信息的载体，一般采用双绞线、同轴电缆或光缆等。它们可以支持不同的网络类型，具有不同的传输速率和传输距离。

2．网络软件

网络软件是实现网络功能不可缺少的软环境。网络软件通常包括：网络协议和协议软件、网络通信软件和网络操作系统。

在网络系统中，每个用户都可享用系统中的各种资源，所以系统必须对用户进行控制，否则就会造成系统混乱，造成信息数据的破坏和丢失。为了协调系统资源，系统需要通过软件工具对网络资源进行全面的管理，进行合理的调度和分配，并采取一系列的保密安全措施，防止用户对数据和信息进行不合理的访问，防止数据和信息的破坏与丢失。

网络软件在互联网中起着管理、控制和提供服务的作用，包括在服务器上运行的局域网操作系统和运行在工作站上的通信协议软件，如运行在互联网中的 TCP/IP 协议程序。

1.4.3　互联网的网络体系结构

体系结构是指一种高度结构化的设计方式。所谓结构化，是指将一个复杂的系统设计问题分解成一个个容易处理的子问题，然后逐个加以解决。这些子问题相对独立、相互联系。层次结构是指将一个复杂的系统设计问题划分成若干个层次分明的层组的子问题，各层执行自己所承担的任务。层与层之间有接口，为层与层之间提供了组合的通道。层次结构设计是结构化设计中最常用、最主要的设计方法之一。

1. 网络体系结构

网络的体系结构是用层次结构设计方法提出的计算机网络的层次结构及其协议的集合。也就是说，它是计算机网络及其部件所能完成的各种功能的精确定义。

在网络分层体系结构中，每一个层次在逻辑上都是相对独立的；每一层都有具体的功能；层与层之间的功能有明显的界限；相邻之间有接口标准，接口定义了低层向高层提供的操作服务；计算机间的通信可建立在同层次之间的基础上。

2. 分层体系结构的特点

1）层间的独立性：某一层并不需要知道它的下一层是如何实现的，而仅仅需要知道该层通过层间的接口所提供的服务。

2）适用的灵活性：当任何一层发生变化时，只要接口关系保持不变，则在这层以上或以下各层均不受影响。此外，某一层提供的服务还允许用户修改。当某一层提供的服务不再需要时，甚至可以将这一层取消。

3）结构上的可分割性：各层在结构上是独立的，可以采用与更换最合适的技术实现。

4）易于实现和维护：因为整个系统已被分解为若干个范围更小的部分，因此，实现和调试一个庞大而又复杂的系统变得较容易处理了。

5）促进标准化：由于每一层的功能和所提供的服务都已有了明确的说明，因此，标准化程度很高。

互联网不仅是一种具体的物理网络技术，它更是将不同的物理网络技术以及各种网络技术的子技术统一起来的一种高级技术。互联网要解决的是异种网的通信问题，目的在于隐藏网络细节，向用户提供一致的通信服务。

1.4.4　互联网的工作方式

互联网采用分组交换和包交换技术作为通信方式，这种通信方式是把数据分割成一定大小的信息包进行传输。为了便于不同的网络进行通信，互联网在网络之间安装了一种称为路由器（就像邮局）的专用设备，将网络互相连接。这些网络可以是以太网、令牌网或通信网。

通信网或以太网类似邮件传输中的运输车和飞机。它们把邮件从一个地方送往另一个地方，而路由器就像一个邮局给出邮件的路线一样。因为每个邮局（或路由器）并未与某一地方直接连接，而是由一个邮局送往另一个邮局，再由这个邮局送往下一个邮局，就这样一直将信件送到目的地。也就是说，每个邮局只需知道哪一条邮政线路可以用来完成传输任务，并且又距离目的地最近就可以了。与此类似，互联网也是要选择一条最好的路径来完成传输任务。

在互联网中，根据TCP协议将某台计算机发送的数据分割成一定大小的数据包，并加入一些说明信息（类似装箱单）。然后，由IP协议为每个数据包打包并标上地址（就像把信装入信封中），经过打包的数据包就可以"上路"了。在互联网上，这些数据包经过一个个路由器的指路，就像信件经过一个个邮局，最后到达目的地。这时，再依据TCP协议将数据包打开，利用"装箱单"检查数据是否完整。若安全无误，就把数据包重新组合并按发前的顺序还原；如果发现某个数据包有损坏，就要求发送方重新发送该数据包。

1.4.5 互联网的拓扑结构

在计算机网络中常采用拓扑学的方法，分析网络单元彼此互连的形状与其性能的关系。所谓拓扑，是一种研究与大小、距离无关的几何图形特性的方法。在计算机网络中，计算机作为结点、通信线路作为连线，可构成相对位置不同的几何图形。网络拓扑研究网络图形的共同的基本性质。按照不同的网络结构，将计算机网络分为总线形网络、环形网络、星形网络、树形网络和网状网络。网络的性能与网络的拓扑结构有很大关系。

1. 总线结构

总线结构是前些年比较普遍采用的一种方式，它将所有的入网计算机均接入到一条通信传输线上，为防止信号反射，一般在总线两端连有终结器匹配线路阻抗。

总线结构的优点是信道利用率较高，结构简单，价格相对便宜。缺点是同一时刻只能有两个网络结点相互通信，网络延伸距离有限，网络容纳结点数有限。在总线上只要有一个点连接出现问题，就会影响整个网络的正常运行。

2. 环形结构

环形结构将各个连网的计算机由通信线路连接成一个闭合的环。在环形结构的网络中，信息按固定方向流动，或顺时针方向，或逆时针方向。

环形结构的优点是一次通信信息在网中传输的最大传输延迟是固定的；每个网上结点只与其他两个结点有物理链路直接互连，因此，传输控制机制较为简单，实时性强。缺点是一个结点故障可能会终止全网运行，因此可靠性较差。为了克服可靠性差的问题，有些网络采用具有自愈功能的双环结构，一旦一个结点不工作，可以自动切换到另一环路工作。网络扩充需对全网进行拓扑和访问控制机制的调整，因此较为复杂。

3. 星形结构

星形结构是以一个结点为中心的处理系统，各种类型的入网机器均与该中心处理机有物理链路直接相连，其他结点之间不能直接通信，其他结点通信时需要通过该中心处理机转发，因此中心结点必须有较强的功能和较高的可靠性。

星形结构的优点是结构简单、建网容易、控制相对简单。其缺点是属于集中控制，主机负载过重，可靠性低，通信线路利用率低。

4. 树形结构

树形结构实际上是星形结构的一种变形,是目前使用比较普遍的一种结构。它将原来用单独链路直接连接的结点通过多级处理主机进行分级连接,这种结构与星形结构相比降低了通信线路的成本,但增加了网络复杂性。网络中除最低层结点及其连线外,任一结点或连线的故障均影响其所在支路网络的正常工作。

5. 网状结构

网状结构分为全连接网状结构和不完全连接网状结构两种形式。在全连接网状结构中,每一个结点和网中其他任何结点均有链路连接;在不完全连接网状结构中,两结点之间不一定有直接链路连接,它们之间的通信依靠其他结点转接,如图1-3所示。这种网络的优点是结点之间路径多,碰撞和阻塞现象可大大减少,局部的故障不会影响整个网络的正常工作,可靠性高;网络扩充和主机入网比较灵活、简单。缺点是网络关系复杂,建网不易,网络控制机制复杂。广域网中一般用不完全连接网状结构。

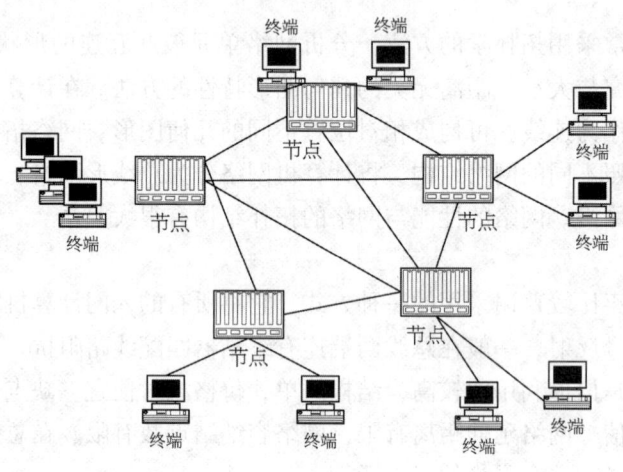

图1-3 网状结构

以上介绍的网络拓扑结构是基本结构,在组建互联网时常采用星形、环形、总线型和树形、网状结构。树形和网状结构在广域网中比较常见。但是在一个实际的网络中,可能是上述几种网络构型的混合。

1.4.6 网络互连

通常网络不是由单一类型的网络及结构组成的,它常常是由多种类型的网络构成。通过不同的操作系统、通信协议、拓扑结构使这些网络能够相互通信访问互连起来。网络互连通常是指将不同的网络用互连设备连接在一起而形成一个范围更大的网络,也可以是为增加网络性能和易于管理而将一个规模很大的网络划分为几个子网或网段,然后把各个子网或网段再互连起来。

在进行网络互连时,大家广泛遵守的是国际标准化组织 ISO 制定的开放系统互连(Open System Interconnection,OSI)七层参考模型,如图1-4所示。当然现在仍有大量非 OSI 的网络或部分符合 OSI 标准的网络在运行。

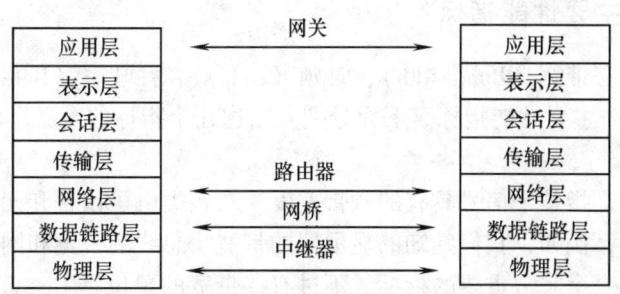

图 1-4 不同网间连接设备网间通信的层次

在 OSI 参考模型中，网间通信是根据不同的层划分的，同等层间可以相互通信，所以根据连接层次的不同，网间连接设备可以分为中继器、网桥、路由器和网关。

互联网上连接了成千上万台计算机，为了保证在互联网上将信息正确地传输到目的地，必须为每台计算机分配一个唯一可标识的地址，如同电话号码一样。

互联网的网络互连是通过 TCP/IP 技术实现的。TCP/IP 技术实质上是在低层网络技术与高层应用程序之间增加一个中间软件层，通过这个中间层把不同的网络互联起来，提供统一的高层应用。

互联网含有许多不同的网络和不同类型的计算机，通过 TCP/IP 协议将它们连接在一起又能互相通信，按照这个协议，接入互联网的每一台计算机都有一个唯一的地址标识，这个地址叫 IP 地址。IP 地址具有固定、规范的格式，一个 IP 地址包含 32 位二进制数，被分为 4 段，每段 8 位，段与段之间用圆点"."分开。IP 地址通常用十进制格式表示，最大不超过 255。

IP 地址具有唯一性，即所有连接到互联网上的计算机都具有唯一的 IP 地址。

互联网的网络连接是借助中间计算机实现的。在互联网中，网络连接包含两层内容：首先，两个网络要通过一台中间计算机实现物理连接，这台中间计算机同属两个网络，即首先要解决网络互连；其次，中间计算机要实现在两个网络间的分组交换，涉及寻找路径和协议转换等问题，即要解决网络互联。

在互联网术语中，中间计算机叫做互联网网关，两个网络经网关互连，如图 1-5 所示。网关在网络 1 上截获去往网络 2 的分组，并将它传给网络 2；或者从网络 2 截获去往网络 1 的分组，并将它传给网络 1。

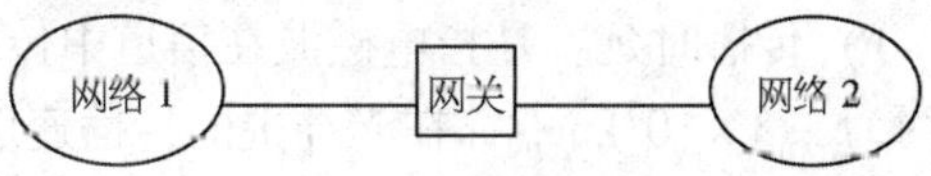

图 1-5 两个网络通过网关互连

根据网络信息传输距离的长短，人们把网络划分为局域网（Local Area Network，LAN）和广域网（Wide Area Network，WAN）。

LAN 是在一个有限的地理范围内（十几公里以内的范围）将计算机、外设和通信设备互连在一起的网络系统，常用于一幢大楼、一所学校或一个企业内。

WAN 是相对 LAN 而言的。广域网的覆盖范围可以遍布于城市、国家，甚至全球。

对 LAN 而言，所涉及的网络互连问题有网络距离延长、网段数量的增加、不同 LAN 之间的互连及与 WAN 互连等。网络互连通常有 LAN～LAN 互连、LAN～WAN 互连、WAN～WAN 互连、LAN 通过 WAN 与 LAN 互连等几种形式。

1.4.7 互联网的主要性能指标

在互联网网络中有带宽（Bandwidth）、时延（Delay）、吞吐率（Rate of Throughput）和服务质量（QoS）几个主要性能指标。下面分别介绍这几个指标的含义。

1. 带宽

带宽的本来意思是指某个信号具有的频带宽度。在各类电子设备和元器件中，我们都可以接触到带宽的概念，例如，我们熟知的显示器的带宽、总线的带宽和网络的带宽等；对这些设备而言，带宽是一个非常重要的指标。不过有些带宽的单位是 Hz、kHz、MHz，相当于频率的概念；而有些带宽的单位则是 B/s，相当于数据传输速率的概念。如果从电子电路的角度出发，带宽本意是指电子电路中存在一个固有通频带，它是指电路可以保持稳定工作的频率范围。

在通信和网络领域，带宽的含义又与电子电路中的定义存在差异，它是指网络信号可使用的最高频率与最低频率之差、或者说是"频带的宽度"，也就是所谓的"信道带宽"。因此对于数字信道，带宽是指在一个信道上能够传送的数字信号的速率，即数据率或比特率，有时也叫吞吐量。比特（bit）是计算机中的数据的最小单元，是信息量的度量单位。表示二进制数字 1 和 0 在线路上传输的速度，所用带宽的单位是比特每秒（bit/s）。常见的带宽的单位有千比特每秒（kbit/s）、兆比特每秒（Mbit/s）、吉比特每秒（Gbit/s）、太比特每秒（Tbit/s），它们在通信网络领域相差 2^{10}，即 1024 倍，而不是 1000。如果是小写的 k 表示 10^3，即 1000，而不是 1024。

在以太网的铜介质布线系统中，双绞线的信道带宽通常以 MHz 为单位，它是指在信噪比恒定的情况下允许的信道频率范围，不过网络的信道带宽与它的数据传输能力（单位 Byte/s）存在一个稳定的基本关系。也可以用高速公路来比喻：在高速公路上，它所能承受的最大交通流量就相当于网络的数据运输能力，而这条高速公路允许形成的宽度就相当于网络的带宽。显然，带宽越高、数据传输可利用的资源就越多，因而能达到越高的速度；除此之外，还可以通过改善信号质量和消除"瓶颈效应"来实现更高的传输速度。

2. 时延

时延（Delay）是指一个报文或分组从网络的一端传送到另一端所需要的时间。它由以下几部分组成。

1）传播时延：是指电磁波在信道中传播所需要的时间。一般电磁波在电缆中的传播速度约为 2.3×10^5 km/s，在光纤中的传播速度约为 2.0×10^5 km/s。

2）发送时延：是指发送数据所需要的时间。它与数据块的长度和信道带宽有关。

3）排队时延：是指数据在交换结点等候发送时，在缓冲队列中排队所经历的时延。它主要取决于网络中当时的通信量。当网络的通信量大时，可能会发生队列溢出，丢失数据，使排队时延变为无穷大。

由此可见，网络中总的时延与这 3 种时延都有关系，哪种时延在网络中占主导地位，要根据网络的具体情况而定。只有减少占主导地位的时延，才能使总的时延减少。

3. 吞吐率

吞吐率（Rate of Throughput）是一种关于计算机或数据通信系统（如网桥、路由器、网关或广域网连接等）数据传输率的测度。吞吐率通常是对一个系统和它的部件处理传输数据请求能力的总体评价。例如，一个服务器的吞吐率依赖于它的处理器类型、网络接口卡的类型、数据传输总线的大小、磁盘速度、内存缓冲器的体积，以及软件对这些部件进行管理的有效程度。在通信系统中，这个测度通常基于每秒能处理的数据位数或分组的数目，它依赖于网络的带宽和交换部件（如路由器或集线器）的速度。网络上两个端点设备间的吞吐率依赖于计算机、网络接口卡和连接它们的网络。吞吐率作为一个重要的衡量指标，主要应用在并行处理上，属于系统结构中最重要的一个变量。简单地说，吞吐率就是指在指定时间内由一处传输到另一处或被处理的数据量。吞吐率的单位为 bit/s。

4. 服务质量

服务质量（Quality of Service，QoS）是网络中保障传输质量的一种机制，是用来解决网络延迟和阻塞等问题的一种技术。

在正常情况下，如果网络只用于特定的无时间限制的应用系统，并不需要 QoS，如浏览网页或发送电子邮件等，但是对关键应用和多媒体应用，QoS 就十分必要了。当网络过载或拥塞时，QoS 能确保重要业务量不受延迟或丢弃，同时保证网络的高效运行。

QoS 具有如下功能：

（1）分类

分类是指具有 QoS 的网络能够识别哪种应用产生哪种数据包。通过分类，网络能确定对特殊数据包要进行的处理。所有应用都会在数据包上留下可以用来识别应用的标识。分类就是检查这些标识，识别数据包是由哪个应用产生的。以下是 4 种常见的分类方法。

1）协议。根据协议对数据包进行识别和优先级处理可以降低延迟。应用可以通过它们的以太网类型进行识别。根据协议进行优先级处理是控制或阻止少数设备的某些协议的一种强有力的方法。

2）TCP 和 UDP 端口号。许多应用都采用 TCP 或 UDP 端口进行通信，通过检查 IP 数据包的端口号，可以确定数据包是由哪类应用产生的。

3）源 IP 地址。许多应用都是通过其源 IP 地址进行识别的。由于服务器有时是专门针对单一应用而配置的，如电子邮件服务器，所以分析数据包的源 IP 地址可以识别该数据包是由什么应用产生的。当识别交换机与应用服务器不直接相连，而且许多不同服务器的数据流都到达该交换机时，这种方法就非常有用。

4）物理端口号。物理端口号可以指示哪个服务器正在发送数据。这种方法取决于交换机物理端口和应用服务器的映射关系。虽然这是最简单的分类形式，但是它依赖于直接与该交换机连接的服务器。

（2）标注

在识别数据包之后，要对它进行标注，这样其他网络设备才能方便地识别这种数据。由于分类可能非常复杂，因此最好只进行一次。识别应用之后就必须对其数据包进行标记处理，以确保网络上的交换机或路由器可以对该应用进行优先级处理。通过采纳标注数据的标准，来确保多厂商网络设备能够对该业务进行优先级处理。

（3）优先级设置

为了确保准确的优先级处理，所有业务量都必须在网络骨干内进行识别。在工作站终端进行的数据优先级处理可能会因为人为的差错或恶意的破坏而出现问题。在局域网交换机中，多种业务队列允许数据包优先级存在。较高优先级的业务可以在不受较低优先级业务的影响下，通过交换机减少（如话音或视频等）对时间敏感的业务的延迟。

为了提供优先级，交换机的每个端口有多个队列。虽然每个端口有更多队列可以提供更为精细的优先级选择，当每个数据包到达交换机时，都要根据其优先级别分配到适当的队列，然后该交换机再从每个队列转发数据包。该交换机通过其排队机制确定下一步要服务的队列。

1.5 Intranet 的基本概念

20世纪90年代以后，企业局域网络已经成为连接企业内部各部门的重要基础设施。在市场经济和信息社会中，企业网络对企业的综合竞争能力的增强有着十分重要的作用。由于传统的构建局域网的技术不能很好地与互联网实现互通，因此越来越多的企业在构建局域网时都是以TCP/IP协议作为标准的，很多基于互联网的成熟应用（如WWW等）都可以在局域网上开展，这种基于TCP/IP协议构建的企业局域网就叫做Intranet。

1.5.1 Intranet 的定义

Intranet是基于Internet的TCP/IP协议构建的企业内部网络，包括两种类型：一种是纯局域网，不与外网互连；另一种是与外网有限互连，即在局域网与互连网互连处连接有防火墙等安全设备，以保证内部网络信息安全。前者由于采用了Internet的TCP/IP协议，在企业内部构成自己的内网。后者则是目前广泛采用的局域网类型，当然这也不是绝对的，有些大的企业网络跨越许多城市和国家，那么这样的Intranet也不仅限于局域网了，发展成了一个巨大的广域网络，但其主要的组网目的还是为企业内部服务。

1.5.2 Intranet 的特点

Intranet是根据企业内部的需求而建设的，它的规模和功能是根据企业经营和发展的需求确定的；Intranet应能方便地和外界连接，尤其是和互联网的连接；Intranet采用TCP/IP协议及相应的技术，是一个开放的系统；Intranet根据企业的安全要求设置防火墙、安全代理等措施，以保护企业内部的信息安全，防止外界侵入；Intranet广泛使用WWW的工具，使企业员工和用户能方便地浏览和共享企业内部的信息以及互联网上的丰富的信息资源。

1.5.3 Intranet 的应用

一旦企业建立了Intranet，就可以用它来发布信息、增强企业内部的通信能力、建立合作的环境。Intranet的应用包括：电子邮件、信息发布系统、企业快报、系统用户手册、培训、新闻组、销售报告、财务报告、客户信息、季度统计、产品信息、市场信息、产品开发信息、物资和产品目录、仓库信息和资产管理等。

1.6 互联网的应用

互联网的应用包括：电子邮件、文件传输、远程登录、WWW、网络社区、电子公告板（Bulletin Board System，BBS）、电子商务等。下面简单介绍一下一些常用的互联网应用，更详细的内容将在后面章节介绍。

1. 远程登录

远程登录是指在网络通信协议 Telnet 的支持下，使用户的计算机暂时成为远程计算机终端的过程。要在远程计算机上登录，首先要成为该系统的合法用户并有相应的账号和密码。登录成功后，在个人计算机与远程主机之间就建立起了在线连接，用户便可以实时使用远程计算机对外开放的全部资源。

用户登录到某台主机后，就可以像使用本地主机的资源一样使用远程主机的资源。执行该主机的退出或注销命令，即可退出远程主机并回到本地主机。

2. 电子邮件

电子邮件是互联网上应用范围最为广泛的服务，它是通过连网计算机与其他用户进行联络的快速、高效、价廉的现代化通信手段。只要知道收信人的 E-mail 地址，互联网的用户就可以随时与世界各地的朋友进行通信。

电子邮件工作过程类似于信件的收发过程。首先由发送方用户将邮件发送到发送方邮件服务器；然后，由发送方邮件服务器将电子邮件通过互联网发送到接收方邮件服务器，邮件暂时存放到接收方服务器的硬盘中保存起来；当收信人访问邮件服务器查看信件时，邮件从服务器的硬盘转存到本地计算机的硬盘中。

3. 文件传输

文件传输是指在不同计算机系统间传输文件的过程，文件传输协议（File Transfer Protocol，FTP）是传输文件时使用的协议。互联网上的用户可以从授权的异地计算机上获取所需文件，也可以把本地文件传输到其他计算机上。

把文件从 FTP 服务器传输到本地计算机的过程称为"下载文件"；将本地计算机中的文件传输到 FTP 服务器上供他人使用的过程称为"上传文件"。对于公用的 FTP 服务器，凡是以匿名账号方式登录的用户，只能进行文件的下载操作而不能进行文件的上传操作。

4. WWW 浏览

WWW 是 World Wide Web 的缩写，是基于互联网的信息服务系统，向用户提供一个以超文本技术为基础的多媒体的全图形浏览界面。它提供的是一个资料空间。在这个空间中，一样有用的事物，称为一样"资源"；并且由一个全域"统一资源标识符（URL）"标识。这些资源通过超文本传输协议（Hypertext Transfer Protocol）传送给使用者，而后者通过单击链接来获得资源。从另一个观点来看，WWW 是一个透过网络存取的互连超文件（interlinked hypertext document）系统。

WWW 上提供的信息量大，覆盖面广，信息的刷新速度快，而且界面引人入胜、简单易用，是互联网上发展最迅速的服务。

5. 网络新闻组

网络新闻组（Usenet）是一种利用网络进行专题研讨的国际论坛。到目前为止，网络新闻组仍是最大规模的新闻团体。拥有数以千计的讨论组，每个讨论组都围绕某个专题展开讨论，如哲学、数学、计算机、文学、艺术、游戏与科学幻想等，所有你能想到的主题都会有相应的讨论组。

网络新闻组是自发产生的，并像一个有机体一样不断地变化。网络新闻组的基本组织单位是特定讨论主题的讨论组，如 comp 是关于计算机话题的讨论组，sci 是关于自然科学各个分支话题的讨论组。

网络新闻组不同于互联网上的交互式操作方式，在网络新闻组服务器上存储的各种信息，会周期性地转发给其他网络新闻组服务器，最终传遍世界各地。网络新闻组的基本通信方式是电子邮件，但它不是采用点对点的通信方式，而是采用多对多的传递方式。用户可以使用新闻阅读程序访问网络新闻组服务器，发表意见，阅读网络新闻。

6. 网络社区

网络社区是指包括电子公告版、论坛、贴吧、公告栏、群组讨论、在线聊天、交友、个人空间等形式在内的网上交流空间。网络社区就是社区网络化、信息化，简而言之就是一个以成熟社区为内容的大型规模性局域网，涉及金融经贸、大型会展、高档办公、企业管理、文体娱乐等综合信息服务功能需求，同时与所在地的信息平台在电子商务领域进行全面合作。

网络社区主要包括两种类型。一种是综合性、大型虚拟社区平台，拥有较为庞大的用户群体和较大的全国性社会影响力；另一种是基于地方或某些垂直领域的中小型论坛。

7. 博客

博客（Blog），又译为网络日志，是一种通常由个人管理、不定期张贴新的文章的网站。博客上的文章通常根据张贴时间，以倒序方式由新到旧排列。许多博客专注在特定的课题上提供评论或新闻，其他则被作为个人日记。一个典型的博客结合了文字、图像、其他博客或网站的链接其他与主题相关的媒体。能够让读者以互动的方式留下意见，是许多博客的重要要素。大部分的博客内容以文字为主，仍有一些博客专注于艺术、摄影、视频、音乐、播客等各种主题。博客是社会媒体网络的一部分。

博客是在基于某一主题的情况下或是在某一共同领域内由一群人集体创作的内容。它并不等同于"网络日记"。网络日记带有很明显的私人性质，而博客则是私人性和公共性的有效结合，它绝不仅仅是纯粹个人思想的表达和日常琐事的记录，它所提供的内容可以用来进行交流和为他人提供帮助，是可以包容整个互联网的，具有极高的共享精神和价值。博客是以网络为载体，简易、迅速、便捷地发布自己的心得，及时、有效、轻松地与他人进行交流，再集丰富多彩的个性化展示于一体的综合性平台。不同的博客可能使用不同的编码，所以相互之间也不一定兼容。而且，目前很多博客都提供丰富多彩的模板等功能，这使得不同的博客各具特色。

8. 多媒体应用

目前人们已经不仅仅满足于电子邮件、文字聊天等传递信息的方式，随着多媒体技术的发展，使得通过网络传播音/视频越来越简单。多媒体技术应用是当今信息技术领域发展最快、最活跃的技术，是新一代电子技术发展和竞争的焦点。多媒体技术融计算机、声音、文本、图像、动画、视频和通信等多种功能于一体。

多媒体一词译自英文 Multimedia，而该词又是由 multiple 和 media 复合而成的。媒体（Medium）原有两重含义，一是指存储信息的实体，如磁盘、光盘、磁带、半导体存储器等，中文常译作媒质；二是指传递信息的载体，如数字、文字、声音、图形等，中文译作媒介。从字面上看，多媒体就是由各种单个媒体复合而成的。多媒体应用借助日益普及的高速信息网，可实现计算机的全球连网和信息资源共享，因此被广泛应用在咨询服务、图书、教育、通信、军事、金融、医疗等行业，并正潜移默化地改变着我们生活的面貌。

9. 网络电话

网络电话又称为VOIP电话，是通过互联网直接拨打对方的固定电话或手机，包括国内长途和国际长途，而且资费比用传统电话拨打便宜很多。宏观上讲，网络电话可以分为软件电话和硬件电话。软件电话就是在计算机上下载软件，然后购买网络电话卡，再通过麦克风实现与对方的（固定电话或手机）通话；硬件电话比较适合公司、话吧使用，首先要一个语音网关，网关一边接到路由器上，另一边接到普通话机上，普通话机即可直接通过网络自由呼出了。

目前IP电话可以分为PC到PC、PC到电话、电话到电话3种类型。它与一般电话的最大差异在于传输的过程中，网络电话利用了互联网，因此可以节省费用，而后两者则是通过一种IP语音闸道器（VoIP Gateway）的机制，把在网上传输的数字封包传送到收话端当地的电信局的公共电信交换网，最后再把解开的语音传送到收话端的电话中。

10. 网络传真

网络传真是基于电话交换网和互联网的传真存储转发，也称电子传真。它整合了电话网、智能网和互联网技术。原理是通过互联网将文件传送到传真服务器上，由服务器转换成传真机接收的通用图形格式后，再通过电话交换网发送到全球各地的普通传真机上，通过运行传真，用户可以像收发电子邮件一样接收和发送传真，具有方便、绿色环保、易管理等优点。网络传真就是一部在互联网上虚拟的智能传真机。

网络传真可分为从Web到传真、从E-mail到传真、从桌面到传真和从传真到传真等。

11. 电视会议

电视会议又被称为"视频会议系统"，是指两个或两个以上不同地方的个人或群体，通过传输线路及多媒体设备，将声音、影像及文件资料互相传送，达到即时且互动的沟通，以完成会议目的的系统设备。该系统是一种典型的图像通信。在通信的发送端，将图像和声音信号变成数字化信号，在接收端再把它重现为视觉、听觉可获取的信息，与电话会议相比，具有直观性强、信息量大等特点。电视会议不仅可以听到声音，还可以看到会议参加者，可共同面对商讨问题、研究图纸、实物，与真实的会议无异，使每一个与会者都有身临其境之感。这套系统还可以同时提供文件传真、静止图文传递等一系列辅助服务项目，还可以广泛用于现场教学、现场办公、商务谈判等多种领域。

12. 视频点播和广播

视频点播（Video On Demand，VOD），也称为交互式电视点播系统。视频点播是计算机技术、网络技术、多媒体技术发展的产物，是一项全新的信息服务。简而言之，就是根据观众的要求播放节目的系统，把用户所单击或选择的视频内容传输给所请求的用户。它摆脱了传统电视受时空限制的束缚，解决了想看什么节目就看什么，想什么时候看就什么时候看的问题。

有线电视视频点播，是指利用有线电视网络，采用多媒体技术，将声音、图像、图形、文字、数据等集成为一体，向特定用户播放其指定的视听节目的业务活动，包括按次付费、轮播、按需实时点播等服务形式。

广播是指用户被动接收视频数据流。在广播过程中，客户端接收视频数据流，但不能控制视频数据流。例如，用户不能暂停、快进或后退该视频。在广播过程中将视频数据的单独一个拷贝发送给网络上的所有用户，而不考虑用户是否需要。

13. 网络游戏

网络游戏（Online Game），又称"在线游戏"、"网游"，是指以互联网为传输媒介，以游戏运营商的服务器和用户的计算机为处理终端，以游戏客户端软件为信息交互窗口的旨在实现娱乐、休闲、交流和取得虚拟成就的具有相当可持续性的多人在线游戏。

网络游戏一般是指由多名玩家通过计算机网络在虚拟的环境下对人物角色及场景按照一定的规则进行操作以达到娱乐和互动目的的游戏。

14. 互联网即时通信

即时通信（Instant Messaging，IM）是一个终端服务，允许两人或多人使用网路即时地传递文字信息、档案、语音与视频交流，分为手机电话即时通信和网站即时通信。它集成了电子邮件、博客、音乐、电视、游戏和搜索等多种功能。

即时通信与 E-mail 不同的是它的交谈是实时的。大部分的即时通信服务提供了状态信息的特性——显示联络人名单，联络人是否在线上与能否与联络人交谈。在互联网上目前使用较广的即时通信服务包括 Windows Live Messenger、QQ、AOL Instant Messenger、Skype、Yahoo Messenger、NET Messenger Service、Jabber 与 ICQ 等。

近年来，即时通信不再是一个单纯的聊天工具，它已经发展成集交流、资讯、娱乐、搜索、电子商务、办公协作和企业客户服务等为一体的综合化信息平台。许多即时通信服务开始提供视频会议、网络电话等功能，与网络会议服务开始整合为兼有视频会议与即时信息的功能。

15. 电子商务

电子商务（Electronic Commerce）通常是指是在全球各地广泛的商业贸易活动中，在因特网开放的网络环境下，基于浏览器/服务器应用方式，买卖双方不谋面地进行各种商贸活动，实现消费者的网上购物、商户之间的网上交易和在线电子支付以及各种商务活动、交易活动、金融活动和相关的综合服务活动的一种新型的商业运营模式。

电子商务以电子及电子技术为手段，以商务为核心，把原来传统的销售、购物渠道移到互联网上来，打破国家与地区有形无形的壁垒，使生产企业达到全球化、网络化、无形化、个性化和一体化。

1.7 下一代互联网的特点与发展

1.7.1 下一代互联网的特点

下一代互联网（Next Generation Internet，NGI），顾名思义就是不同于现在的互联网的互联网，其主要特点有：

（1）更大

基于 IPv4 的互联网地址在 2010 年彻底耗尽，下一代互联网将采用 IPv6 协议，在地址空间设计上采用 128 位长度，其地址容量约为 3.4×10^{38}，可充分解决地址空间不够的问题，地址规模上无后顾之忧，因此有人形象地说，世界上每一粒沙子都可以分到一个 IP 地址。

（2）更快

下一代互联网与传统的宽带概念不同，它强调端到端的高速，而不是目前的接入概念，伴随着传输技术的发展，下一代互联网的速度在任何一个端与端之间都有可能达到100Mbit/s以上。

（3）更安全

目前的互联网因为各种原因，存在严重的安全隐患。比如，现在的互联网只管到哪里去，而不问从哪里来，从而造成了很多安全隐患。但下一代互联网不仅要管到哪里去，而且要管从哪里来，这些都将从根本上解决安全问题。

（4）更便捷

下一代互联网将突出地以用户的便捷使用为原则，因此一切便捷的服务将完全渗透到下一代互联网中，如无线网络将会成为下一代互联网的主要网络，而不会像现在这样处于补充地位。

1.7.2 下一代互联网的发展

随着移动互联网、语音/数据的融合以及嵌入式互联设备的快速发展，以 IP 协议为核心的未来通信模式正在形成。但随着互联网应用的发展，基于 IPv4 的互联网在实际应用中越来越暴露出其不足之处，基于 IPv6 的下一代互联网的研究和建设日益受到重视。

（1）Internet 2

Internet 2 是指由美国 120 多所大学、协会、公司和政府机构共同努力建设的网络，它的目的是满足高等教育与科研的需要，开发下一代互联网高级网络应用项目。但在某种程度上，Internet 2 已经成为全球下一代互联网建设的代表名词。

Internet 2 的应用将贯穿高等院校的各个方面，包括项目协作、数字化图书馆、科学研究和远程学习。

Internet 2 也为各种不同服务策略提供了试验场所，比如，怎样对预留带宽进行收费等。除试验外，点对点应用、高清晰视频会议、远程医疗，包括远程诊断和监视也是 Internet 2 努力实现的目标。大量的交互式图形/多媒体应用也将是 NGI 的主要候选项目，其中包括科学研究可视化、合作型虚拟现实（VR）和 3D 虚拟环境等应用。

（2）CNGI

我国在 2003 年启动了"中国下一代互联网示范工程"（CNGI），以促进 NGI 在中国的普及与发展。CNGI 工程由包括信息产业部、国家科技部、国家发展和改革委员会和中国工程院等在内的 8 个部委联合发起，并经国务院批准启动，由国家专项基金支持，计划投入经费 14 亿元人民币，于 2005 年年底前建成一个由多个运营商参与，覆盖全国的世界上最大的 IPV6 示范网。CNGI 项目的启动，标志着我国作为国家战略全面推动和加速 IPV6 产业的发展已经明确。

由于目前各国对该协议标准的研究均处于同一水平，而且 IPv6 是国际公认的、开放的标准，谁先投入开发、研究，谁就能掌握更多的主动权。下一代互联网的发展，给了我们机会与机遇，所有配套的软硬件都将重新洗牌，这给了我国研究机构与企业掌握核心技术的一个机会。

我国下一代互联网的建设将是我国实现跨越式发展，赶超世界先进国家的一次重要机遇。IPv4 地址匮乏、人口基数庞大和互联网在我国的迅速扩张使我国更容易首先接受 IPv6。IPv6 将首先在我国广泛应用，使我国在下一代互联网的竞争中处于有利地位。

(3) CERNET 2

2004年12月25日，国家发展和改革委员会、教育部等8部委联合宣布，中国第一个下一代互联网——"中国下一代互联网示范工程"（CNGI）核心网 CERNET 2 主干网正式开通，这是世界上规模最大的 IPv6 互联网。这标志着我国下一代互联网建设全面拉开序幕，在世界下一代互联网发展上取得了先机。

CERNET 2 即中国第二代中国教育和科研计算机网，是"中国下一代互联网示范工程"（CNGI）中最大的核心网和唯一学术网，它以 2.5～10Gbit/s 速率连接全国 20 个主要城市的 CERNET 2 主干网的核心结点，为全国高校和科研单位提供 1～10Gbit/s 的高速 IPv6 接入服务，并通过中国下一代互联网交换中心 CNGI-6I，高速连接全球的下一代互联网。

CERNET 2 主干网采用纯 IPv6 协议，为基于 IPv6 的下一代互联网技术提供了广阔的试验环境。CERNET 2 还大量采用具有我国自主知识产权的核心网络技术和产品，成为我国研究下一代互联网技术、开发基于下一代互联网的重大应用，推动下一代互联网产业发展的关键性基础设施。

CERNET 2 将支持全新的更丰富的下一代互联网的重大应用，包括网格计算、高清晰度电视、大规模视频通信、个人移动视频语音通信、智能交通、环境地震监测、远程医疗、远程教育等。

1.8 习题

1. 名词解释

（1）互联网网络；（2）下一代互联网络；（3）互联网的体系结构；（4）Intranet 网络。

2. 填空题

（1）计算机网络的拓扑结构主要有_____、_____、_____、_____和_____。

（2）按顺序写出 OSI 参考模型中的 7 个层次，它们是_____。

（3）互联网的应用主要有_____、_____、_____、_____等。

（4）在互联网中，衡量网络性能的主要指标有_____、_____、_____。

3. 选择题

（1）下一代互联网最突出的优点是【   】。

　　A）地址大　　　　B）内存容量大　　　C）运算速度快　　　D）共享资源

（2）在组建互联网时，经常采用的拓扑结构是【   】。

　　A）星形　　　　　B）网状　　　　　　C）环形　　　　　　D）总线型

（3）计算机网络按其所涉及范围的大小和计算机之间互连的距离，其类型可分为【   】。

　　A）局域网、广域网和混合网　　　　　B）分布的、集中的和混合的

　　C）局域网和广域网　　　　　　　　　D）通信网、因特网和万维网

4. 简答题

（1）说明 Internet 和 Intranet 的概念及区别。

（2）互联网是由什么组成的？

（3）OSI 模型及各层之间的关系是什么？

（4）简述互联网的主要应用。
5. 论述题
（1）阐述如何选择网络拓扑结构。
（2）阐述在什么环境下最适于用简单的总线结构。
（3）阐述我国互联网的发展历程。

第 2 章 互联网技术

在构建互联网时,需要用到很多互联网及网络技术,包括通信协议、体系结构、接入方法等。本章主要介绍互联网的基本技术、IPv6 基本知识和接入互联网的方法。

2.1 互联网的基本技术

用户接入互联网时需要掌握互联网的一些最基本的技术,包括互联网的体系结构、工作方式以及与互联网有关的通信协议等。

2.1.1 互联网的结构

互联网具有一种独特的结构,它是以通信网络的体系结构为基础,将不同的网络技术统一起来的一种高级技术,是一种解决了异种网的通信问题,可向用户提供一致的通信服务的结构。

1. 互联网结构的特点

互联网结构具有以下特点:

1)对用户隐蔽网络的低层结点,用户不必了解硬件连接的细节。
2)不指定网络互连的拓扑结构,尤其在增加新的网络时不要求全互连或严格地按星形连接。
3)能通过各种网络收发数据。
4)网络的所有计算机共享一个全局的标识符(域名或地址)。
5)用户界面独立于网络,即建立通信和传输数据的一系列操作与低层网络技术无关。

由于以上特点,在用户看来,互联网是一个统一的网络。在某种意义上,可以把它看成是一个虚拟网:在逻辑上它是统一的、独立的,在物理上则由不同的网络互连而成。正是由于互联网的这种特性,广大互联网用户并不关心网络的连接,而是关心网间提供的丰富资源。

2. 应用 TCP/IP 技术实现网络互连

互联网通过 TCP/IP 技术实现互连。TCP/IP 技术实质上是在低层网络技术与高层应用程序之间增加一个中间软件层,以此屏蔽和抽象硬件细节,这样互连的网络便以一个一致性的大网的面目出现。

互联网中含有许多不同的复杂网络和不同类型的计算机,将它们连接在一起又能互相通信,依靠的是 TCP/IP 协议。按照这个协议,接入互联网的每一台计算机,包括路由器在内,都要指定一个唯一的地址标识,这个地址标识叫 IP 地址。要把计算机接入互联网,就要从互联网有关管理部门获得 IP 地址。

IP 地址具有固定、规范的格式,同时具有唯一性,即所有接入互联网的计算机都具有唯一的 IP 地址。为了保证数据报的路由选择和传送得以实现,发送方计算机在通信之前必须知道接收方的 IP 地址。

3. 使用中间计算机实现网关

互联网中各种网络之间的连接是借助中间计算机实现的。在互联网中,网络连接包含两层内容:首先,两个网络要通过一台中间计算机实现物理连接,这台中间计算机同时属于两个网络；其次，中间计算机要实现在两个网络间的分组交换，涉及寻找路径和协议转换等问题。

2.1.2 TCP/IP 协议

要实现网络的互连必须遵守一个共同的协议，在这个协议的管理之下进行网络及各种网络间的互连，这个协议就是网络协议。网络协议的种类很多，作为互联网使用的通信协议，TCP/IP 协议得到了广泛的应用和推广。

20 世纪 70 年代中期，美国国防部高级研究计划局（DARPA）为实现异构系统间的互连，成立了由斯坦福（Stanford）大学和 BBN（Bott、Beranek 和 Newman）组成的研究组，致力于研究通信协议。在 20 世纪 70 年代末，完成了开发和研究工作，形成了应用于 ARPA-NET 网络的网间协议簇——TCP/IP，即传输控制协议（TCP）和网际协议（IP）。随后在 DARPA 的资助下，把 TCP/IP 协议集成到加利福尼亚大学伯可利分校开发的 BSD 版本的 UNIX 中，用于任何组合的互联网系统间的通信。今天几乎所有的工作站和采用 UNIX 的小型机都使用 TCP/IP 协议，它们既能在局域网中应用，也能用于广域网通信。

TCP/IP 协议包含底层协议规范，如 TCP 和 IP，也包含应用层协议规范，如电子邮件、终端仿真、文件传输等。

1. TCP/IP 协议的基本概念

TCP/IP 协议是互联网采用的协议标准，也是全世界采用的最广泛的工业标准。实际上 TCP/IP 是一个协议系列，包含了 100 多个协议，用来将各种计算机和数据通信设备组成计算机网络，由于 TCP（传输控制协议）和 IP（网际协议）是其中最基本、最重要的两个协议，因此，通常用 TCP/IP 协议来代表整个互联网协议系列。

2. TCP/IP 协议簇

在 TCP/IP 协议簇中，IP 与 TCP 一起组成了 TCP/IP 协议簇的核心。

（1）网际协议（IP）

网际协议是互联网最基本、最重要的协议，通常缩写为 IP。

IP 协议提供了 3 个基本功能：第一是基本数据单元的传送，规定了通过 TCP/IP 网的数据的格式；第二是 IP 协议软件执行路由功能，选择传递数据的路径；第三是确定主机和路由器如何处理分组的规则，以及产生差错报文后的处理方法。

为了区分互联网分组和其他网络的分组，把 IP 协议定义的分组叫做 IP 数据报。互联网用与电报局处理电报基本相同的方式处理分组，即一旦发送方生成一个分组并将其发送到互联网上，发送方就可以像打完电报那样进行其他处理了。

IP 协议定义的数据报是有限长的，包括报头以及数据，报头信息包括源地址、目的地址、报文长度等，由接收端系统的主机和路由器处理报头信息。

互联网如何在不能识别 IP 数据报格式的网络之间发送 IP 数据报呢？互联网采用了网络分组的办法，即把 IP 数据报放在一个网络分组中，将它从某个网络上发送出去。当网络分组到达下一台计算机时，该计算机"打开"网络分组并取出数据报。当检查发现分组的目的地址不是本计算机时就生成一个新的网络分组，把数据报再"装入"其中并传送到下一个网络。如此反复，直至到达目的地，目的地计算机上的软件将分组"打开"，对数据报进行处理。

每个主机和路由器保持一张路径选择表，对每个可能的目的网络，路径选择表给出 IP 数据报应该送往下一个路由器的地址以及到达目的地址的步数。

（2）地址解析协议（ARP）和反向地址解析协议（RARP）

在局域网中，所有站点是通过网络介质访问控制层的 MAC 地址来确定报文发往的目的地址的；而在互联网中，目的地址是靠 IP 规定的地址来确定的。由于 MAC 地址与 IP 地址之间没有直接的关系，也就是说，由 IP 地址不能算出 MAC 地址，因此需要通过 IP 协议簇中另外两个协议动态地发现 MAC 地址和 IP 地址间的关系，这两个协议分别是地址解析协议，（Address Resolution Protocol，ARP）和反向地址解析协议（Reversed Address Resolution Protocol，RARP）。

ARP 协议采用广播消息的方法来获取网上 IP 地址对应的 MAC 地址，对于使用低层介质访问机制的 IP 地址来说，ARP 协议是非常通用的。当一台主机要发送报文时，首先通过 ARP 获取 MAC 地址，并把结果存储在 ARP 缓存的 IP 地址和 MAC 地址映射表中，下次该站需要发送报文时，就不用再发送 ARP 请求，只要在 ARP 缓存中查找就可以了。

与 ARP 协议类似，RARP 协议也是采用广播消息的方法来决定与 MAC 地址相对应的 IP 地址。RARP 协议对于网络上的无盘站点来说显得尤为重要，因为无盘站点在系统引导时根本无法知道自己的 IP 地址。

当存在 ARP 缓存表中的 MAC 地址和 IP 地址的对应关系发生变化时，就要随时更新和修正。另外，可以通过手工方式把 IP 地址和 MAC 地址插入到 ARP 缓存表中，将对应关系变为静止状态，这样可以减少网络中 ARP 的通信量，同时也可以利用这一技术把工作站的 IP 地址和 MAC 地址绑定在一起，避免其他用户对 IP 地址的盗用。

（3）传输控制协议（TCP）

传输控制协议（TCP）是为了解决互联网上分组交换通道中数据流量超载和传输拥塞的问题而设计的，使数据传输和通信更加可靠。TCP 负责将数据从发送方正确地传递到接收方，是端到端的数据流传送。TCP 是面向连接的，因此在传送数据之前，先要建立连接。数据有可能在传输中丢失，TCP 能检测到数据的丢失，并且重发数据，直至数据被正确地、完全地接收。TCP 对通过互联网发送数据提供可靠的传送机制，不管经过多少个网络，它总能保证数据可靠、按次序、完全、无重复地传递。

TCP 功能包括为了取得可靠的传输而进行的分组丢失检测，收不到确认的信息则自动重传，以及处理延迟的重复数据报。它对高层协议的数据结构不产生影响，对来自高层协议的数据就像它们是不间断的数据流一样。因此，对这些数据的所有处理都是由高层协议进行的。TCP 还能进行流量控制和差错控制。

（4）用户数据协议（UDP）

UDP 的报头格式只有源端口、目的端口、长度和校验和。它采用无连接的方式向高层提供服务，与远方的 UDP 实体不建立端对端的连接，只将数据报送上网络或者从网络上接收数据，它不保证数据的可靠投递。UDP 根据端口号对应用程序进行多路复用，并利用校验和检查数据的完整性，如 Ping、TFTP、SNMP 等高层应用就采用 UDP 协议传输。

3. TCP/IP 协议与 OSI 参考模型间的对应关系

TCP/IP 一些重要的协议簇，以及它们与 OSI 参考模型之间的对应关系如图 2-1 所示。

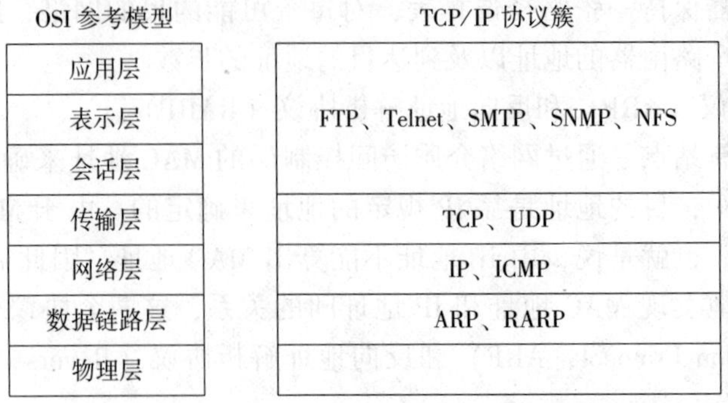

OSI 参考模型	TCP/IP 协议簇
应用层	
表示层	FTP、Telnet、SMTP、SNMP、NFS
会话层	
传输层	TCP、UDP
网络层	IP、ICMP
数据链路层	ARP、RARP
物理层	

图 2-1　TCP/IP 协议簇与 OSI 参考模型间的对应关系

对应开放系统互连 OSI 模型的层次结构，可将 TCP/IP 协议系列分成 4 个层次的结构，分别对应 OSI 的数据链路层、网络层、传输层和应用层。

（1）数据链路层与 TCP/IP 协议的对应关系

数据链路层也称网络接口层，对应的协议有地址解析协议（ARP）和反向地址解析协议（RARP），其功能是接收和发送 IP 数据报。它包括设备驱动器和计算机网络接口卡，以及其他具体的物理接口。

（2）网络层与 TCP/IP 协议的对应关系

网络层也称互联网层，即网络互联层，对应的协议有 IP 和 ICMP。它处理网上分组的传送以及路由至目的站点。它接收请求，将传输层传来的数据包装成 IP 数据报，使用数据报路由算法，以决定其路由去向，发送至目的站点。它还处理来自网上的数据包，并使用路由算法，以决定是本地接收或转发出去。

（3）传输层与 TCP/IP 协议的对应关系

传输层提供两台计算机之间端对端的数据传送，对应的协议有 TCP 和 UDP。TCP 在两台计算机之间提供可靠的数据流，它的功能包括将来自应用层的数据分成适合于网络层的数据格式，响应接收的分组、设置超时的时间。由于 TCP 提供了可靠的数据流，因此应用层不需要考虑这些细节。UDP 则只为应用层提供简单的服务，它将分组的数据报从一个主机送到另一个主机，但并不保证数据报一定能送到目的主机。为了确保数据的可靠传送，要由应用层进行相应的处理。

（4）应用层与 TCP/IP 协议的对应关系

应用层处理特定的应用，对应的协议主要包括远程登录（Telnet）、文件传送协议（FTP）、简单邮件传送协议（Simple Mail Transfer Protocol，FTP）、简单网络管理协议（Simple Network Management Protocol，SNMP）和 NFS。用户的应用程序可访问相应的服务，选择传送类别（数据报或者是字节流）并将它们传至传输层。

4. TCP 与 IP 协同工作

尽管 TCP 与 IP 两个协议可以单独使用，但它们是作为一个系统的整体来设计的，事实上它们也是协同工作，相互补充的。IP 提供了将数据分组从源计算机传送到目的计算机的方法，而 TCP 提供了解决数据在互联网中传送过程中丢失数据报、重复传送数据报和数据报失序的方法，从而保证了数据的可靠传输。

IP 提供了灵活性（指 IP 可以使用各种类型的网络和几乎所有类型的计算机通信技术），而 TCP 提供了可靠性（TCP 随时监视互联网的运行情况并自动适应，即使在互联网暂时出现拥塞的情况下，TCP 也能保证可靠的通信）。

TCP/IP 是一组高效率的软件，它既能在小型、低速的计算机上运行，也能在大型、高速的计算机上运行，在微型计算机上也运行得很好。

5. 高层协议与 TCP/IP 连接

在 TCP/IP 协议簇中包含了许多高层协议提供的非常广泛的应用，如网络管理、文件传输、终端仿真、电子邮件等。TCP 和 UDP 通过端口号与高层应用交换数据，在接收方，IP 协议的标识号先于端口号进行检查，而 TCP 和 UDP 对端口号的使用彼此独立。

端口号的使用是很严格的，而且受到限制。1~255 的端口号称为公用端口号，许多操作系统将这些端口号当做受保护的固定端口号。这些端口号只能被具有特殊操作系统权限的进程使用，剩余的端口才能被普通的进程使用。表 2-1 中列出了常见的高层协议、功能描述以及它们所用的端口号。

表 2-1 高层协议端口功能描述

端 口 号	关 键 字	描 述
15	Netstat	网络状态程序
21	FTP	文件传送协议
23	Telnet	远程登录
25	SMTP	简单邮件传送协议
42	Name server	主机名字服务器
53	Domain	域名服务器
67	Bootps	引导协议服务器
68	Bootpc	引导协议客户
69	TFTP	平凡文件传输协议
79	Finger	系统上的用户信息
101	NIC name	NIC 主机名字服务
110	POP3	POP3 邮政协议
119	NNTP	USENET 新闻信息组

2.1.3 IP 地址

为了使接入互联网的主机在通信时能够相互识别，互联网上的每一台主机都分配有一个唯一的 IP 地址，也称为网际地址。IP 地址类似于电话网中的电话号码，它是每个主机和网络设备的地址号码。

1. IP 地址的组成

IP 地址是一个 32 位的二进制无符号数，为了表示方便，国际通行一种"点分十进制"表示法：即将 32 位地址按字节分为 4 段，高字节在前，每个字节用十进制数表示出来，并且各字节之间用点号"."隔开。这样，IP 地址表示成了一个用点号隔开的 4 组数字，每组数字的取值范围只能是 0~255。

IP 协议的地址通常划分成两部分或者三部分，第一部分指定网络的地址，第二部分（如果存在）指定子网的地址，最后一部分指定主机的地址。当网络管理员将整个网络划分成若干个子网时，子网地址才会有意义。网络地址、子网地址和主机地址等段的长度是可以改变的。

2. IP 地址的类型

IP 协议的寻址方式支持 5 种不同的网络类型，地址格式的最左边的一个或多个二进制位通常用来指定网络的类型。

（1）A 类网络地址

最高位为 0，主要是为大型网络设计的，它提供的网络地址字段的长度仅为 7 位，主机地址字段的长度达到 24 位，其格式为：

nnn.hhh.hhh.hhh（001.hhh.hhh.hhh…127.hhh.hhh.hhh）

其中 127.0.0.1 是一个特殊 IP 地址，表示主机本身，用于本地机器上的测试和进程间的通信。

（2）B 类网络地址

最高两位为 10，分别为网络地址字段和主机地址分配了 14 位和 16 位，这种分配方式在网络地址和主机地址之间提供了一种很好的组合，其格式为：

nnn.nnn.hhh.hhh（128.001.hhh.hhh…191.254.hhh.hhh）

（3）C 类网络地址

最高 3 位为 110（二进制数），分别为网络地址字段和主机地址分配了 22 位和 8 位，这种分配方式在很大程度上限制了同一网络中所能容纳的主机数目，其格式为：

nnn.nnn.nnn.hhh（192.000.001.hhh…223.255.254.hhh）

（4）D 类网络地址

4 个最高的二进制位按顺序分别设置为 1110，在 RFC1112 中规定，即将其留作 IP 多路复用组使用，如 224.0.0.5 和 224.0.0.6 分配给了 OSPF。

（5）E 类网络地址

按 IP 协议规定也是留作将来使用，其中 4 个最高的二进制位按顺序分别设置为 1111。在图 2-2 中分别说明了 A 类、B 类、C 类、D 类和 E 类网络的地址格式中第一字节的值。

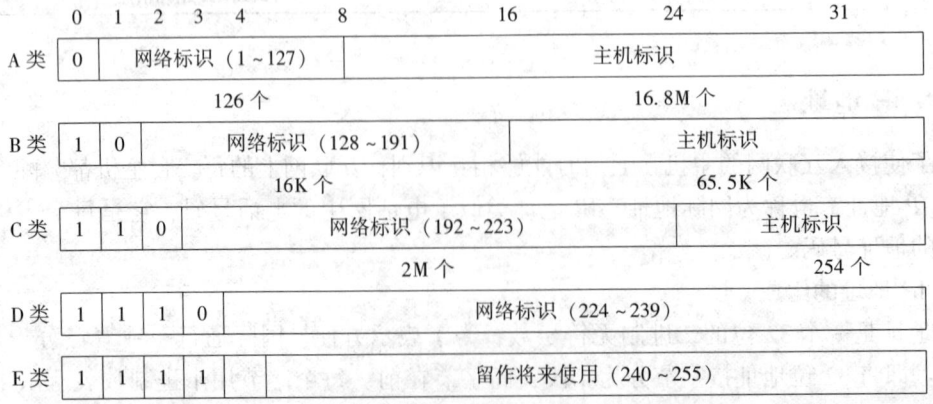

图 2-2 网络的地址格式中第一字节

当主机标识部分的二进制编码全为 0 时，该网络号解释为本地地址，当主机标识部分的二进制编码全为 1 时，该网络号解释为本地网络内的广播地址，用于网络上的所有主机。

3. 子网

如果网段内的主机数目不多，可以用主机的某些地址把网段划分成更小的单元，即子网。子网的划分为网络管理员提供了更大的灵活性。

举例来说，一个网络采用的是 B 类网络的地址格式，这时网络中的所有结点的地址都必须与 B 类网络的地址格式一致。假设当前网络地址采用点分十进制表示为 128.10.0.0，那么，主机地址字段内的 16 位二进制 0 表示整个网络。如果仅需要用 8 位二进制表示主机地址，网络管理员就没必要将所有的地址改变成其他类型的网络号，可以采用子网的方法将整个网络划分成若干个部分。从主机地址字段中借若干位用来表示子网的地址，如图 2-3 所示。

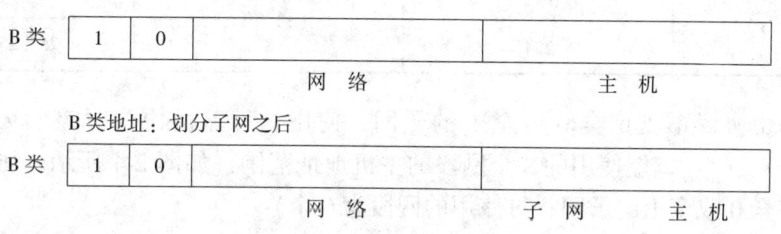

图 2-3　子网地址的表示

如果网络管理员决定选择 8 个二进制位用做子网的地址，则 B 类网络地址中第三个字节就是子网的地址。

例如，地址 128.10.1.0 是指网络 128.10 中的子网 1，而地址 128.10.2.0 则是指网络 128.10 中的子网 2，依此类推……

4. 子网掩码

从主机地址中借用来表示子网地址的长度是可以改变的。为了指定有多少个二进制位用来表示子网的地址，IP 协议提供了子网掩码的概念。子网掩码使用了与 IP 地址相同的格式和表示方法，它将 IP 地址格式中除了被指定为主机地址之外的所有二进制位均设置为 1。

例如，当 A 类网络地址 34.0.0.0 中使用 8 个二进制位作为网络地址时，它的子网掩码为 255.0.0.0；在 B 类网络地址 134.0.0.0 中使用 8 个二进制位作为网络地址时，它的子网掩码为 255.255.0.0。在同一网段内，各个主机的子网掩码原则上应相同。

默认时，A、B、C 三类网络的掩码如下。

A 类地址：255.0.0.0；B 类地址：255.255.0.0；C 类地址：255.255.255.0。

划分子网的目的是区分不同的主机是否处在相同的网段，处于同一网段上的主机间可以直接通信，而且广播信息也被封闭在同一网段内。不同网段间的主机进行通信时，必须通过路由器才能互相访问。那么主机和网络是如何判断信源主机和信宿主机是否在同一网段上呢？这就要利用网络的掩码来区分。方法是把信源主机的地址和信宿主机的地址分别与所在网段的掩码进行二进制"与"操作，如果产生的两个结果相同，则在同一网段；如果产生的两个结果不同，则两台主机不在同一网段，这两台主机要进行相互访问时，必须通过一台路由器进行路由转换。下面以 B 类子网为例，说明各种掩码所能划分的网段数目，见表 2-2。

表 2-2 B 类地址子网划分

子网数	每个子网内的主机数	所需位数	子网掩码
0	32766	1	255.255.128.0
2	16382	2	255.255.192.0
6	8190	3	255.255.224.0
14	4094	4	255.255.240.0
30	2046	5	255.255.248.0
62	1022	6	255.255.252.0
126	510	7	255.255.254.0
254	254	8	255.255.255.0

早期的路由协议不支持全 0 或全 1 的子网，使用这种路由协议时该段无效。以掩码 255.255.224.0 为例，它能使用的 8 个网段的主机地址范围，如图 2-4 所示（如果采用的路由协议不支持全 0 或全 1 的子网，可使用的网段为 6 个）。

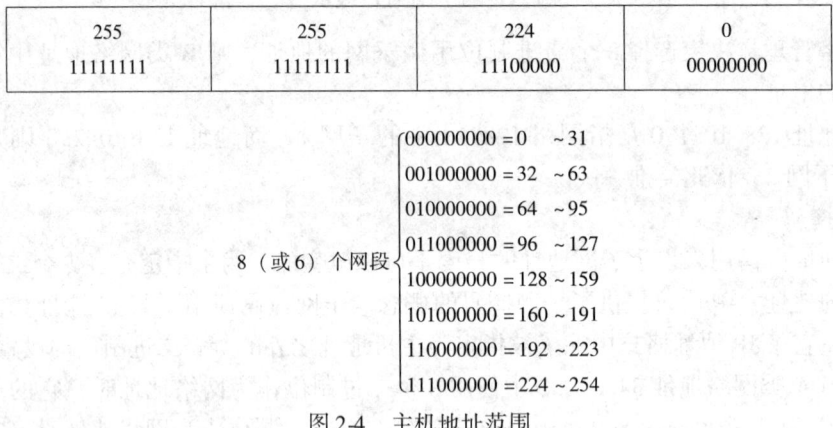

图 2-4 主机地址范围

2.1.4 域名

虽然使用 IP 地址可以唯一地识别互联网上的一台主机。但是，对用户来说 IP 地址太抽象了，而且因为它用数字表示，要记住 IP 地址的数字是很困难的。为了便于使用和记忆，也为了便于网络地址的分层管理和分配，从 1984 年开始互联网采用域名服务系统（Domain Name System，DNS 域名管理系统）对 IP 进行管理。

1. 计算机的命名

因为 IP 地址比较难记，人们喜欢用以字母表示的计算机名字来代替用数字表示的计算机地址，于是就想到了由互联网的应用软件将计算机的名字转换成相应的计算机的地址。

给计算机命名基于以下 3 个因素：

1）互联网允许每个用户为计算机命名。
2）互联网允许用户输入计算机的名字。
3）互联网提供了一种将计算机的名字翻译成计算机地址的服务。
互联网上每台计算机的名字必须能唯一地区别于其他计算机。

2. 域名系统的结构

域名系统的结构是层次型的，如 cn 代表中国的计算机网络，cn 就是一个域。域下面按领域又分子域，子域下面又有子域。在表示域名时，自右到左越来越小，用圆点"."分开。例如，bjtu.edu.cn 是一个域名，cn 代表中国域；edu 表示网络域 cn 下的一个子域，代表教育界；bjtu 则是 edu 下的一个子域，代表北京交通大学。

同样，一个计算机也可以命名，称为主机名。在表示一台计算机时把主机名放在其所属的域名之前，用圆点分隔开，就形成了主机域名，便可以在全球范围内区分不同的计算机了。例如，testhost.bjtu.edu.cn 表示 bjtu.edu.cn 域内名为 testhost 的计算机。

一台计算机的全名应是其局部名字后跟一个点号，再后面是其公司或组织的名字。为了防止重名，互联网的命名机制给出了用户所属组织的类型的约束名字。

例如，北京交通大学（Beijing Jiaotong University）是一个教育单位（Education Unit），则北京交通大学的所有联网的计算机都有如下的后缀：bjtu.edu.cn，以保证不同类型的组织的任意两台计算机全名互不相同。

鉴于以上分析，计算机名由局部名、组织名和组织类型名 3 部分组成。通常，每个组织都规定其所有联网计算机的名字，包括计算机名、部门名，然后接组织的后缀。这样，北京交通大学信息中心的所有上网的计算机的名字的后缀为：ic.bjtu.edu.cn。若计算机名为 center，则 center 计算机的全名为：center.ic.bjtu.edu.cn。其中，center 是局部名，表示主机的名字为 center；ic.bjtu 是组织名，表示这台主机属于北京交通大学信息中心；edu 是组织类型名，表示教育界；cn 是域，表示这台主机在中国。

3. 域名系统与 IP 地址的关系

互联网通信软件要求在发送和接收数据报时必须使用数字表示的 IP 地址。因此，一个应用程序在与用字母表示名字的计算机上的应用程序通信之前，必须将名字翻译成 IP 地址。互联网提供了一种自动将名字翻译成 IP 地址的服务。这就是域名系统的主要功能。

域名系统与 IP 地址有映射关系，它也实行层次型管理。在访问一台计算机时，既可用 IP 地址表示，也可用域名表示。

例如，chat.bjtu.edu.cn 与 192.3.41.6 指的是同一台计算机。

域名与 IP 地址的关系如同人的姓名与身份证号码的关系一样。互联网上有很多负责将主机域名转为 IP 地址的服务系统——域名服务器（DNS），这个服务系统会自动将域名翻译为 IP 地址。

一般情况下，一个域名对应一个 IP 地址，但并不是每个 IP 地址都有一个域名和它对应，对于那些不需要他人访问的计算机只有 IP 地址，而没有域名。

有时一个 IP 地址还对应几个域名。例如，北京交通大学主页的 IP 地址是202.112.144.31，它有两个域名，分别是 www.bjtu.edu.cn 和 www.njtu.edu.cn。使用 IP 地址或上述两个域名中的任意一个都可以访问同一个主页。

了解域名的知识，对于记忆域名和辨认域名是很有帮助。

例如，看到域名 mail.lib.bjtu.edu.cn，我们就可以判别它可能是中国教育网中北京交通大学图书馆的一台名叫 mail 的主机。又如 www.nju.edu.cn 是南京大学的 WWW 服务器，要查询南京大学的信息就可以从这里开始。

4. 域名服务器（DNS）

对于用户来说，使用域名比直接使用 IP 地址方便多了，但对于互联网内部数据传输来说，使用的还是 IP 地址。域名到 IP 地址的转换要用 DNS 来解决。

每个组织都有一个域名服务器，在其上面存有该组织所有上网计算机的名字及其对应的 IP 地址。当某个应用程序需要将一个计算机名字翻译成 IP 地址时，这个应用程序就与域名服务器建立连接，将计算机名字发送给域名服务器，域名服务器检索并把正确的 IP 地址送回给应用程序。当然，计算机名字和相应的 IP 地址的检索都是自动的。

DNS 实际上是一个服务器软件，运行在指定的计算机上，完成域名—IP 地址的转换。它把网络中的主机按树形结构分成域（Domain）和子域（SubDomain），子域名或主机名在上级域名结构中必须是唯一的。每一个子域都有域名服务器，它管理着本域的域名转换，各级域名服务器构成一棵树。这样，当用户使用域名查询目标 IP 地址时，应用程序先向本地域名服务器请求，本地服务器先查找自己的域名库，如果找到该域名，则返回 IP 地址；如果未找到，则分析域名，然后向相关的上级域名服务器发出申请；这样传递下去，直至有一个域名服务器找到该域名，返回 IP 地址。如果没有域名服务器能识别该域名，则认为该域名不可知。

2.1.5 网络地址翻译技术

接入互联网受到 IP 地址的许多限制。首先，许多局域网在未接入互联网之前，就已经运行许多年了，局域网上有许多资源和应用程序，但它的 IP 地址分配不符合互联网的标准，因而需要重新分配局域网的 IP 地址；其次，随着互联网的膨胀式发展，其可用的 IP 地址越来越少，要想在 ISP 处申请一个新的 IP 地址已不是很容易的事了。这不仅是费用的问题，而是由 IP 地址的现行标准 IPv4 决定的。当然，随着 IPv6 的出台，这个问题应当能够得到解决。但从 IPv4 到 IPv6 的升级不是短时间内就能完成的。

网络地址翻译技术（NAT）解决问题的办法是：在内部网络中使用内部地址，通过 NAT 把内部地址翻译成公网的 IP 地址，在互联网上使用。其具体的做法是把 IP 包内的地址域用合法的 IP 地址来替换。

NAT 的功能通常被集成到路由器、防火墙、ISDN 路由器或者单独的 NAT 设备中。NAT 设备维护一个状态表，用来把非法的 IP 地址映射到合法的 IP 地址上去。每个包在 NAT 设备中都被翻译成正确的 IP 地址发往下一级，这就给处理器带来了一定的负担。

需要注意的是，NAT 并不是一种有安全保证的方案，它不能提供类似防火墙、包过滤、隧道等技术的安全性，仅仅在包的最外层改变 IP 地址。

NAT 有 3 种类型：静态 NAT（Static NAT）、NAT 池（Pooled NAT）和端口 NAT（Port NAT，PAT）。其中静态 NAT 设置起来最为简单，内部网络中的每个主机都被永久映射成外部网络中的某个合法地址。而 NAT 池则是在外部网络中定义了一系列的合法地址，采用动态分配的方法映射到内部网络。PAT 则是把内部地址映射到外部网络的一个 IP 地址的不同端口上。根据不同的需要，各种 NAT 方案都是有利有弊。

1. NAT 池

使用 NAT 池，可以从未注册的地址空间中提供被外部访问的服务，也可以从内部网络访问外部网络，而不需要重新配置内部网络中的每台机器的 IP 地址。例如，某企业内部子网使用 IP 地址段 192.168.0.0，由于 192.168.0.0 属于 TCP/IP 保留地址，故不能直接访问互联网。所以在路由器中设置一个 NAT 池，用来翻译来自内部网络的 IP 包，把它的 IP 地址映射成地址池（Pooled Addresses）中的合法 IP 地址。

采用 NAT 池意味着可以在内部网中定义很多的内部用户，通过动态分配的办法，共享外部 IP 地址。而静态 NAT 则只能形成一一对应的固定映射方式。当 NAT 池中动态分配的外部 IP 地址全部被占用后，后续的 NAT 翻译申请将会失败。但许多有 NAT 功能的路由器有超时配置功能。例如，在 Cisco4700 中配置成开始 15min 后删除当前的 NAT 进程，为后续的 NAT 申请预留出外部 IP 地址。通过试验表明，一般的外部连接不会很长，所以短的时间阈值也可以接受。当然用户可以自行调节时间阈值，以满足各自的需求。

NAT 池在提供很大灵活性的同时，也影响到网络原有的管理功能。例如，SNMP 管理站利用 IP 地址来跟踪设备的运行情况。但使用 NAT 池之后，那些被翻译的地址对应的内部地址是变化的，今天可能对应一台工作站，明天就可能对应一台服务器。这给 SNMP 管理带来了麻烦。一个可行的解决方案就是把划分给 NAT 池的那部分地址在 SNMP 管理平台上标记出来，对于这些不响应管理信号的地址不予报警，如同它们被关掉了一样。

2. 使用 PAT

PAT（端口地址翻译）在远程访问产品中得到了大量的应用，特别是在远程拨号用户使用的设备中。PAT 可以把内网的 IP 地址映射到外部注册 IP 地址的多个端口上。PAT 可以支持同时连接 64500 个 TCP/IP、UDP/IP，但实际可以支持的工作站个数会少一些。因为许多互联网应用（如 HTTP），实际上由许多小的连接组成。

在互联网中使用 PAT 时，所有不同的 TCP 和 UDP 信息流看起来来源于同一个 IP 地址。这个优点在小型办公室（SOHO）内非常实用，通过从 ISP 处申请的一个 IP 地址，将多个连接通过 PAT 接入互联网。实际上，许多 SOHO 远程访问设备支持基于 PPP 的动态 IP 地址。这样，ISP 甚至不需要支持 PAT，就可以做到多个内部 IP 地址共用一个外部 IP 地址上的互联网。虽然这样会导致信道的一定拥塞，但考虑到节省 ISP 上网费用和易管理的特点，用 PAT 还是很值得的。

3. 基于 NAT 的负载平衡

DNS 系列服务器解决了多个 IP 地址共用一个域名的问题。它会在响应 DNS 申请时跳跃式地寻找可用的 IP 地址。达到的效果就是一个域名可以对应多个 IP 地址。这种功能可以应用在一个 HTTP 服务器群中，利用它可以平衡多个服务器的负载。但是这里还有一个问题，IP 客户端会在本地缓冲 DNS/IP 地址解析，从而使它的后续的申请都会到达同一个 IP 地址，减弱了 DNS 系列服务器的作用。

使用基于 NAT 的负载平衡方案，则可以避免这个问题。路由器或其他 NAT 设备把需要负载平衡的多个 IP 地址翻译成一个公用的 IP 地址，每个 TCP 连接被 NAT 送到一个 IP 地址，而后续的 TCP 连接则被 NAT 送到下一个 IP 地址，真正实现了负载平衡。

2.1.6 动态主机配置协议

动态主机配置协议（Dynamic Host Configuration Protocol，DHCP）在 TCP/IP 网络上使客户机获得配置信息的协议。它是基于 BOOTP 协议（BOOTP 原本是用于无磁盘主机连接的网络；网络主机使用 BOOT ROM 而不是磁盘启动并连接上网络，BOOTP 则可以自动地为那些主机设定 TCP/IP 环境。但 BOOTP 有一个缺点：在设定前需要事先获得客户端的硬件地址，而且与 IP 的对应是静态的。换而言之，BOOTP 非常缺乏"动态性"，若在有限的 IP 资源环境中，BOOTP 的一一对应会造成非常大的浪费），并在 BOOTP 协议的基础上添加了自动分配可用网络地址等功能。这两个协议可以通过某些机制互操作。

DHCP 向网络主机提供配置参数，它由两个基本部分组成：一部分是向网络主机传送专用的配置信息；另一部分是给主机分配网络地址。DHCP 是基于客户/服务器模式的，在这种模式下，专门指定的主机分配网络地址，传送网络配置参数给需要的网络主机，被指定的主机称为服务器。

DHCP 支持 3 种 IP 地址分配方法。第一种是自动分配，DHCP 给用户分配一个永久的 IP 地址。第二种是动态分配，在这种情况下，用户可以取得一个 IP 地址，但有时间限制。第三种是手工分配，在这种方法下，用户的 IP 地址是由管理员手工指定的，DHCP 服务器只需要将这个指定的 IP 地址传送给用户即可。

动态分配是唯一一种允许自动重用地址的机制，这种方法对于临时上网用户，而且网络的 IP 地址资源又有限的时候特别有用。而手工指定对于管理不希望使用动态 IP 地址的用户十分方便，不会因为手工指定而和 DHCP 冲突或和别的已经分配的地址冲突。

DHCP 的设计目标如下：

1) DHCP 应该是一种机制而不是策略，它必须允许本地系统管理员控制配置参数，本地系统管理员应该能够对所希望管理的资源进行有效的管理。

2) 客户不需要进行手工配置，应该在客户不参与的情况下发现适合于本地机的配置参数，并利用这些参数加以配置。

3) 不需要对单个客户配置网络。在通常情况下，网络管理员没有必须输入预先设计好的用户配置参数。

4) DHCP 不需要在每个子网上有一个服务器，DHCP 服务器可以和路由器、BOOTP 转发代理一起工作。

5) DHCP 客户必须对多个 DHCP 服务器提供的服务作出响应。出于对网络稳定性与安全性的考虑，有时需要为网络加入多个 DHCP 服务器。

6) DHCP 必须静态配置，而且必须以现存的网络协议实现。

7) DHCP 必须能够和 BOOTP 转发代理互操作。

8) DHCP 必须能够为现有的 BOOTP 客户提供服务。

下面几个设计目标是针对网络层参数而设计的：

1) 不允许几个客户同时使用一个网络地址。

2) 在 DHCP 客户重新启动后仍然能够保留原先的配置参数，如果可能，客户应该被指定为相同的配置参数。

3) 在 DHCP 服务器重新启动后仍然能够保留客户的配置参数，如果可能，即使 DHCP

机制重新启动，也应该能够为客户分配原有的配置参数。

4）能够为新加入的客户自动提供配置参数。

5）支持对特定客户永久固定分配网络地址。

2.1.7 IP 组播技术

随着互联网的迅速发展，上网人数正以几何级数快速增长，以因特网技术为主导的数据通信在通信业务总量中的比例迅速上升，因特网业务已成为多媒体通信业中发展最为迅速、竞争最为激烈的领域。互联网的网络传输和处理能力的大幅提高，使得网上应用业务越来越多，特别是视音频压缩技术的发展和成熟，使得网上视音频业务成为互联网上最重要的业务之一。

在互联网上实现的视频点播（VOD）、可视电话、视频会议等视音频业务和一般业务相比，有着数据量大、时延敏感性强、持续时间长等特点。因此，采用最少时间、最小空间来传输和解决视音频业务所要求的网络利用率高、传输速度快、实时性强的问题，就要采用不同于传统单播、广播机制的转发技术及 QoS 服务保证机制来实现，而 IP 组播技术是解决这些问题的关键技术。

1．IP 组播技术的概念

IP 组播（也称多址广播或组播）技术，是一种允许一台或多台主机（组播源）发送单一数据包到多台主机（一次的，同时的）的 TCP/IP 网络技术。组播作为一点对多点的通信，是节省网络带宽的有效方法之一。在网络音频/视频广播的应用中，当需要将一个结点的信号传送到多个结点时，无论是采用重复点对点通信方式，还是采用广播方式，都会严重浪费网络带宽，只有组播才是最好的选择。组播能使一个或多个组播源只把数据包发送给特定的组播组，而只有加入该组播组的主机才能接收到数据包。目前，IP 组播技术被广泛应用在网络音频/视频广播、VOD、网络视频会议、多媒体远程教育、推（push）技术（如股票行情等）和虚拟现实游戏等方面。

2．IP 组播地址和组播组

IP 组播通信必须依赖于 IP 组播地址，在 IPv4 中它是一个 D 类 IP 地址，范围从 224.0.0.0 到 239.255.255.255，并被划分为局部链接组播地址、预留组播地址和管理权限组播地址 3 类。

其中，局部链接组播地址：224.0.0.0～224.0.0.255，是为路由协议和其他用途保留的地址，路由器并不转发属于此范围的 IP 包。

预留组播地址：224.0.1.0～238.255.255.255，用于全球范围或网络协议。

管理权限组播地址：239.0.0.0～239.255.255.255，可供组织内部使用，类似于私有 IP 地址，不能用于互联网，可限制组播范围。

使用同一个 IP 组播地址接收组播数据包的所有主机构成了一个主机组，也称为组播组。一个组播组的成员是随时变动的，一台主机可以随时加入或离开组播组，组播组成员的数目和所在的地理位置也不受限制，一台主机也可以属于几个组播组。此外，不属于某一个组播组的主机也可以向该组播组发送数据包。

3．组播协议

组播协议主要包括组管理协议（IGMP）和组播路由协议。

组管理协议（IGMP）：主机使用 IGMP 通知子网组播路由器，希望加入组播组；路由器使用 IGMP 查询本地子网中是否有属于某个组播组的主机。

组播路由协议：在一个实际网络中实现组播数据包的转发，除了要求介于组播源和接收者之间的路由器、交换机、TCP/IP 栈、防火墙都支持组播外，还必须在各个互连设备上运行可互操作的组播路由协议。组播路由协议可分为 3 类：密集模式协议（如 DVMRP、PIM-DM）、稀疏模式协议（如 PIM-SM、CBT）和链路状态协议（MOSPF）。

2.1.8 IP 安全性

原来的互联网安全机制只建立于应用程序级，如 E-mail 加密、SNMP v2 网络管理安全、接入安全（HTTP、SSL）等，无法从 IP 层来保证互联网的安全。本节将简单介绍 IPSec（Internet 协议安全），它是由 IETF 定义的一套在网络层提供 IP 安全性的协议。

IPSec 提供了两种安全机制：认证和加密。认证机制使 IP 通信的数据接收方能够确认数据发送方的真实身份以及数据在传输过程中是否被修改。加密机制通过对数据进行加密来保证数据的机密性，以防数据在传输过程中被窃听。IPSec 协议组包含 Authentication Header（AH）协议、Encapsulating Security Payload（ESP）协议和 Internet Key Exchange（IKE）协议。其中，AH 协议定义了认证的应用方法，提供数据源认证和完整性保证；ESP 协议定义了加密和可选认证的应用方法，提供可靠性保证。在实际进行 IP 通信时，可以根据实际安全需求同时使用这两种协议或选择使用其中的一种。IKE 协议用于密钥交换。

IPSec 的安全服务是由通信双方建立的安全联盟（SA）来提供的。SA 表示了策略实施的具体细节，包括源/目的地址、应用协议、SPI（安全策略索引）、所用算法/密钥/长度，它们决定了用来保护数据安全的 IPSec 协议、模式、算法/密钥、生存期、抗重播窗口及计数器等。

每一个 IPSec 结点都包含有一个安全策略库（SPD）。在 SPD 数据库中，每个条目都定义了要保护的是什么通信、怎样保护它，以及和谁共享这种保护。IPSec 系统在处理输入/输出 IP 流时必须参考该策略库，并根据从 SPD 中提取的策略对 IP 流进行不同的处理：拒绝、绕过或进行 IPSec 保护。

1. AH（认证头）

AH 协议为 IP 通信提供数据源认证、数据完整性和反重播保证，它能保护通信免受篡改，但不能防止窃听，适合用于传输非机密数据。AH 的工作原理是在每一个数据包上添加一个身份验证报头。此报头包含一个带密钥的 hash 散列（可以将其当做数字签名，只是它不使用证书），此 hash 散列在整个数据包中计算，因此对数据的任何更改将致使散列无效——这样就提供了完整性保护。

2. ESP（封装安全负载）

ESP 用于确保 IP 数据包的机密性（未被别人看过）、数据的完整性及对数据源的身份验证。ESP 可以单独使用，也可以和 AH 结合使用。一般 ESP 不对整个数据包加密，而是只加密 IP 包的有效载荷部分，不包括 IP 头。但在端对端的隧道通信中，ESP 需要对整个数据包加密。

ESP 的加密服务是可选的，但如果启用加密，则也就同时选择了完整性检查和认证。因为如果仅使用加密，入侵者就可能伪造包以发动密码分析攻击。

3. IKE（Internet 密钥交换协议）

IKE 主要有 3 项任务：为端点间的认证提供方法、建立新的 IPSec 连接和管理现有连接。

2.2　IPv6 基础知识

实践证明，IPv4 是一个非常成功的协议，它本身也经受了互联网规模迅速扩大的考验。但随着互联网的扩张和新应用的不断推出，IPv4 越来越显示出它的局限性。最突出的当属地址短缺问题，特别是在欧洲和亚太地区。

IPv4 采用 32 位地址长度，只有大约 43 亿个地址，按地球总人口平均，每 3 个人有 2 个 IPv4 地址。除了总量的不足外，分配不均的矛盾也很突出。在美国这个互联网早期被采用的地方，特别是 20 世纪 80 年代，几乎所有的大学和大公司都得到了一个完整的 A 类或 B 类地址，例如，IBM 公司就拥有一个 A 类地址，尽管他们只拥有少量计算机，甚至到今天，他们已经获得但还未被使用的 IPv4 地址还很多。相比之下，全中国的 IPv4 地址总量才与美国一个大学的 IP 地址数相当。

除了地址短缺外，缺乏 QoS（服务质量）保证，安全性差，对移动性支持不好等问题也很突出。例如，在目前的 IPv4 网络中，为了解决地址紧缺所大量使用的 NAT 技术就破坏了互联网端到端的传输特性。

为了解决互联网发展过程中遇到的问题，20 世纪 90 年代初，互联网工程任务组（Internet Engineering Task Force，IETF）就开始着手下一代互联网协议（IP-the next generation，IPng）的制定工作。于是成立了名为 IPng 的工作组，主要的工作是定义过渡的协议以确保当前 IP 版本和新的 IP 版本长期的兼容性，并支持当前使用的和正在出现的基于 IP 的应用程序。

IPng 工作组的工作开始于 1991 年，经过研究提出了请求说明（Request for Comments，RFC）所描述的 IPv6，从 1995 年 12 月开始进入了互联网标准化进程。

2.2.1　IPv6 的新特性

IPv6 是对 IPv4 的发展，IPv6 保留了 IPv4 中有用的特性而取消了某些规定。

（1）巨大的地址空间

在 IPv6 中 IP 地址由 32 位增加到了 128 位，从而可以支持更多的需要设定地址的结点、更多的地址级别和远程用户自动地址配置的方法。同样按地球总人口平均，每 1 个人可以拥有 5.7×10^{28} 个 IPv6 地址。

（2）全新的报文结构

IPv6 并不是简单地将 IPv4 报文头的地址部分增加到 128 位，而是使用了新的协议头格式，包括固定头部和扩展头部，一些非根本性的和可选择的字段被移到了扩展头部，这使得网络路由器在处理 IPv6 协议头时效率更高，如图 2-5 所示。

（3）全新的地址配置方式

随着技术的进一步发展，互联网上的结点不再单纯是计算机了，将包括 PDA、移动电话、各种各样的终端，甚至家用电器，这就要求 IPv6 主机地址配置更加简化。为了简化配

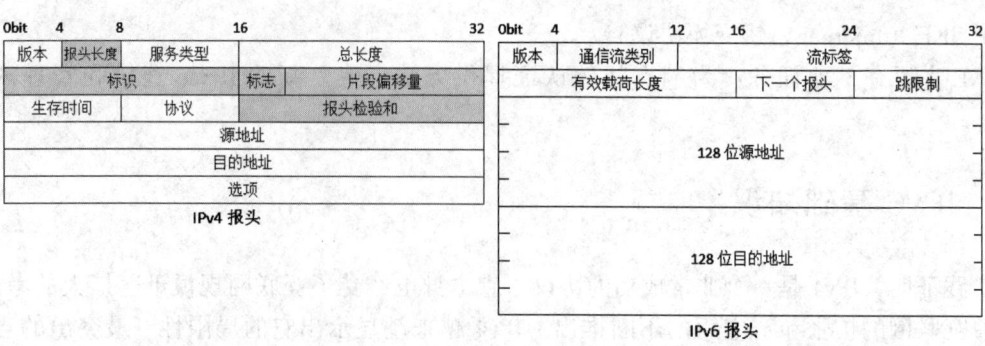

图 2-5　IPv4 和 IPv6 报文头格式比较

注：阴影字段是去掉的部分。

置，IPv6 除了支持手工地址配置和有状态自动地址配置（利用专用的地址分配服务器动态分配地址）外，还支持无状态地址配置技术。在无状态地址配置中，网络上的主机能自动给自己配置 IPv6 地址。

（4）更好的 QoS 支持

IPv6 在报头中新增加了一个叫做流标签的字段，该字段使得网络中的路由器可以对属于一个流的数据包进行识别，并提供特殊处理。利用这个标签，路由器无须打开传送的内层数据包就可以识别流。这对于实时性要求高的服务很有用。

（5）内置的安全性

IPv6 协议本身支持 IPSec，包括 AH 和 ESP 等扩展报头，这就为网络安全提供了一种标准的解决方案，提高了不同 IPv6 实现方案之间的互操作性。

（6）全新的邻居发现协议

IPv6 中的邻居发现（Neighbor Discovery）协议是一系列机制，用来管理相邻结点的交互。该协议用更加有效的组播取代了 IPv4 中的地址解析协议（ARP）。

2.2.2　IPv6 地址

1. IPv6 地址表示

根据 RFC2373 中的定义，IPv6 地址有 3 种格式，即首选格式、压缩格式和内嵌格式。

（1）首选格式

IPv6 的 128 位地址是每 16 位划分为一段，每段被转换为一个 4 位十六进制数，并用冒号隔开。下面是一个二进制的 128 位 IPv6 地址：

00100000000000010000001001010000000000000000000000000000000000001
00000000000000000000000000000000000000000000000001000101111101111

将其划分为每 16 位一段：

0010000000000001　0000001001010000　0000000000000000　0000000000000001
0000000000000000　0000000000000000　0000000000000000　0100010111101111

将每段转换为十六进制数，并用冒号隔开：

2001:0250:0000:0001:0000:0000:0000:45ef

这就是 RFC2373 中定义的首选格式。

(2) 压缩格式

上面这个 IPv6 地址中有很多 0，有的甚至一段中都是 0，表示起来比较麻烦，可以将不必要的 0 去掉，去掉后，上述地址可以表示为：

2001:250:0:1:0:0:0:45ef

这仍然比较麻烦，为了书写方便，RFC2373 中规定：当地址中存在一个或多个连续的 16 比特 0 字符时，可以用::（两个冒号）表示，但一个 IPv6 地址中只允许有一个::。

因此，上述地址又可以表示为：

2001:250:0:1::45ef

这就是 RFC2373 中定义的压缩格式。

注意，下面两个表示都是非法的：

3ffe::1001:1a2b::1(出现了多个::)

FF02:30:0:0:0:0:0:5 表示为 FF02:3::5。

(3) 内嵌 IPv4 地址的 IPv6 地址

这是作为过渡机制中使用的一种特殊表示方法。IPv6 地址的前面部分使用十六进制表示，而后面部分使用 IPv4 地址的十进制格式。例如：

0:0:0:0:0:0:192.168.1.201 或者 ::192.168.1.201。

0:0:0:0:0:ffff:192.168.1.201 或者 ::ffff:192.168.1.201。

2. IPv6 地址类型

IPv6 地址有单播、组播和任播（Anycast）3 种类型，如图 2-6 所示。IPv6 取消了原 IPv4 中的广播。

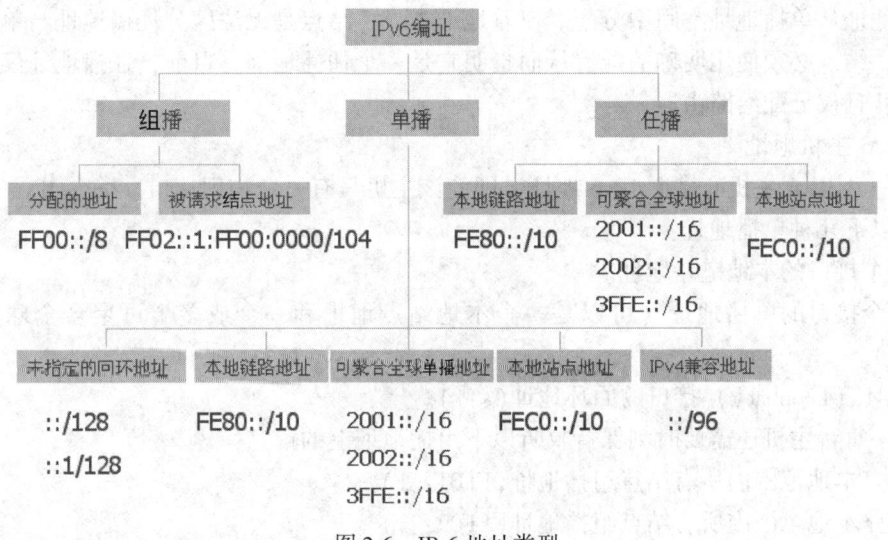

图 2-6 IPv6 地址类型

(1) 单播地址

IPv6 单播地址又分为可聚合全球单播地址（Aggregatable Global Unicast Address）、本地链路地址（Link-local Address）、本地站点地址（Site-local Address）等几种单播地址。

可聚合全球单播地址类似于我们常说的公网地址，它的最高 3 位固定为 001。

本地链路地址是IPv6某些机制使用的应用范围受限的地址类型，它的最高10位固定为1111111010，后接54位全0，因此它的特定前缀就是FE80::/64。

本地站点地址是另一种应用范围受限的地址类型，类似于IPv4中的私有地址。任何没有申请到提供商分配的可聚合全球单播地址的组织机构都可以使用本地站点地址。它的最高10位固定为1111111011，后接38位全0。

单播地址中有下列两种特殊地址。

不确定地址：单播地址0:0:0:0:0:0:0:0（也可以记作::)。它不能分配给任何结点。它的一个应用示例是接口在初始状态、还未分配地址时，可以用未指定地址作为它所发IPv6数据包的源地址。未指定地址不能用做目的地址，也不能用在IPv6路由头中。

回环地址：单播地址0:0:0:0:0:0:0:1（也可以记作::1)。结点用它来向自身发送IPv6包。它不能分配给任何物理接口。

（2）组播地址

组播是指一个源结点发送的单个数据包能被特定的多个目的结点接收到。在IPv4中，组播地址的最高4位固定为1110；在IPv6中，组播地址的最高8位为11111111。例如，FF02::2是一个本地链路范围的组播地址，FF05::2是一个本地站点范围的组播地址。

（3）任播地址

任播地址是IPv6特有的地址类型，它用来标识一组网络接口。路由器会将目标地址是任播地址的数据包发送给距本路由器最近的一个网络接口。接收方只需要是一组接口中的一个即可，例如，移动用户上网就需要根据地理位置不同，接入离用户最近的一个接收站，这样才可以使移动用户在地理位置上不受限制。

任播地址从单播地址空间中分配。仅看地址本身，结点是无法区分任播地址与单播地址的。所以，结点必须使用明确的配置从而指明它是一个任播地址。目前，任播地址仅被用于目标地址，且仅分配给路由器。

3. IPv6主机地址

通常一台IPv6主机有多个IPv6地址，即使该主机只有一个物理接口。一台IPv6主机可同时拥有以下几种单播地址：

- 每个接口的本地链路地址。
- 每个接口的单播地址（可以是一个本地站点地址和一个或多个可聚合全球单播地址）。
- 回环（Loopback）接口的回环地址（::1）。

此外，每台主机还需要时刻保持收听以下组播地址上的信息：

- 结点本地范围内所有结点组播地址（FF01::1）。
- 链路本地范围内所有结点组播地址（FF02::1）。
- 请求结点（Solicited-Node）组播地址（如果主机的某个接口加入请求结点组）。
- 组播组组播地址（如果主机的某个接口加入任何组播组）。

4. IPv6路由器地址

一台IPv6路由器可被分配以下几种单播地址：

- 每个接口的本地链路地址。
- 每个接口的单播地址（可以是一个本地站点地址和一个或多个可聚合全球单播地

址)。
- 子网-路由器任意播地址。
- 其他任意播地址（可选）。
- 回环接口的回环地址(::1)。

同样，除以上这些地址外，路由器需要时刻保持收听以下组播地址上的信息：
- 结点本地范围内的所有结点组播地址(FF01::1)。
- 结点本地范围内的所有路由器组播地址(FF01::2)。
- 链路本地范围内的所有结点组播地址(FF02::1)。
- 链路本地范围内的所有路由器组播地址(FF02::2)。
- 站点本地范围内的所有路由器组播地址(FF05::2)。
- 请求结点（Solicited-Node）组播地址（如果路由器的某个接口加入请求结点组）。
- 组播组组播地址（如果路由器的某个接口加入任何组播组）。

2.2.3 邻居发现

1. 邻居发现协议

邻居发现协议（Neighbor Discovery Protocol，NDP）实现了在 IPv4 中的地址解析协议（ARP）、控制报文协议（ICMP）中的路由器发现部分、重定向协议的所有功能，并具有邻居不可达检测机制。

当一个 IPv6 结点在网络上出现时，直接相连的链路上的其他 IPv6 结点可以通过邻居发现协议发现它，进而获得它的链路层地址。IPv6 结点也能通过邻居发现协议来查找路由器，维护路径上处于活动状态的邻居结点的可达性信息。邻居发现协议解决了连接在同一链路的结点之间交互的一系列问题，并提供了如下机制。
- 路由器发现：主机如何定位一个处于直连链路上的路由器。
- 前缀发现：主机如何发现地址前缀序列。
- 链路参数发现：结点如何获得诸如链路 MTU 等链路参数。
- 地址自动配置：结点如何自动为接口配置地址。
- 地址解析：在仅知道目的结点 IP 地址的情况下，如何确定目的结点的链路层地址。
- 邻居不可达检测：结点如何检验原来已经连通的邻居结点是否还能连通。
- 下一跳决定：如何把 IP 目的地址映射为邻居结点的 IP 地址。
- 重复地址检测：结点如何检验所要使用的地址是否已经被其他结点使用。
- 重定向：由路由器发送，将流量重定向到链路上更好的第一跳路由器地址。

上述邻居发现的各种功能是通过交换 ICMPv6 报文实现的。其中定义了 5 种不同的 ICMPv6 报文类型：

1）路由器请求（RS）——当结点主机不愿等待下一次周期性路由器公告，希望路由器立刻发送路由器公告时发送的组播报文。一个正在初始化的结点可以发送路由器请求，这样它可以马上得到链路上路由器的配置参数。RS 是类型编码为 133 的 ICMP 包。源地址是分配给发送主机的地址。如果还没有分配地址，则使用未指定地址 0:0:0:0:0:0:0:0。目的地址是所有路由器的组播地址(FF02::2)。

2）路由器公告（RA）——路由器周期性发送公告报文或对请求进行应答。路由器报告它们的存在，并提供结点配置自己所需要的网络参数。RA 报文不能由主机发出。RA 是类型编码为 134 的 ICMP 包。源地址是发送路由器的本地链路地址，目的地址是发送路由器请求的结点地址或链路范围内所有结点组播地址（FF02::1）。跳数限制为 255，确保非本链路的设备不能通过发送 RA 来试图干扰通信流。如果非本链路设备向本链路发送 RA，经过路由器以后跳数限制减 1，使该包成为非法。接受结点只认为跳数限制是 255 的 RA 是有效的。

  RA 中包含路由器生存时间。路由器生存时间告诉结点它们能将路由器作为默认路由器的时间。其值为 0 表示该路由器不是候选的默认路由器，不能出现在结点的默认路由器表中。收到 RA 的结点构造一个默认路由器表。所有发送 RA 且生存时间不为 0 的路由器都出现在该列表中。

  3）邻居请求（NS）——允许结点确定邻居的链路层地址，或者检验以前获得的地址现在是否依然有效，同时允许结点判断链路上是否存在重复的 IP 地址。它是一个类型编码为 135 的 ICMP 消息。IP 包的源地址是发请求的结点的单播地址。用做获得链路层地址时，目的地址是关联在目标 IP 地址的被请求结点的组播地址；用做可达性确认时，目的地址是单播地址。跳数限制也是 255，和 RA 中一样，用于确保收到的数据包没有穿过路由器。

  4）邻居公告（NA）——对邻居请求所发的应答或者在结点链路层地址改变时告知本地邻居结点其地址的改变。邻居公告用做应答 NS 或者在没有被请求时立即传播，如链路层地址改变等新消息。NA 是类型编码为 136 的 ICMP 包。源地址是分配给发送接口的任意有效单播地址。当应答 NS 时，目的地址是请求包的源地址，或者请求源地址是未指定地址时，目的地址是所有结点地址（FF02::1）。未经请求的宣告目的地址也是所有结点地址。跳数限制是 255。

  5）重定向——由路由器发送，将流量重定向到链路上更好的下一跳路由器地址。

  在 IPv6 中，对结点链路层地址的确定就是使用 RS 和 RA 来代替 IPv4 中的 ARP。而且，IPv6 邻居发现协议比 IPv4 中的 ARP 更加高效。原因如下：

  1）在 IPv6 中，只有关心这个机制的邻居结点才会在它们的协议栈中处理 RS 和 RA 的公告消息。而在 IPv4 中，ARP 广播使本链路上所有结点把 ARP 消息发送给 IPv4 协议栈。

  2）在 IPv6 中，结点在相同的请求中相互交换链路层地址。在 IPv4 中，需要两个 ARP 广播消息才能得到相同的结果。

2. IPv6 邻居发现协议与 IPv4 地址解析协议的区别

  IPv6 不再执行地址解析协议（ARP）或反向地址解析协议（RARP），而以邻居发现协议（NDP）中的相应功能代替，IPv6 邻居发现协议与 IPv4 地址解析协议的主要区别如下：

  1）IPv4 中地址解析协议（ARP）是独立的协议，负责 IP 地址到链路层地址的转换，对不同的链路层协议要定义不同的 ARP 协议。IPv6 中邻居发现协议（NDP）包含了 ARP 的功能，且运行于因特网控制报文协议 ICMPv6 上，更具有一般性，包括更多的内容，而且适用于各种链路层协议。

  2）ARP 协议以及 ICMPv4 路由器发现和 ICMPv4 重定向报文基于广播，而 NDP 协议的邻居发现报文基于高效的组播和单播。

  3）可达性检测的目的是确认相应 IP 地址代表的主机或路由器是否还能收发报文，IPv4 没有统一的解决方案。NDP 协议中定义了可达性检测过程，保证 IP 报文不会发送给"黑洞"。

2.2.4 地址自动配置

IPv6协议支持地址自动配置，这是一种即插即用的机制。IPv6结点通过地址自动配置得到IPv6地址和网关地址，解决了用户配置地址的问题。

主机为其接口自动配置IPv6地址时，需要进行以下步骤：

第一，创建链路本地地址；验证该地址的唯一性。

第二，确定哪些信息需要自动配置。

第三，如果自动配置，那么应通过无状态机制还是有状态机制获得，或者两者兼而有之。

这就是地址自动配置需要解决的问题。IPv6地址自动配置方式分为两种：无状态地址自动配置和有状态地址自动配置（如DHCPv6）。

有状态地址自动配置的方式是指一个结点加入IPv6网络时，允许IP结点从特殊的BOOTP服务器或DHCP服务器获取配置信息。这些协议采用状态自动配置（State Auto Configuration），即服务器必须保持每个结点的状态信息，记录着曾经把哪个地址分配给了哪个主机。

无状态地址自动配置（Stateless Auto Configuration）允许主机根据本地有效信息和路由器公告的信息来创建自己的IPv6地址。无状态地址自动配置要求本地链路支持组播，而且网络接口能够发送和接收组播包。

具体地说，在无状态地址自动配置过程中，主机首先通过将它的网卡MAC地址附加在链路本地地址前缀1111111010之后，产生一个链路本地单播地址（IEEE已经将网卡MAC地址由48位改为了64位。如果主机采用的网卡的MAC地址依然是48位，那么IPv6网卡驱动程序会根据IEEE的一个公式将48位MAC地址转换为64位MAC地址）。接着主机向该地址发出一个邻居发现请求（Neighbor Discovery Request），以验证地址的唯一性。如果请求没有得到响应，则表明主机自我配置的链路本地单播地址是唯一的。否则，主机将使用一个随机产生的接口ID组成一个新的链路本地单播地址。然后，以该地址为源地址，主机向本地链路中所有路由器多点传送一个路由器请求（Router Solicitation）来请求配置信息，路由器以一个包含一个可聚合全球单播地址前缀和其他相关配置信息的路由器宣告（Router Advertisement）作为响应。主机用它从路由器得到的可聚合全球单播地址前缀加上自己的接口ID，自动配置可聚合全球单播地址，然后就可以与互联网中的其他主机通信了。

如果没有路由器为网络上的结点服务，也就是本地网络孤立于其他网络，则结点必须寻找配置服务器来完成其配置，否则，结点必须侦听路由器公告报文。这些报文周期性地发往所有主机的组播地址，以指明诸如网络地址和子网地址等配置信息。结点可以等待路由器公告，也可以通过向所有路由器的组播地址发送组播请求来请求路由器发送公告。一旦收到路由器的响应，结点就可以使用响应的信息来完成自动配置。

使用无状态地址自动配置，无须手动干预就能够改变网络中所有主机的IP地址。例如，当企业更换了接入互联网的ISP时，将从新ISP处得到一个新的可聚合全球单播地址前缀。ISP把这个地址前缀从它的路由器上传送到企业路由器上。由于企业路由器将周期性地向本地链路中的所有主机进行路由器宣告，因此企业网络中所有主机都将通过路由器宣告收到新的地址前缀，此后，它们就会自动产生新的IP地址并覆盖原来的IP地址。

2.2.5 IPv4 向 IPv6 的过渡

1. 过渡周期

由于 IPv4 的发展已有 20 多年的历史，几乎现有的每个网络及其连接设备都支持 IPv4，因此要想在短时间内就完成从 IPv4 到 IPv6 的转换是不切实际的，IPv4 向 IPv6 的过渡需要相当长的时间才能完成。

IPv6 必须能够支持和处理 IPv4 体系的遗留问题，保护用户在 IPv4 上的大量投资。IPv4 向 IPv6 的转换应该是平稳渐进的。因此，两种协议不可避免地有个共存期，彼此间必须具有互操作性。

2. 过渡方案

在向 IPv6 过渡时，我们要解决两种场合下的通信问题：一是被现有 IPv4 路由体系分隔开的局部 IPv6 网络之间如何通信，也就是被称为在 IPv4 海洋中的 IPv6 孤岛间的通信问题；二是如何使新配置的局部 IPv6 网络能够无缝地访问现有 IPv4 资源，反之亦然。针对以上两个问题，有 3 种技术：隧道技术、双栈技术和地址翻译技术。隧道技术和双栈技术是第一个问题的解决方案，地址翻译技术是第二个问题的解决方案。

（1）隧道技术

利用隧道技术可以通过现有运行 IPv4 协议的互联网骨干网络（即隧道）将局部的 IPv6 网络连接起来。因而，隧道技术是 IPv4 向 IPv6 过渡的初期最易于采用的技术，如图 2-7 所示。

在隧道的入口处，路由器将 IPv6 的数据分组封装入 IPv4 分组中，IPv4 分组的源地址和目的地址分别是隧道入口和出口的 IPv4 地址。在隧道的出口处再将 IPv6 分组取出，转发给目的站点。隧道技术只要求在隧道的入口和出口处进行修改，对其他部分没有要求，因而非常容易实现。但是隧道技术不能实现 IPv4 主机与 IPv6 主机的直接通信。

另外，还有一种自动构造隧道的 6to4 技术。国际地址分配机构 IANA 专门为 6to4 过渡机制分配了一个永久性的 13bit 顶级聚类标识（TLA ID），相应的网络前缀是 2002::/16。例如，2002:a.b.c.d:xxxx:xxxx:xxxx:xxxx:xxxx。其中 a.b.c.d 是 IPv4 地址。利用 6to4 地址，隧道末端的 IPv4 地址可以从目的 IPv6 地址的 48bit 前缀中自动提取出来。

（2）双栈技术

双栈技术是在路由器和交换机的内部让 IPv4 和 IPv6 协议栈同时存在。IPv4 和 IPv6 是功能相近的网络层协议，两者都基于相同的下层平台，如图 2-8 所示。

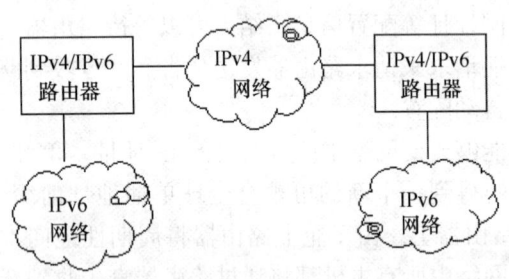

图 2-7 隧道技术连接 IPv6 孤岛

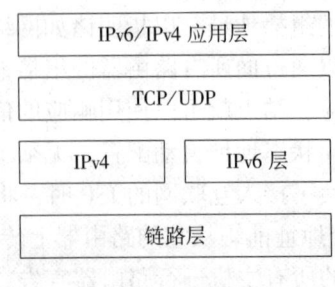

图 2-8 双栈结构图

如果一台主机同时支持两种协议，那么该主机既能与支持 IPv4 协议的主机通信，又能与支持 IPv6 的主机通信。

（3）地址翻译技术

NAT-PT（Network Address Translation-Protocol Translation）是附带协议转换器的网络地址转换器，通过修改协议报文头来转换网络地址，使它们能够互通。NAT-PT 只要求在 IPv4 与 IPv6 网络的转换设备（网关路由器）上启用。

支持 NAT-PT 的网关路由器应具有 IPv4 地址池，地址池中的地址是用来转换 IPv6 报文中的源地址的，在从 IPv6 向 IPv4 域中转发包时使用。此外，网关路由器需要 DNS-ALG 和 FTP-ALG 这两种常用的应用层网关的支持，在 IPv6 结点访问 IPv4 结点时发挥作用。如果没有 DNS-ALG 的支持，只能实现由 IPv6 结点发起的与 IPv4 结点之间的通信，反之则不行。如果没有 FTP-ALG 的支持，IPv4 网络中的主机将不能用 FTP 软件从 IPv6 网络中的服务器上下载文件或者上传文件，反之亦然。

采用 NAT-PT 方式进行过渡的优点是不需要进行 IPv4、IPv6 结点的升级改造，缺点是 IPv4 结点访问 IPv6 结点的实现方法比较复杂，网络设备进行协议转换、地址转换的处理开销较大，一般在其他互通方式无法使用的情况下才使用。

2.3 接入互联网

互联网上浩瀚的资源吸引着每个人，若要想利用这些资源，需首先将用户的计算机接入互联网。由于用户的环境不同、要求不同，所以采用的接入方法也不同。

2.3.1 窄带拨号方式

窄带拨号主要是利用电话线作为上网载体，灵活方便，但其速率一般为几十 kbit/s 到上百 kbit/s。窄带拨号主要包括传统的 PPP 拨号和 ISDN 拨号两种方式，也有人将它们称为"模拟拨号"和"数字拨号"。下面以 PPP 拨号为例，介绍如何通过拨号方式上网。PPP 拨号连接方式是用户接入互联网最简单、最经济的方式。

1. 硬件连接

远程拨号访问的连接方式如图 2-9 所示。

在局域网端一般连接一台异步访问服务器，它的一端与局域网相连，另一端通过多个串行口连接多个调制解调器（Modem）或一组调制解调器，也叫调制解调器池（Modem Pool），再通过调制解调器连接到电话网上。

拨号方式入网用户所需要的硬件设备包括一台 PC、一条电话线、一台调制解调器（Modem）、一根 RS-232 电缆。调制解调器是一种进行数字信

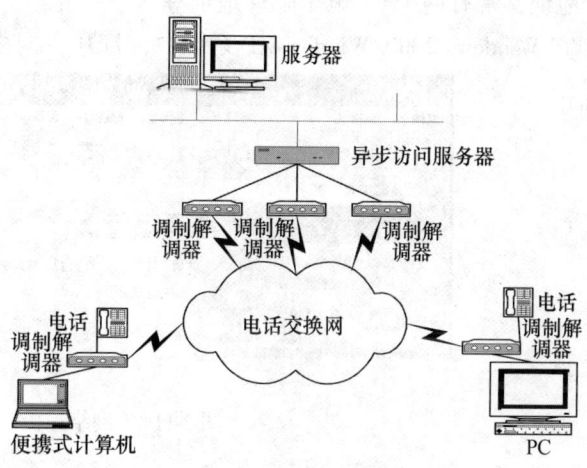

图 2-9 远程拨号访问连接

号与模拟信号转换的设备，计算机处理的是数字信号，而电话线传输的是模拟信号，因此，在计算机和电话线之间需要用调制解调器将计算机输出的数字信号转换为适合电话线传输的模拟信号，在接收端再将接收到的模拟信号变换为数字信号由计算机处理。因此，调制解调器一般成对出现。选择调制解调器的一个重要指标是传输速率，即用比特每秒（bit/s）表示。目前主要使用的是 56kbit/s 的调制解调器。调制解调器的连接如图 2-10 所示。

用一根直通的 RS-232 电缆将微机的串行口与调制解调器的 RS-232 端口相连，再将带有 RJ-11 插头的电话外线插入调制解调器的 Line 插孔，把电话机用 RJ-11 连线与调制解调器的 Phone 插孔连接，硬件连接就完成了。当然用户也可不动电话机连线，直接把调制解调器的 Line 插孔引出的线路并联到电话线上，但采用这种连接时，如果用户拿起电话受话器（听筒）会影响正在连接的网络通信。

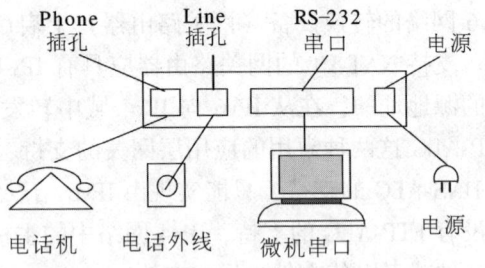

图 2-10　调制解调器的连接图

2. 申请账号

当以 PPP 方式入网时，需向互联网服务提供商（ISP）申请 PPP 账号。ISP 会提供拨号上网的电话号码、登录用户名及密码等参数。选择 ISP 时用户应考虑电话中继线的数量、登录方式、上网费用、传输速率等因素。

3. 安装软件

需要相应的拨号程序拨通 ISP 的远程服务器。Windows 98/Windows2000/WindowsXP 内置有 TCP/IP 协议，提供了现成的拨号网络软件。

用 PPP 协议建立连接时需要经过安装拨号网络、添加 TCP/IP 协议、创建与 ISP 有关的新的连接、设置调制解调器参数、设置连接属性等步骤。

4. 设置拨号网络参数

从 ISP 申请到上网的账户后，用户会从 ISP 处得到一些必需的参数，主要有用户名（由 ISP 指定或用户自己命名）、密码（Password）、拨号上网用的电话号码、ISP 的主机 DNS（IP 地址，常有两个）、电子邮件地址等。

在 Windows 2000/WindowsXP 系统中，打开"网络连接"窗口，如图 2-11 所示。

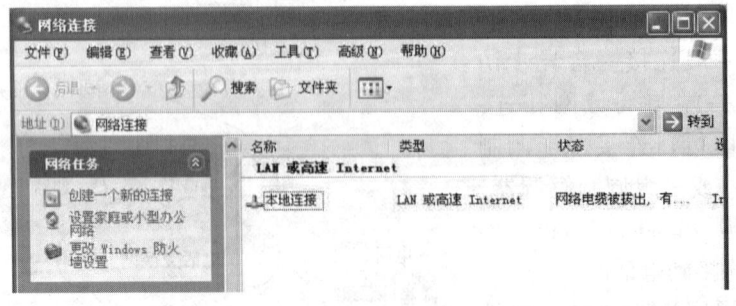

图 2-11　"网络连接"窗口

选择"创建一个新的连接"，并按照向导提示进行操作。在"网络连接类型"中，选择

"连接到Internet"。在"Internet连接"中,选择"手动设置我的连接"。接下来,会看到如图2-12所示窗口。

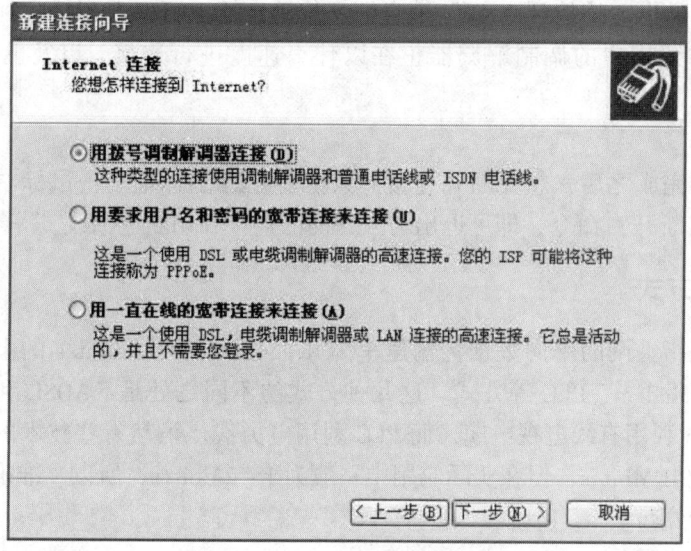

图2-12 "Internet连接"窗口

选择"用拨号调制解调器连接"单选按钮,接下来会出现一系列窗口,询问ISP的相关信息。将这些信息都正确输入后,新建连接的工作就完成了。

5. 拨号登录上网

软件的配置都完成后,就可以进行拨号操作接入互联网了。

在"网络连接"窗口中,单击已经创建好的拨号网络的图标,就会打开如图2-13所示的对话框。其中"263"是该连接的名字。特别注意,对话框中提示输入的电话号码是指ISP的拨入号码,不是用户自己正在使用的本地电话号码。

单击"拨号"按钮,就开始拨号。在听见调制解调器的一阵"嘶啦"声后,计算机屏幕上会出现"正在与XXX连接"的对话框,ISP的拨号服务器将对用户的用户名和密码进行核对。经检测合格后,会弹出"已创建连接"对话框。单击"关闭"按钮,关闭对话框。

这时表明拨号登录成功,已经接入互联网,可以上网浏览、收发电子邮件等。"已创建连接"对话框的关闭并不是退出连接,只是在屏幕上不显示其窗口。

在连接成功后桌面底端状态栏最右边将会出现图标。当有数据传送时,窗口的颜

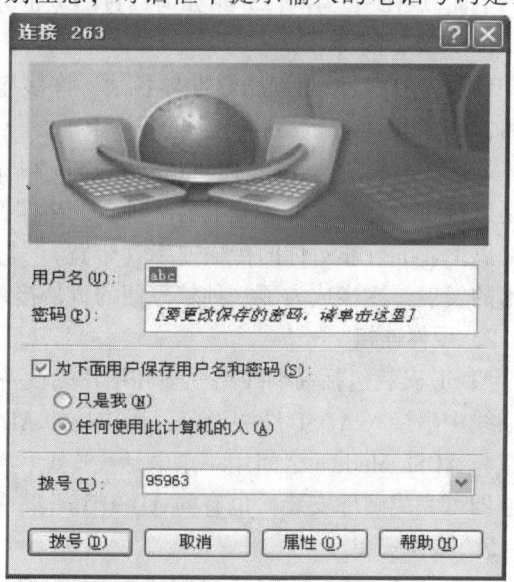

图2-13 Windows XP拨号连接

色会变成绿色，数据断断续续地传送，窗口也就不断闪烁。用户在上网时可从中了解到线路是否正在传送数据，以决定是否需要转换到其他网页或站点或下网。

双击此图标会弹出"连接到XXX"消息框，从消息框上可以看到接收到或发送数据的字节数，也可以了解用户的调制解调器正在以什么速度进行连接，以及已经连接网络的时间。

6. 下网断线

当上网的工作完成之后，想要断开连接，只需要在 图标上单击鼠标右键，从弹出的快捷菜单中选择"断开"命令，即可退出与互联网的连接并切断电话线。

2.3.2 准宽带方式

准宽带方式是指上网的单向数据传输速率为几百 kbit/s 到 Mbit/s 的上网方式，主要包括 ADSL、CableModem、PLC 等方式。这几种方式的不同之处是：ADSL 利用电话线作为载体，CableModem 利用有线电视电缆，而 PLC 利用电力线。虽然有些技术的理论传输速率可以接近甚至超过 10Mbit/s，但在实际应用中一般为 1~2Mbit/s，所以，准确地讲还不能称为宽带，只能叫准宽带。

它们的共同特点是：

第一，利用了用户家中现有的线路资源，免去了布线施工的麻烦。

第二，由于采用了频率复用技术，在利用原有线路的同时，ADSL 不会影响打电话，CableModem 不会影响看电视，而 PLC 更不会影响用电。

第三，不需要电话拨号的过程，但一般 ISP 都会要求用户进行账号和密码的认证，以实现计费。

第四，连接简单。计算机通过网卡或 USB 接口与外置的各种 Modem 相连，再通过各种不同线缆将 Modem 与电话插座、有线电视插座或电源插座相连即可。

下面以 ADSL 为例，介绍如何通过准宽带方式上网。

1. ADSL 简介

目前，ADSL 的热潮席卷世界各地，许多生产 PC 的公司和网络公司相继推出 ADSL 的产品，许多电信公司、ISP 也纷纷推广各自的 ADSL 服务，ADSL 逐渐走进百姓生活。

ADSL 是 Asymmetrical Digital Subscriber Loop（非对称数字用户环路）的缩写，ADSL 技术是运行在原有普通电话线上的一种新的高速宽带技术，它利用现有的一对电话铜线，为用户提供上、下行非对称的传输速率（带宽）。它最初主要是针对视频点播业务开发的，随着技术的发展，逐步成为了一种较方便的宽带接入技术，为电信部门所重视。

2. 硬件连接

ADSL 安装包括局端线路调整和用户端设备安装。在局端方面，由服务商在用户原有的电话线中串接入 ADSL 局端设备；用户端的 ADSL 安装也非常简易方便，只要将室内电话线插座与 ADSL Modem 之间用一条电话线连上，ADSL Modem 与计算机的网卡之间用一条网线连通即可完成硬件安装，也有的 ADSL Modem 是通过 USB 接口与计算机相连的。

3. 软件安装

如果 ADSL Modem 是通过网线与 PC 连接的，PC 端无须安装 Modem 驱动程序；如果是通过 USB 方式与 PC 连接的，PC 端需要安装 Modem 驱动程序，然后再将 TCP/IP 协议中的

IP、DNS 等参数设置好，便完成了软件安装工作。

4. 系统设置

在 Windows XP 中，打开如图 2-11 所示的"网络连接"窗口，选择"创建一个新的连接"。打开"新建连接向导"。在"网络连接类型"窗口中选择"连接到 Internet"；然后依次在"准备好"窗口中选择"手动设置我的连接"、在"Internet 连接"窗口中选择"用要求用户名和密码的宽带连接来连接"单选按钮，并在"连接名"窗口中为新建的连接起个名字。随后在如图 2-14 所示的"Internet 账户信息"窗口中输入在运营商那里申请到的账号和密码，该账号和密码将被保存，以后连接的时候就不用输入了。

完成了新建连接的工作后，在"网络连接"窗口中就会出现一个类型为宽带的连接。由于还没有进行连接，所以其状态是断开的。

选择新建好的连接，单击鼠标右

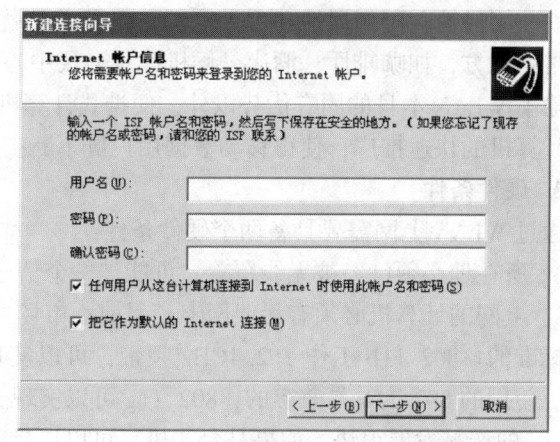

图 2-14 "Internet 账户信息"窗口

键，对其属性进行设置，注意其中的宽带连接类型和 TCP/IP 属性应与宽带服务提供商要求的一致。大多数情况下，ADSL 都被设置为自动获得 IP 地址和 DNS 服务器地址。

根据各运营商提供的服务不同，ADSL 个人用户可能是动态获得 IP 地址，也可能申请一个固定的静态 IP 地址以建立个人主页；ADSL 单位用户通常具有 4 个固定的静态 IP 地址，申请了 ADSL 局域网形式入网的公司可以在公网上架设公司的网站，提供 WWW、FTP、E-mail 等服务；ADSL 服务有足够的带宽供局域网用户共享，用户可以通过代理服务器的形式为整个公司的局域网用户提供上网服务。

5. 连接上网

ADSL 不需要拨号，只需接上 ADSL 电源，就可以享受高速的网络服务了。由于其使用与窄带拨号方式类似，在这里就不作过多介绍了。

ADSL 连通后，会在窗口右下角的任务栏中出现 图标。需要断开连接时，单击该图标，然后在打开的窗口中，单击"断开"按钮，即可结束上网。

局域网用户的 ADSL 安装与单机用户没有很大区别，只需再多加一个集线器，用网线将集线器与 ADSL Modem 连起来就可以了。

2.3.3 宽带方式

宽带方式是指上网的单向数据传输速率在 10Mbit/s 以上的方式，主要包括有线局域网和无线局域网两种方式。有线局域网需要将光缆和双绞线铺设到要使用网络的用户办公室或家中，而无线局域网也需要用无线信号覆盖用户所要上网的区域。除了传输介质不同以外，两者的上网方式基本相同，都要安装网络适配器驱动程序、添加和配置 TCP/IP 协议等。

下面以无线局域网为例，介绍如何通过宽带方式上网。

1. 无线局域网简介

无线局域网（Wireless Local Area Network，WLAN），是计算机网络与无线通信技术相结合的产物。与常规局域网中使用的双绞线或光纤作为传输介质不同，WLAN 通过电磁波来传送和接收数据。

WLAN 目前的主要应用是提供宽带数据接入（如互联网接入、企业网接入等）。其便携性、安装简易性、可拓展性和可大范围三维覆盖等优点使得 WLAN 非常适合于不易安装有线网络的地方，如咖啡厅、酒店、候机厅、会议中心、展览馆、体育场、公园等。

除了 WLAN 本身的固有优势以外，便携式计算机，特别是 Intel 公司的"迅驰"芯片便携式计算机的快速推广，使得移动数据用户群不断扩大，从而也推动了对 WLAN 的需求。

2. 硬件条件

通过 WLAN 上网需要具备两个硬件条件：

1）所在地必须已经被无线覆盖，可能被一个信号源也可能被多个信号源交叉覆盖。

2）上网的计算机必须有无线网卡。目前，市场上的产品主要是基于 802.11b 与 802.11g 两种标准的。802.11b 工作于 2.4GHz 频带，可以实现 11Mbit/s 的速率。802.11g 与已经得到广泛使用的 802.11b 是兼容的，802.11g 可以实现 54Mbit/s 的速率。近几年，市场上支持 802.11g 的产品发展很快。如果是台式机，可以选择 USB 接口的无线网卡；如果是便携式计算机，可以选择 PCMCIA 或 USB 接口的无线网卡，若便携式计算机本身已经含有迅驰功能，则可不必单独配置无线网卡。

3. 系统设置

安装好无线网卡驱动程序后，以 Windows 7 为例，单击右下角的  图标，就可以在图 2-15 所示窗口中看到当前可以使用的无线网络连接了。

图 2-15　WLAN 可用连接　　　　　　图 2-16　WLAN 已连接

由于所在地周围有很多无线 AP 都在向外发射信号，所以计算机会检测到多个无线网络连接，不同的无线网络连接以不同的服务集标识（Service Set Identifier，SSID）来区分。例如，图中 ChinaNet 就是中国电信的 WLAN 标识，而 web.wlan.bjtu 则是北京交通大学校园无线网的 WLAN 标识。

找到自己熟知的 SSID 后，双击 图标进行连接，连接成功后，会发现相应 SSID 后面显示"已连接"字样，如图 2-16 所示。注意，不要连接不认识的 SSID，以免无线传输信号被非法 SSID 提供者监听。

对于大多数公共环境而言，这时就可以打开浏览器上网浏览了。但如果所连接的 SSID 无线网络要求进行接入认证，则需要准备好无线上网认证用的账号、密码，通过浏览器完成 Portal 认证后，才能真正接入互联网。

2.3.4　3G 无线上网

1. 3G 的背景

2008 年，伴随着中国电信运营商重组的完成，我国电信运营商格局基本形成了中国电信、中国联通和中国移动三足鼎立之势，为中国步入第三代移动通信（3G）时代铺平了道路。三家运营商各自全力打造的 3G 网络分属于不同的通信标准，它们是：中国电信的 CDMA2000、中国联通的 WCDMA 以及中国移动的 TD-SCDMA。

TD-SCDMA（时分同步码分多址）为中国自主研发的 3G 标准，目前已被国际电信联盟所接受，与 WCDMA（宽带码多分址）和 CDMA2000 合称世界 3G 的三大主流标准。WCDMA 源于欧洲和日本几种技术的融合，在全世界广泛使用；而 CDMA2000 即 EVDO 制式，由美国高通（qualcomm）公司提出，为美国标准，目前主要在美国、加拿大、日本、以及韩国、印度部分地区和中亚的一些国家使用。

2. 3G 上网准备

3G 无线上网卡（常见的为 USB 接口适配器）是目前无线广域通信网络应用广泛的上网介质。常见的无线上网卡包括 CDMA2000 无线上网卡和 TD、WCDMA 无线上网卡 3 类。除了购买 3G 无线上网卡外，用户还需要根据运营商的不同购置相应的资费卡，就是一张带有上网资费的 SIM 卡。将 SIM 卡插入 3G 无线上网卡内，再接到便携式计算机的 USB 接口，剩下的准备工作就是安装上网卡的硬件驱动程序了，与安装其他硬件驱动无异，这里就不再赘述了。下面以中国电信 3G 上网卡为例，介绍 Windows 7 便携式计算机利用 3G 无线上网的方法。

3. 接入 3G

安装完上网卡驱动程序和电信 3G 无线宽带客户端软件后，运行客户端软件，将出现如图 2-17 所示的界面。其中 WLAN 表示由中国电信提供的理论速率为 54Mbit/s 的无线局域网（802.11a/b/g）信号情况；3G 表示由中国电信提供的理论速率为 3.1Mbit/s 的 CDMA2000 无线网络信号情况；1X 表示由中国电信提供的理论速率为 153kbit/s 的 CDMA 1X 无线网络信号情况。

图中显示所在地没有 WLAN 信号，如果有比较好的信号，可以首选 WLAN，其连接速率更高。图中显示所在地 3G 信号已覆盖，这时可以单击"无线宽带（3G）"前方的"连接"按钮。连接成功后，会出现如图 2-18 所示的窗口，显示网络连接状态，速率为 3.1Mbit/s。这时表示已经成功接入 3G 网络，最小化（而不是关闭）图 2-18 所示窗口，就可以享受3G上网的乐趣了。在默认情况下，关闭该窗口，意味着断开连接，或者单击"断开"按钮，终止3G连接。

如果所在地3G信号较弱或不稳定，3G连接成功后，计算机也可能会自动降速到1X网络。

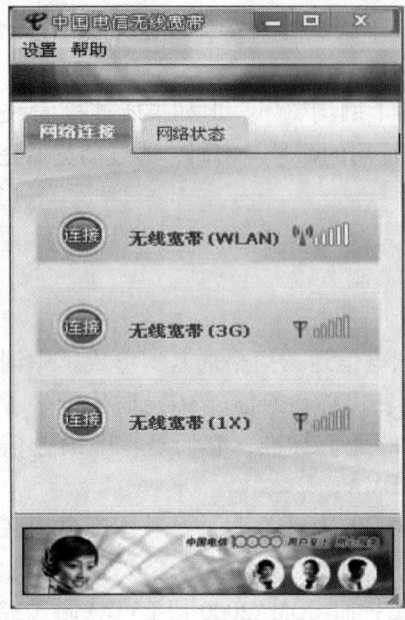

图2-17　网络连接

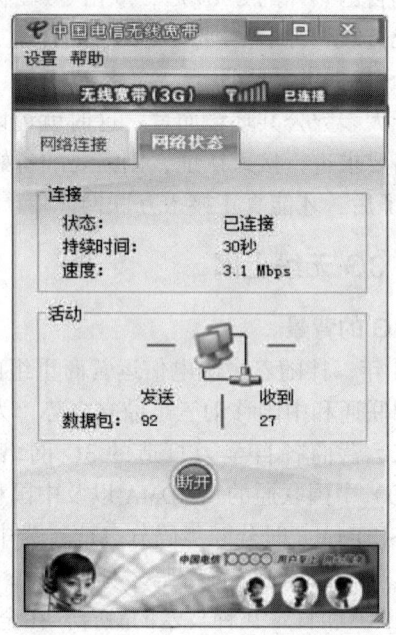

图2-18　3G网络连接状态

2.4　习题

1. 名词解释

（1）TCP/IP；（2）WLAN。

2. 填空题

（1）_____和_____构成了TCP/IP协议簇的核心。

（2）IPv4向IPv6过渡的主要方案有_____、_____和_____。

3. 选择题

（1）互联网上各种网络和各种不同类型的计算机相互通信的基础是【　　】协议。

A）HTTP　　　　　　B）IPX　　　　　　C）X.25　　　　　　D）TCP/IP

（2）www.bjtu.edu.cn是互联网上一台计算机的【　　】。

A）域名　　　　　　B）IP地址　　　　　C）非法地址　　　　D）协议名称

（3）合法的IP地址是【　　】。

A）202：144：300：65　B）202.112.144.70　C）202,112,144,70　D）202.112.70

（4）以下IPv6地址中，不合法的是【　　】。

A）2001:0250:0000:0001:0000:0000:0000:4567

B）2001:250:0:1::4567

C）2001:250::1::4567

D）::202.112.144.70

4. 简答题

（1）IP 地址与域名的关系是什么？

（2）解释 ARP、NAT、ADSL、NAT-PT 的含义。

5. 论述题

阐述接入互联网的几种方式及各自的特点。

第3章 网络技术基础

互联网网络是建立在成千上万个小的局域网互连的基础上的，所以在构建互联网时，首先要了解网络技术基础。网络技术的发展经历了从计算机间点对点的通信到主机间和异种网络间的互连，在技术与实现手段上经历了不同的阶段。通常将网络按照覆盖地理范围分为局域网、城域网、广域网3种。网络互连通常是指将不同的网络用互连设备连接在一起而形成一个范围更大的网络，也可以是为增加网络性能和易于管理而将一个原来很大的网络划分为几个子网或网段。

3.1 网络互连与实现技术

现实中的网络并不是由单一类型的网络及结构组成，它常常是由许多种类型的网络构成，它们的操作系统、采用的通信协议、拓扑结构都不尽相同。要想使这些网络能够相互通信访问，必须把这些异构网络互连起来。网络设备及产品生产厂家繁多，要实现互连，必须遵守一个共同的标准，目前厂家广泛遵守的是国际标准化组织（ISO）制定的OSI七层参考模型，如图1-4所示。当然现在仍有大量非OSI的网络在实际运行，并且数量在不断增长。另一方面，现有的某些网络虽然不完全符合OSI的七层模式，但仍能很好地满足一定范围的应用要求。

3.1.1 网络互连技术

在OSI参考模型中，由于网间通信是根据不同的层划分的，同等层间可以相互通信，所以根据连接层次的不同，网间连接设备可以分为中继器、网桥、路由器和网关，如图1-4所示。

中继器完成物理层间的互连，主要起到信号再生放大，延长网络距离的作用，也就是把比特流从一个物理段传输到另一个物理网段。

网桥完成数据链路层间的连接，可以将两个或多个网段连接起来，网桥可以过滤不跨网段传输的信息，避免线路的瓶颈。在局域网中，网桥实际上实现的是MAC子层的互连。

路由器进行网络层间的互连，提供各种子网间网络层的接口，提供子网间的路由选择，并对网络资源进行动态控制。在局域网上如果信息包不是发向本地网络，那么就由相应的路由器转发出去，路由器对每个信息包进行检验，以决定转向。路由器是依靠协议工作的，它必须经过某种协议完成信息的转发。

在七层协议参考模型中第三层以上的网间连接设备都叫网关，它的作用是连接多个高层协议不同的网络，使它们能够相互通信。

为了说明网间连接设备的功能的不同，通过表3-1对其进行比较。

表3-1 中继器、网桥和路由器比较

特征	中继器	网桥	路由器
OSI层次	物理层	数据链路层	网络层
转发功能	位转发	帧转发	报文转发
寻址功能	无地址	MAC地址	网络地址
扩展功能	是	是	是

(续)

特 征	中继器	网 桥	路由器
报文过滤	否	是	是
流量管理	否	是	是
网络管理	否	是	是
吞吐量	高	较高	中等
价格	低	中等	中等
对上层透明	是	是	否
报文分段	无	否	是
自动备份	否	是	是
负载均衡	否	否	是

3.1.2 中继器

中继器（Repeater）是局域网环境下用来延长网络距离的最简单、最廉价的互连设备，操作在OSI的物理层。中继器对在线路上衰减的信号具有放大再生的功能。一般情况下，中继器两端连接的既可以是相同的传输媒体，也可以是不同的传输媒体。但中继器只能连接相同数据传输速率的LAN。中继器在执行信号放大功能时不需要任何智能或算法，只将来自一侧的信号转发到另一侧（双口中继器）或将来自一侧的信号转发到多个口（多口中继器）。

当然，中继器不能无限制地延长网络距离，使用中继器连接LAN的电缆段是有限制的。任何两个数据终端设备间允许的传输通路最多由5个中继网段、4个中继器组成。

当5个段都存在时，每个光纤链路段不得超过500m。当通过3个中继器、4个段组成时，光纤链路段最大长度为1000m。

显然使用中继器是扩充网络距离最简单、最廉价的方法，但当负载增加时，网络性能会急剧下降，所以只有当网络负载很轻和网络延时要求不高的情况下才能使用。

3.1.3 网桥

网桥（Bridge）也叫桥接器，是连接两个局域网的一种存储/转发设备，它能将一个较大的LAN分割为多个网段，或将两个以上的LAN互连为一个逻辑LAN，使LAN上的所有用户都可访问服务器。

网桥工作在物理层之上的数据链路层，即逻辑链路控制层（LLC）和媒体访问控制（MAC）子层。大多数网络（尤其是局域网）结构上的差异体现在MAC层，因此网桥被用于局域网中MAC层的转换。它所连接的协议比中继器高，因此功能更强。网桥用来控制数据流量、处理传送差错、提供物理寻址、介质访问算法。

随着LAN上用户数量和工作站数的增加，LAN上的通信量也随之增加，因而引起性能下降。这是所有LAN共同存在的问题，特别是使用IEEE 802.3 CSMA/CD访问方法的LAN，这个问题显得更为突出。在这种环境下，应对网络进行分段，以减少网络上的用户数和通信量，可以用网桥隔离分段间的流量。

用网桥划分网段的目的：一是减少每个LAN段上的通信量；二是确保网段间的通信量

小于每个网段内部的通信量。

3.1.4 路由器

路由器是在网络层提供多个独立的子网间连接服务的一种存储/转发设备,路由器可以使用在数据链路层和物理层协议完全不同的网络互连中。路由器提供的服务比网桥更为完善。路由器可根据传输费用、转接时延、网络拥塞或信源和终点间的距离来选择最佳路径。路由器的服务常常要由用户端设备提出路由的请求,它处理的仅仅是由用户端设备要求寻址的报文。在实际应用时,它通常作为局域网与广域网连接的主要设备。

路由器的主要工作是为经过路由器的数据寻找一个最佳的传输路径,并将该数据有效地传送到目的地。在路由器中最关键的就是它采用的路由算法——即最佳的传输路径算法。为完成这项工作,在路由器中保存着各种传输路径的有关数据/路由表(Routing Table),供路由器选择路由时使用,路由表的例子见表3-2。路由表中存放着子网的标志信息、网中路由器的个数和下一个路由器的名字等内容。路由表可以是事先固定设置好的,即静态路由表(Static Routing),一旦固定下来,就不会随网络结构的变化而改变;也可以由系统动态修改,即动态路由表(Dynamic Routing),是利用路由器自己的学习能力自动记忆网络运行情况,算出最佳传输路径,当网络的外部条件(如网络线路故障)改变结构时,路由器能很快重新自动学习,修改路由表,保证网络传递的实效性。路由表可以由路由器自动调整,也可以由主机控制调整。

表 3-2 路 由 表

目的地网段	下一路由地址	类 型	费 用	寿 命	状 态
127.0.0.1	127.0.0.1	Direct	1	—	Up
192.1.1.5	127.0.0.1	Direct	1	—	Up
129.10.10.20	192.1.1.2	RIP	2	4	Up

3.1.5 网关

网关是互联网中工作在 OSI 传输层以上的设施。之所以称为设施,是因为网关不一定是一台设备,有可能是在一台主机中实现网关功能的一个软件,多数网关是用来互联网络的专用系统,所以市场上从未有过出售网关的广告或公司。因此,在这种意义上,网关是一种概念或一种功能的抽象描述。

网关提供从传输层到应用层的转换服务,实现起来也是非常复杂的,工作效率也很难提高,一般网关只提供有限的几种协议转换。比如,IBM 的 SNA 与 Internet 的 TCP/IP 互连就需要网关进行转换;Windows 操作系统与 UNIX 操作系统互操作时就需要应用系统转换网关;Internet 上用简单邮件传输协议(SMTP)进行传输电子邮件,如果与微软公司的 Exchange 进行互通,也需要电子邮件网关;Oracle 数据库的数据与 Sybase 数据库的数据交换时也需要数据库网关。

3.1.6 防火墙

防火墙是一个位于局域网和外网之间，或计算机和它所连接的网络之间的软硬件设备。它主要是对流经的通信流量进行访问控制，过滤和阻断未经容许的访问。

防火墙可以对流经它的网络通信进行端口扫描，这样能够过滤掉一些攻击，以免其在目标计算机上被执行。防火墙还可以关闭不使用的端口，而且它还能禁止特定端口的流出通信，封锁特洛伊木马。它可以禁止来自特殊站点的访问，从而防止来自不明入侵者的所有通信。

防火墙具有很好的保护作用。入侵者必须首先穿越防火墙的安全防线，才能接触目标计算机。可以将防火墙配置成许多不同保护级别，高级别的保护可能会禁止一些服务，如视频流等。

防火墙有不同类型。一个防火墙可以是一个独立的硬件，也可以附加到某些网络互连设备中，如路由器等。同时防火墙也可以是一个软件系统，它可以在一个独立的机器上运行，该机器作为它背后网络中所有计算机的代理。最后，直接接入因特网的机器可以使用个人防火墙。

通常防火墙是工作在第三层的，对 IP 数据包进行控制，称为网络级防火墙。有些防火墙可以工作在应用层，它能够对不同的网络应用进行控制，通常称为应用级防火墙。

3.1.7 缓冲器

缓冲器（Cache）是一种对于频繁访问 Web 信息的请求在本地实现的设备，它将 Web 页的内容存储在本地存储设备上，使得 Web 查找变得更快。其工作方式是：某用户访问一个 Web 页，当这一页的信息发送给用户时，Cache 系统将这一页的全部信息保存在本地存储设备上，这页信息被称为是已缓存的信息；以后另一用户或原用户访问这页已缓存的信息时，Web Cache 系统将从本地存储器发送这页信息给用户，这样就减少了与 WAN 连接的带宽需求；重要的数据更新时，可根据系统的设计采用不同的方法实现。目前有两种类型的 Cache 服务器，一种是代理服务器，另一种是专用网络 Cache 服务器。专用网络 Cache 服务器能够大大降低企业级用户 WAN 访问带宽和加快用户访问 Web 的速度。

3.1.8 网络互连实例

网络互连实例如图 3-1 所示。图中有两座建筑物，每个建筑物内部的汇聚层采用互为冗余备份的路由交换机连接楼内接入层的交换机和工作站，在核心层通过互为冗余备份的高端交换机连接各个楼的汇聚层交换机，然后通过防火墙和路由器与 Internet 网络互连，并把外部服务器放在防火墙以外，便于管理和使用。内部的服务器和网管服务器放在防火墙以内的核心层，便于内部用户安全高速地访问。

通常将网络中直接面向用户连接或访问网络的部分称为接入层，将位于接入层和核心层之间的部分称为分布层、汇接层或汇聚层。接入层的目的是允许终端用户连接到网络，因此接入层交换机具有低成本和高端口密度特性。汇聚层交换机是多台接入层交换机的汇聚点，它必须能够处理来自接入层设备的所有通信量，并提供到核心层的上行链路，因此汇聚层交换机与接入层交换机相比，需要更高的性能、更少的接口和更高的交换速率。而将网络主干部分称为核心层,核心层的主要目的是通过高速转发通信,提供优化、可靠的骨干传输结构,因此核心层交换机应拥有更高的可靠性、性能和吞吐量。

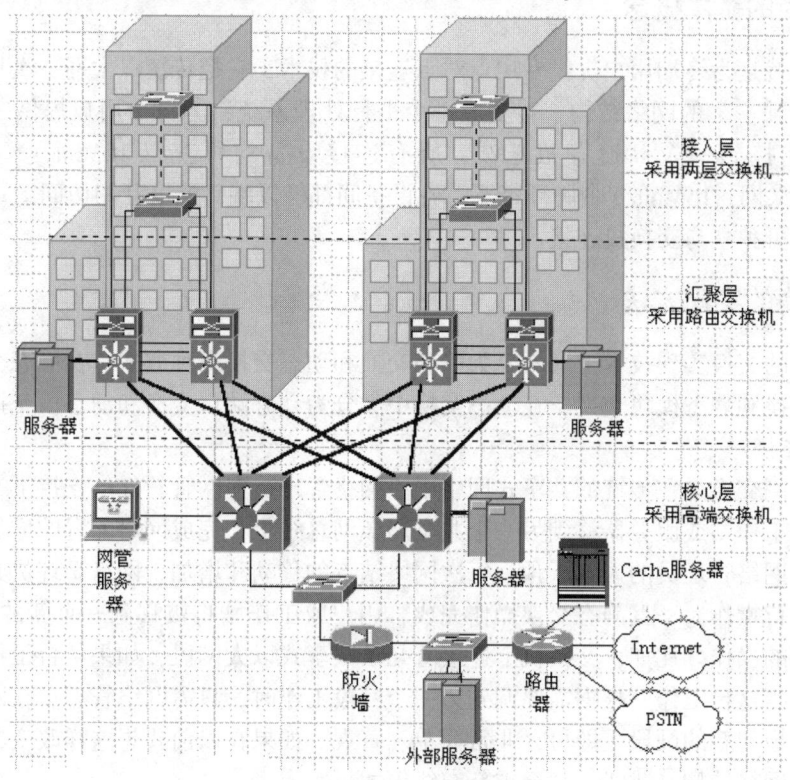

图 3-1 网络互连实例

3.2 交换式局域网

随着网络多媒体信息的丰富以及计算机网络的发展,人们对网络带宽的要求越来越高,网络传输变得越来越拥挤。传统的共享 LAN 都是局限于许多站点共享一个公共通信介质的访问。例如,在令牌环中,各站点共享 4Mbit/s 或 16Mbit/s 的带宽;在以太网中各站共享 10Mbit/s 或 100Mbit/s 的带宽;在 FDDI 网中,各站点去竞争和共享 100Mbit/s 的带宽,当用户数增多时,分到每个用户的带宽就减少,难以满足大量用户的需要。根据一般常识,当用户终端数在一个共享网段中超过 50 个时,系统的响应速度会急剧下降。为了得到更高的效率,不得不采用许多网桥或路由器,使网络区段化,以过滤网络流量,使网段内的终端数目相对减少,降低网络的拥挤度。以 50 个终端为例,如果把它们划在 5 个网段内,对于每个终端的带宽提高了 10 倍,如果再把服务器单独放在一个网段内,整个系统效率会有几十倍的提高。但是这样网段划分越来越多,而且随着业务的增多又会出现新的拥挤。由于划分的区段增多,网间连接设备的投资就会变大,同时众多区段的网络也难以管理。

当 LAN 网段上只有两个站点时,不存在碰撞和竞争,以太网的效率最高,所以如果把 LAN 都划分成两点连接的网段,同时不需要路由/网桥,又可扩展,管理又简单,交换技术是一个新的解决方案。

3.2.1 交换的基本概念

交换技术就是为终端用户提供专用点对点连接的技术，它把传统以太网一次只能为一个用户服务的"独占"的网络结构，转变成一个平行处理系统，为每个用户提供一条交换通道，把它们连接到一个高速背板总线，所有连接设备均可获得10Mbit/s、100Mbit/s、1000Mbit/s以太网，16Mbit/s令牌环带宽。各设备间都能以端口速度互相访问，每个与网络连接的设备均可独立与交换机连接。

3.2.2 交换的实现方法

在以太网的交换实现技术上通常分为静态交换和动态交换两种方式。在静态交换中又分为静态端口交换和静态模块交换，在动态交换中又分为动态端口交换和动态段交换。

1. 静态交换

静态以太网交换是在传统的共享式网络中，网络管理员在网管软件的支持下，把共享局域网总线上的工作站或服务器移到另一个共享局域网总线上，完成网络配置的增加、移动及改变。它需要网络管理员的人工干预，每次网络结点的移动和增加，网络管理员必须通过网络管理软件进行操作。一旦静态交换操作完成，用户或工作站将被移到一个新的共享网段，直到下一次新的操作。比如，交换机上连接着几条共享式以太网段，如果某台工作站原来属于一个网段，当这台工作站根据需要调到另一个网段工作时，只需网络管理员在网管平台上将这台工作站拖到新的网段上即可，非常简单、直观。如果在以前要想这样改变，必须让网络管理员调整网络结构、跳线，甚至重新布线等才能完成。

在静态交换中，网络管理员可以将交换机一个端口连接的用户工作站从一条共享以太网总线移到另一条上，这种交换叫静态端口交换；而静态模块交换是将整个模块（包括该模块上的所有端口）从一条共享总线移到另一条共享总线。在模块交换时，每个模块中都会有一部分端口未用，造成低效和浪费。静态交换不能改变带宽（性能），用户唯一可以提高网络性能的方法是将工作站从拥挤的网段移到空闲的网段。

2. 动态交换

动态以太网交换的最初设计思路来源于电话网，即在一个系统内同时存在许多点对点会话。动态以太网交换可以在不改变标准以太网结点设备的同时（即工作站和服务器采用标准以太网卡、驱动程序、电缆和应用程序），提高网络的带宽。其工作过程如下：交换机检查来自PC的数据包，然后识别该数据包的源地址和目的地址，动态打开一专用的10/100/1000Mbit/s链路，将包由源地址端口传送至目的地址端口。

动态交换检查由一个工作站发往另一个工作站的数据包，在它们之间动态建立一条专用的10/100/1000Mbit/s链路，一旦端口完成通信，动态交换便释放此链路。它不像传统的共享以太网，数据包不是发往网络上的所有工作站，而是对每一数据传输产生专用的10/100/1000Mbit/s链路。

在动态交换的内部不再存在标准以太网采用的载波帧听多路访问/冲突检测方法（CSMA/CD）的存取机制，与以太网相依存的"冲突"显著变小或不复存在，每个用户均可独立享受局域网的全部带宽，所有的数据包都通过专用的点对点10/100/1000Mbit/s链路进行交换，因此以太网交换为客户/服务器应用、分布式数据库、图像处理、多媒体、CAD 等数据密集型网络应用提供了足够的带宽。因为数据不传送到所有的端口，网络也难以被窃听，所以动态交换环境比共享式以太网更安全。

动态端口交换是把每个端口连接到单一的工作站或服务器。每个端口可被赋予一个独立的 10/100/1000Mbit/s 专用以太网链路，可以赋予每个工作站或服务器更高的网络带宽。只有动态以太网交换才可以增加标准以太网的带宽及性能。

动态段交换是指每个动态段交换端口可以连接一个传统的共享以太网网段，而不只是一个工作站或服务器。动态段交换通过对大量 MAC 地址的识别来完成此功能。用端口连接整个网段，使动态段交换取代现今分段网络中的路由器及网桥。

3.2.3 三层交换技术

三层交换技术也称为 IP 交换技术或高速路由技术，它利用第三层协议中的路由交换来加强原来第二层基于网卡 MAC 地址的交换，以达到提升交换速度的目的。这是因为随着 IP 技术的发展，不同子网间进行数据转发时需要由路由器打开数据包，查看第三层的信息后，根据其路由表进行路由转发，但是往往内部网间的数据访问量远远大于外部网间的访问量，如果内部网间也要由路由器转发，势必会加大路由器的负荷，降低转发速度。所以从 20 世纪 90 年代开始提出了三层交换技术，目的是在源地址和目的地址间建立一条直接的两层交换通道，而不用经路由器转发数据包，它使用第三层路由协议来确定要传送的路径，为数据包传送建立一条虚电路，绕过路由器快速转发出去。

为了说明三层交换技术的工作，我们假设两个使用 IP 协议的机器通过第三层交换机进行通信的过程，机器 A 在开始发送时，已知目的 IP 地址，但不知道在局域网上发送所需要的 MAC 地址。要采用地址解析（ARP）来确定目的 MAC 地址。机器 A 把自己的 IP 地址与目的 IP 地址比较，从其软件中配置的子网掩码提取出网络地址来确定目的机器是否与自己在同一子网内。若目的机器 B 与机器 A 在同一子网内，A 广播一个 ARP 请求，B 返回其 MAC 地址，A 得到目的机器 B 的 MAC 地址后将这一地址缓存起来，并用此 MAC 地址封包转发数据，第二层交换模块查找 MAC 地址表确定将数据包发向目的端口。若两个机器不在同一子网内，如发送机器 A 要与目的机器 C 通信，发送机器 A 要向"默认网关"发出 ARP 包，而"默认网关"的 IP 地址已经在系统软件中设置。这个 IP 地址实际上对应第三层交换机的第三层交换模块。所以当发送机器 A 对"默认网关"的 IP 地址广播出一个 ARP 请求时，若第三层交换模块在以往的通信过程中已得到目的机器 C 的 MAC 地址，则向发送机器 A 回复 C 的 MAC 地址；否则第三层交换模块根据路由信息向目的机器广播一个 ARP 请求，目的机器 C 得到此 ARP 请示后向第三层交换模块回复其 MAC 地址，第三层交换模块保存此地址并回复给发送机器 A。以后，当再进行 A 与 C 之间数据包转发，将用最终的目的机器的 MAC 地址封装，数据转发过程全部交给第二层交换处理，信息得以高速交换。既所谓的一次选路，多次交换。

3.2.4 高层交换技术

为了提高数据的传输速率，在网络交换时采用了许多方法来解决局域网和互联网的带宽和容量等问题，如第二层交换、第三层交换等。随着用户需求的提高，现在又出现了更高层的交换技术，如第四层交换和第七层交换，更好地解决了数据流在网络中的传递速度和传输容量问题。下面分别介绍第四层交换技术和第七层交换技术。

1. 第四层交换技术

第四层交换技术是利用第三层和第四层包头中的信息来识别应用数据流会话，包括TCP/UDP 端口号、标记应用会话开始结束的标记位、源和目的 IP 地址等，利用这些信息，第四层交换机可以决定向何处转发会话传输流，它能识别哪个包在前，哪个包在后，可以从头到尾跟踪和维护各个会话，是真正的"会话交换机"。它可根据会话和应用层信息作出转发决定，所以用户的请求可以根据不同的规则被转发到最佳的服务器上。第四层交换技术是用于传输数据和实现多台服务器间负载均衡的理想机制。

第四层交换机在用户发出一个请求时，通过判定 TCP 开始，来识别一次会话的开始。然后它利用复杂的算法来确定处理这个请求的最佳服务器。一旦作出这种决定，交换机就将会话与一个具体的 IP 地址联系在一起，并用该服务器真正的 IP 地址来代理服务器上的虚拟 IP 地址。每台第四层交换机都保存一个与被选择的服务器相匹配的源 IP 地址，以及源 TCP 端口相关联的连接表，然后向这台服务器转发连接请求。所有后续包在客户机与服务器间重新映射和转发，直到交换机发现会话为止。

第四层交换机是为高速的企业网应用所设计的，可以起到负载均衡作用，基于应用类型和用户 ID 的传输流控制功能，防止非法访问服务器，采用多级排队技术，根据应用来标记传输流以及为传输流分配优先级。

第四层交换机可以监测 Web 服务器的可用性，包括物理连接、Web 服务器主机、Http 服务器本身的性能状态。当发现某台 Web 服务器不能提供服务时，交换机自动把 Web 请求分配到其他 Web 服务器。交换机还可以通过设置每台 Web 服务器能承受的最大会话数、设置溢出 Web 服务器、备份 Web 服务器等保证 Web 服务器的可靠性。

2. 第七层交换技术

第七层交换机能够对传输流和内容作进一步智能控制。由于第七层交换机可以完全打开传输流的应用层和表示层，仔细分析其中的内容，因此可以根据应用的类型（而非仅仅根据 IP 地址和端口号），作出智能的负载均衡。

第七层交换机具有认知的产品的部分功能，保证了不同类型的传输流可以被赋予不同的优先级。它并不依赖路由设备或应用来识别区分服务（Diff-Serv）、通用开放策略服务或其他服务质量协议的传输流，可以对传输流进行过滤并分配优先级。这就使用户不必依赖应用或网络设备来达到此目的，从而优化 Web 访问，为最终用户提供更好的服务。

3.3 虚拟局域网技术

虚拟局域网（Virtual Local Area Network，VLAN）是把处于同一桥接网络上的不同主机及网络设备逻辑地分割成不同的组，组与组间不能直接进行数据交互，这样就避免了不同组间的相互干扰，也保证了同一组内数据的安全。VLAN 通常也简称为虚拟网络。

第一代的虚拟局域网是基于 OSI 模型的第二层桥，如 IEEE 802.10、局域网仿真（LANE）和内部交换连接（ISL），在同一物理网段上允许多组复用、建立不同的广播组、减少信息的无效传递，如图 3-2 所示。

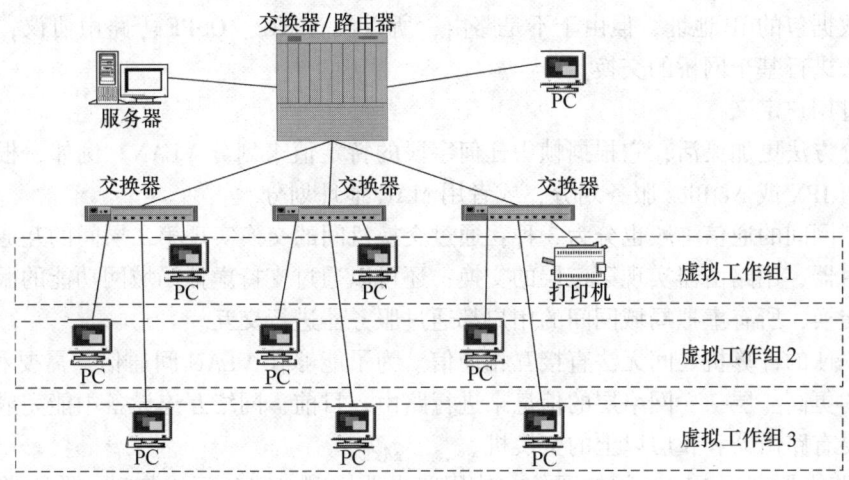

图 3-2 虚拟局域网的工作原理

在图中把分别处在不同楼层的用户分别组成 3 个组,每个组的用户只能与本组内的用户通信,不能跨越到其他组访问信息。同一虚拟局域网中的用户所处位置与物理地址无关,只是逻辑地把不同地方的相关的用户连接在一起,如果虚拟局域网之间要进行通信,要经过路由器等设备。

虚拟局域网的主要协议为 IEEE 802.10 和 IEEE 802.1Q,此协议结合了鉴别和加密技术,从而保证整个网络内部数据的保密性与完整性。同时,为了避免 VLAN 中循环的可能,VLAN 采用了 IEEE 802.1d(生成树)的算法。在 VLAN 的实现策略中,当任意结合的局域网络构成 VLAN 时,本机信息包含了 IEEE 802.10 或 IEEE 802.1Q 的 VLAN 的标识 ID,如果此 ID 不能被设备所接收,则被过滤掉,只有本机的信息才能从本交换机发出。这种策略可以实现与 IEEE 802.10 或 IEEE 802.1Q 不兼容的设备/网络的透明通信。

在 VLAN 的实现方式中,有多种创建逻辑组和广播域的方法,下面简单介绍 4 种方法。

(1)通过端口

在交换机的每一个端口上只能支持一个 VLAN,基于端口支持的 VLAN 没有第三层地址识别能力,所以像 IP、Novell 和 Appletalk 协议同时存在的网络必须在同一个 VLAN 的共享网段内,所有在同一个 VLAN 中的流量通过交换机交换,不同 VLAN 间通过路由器通信,这种类型的 VLAN 也叫做基于网段(Segment Based)的虚拟局域网。

(2)通过网络地址

VLAN 根据网络地址(这是在 OSI 第三层的地址)来划分,每个端口上可以划分为若干个 VLAN,每个 VLAN 可以跨越不同的拓扑结构,VLAN 间的通信也可不必经过路由器,由交换机根据虚拟局域网络的规则自动进行,这种类型的 VLAN 也叫做虚拟子网(Virtual Subnet)的虚拟局域网。

(3)根据网络层划分 VLAN

这种划分 VLAN 的方法是根据每个主机的网络层地址或协议类型划分的,虽然这种划分方法可能是根据网络地址(如 IP 地址),但它不是路由,不要与网络层的路由混淆。它虽然查看每个数据包的 IP 地址，但由于不是路由，所以没有 RIP、OSPF 等路由协议，而是根据生成树算法进行基于网桥的交换。

（4）通过用户定义

这种划分方法更加灵活，它根据帧中任何字段的特定值来划分 VLAN。例如，根据帧中的协议类型值 IPX 或 NetBios 服务划分，或者用 MAC 地址划分。

虚拟局域网间的通信一般也分为 3 种：通过交换机间的交换实现第二层间的互通；通过交换机到路由器，用路由器实现第三层的交换；还可以通过支持虚拟局域网功能的服务器进行第三层的交换，所有虚拟局域网间的用户都通过服务器进行交互。

不同 VLAN 的计算机之间无法直接互相通信。为了能够在 VLAN 间通信，需要利用 OSI 参照模型中的更高一层——网络层的信息来进行路由。目前，网络互连设备中能完成路由功能的设备主要有路由器和 3 层以上的交换机。

1）通过路由器实现 VLAN 间的通信：使用路由器实现 VLAN 间通信时，路由器与交换机的连接方式有两种。第一种通过路由器的不同物理接口与交换机上的每个 VLAN 分别连接。第二种通过路由器的逻辑子接口与交换机的各个 VLAN 连接。

2）用交换机代替路由器实现 VLAN 间的通信：目前市场上有许多 3 层以上的交换机，在这些交换机中，厂家通过硬件或软件的方式将路由功能集成到交换机中，交换机主要用于园区网中，园区网中的路由比较简单，但要求数据交换的速度较快，因此在大型园区网中用交换机代替路由器已经是事实。用交换机代替路由器实现 VLAN 间通信的方式也有两种。第一种是启用交换机的路由功能，这种方式的实现方法可采用以上介绍的路由器方式的任意一种。第二种是利用某些高端交换机所支持的专用 VLAN 功能来实现 VLAN 间的通信。

3.4 虚拟专用网络

虚拟专用网络（Virtual Private Network，VPN）由在公共网络上提供安全路径的路由器以及防火墙组成。在电话网、X.25 网、帧中继网和以太网上，都可以构成 VPN。它可以降低费用，减轻维护负担，比较容易地扩展网络的覆盖范围等。它是采用隧道技术以及加密、身份认证等方法，在公共网络上构建企业网络的技术。

1. 隧道技术

隧道技术是 VPN 的核心。隧道是基于网络协议在两点或两端建立的通信，隧道由隧道开通器和隧道终端器建立。隧道开通器的任务是在公共网络中开出一条隧道。多种网络设备和软件可以充当隧道开通器：如 PC 上的 Modem 卡和有 VPN 拨号功能的软件（该软件已经打包在 Windows XP、Windows 7、Windows 2000 或 Windows 2003 中），企业分支机构中有 VPN 功能的路由器，网络服务商站点中有 VPN 功能的路由器。

隧道终端器的任务是使隧道到此终止，充当隧道终端器的网络设备和软件有专用的隧道终端器，企业网络中的防火墙，网络服务商路由器上的 VPN 网关。

隧道包括点到点隧道和端到端隧道。在点到点隧道中，隧道由远程用户的 PC 延伸到企业服务器，两边的设备负责隧道的建立以及两点之间数据的加密和解密。在端到端隧道中，隧道终止于防火墙等网络边缘设备，主要是连接两端局域网。在数据包传输中，数据包可能通过一系列隧道，才能到达目的地。隧道的设置是很灵活的。以一个远程用户通过 ISP 访问企业网为例。隧道开通器可以是用户的 PC 或者是被用户拨入的 ISP 路由器，隧道终端器一般是企业网络防火墙，那么隧道由 PC 到企业防火墙，或者由 ISP 路由器到企业防火墙。如果通过 VPN 实现互相访问的两个企业网分别使用不同的 ISP 服务，那么两个 ISP 公共网络之间也要建立相应的隧道。

2. VPN 网络安全

VPN 网络中通常还有一个或多个安全服务器。其中最重要的是远程认证拨入用户服务器（RADIUS-Remote Authorization Dial-In User Service）。VPN 根据 RADIUS 服务器上的用户中心数据库对访问用户进行权限控制。RADIUS 服务器确认用户是否有存取权限，同时 RADIUS 服务器向被访问的设备发送用户的 IP 地址分配、用户最长接入时间及该用户被允许使用的拨入电话号码等。VPN 和访问服务器参照这些内容，对用户进行验证，如果情况完全相符，就允许建立隧道通信。如果该用户没有存取权限，隧道就此终止。它使用标准 Internet 安全技术，进行数据加密、用户身份认证等工作。

3. VPN 的功能

VPN 技术实现了企业信息在公共网络中的传输，就如同在广域网中为企业拉出一条专线，对于企业来讲，公共"网络"起到了"虚拟专用"的效果。VPN 还有更深层的含义。通过 VPN，网络对每个使用者也是专用的。也就是说，VPN 根据使用者的身份和权限，直接将使用者接入他所访问的企业内部网中。如果没有 VPN 技术的支持，访问企业信息时需要层层登录，逐级筛选与自己工作相关的内容，这种操作过程很烦琐。在 VPN 技术支持下，用户输入密码和身份后，将可以直接进入与自己工作相关的内容。例如，当访问用户是经销商时，那么他所访问的信息将是产品介绍、订货信息等，而不会出现工作安排、人事等信息和相关的提示。所以 VPN 对于每个用户，也是"专用"的，这一点是 VPN 给用户带来的最明显的变化。

VPN 根据员工工作需要，实现工作组级的信息共享，只要身份相同，身处何地都可以是一个工作组。当员工工作内部调动，身份发生变化时，可以通过改变他所在的工作组来实现，而不用改变网络设备的配置。这一点满足了企业兼并改组的需要。虚拟局域网（VLAN）也是一种实现类似功能的技术，它可以方便地修改网络配置，实现工作组级的信息共享。但是由于不同厂商的 VLAN 设备之间不兼容，来自不同厂家的 VLAN 设备不能构建虚拟局域网，而多数企业的网络都来自不同的厂商。而 VPN 技术由于是在协议级上解决了虚拟工作组的问题，因此只要使用 VPN 标准协议，不同厂商设备之间的兼容性就可以得到解决，并且是在广域网上解决了这个问题。

3.5 习题

1. 名词解释

（1）防火墙；（2）中继器；（3）网桥；（4）路由器；（5）Cache 服务器。

2. 填空题

（1）VLAN 的实现方式中有＿＿＿、＿＿＿、＿＿＿和＿＿＿。

（2）交换式局域网的实现方法有＿＿＿和＿＿＿。

（3）网络互连设备有＿＿＿、＿＿＿、＿＿＿和＿＿＿。

3. 选择题

(1) 工作在 OSI 参考模型中数据链路层上的网间连接设备是【　　】。
A) 中继器　　　　B) 网桥　　　　C) 网关　　　　D) 路由器

(2) 路由器传送包比网桥慢的原因是【　　】。
A) 路由器工作在 OSI 第三层，需要更多的时间解释逻辑地址信息
B) 路由器比网桥的缓冲小，因此在给定的时间内传递信息就少
C) 路由器在把数据包传送到其他设备前需要从目的地等待响应信息
D) 路由器工作在 OSI 第三层，要比工作在第三层上的网桥慢

4. 简答题

(1) 阐述虚拟局域网之间的通信方式。
(2) 阐述四层交换、三层交换和二层交换间的区别。
(3) 阐述虚拟专用网的功能。

5. 论述题

(1) 论述交换机和路由器的工作过程。
(2) 为在上海、广州、北京都有分部的公司设计一个企业网络，使这个公司的网络不但能够内部互连，而且能够访问互联网。

第4章 网络应用技术

随着互联网的发展，网络应用越来越丰富。为了更加充分地利用网络资源，提高使用网络的能力，本章对各项网络应用技术从原理到应用进行了详细的介绍。

4.1 WWW 浏览器

WWW 是 World Wide Web 的缩写，是基于互联网的信息服务系统，向用户提供一个以超文本技术为基础的多媒体的全图形浏览界面。WWW 提供的信息量大，覆盖面广，信息的刷新速度快，而且界面引人入胜、简单易用，是互联网上发展最迅速的服务。

4.1.1 相关概念

1. 网页

网页是在 WWW 上将信息一页一页地呈现给访问者的页面。网页上是一些连续的数据片段，包含普通文字、图形、图像、声音、动画等多媒体信息，还包含指向其他网页的链接。

WWW 服务器上的第一个页面，称为主页（Homepage），引导用户访问本地或其他 WWW 网址上的页面。

2. HTML

超文本标记语言（HyperText Markup Language，HTML）是一种计算机程序语言，用来编写 Web 网页。之所以叫"超文本"，是因为它所编写的对象不仅仅有普通的文字字符元素，还有声音、图形等其他"超越"普通文字符号的对象元素。第 5 章"网络应用制作技术"将会对 HTML 语言作进一步的介绍。

3. HTTP

超文本传输协议（HyperText Transfer Protocol，HTTP）是 WWW 服务程序所用的网络传输协议。

4. URL

为了能够在互联网中方便地找到所需要的网站及所需要的信息资源，采用统一资源定位器（Uniform Resource Locator，URL）来唯一地标识某个网络资源。

URL 由双斜线分成两部分，前一部分指出访问方法，后一部分指明文件或服务所在服务器的地址及具体存放位置。描述格式如下。

访问方法：// 主机地址[:端口号] / 路径名 / 文件名[？参数列表]

（1）访问方法

可以是互联网上的某一种应用所使用的协议方法，如 http、ftp、gopher 等，访问 Web 网页使用 http。

（2）主机地址

网页所在的计算机在互联网上的地址，如 www.edu.cn。访问时采用的端口地址，一般可以省略。

（3）路径名及文件名

网页的文件名及所在计算机上的路径名，常常统称为"路径"。"/ 路径名"类似于 PC 磁盘上安装的 DOS 系统下的子目录，其子目录下还可以有更下一层的子目录。

(4) 参数列表

参数列表中包括需要传入文件的参数名及参数值。格式为：

参数1=参数值1& 参数2=参数值2&……

4.1.2 WWW 浏览器的使用

要想在 WWW 的海洋中畅游，必须在自己的计算机上安装一种叫浏览器的软件。用户只需在客户端的浏览器上使用鼠标或键盘，选择超级文本或输入搜索关键字，WWW 服务器就会按照信息链提供的线索，为用户寻找有关信息，并把结果送到客户端的浏览器，显示给用户。WWW 浏览器不仅是 HTML 文件的浏览软件，也是一个能实现 FTP、E-mail、News 的全功能的客户端软件。

常用的全图形界面的 WWW 浏览器主要有 Netscape 公司的 Navigator 和 Microsoft 公司开发的 Internet Explorer（简称 IE）。在此主要介绍 IE8.0 的使用。

安装 Windows 系统会自动安装 IE，双击桌面上的 图标或单击任务栏上的 图标，可以启动 IE，其运行界面如图4-1所示。

图4-1 IE界面

工具栏中几个常用按钮的功能如下：

1)"前进"按钮 /"后退"按钮 ——来回翻阅刚访问过的存放在缓冲区中的页面。

2)"停止"按钮 ——在传输过程中中断传送。

3)"刷新"按钮 ——重新下载所需要的页面。

4)"主页"按钮 ——打开"Internet 选项"中所设置的主页地址指定的网页。

5)"邮件"按钮——打开"Internet 选项"中设置的邮件程序进行邮件的收发。

1. 设置浏览环境和参数

在命令栏上单击鼠标右键,在弹出的快捷菜单中有"菜单栏"、"命令栏"或"状态栏"等选项,可以对菜单栏、命令栏或状态栏等内容的显示与否进行选择。

单击"工具"菜单中的"Internet 选项"命令,打开"Internet 选项"对话框,如图 4-2 所示。

单击"常规"选项卡,设置的常用参数如下:

1)主页——每次打开浏览器时自动连接的网址。可以输入一个网址,也可以设为空白页或当前页。

2)浏览历史记录——在浏览网页时,浏览器会将网页及其文件作为临时文件保存在硬盘的临时文件夹中,当重新浏览已经查看过的网页时,可以直接从硬盘中调出相应的临时文件,加快浏览速度。单击"设置"按钮可以查看或更改临时文件夹的设置情况,并可设置网页在历史记录中保留的天数。历史记录"要使用的磁盘空间"越大,浏览速度越快。

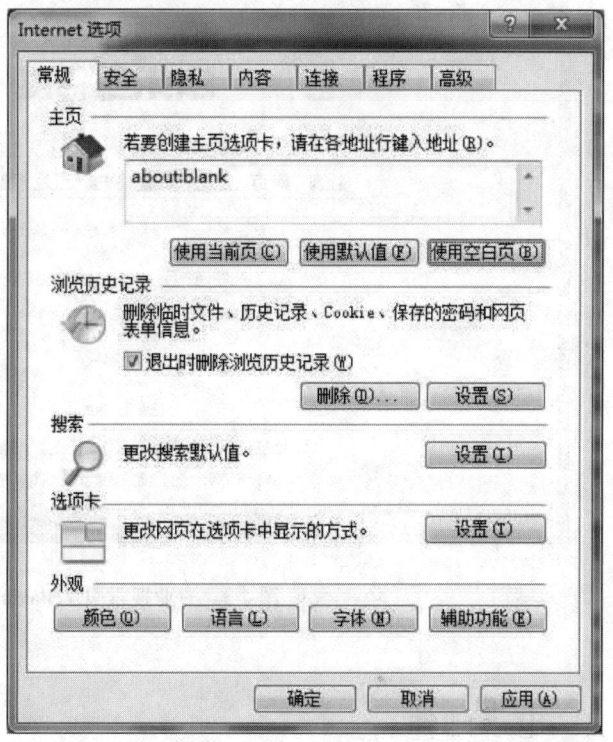

图 4-2 "Internet 选项"对话框

2. WWW 浏览

使用 IE 浏览网站时,只要在地址栏中输入想浏览的网址,按"回车"键后即可进入相应的主页。比如,输入 CERNET 的网址 http://www.edu.cn,按"回车"键,开始传送中国教育和科研计算机网主页。在数据传输的过程中,窗口底部状态栏中的动态链接指示器显示正在打开的网页,进度指示器指示传输的进度,当传送完成后,动态指示器显示"完成"。

4.1.3 搜索功能

互联网在不断扩大,网络信息千变万化,如何快速、准确地获取自己需要的信息显得越来越重要,因此一些网站提供了用于网上信息查询的搜索引擎,可以帮助搜寻需要的信息,图 4-3 是专业的搜索引擎 baidu 的网站。只要在搜索框中输入要查找的单词或短语,单击"百度一下"按钮就可得到一个搜索结果列表。该列表中包含有关的 Web 站点或网页,单击感兴趣的链接,能够直接进入页面。

常用的中文搜索引擎的网址有: http://www.baidu.com, http://cn.yahoo.com 等。

互联网及其应用

图 4-3　专业搜索引擎 Baidu 的网站

4.2　电子邮件

电子邮件是互联网提供的一项最基本的服务，为用户提供了一种现代化的通信手段。电子邮件的出现与普及改变了人们以往的通信方式，改善了人们进行信息交流的方法，具有快捷、方便与低费用的特点。

4.2.1　电子邮件的基本概念

1．电子邮件的定义

电子邮件最早出现在 ARPANET 中，是传统邮件的电子化。电子邮件与传统的邮件大同小异，只要通信双方都有电子邮件地址，便可以电子传播为媒介，交互邮件。可见电子邮件是以电子方式发送传递的信件。

对于很多互联网用户，电子邮件已经成为一种必需。和传统邮件相比，电子邮件具有速度快、价格低、一信多发、而且可以发送多媒体等优势。

2．电子邮件使用的协议

传送电子邮件时经常使用的协议有简单邮件传输协议（Simple Mail Transport Protocol，SMTP）、邮局协议（Post Office Protocol，POP）及 Internet 消息访问协议（Internet Message Access Protocol，IMAP）。

SMTP 是一组用于从源地址到目的地址传输邮件的规范，控制邮件的中转方式。SMTP

协议帮助每台计算机在发送或中转信件时找到下一个目的地。SMTP 服务器就是遵循 SMTP 协议的发送邮件服务器。

POP 协议负责从邮件服务器中检索电子邮件。它要求邮件服务器完成以下任务之一：
- 从邮件服务器中检索邮件并从服务器中删除这个邮件。
- 从邮件服务器中检索邮件但不删除它。
- 不检索邮件，只是询问是否有新邮件到达。

POP 协议支持多用户互联网邮件扩展，即允许用户在电子邮件上附带二进制文件，包括图片和声音文件等。在用户阅读邮件时，POP 命令所有的邮件信息立即下载到用户的计算机上，不在服务器上保留。

IMAP 是一种优于 POP 的新协议。和 POP 一样，IMAP 也能下载邮件、从服务器中删除邮件或询问是否有新邮件，但 IMAP 克服了 POP 的一些缺点。例如，它可以决定客户机请求邮件服务器提交所收到邮件的方式；请求邮件服务器只下载所选中的邮件而不是全部邮件；客户机可先阅读邮件信息的标题和发送者的名字再决定是否下载这个邮件；通过用户的客户机电子邮件程序，IMAP 可让用户在服务器上创建并管理邮件文件夹或邮箱、删除邮件、查询某封信的一部分或全部内容，完成所有这些工作时都不需要把邮件从服务器下载到用户的个人计算机上。

3. 电子邮件地址的格式

电子邮件信箱地址是由一个字符串组成的。格式为：username@ hostname。其中，username 是邮箱用户名，hostname 是邮件服务器名。在大多数计算机上，电子邮件系统使用用户账号名或登录名作为信箱的地址。例如，信箱地址 interbook@ 126.com，标识了在域名为 126.com 的计算机上，账号为 interbook 的一个用户。在使用中，用户标识的格式依赖于所使用的计算机系统和系统管理员指定的用户标识的规则。

用户不仅要有电子邮件地址，还要有一个负责收发电子邮件的应用程序。电子邮件应用程序很多，如 UNIX 下的 UNIX Mail、Pine（收发双方都是在各自的邮件服务器上直接操作）；Windows 操作系统下的 Foxmail、Outlook Express、Microsoft Outlook 等（收发是通过 SMTP 协议和 POP 协议间接访问邮件服务器实现的），此外还有 WWW 界面的邮件系统等。

4.2.2　Outlook Express 的使用

Outlook Express 是 Windows XP 附带的、与 IE 捆绑在一起的电子邮件客户端工具。

下面介绍如何利用 Outlook Express 6.0 实现电子邮件功能。

1. Outlook Express 6.0 的基本界面

Outlook Express 6.0 是 Internet Explorer 6.0 下的邮件应用程序。启动 Windows XP 后，双击桌面上 Outlook Express 的快捷方式，或单击任务栏上的 图标都可以启动 Outlook Express，界面如图 4-4 所示。

Outlook Express 窗口和 IE 6.0 窗口一样，有标题栏、菜单栏、工具栏、状态栏，屏幕左侧是邮件箱区，右侧是工作区。常用的邮件箱有 4 个：收件箱用来暂时存放从邮件服务器上取回的邮件；在采用延时发送方式时用发件箱来存放待发邮件；已发送邮件用来存放已发送邮件的备份；已删除邮件用来存放准备删除的邮件。放在已删除邮件箱中的邮件并没有真正被删除，还可以恢复到其他邮件箱中；在已删除邮件箱内再删除一次该信件，邮件才被永久

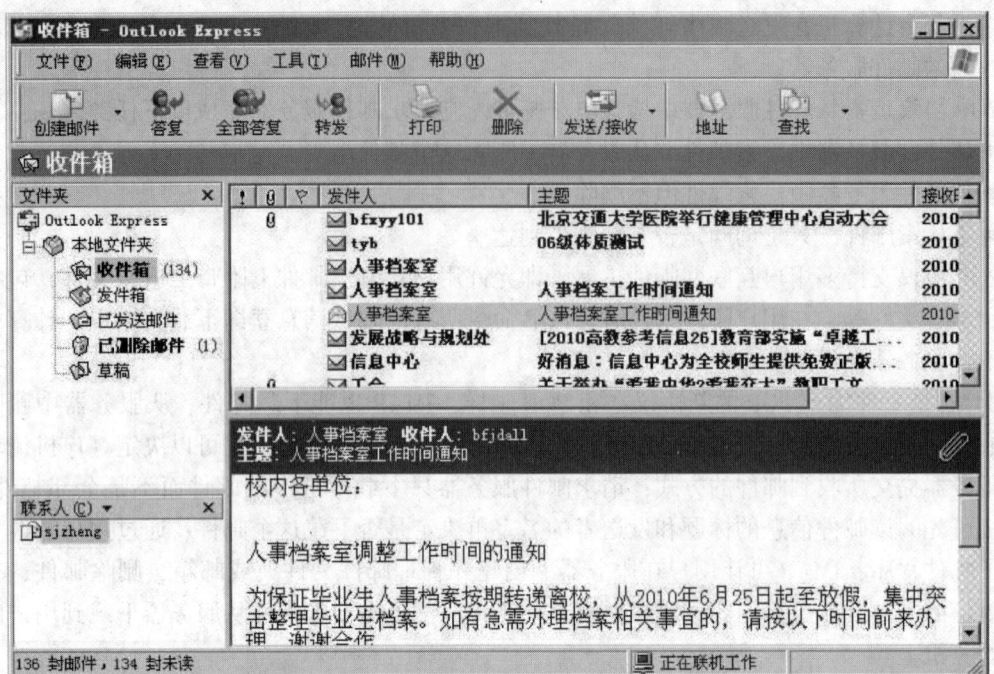

图 4-4　Outlook Express 界面

删除。

2. 设置电子邮件参数

在首次使用 Outlook Express 前，必须先对邮箱信息进行设置，以名称为 interbook@126.com 的邮箱为例。

在 Outlook Express 窗口下单击"工具"菜单中的"账户"命令，进入"Internet 账户"对话框，单击"邮件"选项卡，已建立的电子邮件账号将显示在列表框中，增加新的邮件账号时，单击"添加"按钮，选择"邮件"选项，如图 4-5 所示。

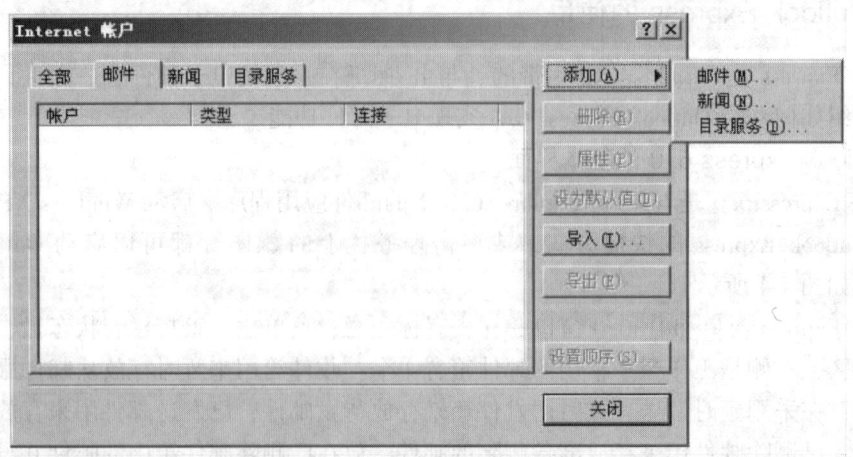

图 4-5　添加邮件账号界面

第 4 章　网络应用技术

然后，进入"Internet 连接向导"第一步，输入名称，可以输入自己的名字或别名，如 Internet textbook。单击"下一步"按钮进入第二步，输入电子邮件地址，如 interbook@126.com。单击"下一步"按钮进入第三步，分别填入发送服务器和接收服务器地址，如图 4-6 所示。其中发送服务器和接收服务器的地址信息是由 ISP 提供的。

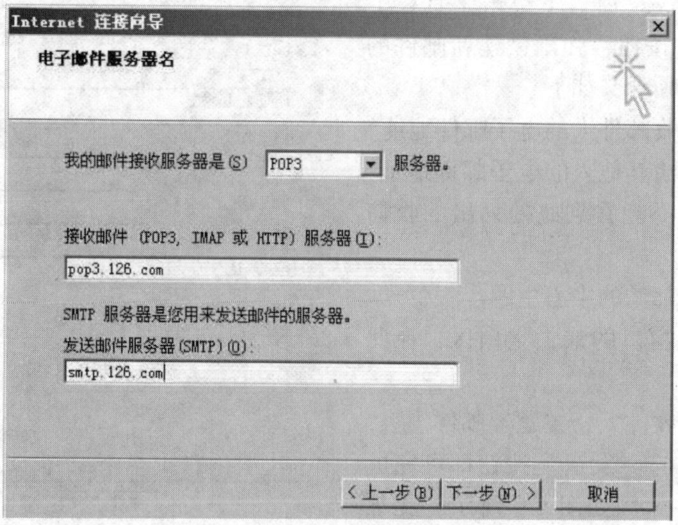

图 4-6　输入电子邮件服务器

单击"下一步"按钮，进入第四步，输入账户名，即只输入@前面的部分，如 interbook。为了信件的安全，可以不输入密码并取消对"记住密码"复选框的选择，如图 4-7 所示，这样在每次收取邮件时都要输入密码。单击"下一步"按钮进入第五步，单击"完成"按钮，电子邮件参数设置完成。

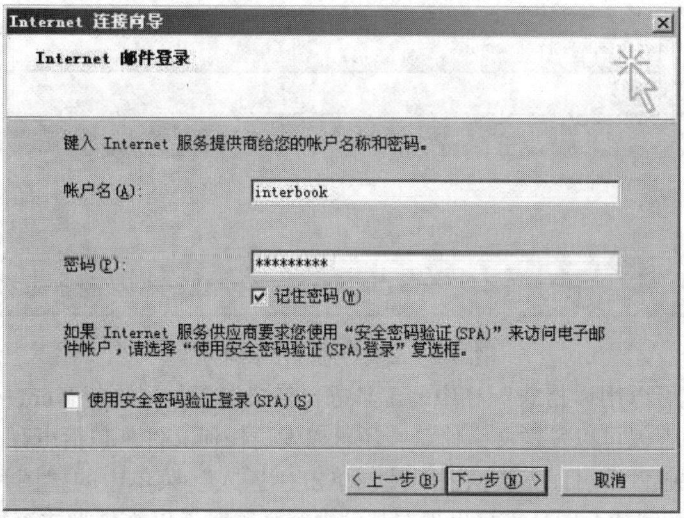

图 4-7　输入电子邮件账户

如果已设置的邮箱信息需要进行修改，则在 Outlook Express 窗口下单击"工具"菜单中的"账户"命令，进入"Internet 账户"对话框。单击"邮件"选项卡，从已建立的电子邮件列表中选择要修改的账号，单击"属性"按钮，打开选中账号的"属性"对话框。单击"常规"选项卡，可修改电子邮件地址，如图 4-8 所示；单击"服务器"选项卡，可修改电子邮件服务器。

3. 发送邮件

在 Outlook Express 窗口下单击工具栏上的"创建新邮件"按钮，弹出创建新邮件的窗口，该窗口中各项含义如下。

- 收件人：接收邮件人的电子邮件地址。
- 抄送：抄送给其他人的电子邮件地址，所有收信人都能看到此处列出的收信人名单。
- 主题：发送邮件的中心主题。
- 邮件内容：窗口的最大空白区，在此写入邮件内容。

其中主要填写收件人、主题、邮件内容。单击工具栏最左边的"发送"按钮即可完成邮件的发送。邮件示例如图 4-9 所示，此邮件若发送给多人，可在"抄送"栏中输入抄送者的地址，多个地址用分号或逗号隔开。

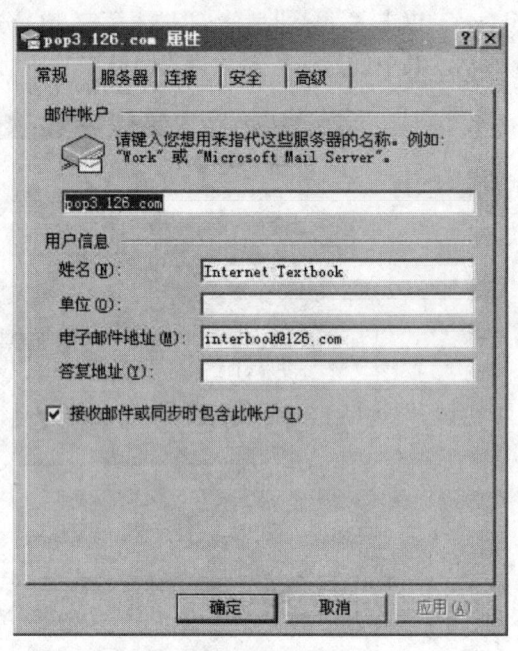

图 4-8　修改电子邮件账号

图 4-9　编辑好的邮件示例

邮件中的正文可以用"格式"栏中的工具进行格式设置，用法与 Word 一样。

在电子邮件中不仅可以发送文字信息，还可以发送任何文件，包括声音、动画、图像等多种信息形式。在邮件中可以直接插入图片，单击"插入"菜单中的"图片"命令，通过"浏览"选择所需的图片，图片直接出现在邮件内容区。对于以文件形式存放的信息，单击"插入"菜单中的"附件"命令，或者直接单击工具栏上的"附件"按钮，弹出"插入附件"对话框，从中选择要附加的文件，然后单击"附件"按钮，此时会在"主题"栏下增加"附加"栏，栏中显示刚选中的文件及文件的大小。重复上述操作，可以将多个文件附加到邮件上。最后单击"发送"按钮，正文和附加的文件将一同发送出去。

4. 接收和阅读

在 Outlook Express 窗口下单击工具栏上的"发送/接收"按钮，可选择是接收某个账号的邮件，还是全部接收。如果接收所有账号下的邮件，在多个账号的情况下，系统会一一弹出一个对话框要求输入账号和密码，如果不是自己的账号可单击"取消"按钮跳过该账号。或者单击"工具"菜单中的"发送/接收"命令，弹出的级联菜单会列出所有账号，选择自己所需要的账号，在弹出的对话框中输入密码，然后系统开始接收新邮件。接收时出现一个窗口显示接收邮件的状态，提示在邮箱中共有几封信，正在读取第几封。新接收的邮件存放在"收件箱"中。

在"收件箱"中邮件区显示邮件的发送者、邮件标题等主要信息。未读邮件以粗、黑体显示。标题前有"!"图标表明是急件，有"0"图标表明邮件中附加有文件。邮件阅读区显示出邮件的内容。如果邮件中附加有文件，阅读邮件时在邮件阅读区右上方有"0"按钮，其中可能附加多个文件，单击某个文件可进行查看。

5. 邮件的回复和转发

回复邮件时，系统会根据来信自动填写收件人地址，而且会将原邮件主题加上"Re:"作为新的邮件主题。在邮件内容区内，Outlook Express 把原邮件内容引用到回复邮件里。

回复邮件时，单击"回复"按钮，只给发信者本人回复；单击"全部回复"按钮，给发信人及抄送人一同回复。

另外，利用电子邮件的转发功能可把接收到的邮件转发给其他人，并能附上自己的意见。先选中要转发的邮件，再单击"转发"按钮，在"收件人"栏中输入转发人地址，"主题"栏中已经填好了主题，是在原邮件的主题前面增加了"Fw"字样。原邮件内容被引用，自己添加上意见后，单击"发送"按钮，邮件即可被转发出去。

4.2.3 Foxmail 的使用

由于 IE 7.0 以上的浏览器不再与 Outlook Express 绑定，所以 Windows 7 操作系统里不再默认安装 Outlook Express，需要单独安装电子邮件客户端软件。Foxmail 是一款优秀的国产电子邮件客户端软件，不仅能收发邮件、管理邮件，还具备强大的反垃圾邮件功能。下面介绍如何使用 Foxmail 6.5 实现电子邮件功能。

1. Foxmail 6.5 的基本界面

Foxmail 6.5 的界面如图 4-10 所示。窗口左侧是邮箱和邮件箱区，右侧是工作区。常用的邮件箱与 Outlook Express 类似，只是多了一个垃圾邮件箱，用来存放 Foxmail 判断为垃圾的邮件。

2. 设置电子邮件参数

下面以 interbook@126.com 为例进行邮箱设置。首次使用 Foxmail 6.5 或者单击"邮箱"菜单中的"新建邮箱账户"命令，都能打开邮箱设置向导。在"建立新的用户账户"窗口中，首先输入电子邮箱地址和密码；并在"账户显示名称"文本框中输入在 Foxmail 中显示的名称，主要用以区分不同的账户；在"邮件中采用的名称"文本框中输入自己的名称或昵称，该信息将包含在所有发出的邮件中；在"邮箱路径"文本框中，设置邮件的保存位置，可以用系统默认的路径，也可以自行设置，如图 4-11 所示。

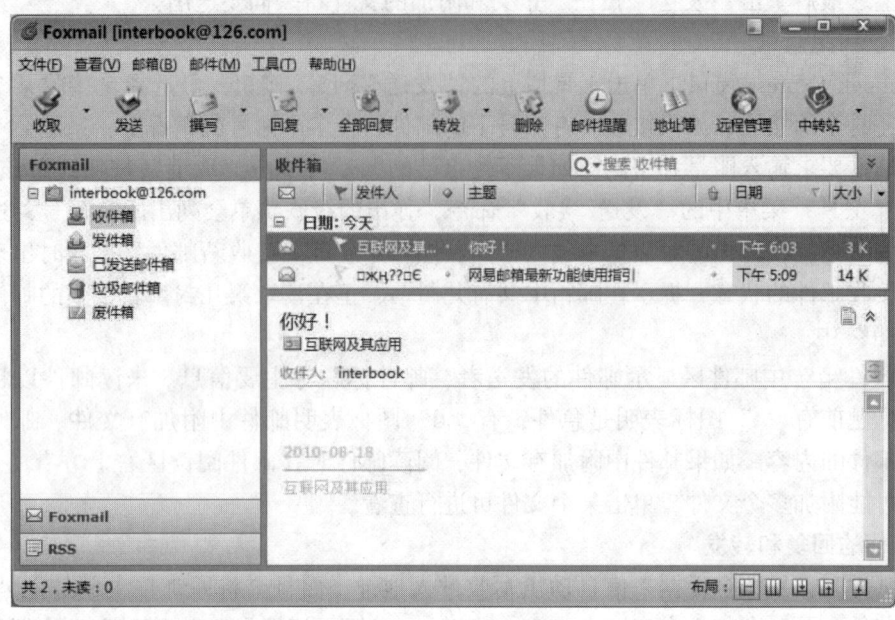

图 4-10　Foxmail 6.5 的界面

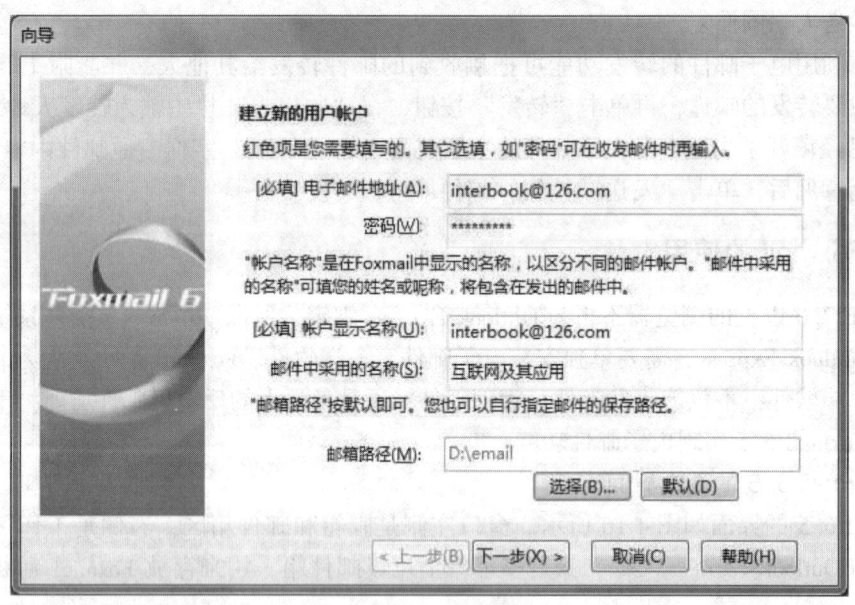

图 4-11　"建立新的用户账户"窗口

单击"下一步"按钮，打开"指定邮件服务器"窗口，如图 4-12 所示。在该窗口中设定接收服务器类型、接收邮件服务器和发送邮件服务器的地址以及邮件账户。如果 SMTP 服务器需要身份验证，则需要单击"高级"按钮，打开"高级设置"对话框，如图 4-13 所示。选中"SMTP 服务器需要身份验证"复选框。设置完成后，单击"确定"按钮，并按照提示完成新建邮箱账户的操作。

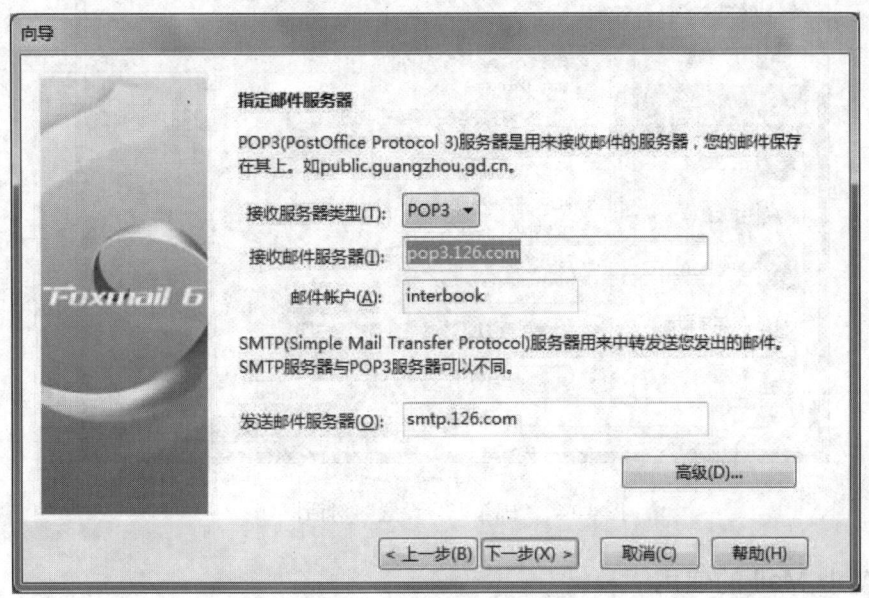

图 4-12 "指定邮件服务器"窗口

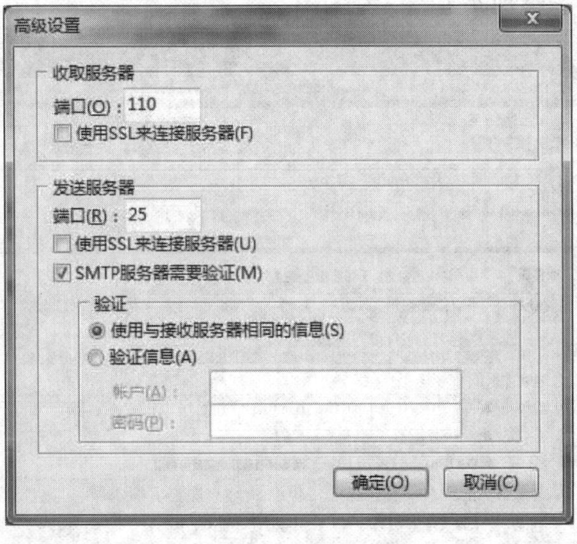

图 4-13 "高级设置"对话框

如果已设置的邮箱账户信息需要进行修改,只需在 Foxmail 6.5 窗口左侧的邮箱列表中,在需要修改的邮箱上单击鼠标右键,在弹出的快捷菜单中选择"属性"命令,打开"邮箱账户设置"对话框(见图 4-14),即可修改"个人信息"和"邮件服务器"等信息。

Foxmail 收信、发信的操作与 Outlook Express 类似,此处不再详细介绍。

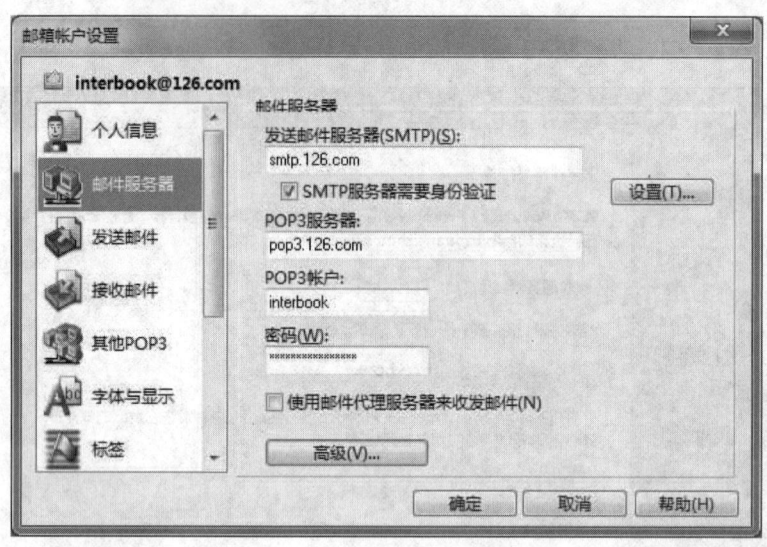

图 4-14 "邮箱账户设置"对话框

4.2.4 Web Mail 的使用

目前,几乎所有的电子邮件系统都支持通过 Web 页面注册邮箱、收发电子邮件的功能。打开浏览器,输入电子邮件服务器的地址,如 http://www.126.com,然后输入邮箱名和密码,登录后的界面如图 4-15 所示。

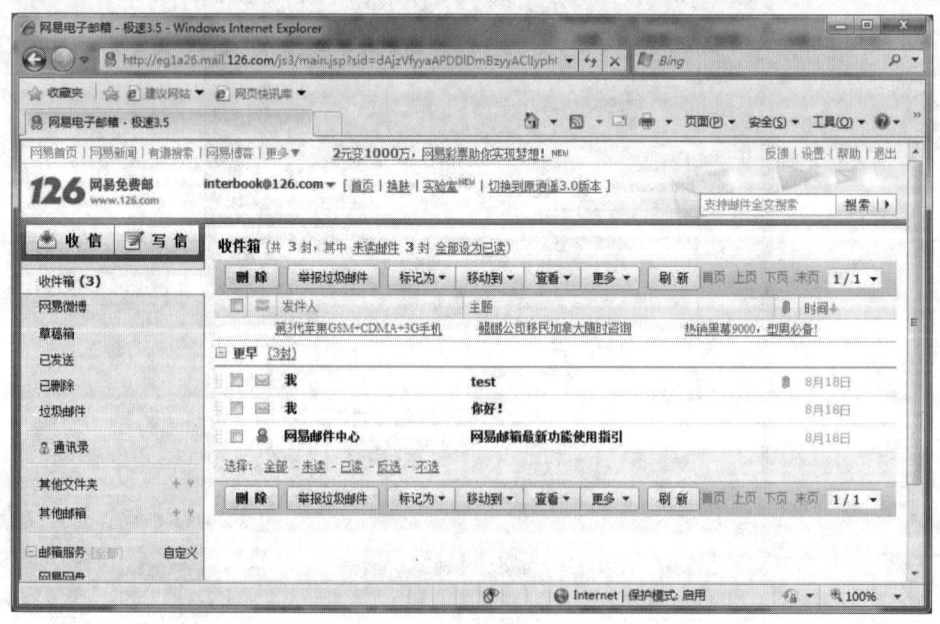

图 4-15 Web 邮箱界面

在互联网上,很多 ISP 都提供免费电子邮箱,这给上网用户提供了使用电子邮件的机会。大多数免费邮箱都是 WWW 浏览型的,少数免费邮箱也支持 POP 协议。

4.3 远程登录

远程登录（Telnet）是互联网的一种协议，允许用户计算机通过网络注册到另一台远程计算机上，使用远地系统的资源。

4.3.1 远程登录的基本概念

1. 远程登录的定义

通过远程登录，本地计算机便能与网络上另一远程计算机取得"联系"，并进行程序交互。进行远程登录的用户叫本地用户，本地用户登录进入的系统叫做远地系统。远程登录的根本目的在于访问远地系统的资源，而且就像访问当地用户一样。只要拥有远程计算机的一个账号，就可以通过 Telnet 注册并操作其系统，好像在直接操作远程计算机一样。

2. 远程登录的原理

互联网上的远程登录协议以 Telnet 协议为基础，Telnet 协议是 TCP/IP 协议的一部分，是一个简单的远程登录协议。

当远程登录进入远程计算机系统时，事实上启动了两个程序，一个叫"客户"程序，它运行在本地计算机上，另一个叫"服务器"程序，它运行在要登录的远程计算机上。

本地计算机上的"客户"程序要完成如下功能：

1）建立与服务器的 TCP 连接。
2）从键盘上接收输入的字符。
3）把输入的字符串变成标准格式，并传给远程服务器。
4）从远程服务器接收信息。
5）把该信息显示在本地计算机的屏幕上。

远程计算机的"远程登录服务"程序平常在远程计算机上待命，一旦接到用户的请求就活跃起来，并完成如下功能：

1）通知本地的计算机它已准备好服务。
2）等候输入命令。
3）对收到的命令作出反应（如显示目录内容，执行某个程序等）。
4）把执行命令的结果送回给本地计算机。
5）重新等候新命令。

在远程登录过程中，输入/输出均对远地系统内核透明。远程登录服务本身对用户也透明，本地用户好像直接进入远地系统，这是 Telnet 的重要特性。

4.3.2 Telnet 的使用方法

在互联网上有许多可以实现 Telnet 的共享程序。在 Windows 操作系统中，只要安装了 TCP/IP 协议，就可以使用 Telnet.exe 程序进行远程登录。下面以在 Windows 2000 操作系统中登录"staff.bjtu.edu.cn（202.204.103.20）"服务器为例，介绍如何使用 Telnet。

单击"程序"菜单下的"运行"命令，打开"运行"对话框。在"打开"文本框中输入"telnet staff.bjtu.edu.cn"或者"telnet 202.204.103.20"，然后单击"确定"按钮，进行登录；也可以在 IE 6.0 的地址栏中输入"telnet：//staff.bjtu.edu.cn"或"telnet：//202.204.103.20"，将在浏览器中弹出另一个 Telnet 程序窗口，此时调用的也是 Windows 2000 下的 Telnet 应用程序。如果连接成功，会出现"登录提示"窗口，如图4-16所示。

图4-16 "登录提示"窗口

在"登录提示"窗口中输入本地用户在远地主机上的账号，接下来输入密码。远程主机在检查用户名与密码之后，如果认为是合法用户，则允许登录到远程计算机上，如图4-17所示，否则远程计算机会拒绝用户的访问。

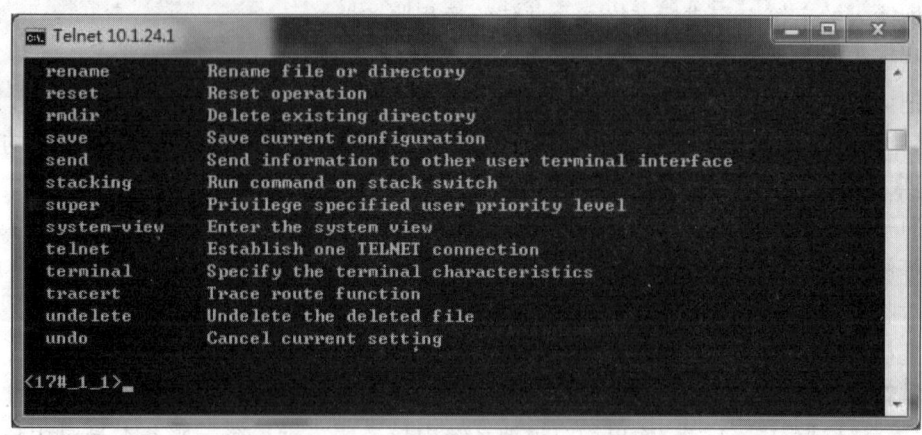

图4-17 远程计算机接受用户访问窗口

通过这个具体的实例，可以了解到远程登录是非常简单、易行的服务。

4.4 文件传输

在互联网中有一个被称为 FTP 的特殊服务，它就是文件传输协议（File Transfer Protocol）。

4.4.1 FTP 的基本概念

1. 什么是 FTP

FTP 的主要作用,就是让用户连接上一个远程计算机(这些计算机上运行着 FTP 服务程序,并且存储着各种格式的文件,包括计算机软件、声音文件、图像文件、重要资料、电影等),查看远程计算机上有哪些文件,然后把文件从远程计算机上复制到本地计算机,或把本地计算机的文件送到远程计算机上去。前者称为"下载",后者称为"上传"。

FTP 是一个通过互联网传送文件的系统。大多数站点都有匿名 FTP(Anonymous FTP)服务。所谓匿名,就是这些站点允许任何一个用户自由地登录到机器上并复制文件。

IE 或 Netscape 浏览器,同时也是一个 FTP 客户程序,它只能从 FTP 服务器中检索文件,访问匿名 FTP 站点并从该站点处下载文件。运行浏览器程序的两个用户相互之间不能用 FTP 功能彼此来回传递文件,因为浏览器是 FTP 客户程序,而不是 FTP 服务器程序。

互联网上的匿名 FTP 服务器,不要求用户事先在该服务器进行注册。与匿名 FTP 服务器建立连接时,一般要在 Login 栏内填上"Anonymous",在 Password 栏内填上自己的电子邮件地址。互联网上的大部分免费或共享软件均通过这类匿名 FTP 服务器向公众提供。在浏览器中,甚至连这些工作都不必做,而由浏览器代劳了。

另一类 FTP 服务器为非匿名 FTP 服务器,要进入该类服务器,必须先向该服务器的系统管理员申请用户名及密码。非匿名 FTP 服务器通常供内部使用或提供收费咨询服务。

2. FTP 的文件格式

使用 FTP 可以对文本文件和二进制文件进行传输。

文本文件包括一系列的字符,通常使用的文件是文本文件。不同的计算机中使用着不同编码的文本文件。因而,FTP 可以在使用不同编码的计算机之间传输文件。

二进制文件是指非文本文件,如压缩文件、图形与图像、声音文件、电子表格、计算机程序、电影或其他文件。

4.4.2 FTP 的常用命令

FTP 的命令有 60 多个,在这里只介绍一些常用的命令。

1. 建立 FTP 连接命令

运行 ftp,首先要与远程的 FTP 服务器建立连接,方法有两个:

(1) 运行 ftp 时即打开连接

ftp 计算机域名

或者

ftp IP 地址

例如,现在要建立与 ftp.edu.cn 的连接,需要输入以下命令:

ftp ftp.edu.cn

(2) 使用 open 命令建立连接

执行 ftp 后,进入命令状态,在此状态下输入命令:

ftp > open 计算机域名(或者 IP 地址)

仍以建立与 ftp.edu.cn 的连接为例,需要输入以下命令:

ftp > open ftp. edu. cn

2. 文件目录的查询

进入 FTP 命令状态后，用户可以使用不同的命令，改变自己在 FTP 服务器中的工作目录或查询目录中的文件。

（1）查询当前目录

ftp > pwd

（2）改变当前工作目录

ftp > cd 目录

注意：使用 FTP 时，目录必须以"/"符号间隔，而不是 DOS 中常用的"\"符号。

（3）列目录

列目录的命令有 ls 和 dir。

ls 命令只是简单列出文件目录，使用方法如下：

ftp > ls 文件名

ftp > ls-lR 文件名

提示：修饰符-lR 的作用是列出当前目录及其所有子目录所含的文件。

dir 命令为用户列出较为详尽的目录信息，该命令支持"*"及"?"通配符，其使用方法类似于在 DOS 中的使用。如：

ftp > dir 目录名

3. 设置 FTP 传输模式

FTP 支持文本方式和二进制方式两种传输模式。因此，在使用 FTP 时，要对 FTP 设置传输模式。默认情况下，FTP 以文本方式传输。

（1）设置文本方式

ftp > ascii

（2）设置二进制方式

ftp > binary

4. 从 FTP 服务器中取文件

设置完成传输模式后，就可以传输文件了。从 FTP 服务器中取文件有 get 和 mget 两种方法。

（1）get 命令

执行 get 命令，可以从 FTP 服务器上传输指定的一个文件。使用方法如下：

ftp > get 文件名

（2）mget 命令

执行 mget 命令，可从 FTP 服务器上传输指定的多个文件，该命令支持"*"及"?"通配符。使用方法如下：

ftp > mget 文件名 [文件名……]。

例如，要从服务器上下载以 he 开头的文件，可以执行下面的命令：

ftp > mget he *

5. 向 FTP 服务器中发送文件

使用 put 命令向 FTP 服务器中发送文件，方法如下：

ftp > put 文件名

注意：用户只有在 FTP 服务器上有写的权限时才能向 FTP 服务器中发送文件。

6. 其他常用的 FTP 命令

其他常用的 FTP 命令见表 4-1。

表 4-1 其他常用的 FTP 命令

命 令	命 令 解 释
!	在不中断与 FTP 服务器连接的情况下执行本地命令
lcd	改变或查看本地目录
system	询问 FTP 服务器系统类型
help	FTP 线上帮助，若想了解某一命令的用法，可用"help 命令名"查询
quit/bye	结束 FTP 操作

4.4.3 IE 下的 FTP

IE 中包含了 FTP 客户程序，因此使用 IE 浏览器可方便地访问 FTP 服务器。在 IE 的地址栏中输入以 "ftp：//" 为开始的 URL，如 "ftp：//ftp.njtu.edu.cn/pub/"，显示了一个类似 DOS 的目录结构，用鼠标直接单击对应的链接进入相应的目录，如图 4-18 所示。

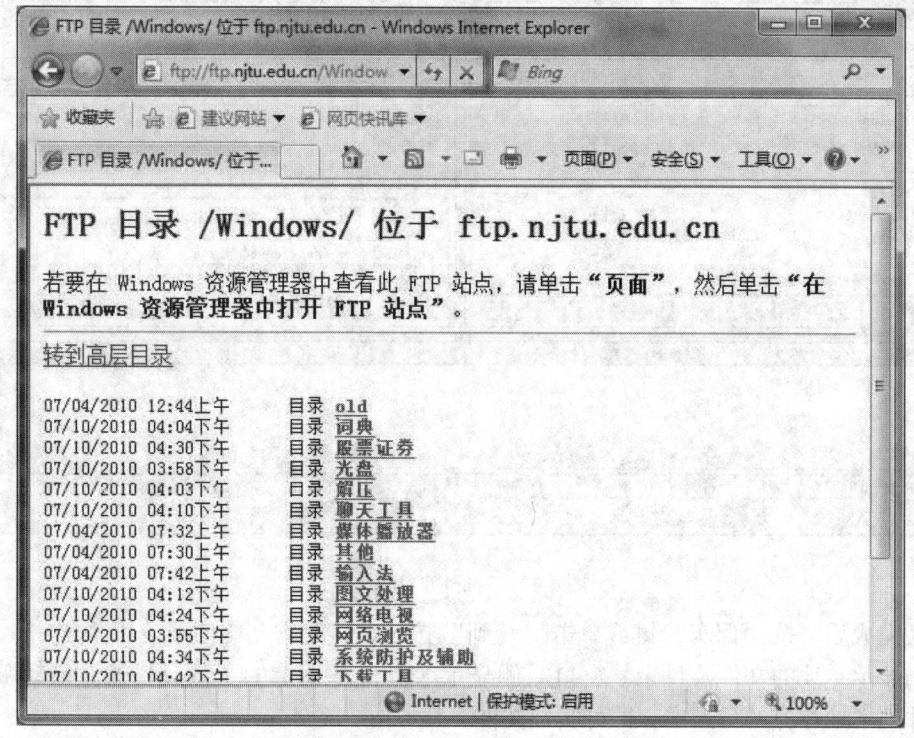

图 4-18 IE 8.0 下的 FTP

如果找到了需要的文件，可单击该文件进入下载过程。当系统询问是"在当前位置运行该程序"，还是"将该程序保存到磁盘"时选择后者，屏幕上会出现一个对话框供用户选择保存文件的位置和名称，确定后进入下载进程。

4.4.4 LeapFTP 的使用

FTP 客户端软件有很多种，如 CuteFTP、Ws-FTP、LeapFTP 等。下面以 LeapFTP 为例，简单介绍 FTP 客户端软件的使用。

通过浏览器访问"http://www.onlinedown.net/soft/2099.htm"下载 LeapFTP，解压后即可使用，无须安装。启动 LeapFTP 程序，打开 LeapFTP 窗口，如图 4-19 所示。在该窗口中，常用选项如下。

- 地址：FTP 服务器的域名或 IP 地址。
- 用户：用户在主机上的账号，如果以匿名传送，选择右侧的"匿名"复选框。
- 密码：与账号对应的密码。
- 匿名：若以匿名方式登录，则选择此复选框。

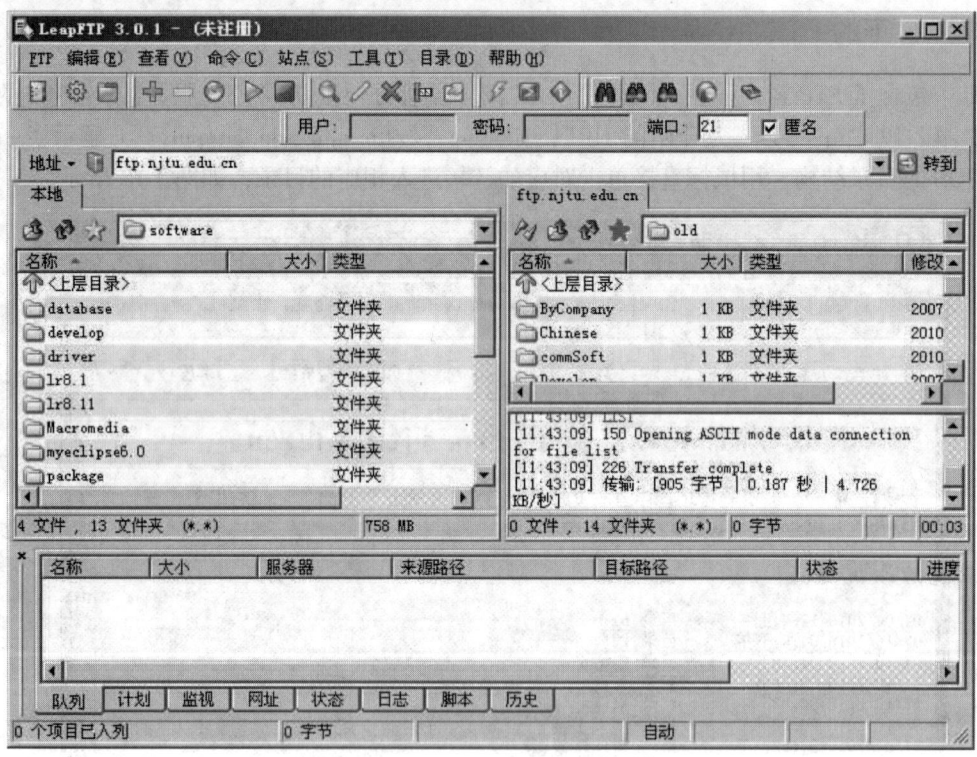

图 4-19 LeapFTP 窗口

输入完成后，按"回车"键或单击"转到"按钮，将建立与 FTP 服务器的连接。主窗口的左侧显示本地的文件及目录，窗口右侧显示 FTP 服务器上的文件及目录。拖动服务器上的文件到本地相应的目录中，即可实现文件下载。

4.4.5 NetAnts 的使用

网络蚂蚁（NetAnts）是针对网络速度慢而开发出来的下载工具软件。它利用了多点连接、断点续传、计划下载等多种技术手段，使用户在当前的网络条件下大大加快了下载速度。

NetAnts 是免费软件，用户可以从自己熟悉的 FTP 网站上下载并安装。单击"开始"→"程序"→"NetAnts"→"NetAnts"命令，或者双击桌面上的 NetAnts 图标，就可以启动网络蚂蚁程序。单击"查看"菜单下的"拖放窗口"命令，激活蚂蚁动画小图标，这时动画小图标将显示在屏幕的最前面，如图 4-20 所示。

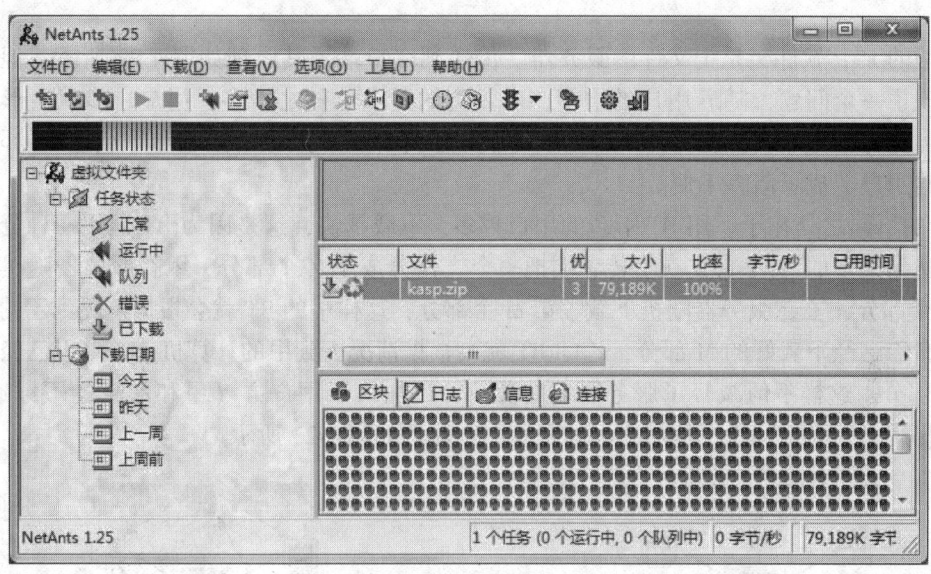

图 4-20 NetAnts 窗口

使用浏览器打开要下载文件的网页，将鼠标指针指向要下载的链接，单击鼠标右键，在弹出的快捷菜单中选择 Download by NetAnts 命令；或者按住鼠标左键，将链接拖至动画小图标中，屏幕上将出现"添加任务"对话框，如图 4-21 所示。在"保存到"文本框中输入保存下载文件的本地路径，单击"确定"按钮，开始下载。

在下载过程中，网络蚂蚁会给出非常直观和详细的状态信息。在任务列表栏的下载任务列表中有下载目标的链接地址、下载的文件名、文件的字节数、已下载的百分比、数据传输的比特率和下载时间等内容；选中正在下载的任务，单击"区块"选项卡，可以看到许多排列整齐的圆点，白点表示全部文件，红点表示蚂蚁，蓝点表示已经下载的文件量。若设置5 点同时下载，就会看到 5 个红点不断向右移动，代表 5 只蚂蚁正在从网络往本地硬盘搬运文件；在主窗口的右下角显示的不断变化的数字，是已

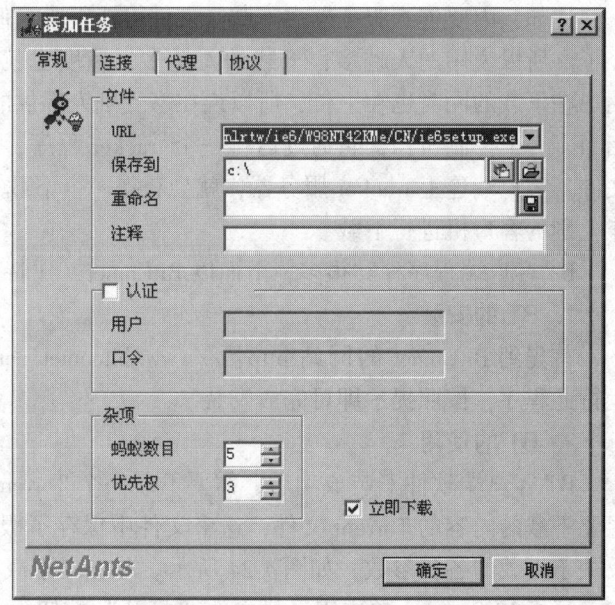

图 4-21 "添加任务"对话框

经接收的字节数;如果下载失败,系统也会给出信息。

4.4.6 BT 的使用

BT 是一款 P2P 软件,全名叫 BitTorrent,通过 Torrent 文件来获得文件的下载信息进行下载。

一般的 FTP 软件,是把文件由服务器端传送到客户端,其原理如图 4-22 所示。但是这样就出现了一个问题,随着用户的增多,对带宽的要求也随之增多,用户过多就会形成瓶颈,有可能将服务器资源耗尽,所以很多的服务器都有用户人数的限制和下载速度的限制,这样就给用户造成了诸多不便。

BT 的不同之处在于,用 BT 下载的用户越多,下载越快,这是因为 BT 是用一种分发的方式来达到共享的,BT 首先在上传者端把一个文件分成了 Z 个部分,甲在服务器随机下载了第 N 个部分,乙在服务器随机下载了第 M 个部分,这样甲的 BT 就会根据情况到乙的计算机上去拿乙已经下载好的 M 部分,乙的 BT 就会根据情况去到甲的计算机上去拿甲已经下载好的 N 部分,这样不但减轻了服务器端的负荷,也加快了用户方(甲和乙)的下载速度,效率也提高了,而且减少了地域之间的限制。其原理如图 4-23 所示。

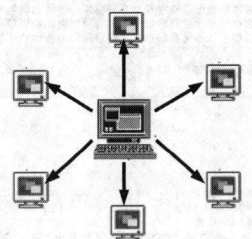
图 4-22 从服务器下载文件原理

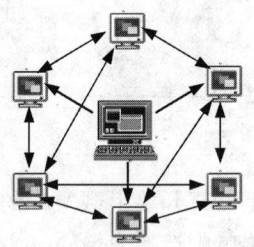
图 4-23 BT 下载原理

比如,丙要连到服务器去下载,文件可能很小,但是要到甲和乙的计算机上去拿就快得多了。所以说用的人越多,下载的人越多,速度也就越快,BT 的优越性就在这里。而且,用户在下载的同时也在上传,所以说在享受别人提供的下载的同时,自己也在贡献。服务器相当于一个控制机构,它通过运行一个 tracker 程序,追踪到底有多少人同时在下载同一个文件。客户端连上 tracker 服务器,就会获得一个下载客户机的名单,根据这个,BT 会自动连上别的客户机进行下载。

BT 客户端程序种类很多,下面以 BitComet(比特彗星)为例介绍 BT 的使用。

1. BT 的安装

首先到 BitComet 的网站 http://www.bitcomet.com/下载一个安装文件,下载完毕后,运行此程序,按照提示即可完成安装。

2. BT 的使用

BT 客户端软件安装成功后,需要下载一个 Torrent 文件。到相关的 BT 资源网站上搜索想要下载的内容的 Torrent 文件,这个文件中保存了服务器地址、所要下载的文件的大小以及关于下载的各种参数,如图 4-24 所示。单击"下载",可将 Torrent 文件下载到本地。

运行 BitComet,单击工具栏中的"打开"按钮,选择刚下载的 Torrent 文件,就会弹出"新建 BT 任务"窗口,如图 4-25 所示。在"保存到"文本框中,设置下载文件的保存位

图 4-24　BT 资源网站

置；在"文件名称"列表中选择要下载的文件，然后单击"立即下载"按钮，BT 开始分配空间。首先在硬盘里建立一个和目标文件大小一样的空文件，然后就自动开始下载。

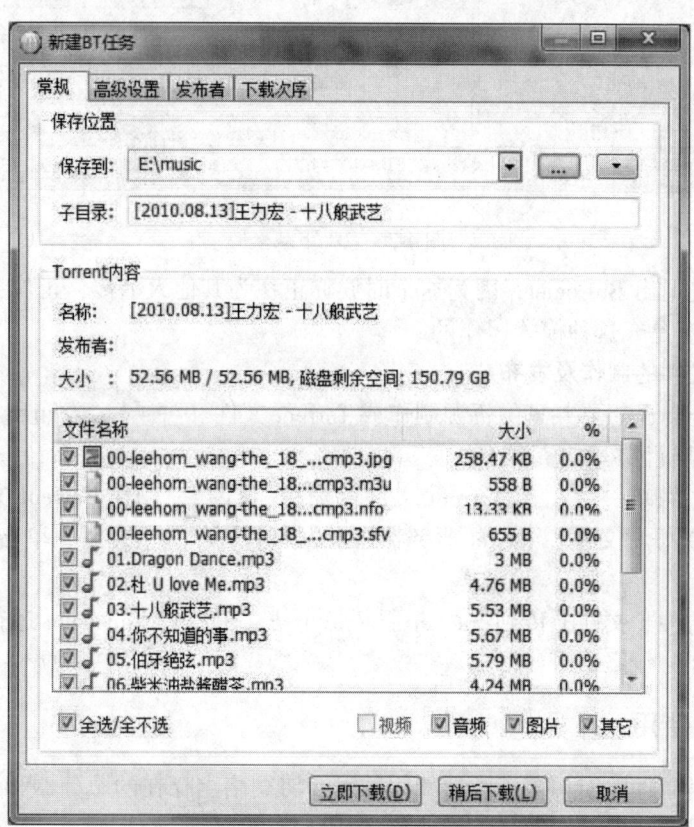

图 4-25　"新建 BT 任务"窗口

初始时下载会比较慢，但会随着上传速度的增加而增加，因为 BT 软件会优先于上传速度快的人。BT 支持断点续传，如果文件下载被打断，只需要重新打开 Torrent 文件，在弹出的保存位置的对话框中，覆盖上一次的文件或者目录，BT 会扫描一遍上次未下载完成的文件，自动开始接着下载，下载过程如图 4-26 所示。当下载进度达到 100% 时，说明下载完成了。

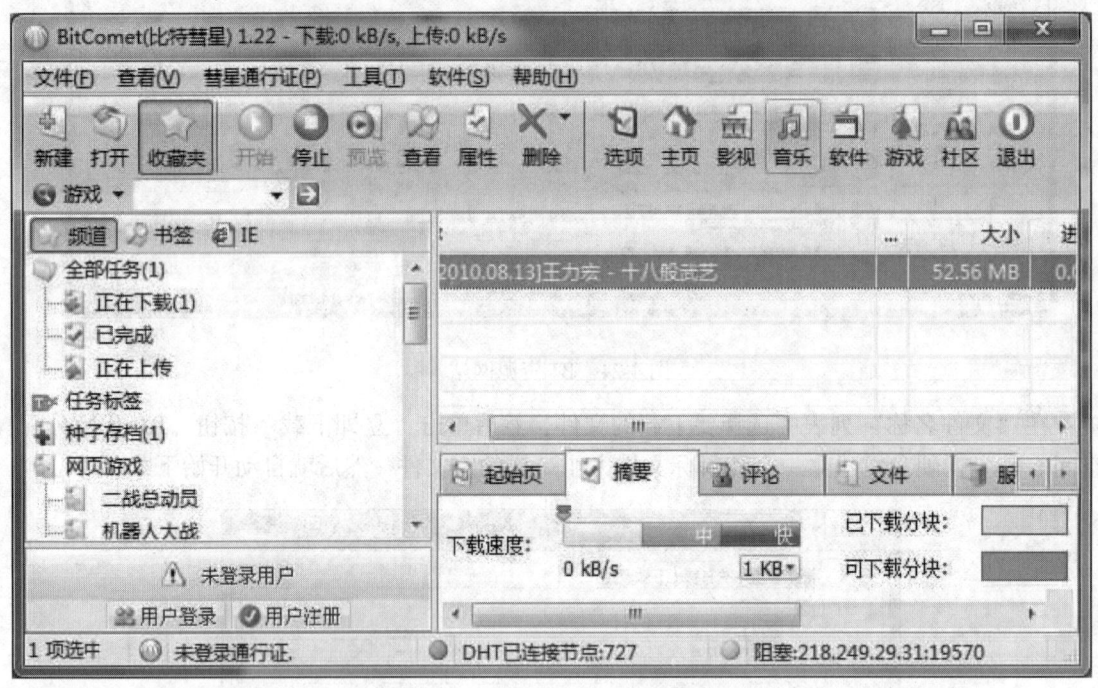

图 4-26 BT 下载

此时不要立刻退出 BitComet，因为这个时候你正在为其他人上传，正像其他人在为你提供下载一样。BT 正是靠这种模式运作的。

3. BT 种子文件的制作及发布

用户也可以把自己想要共享的资源制作成 Torrent 文件（种子），发布出去，这样别人就可以利用 BT 下载自己共享的资源了。

单击"文件"菜单→"制作 Torrent 文件"命令，打开"制作 Torrent 文件"窗口，如图 4-27 所示。设置好源文件、tracker 服务器以及发布者等相关信息后，单击"制作"按钮，生成 Torrent 文件。

将制作完成的种子文件上传到 tracker 服务器上去，并保持 BitComet 运行，以保证别人的下载。

4.4.7 迅雷的使用

迅雷基于网格原理，使用多资源超线程技术，将网络上存在的服务器和计算机资源进行有效的整合，构成独特的迅雷网络，快速传递各种数据文件。

多资源超线程技术还具有互联网下载负载均衡的功能，在不降低用户下载速率的前提下，迅雷网络可以对服务器资源进行均衡，有效降低服务器的负载。

第 4 章 网络应用技术

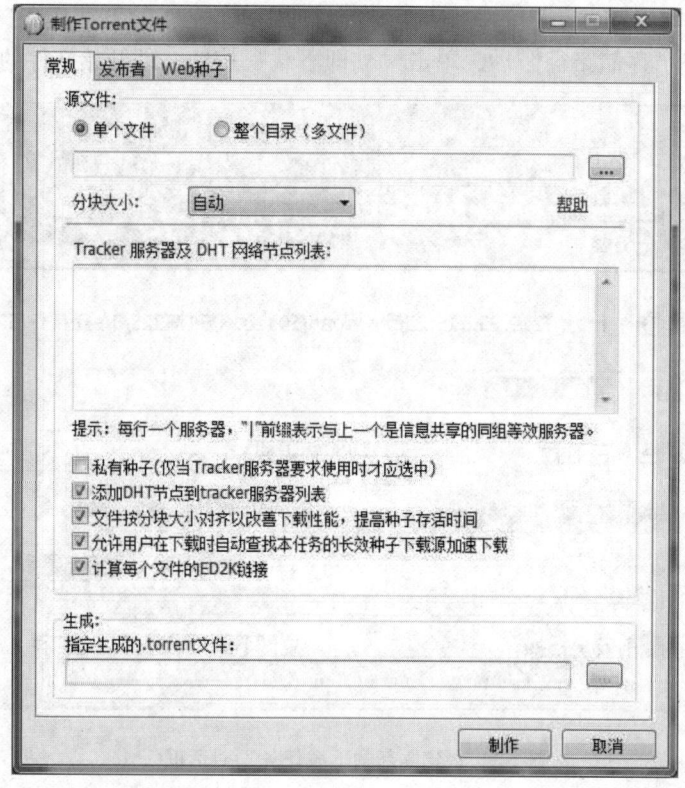

图 4-27 "制作 Torrent 文件"窗口

迅雷只是一个提供下载和自主上传的工具软件，迅雷资源的多少取决于拥有资源网站的多少。只要有任何一个迅雷用户使用迅雷下载过资源，迅雷就有记录。越多用户使用迅雷下载过越多服务器，迅雷的资源就越多。

访问 http：//www.xunlei.com，下载最新版本的迅雷工具并安装。运行迅雷，任务栏中会增加 图标，并打开如图 4-28 所示的窗口，平时可以将该窗口关闭。

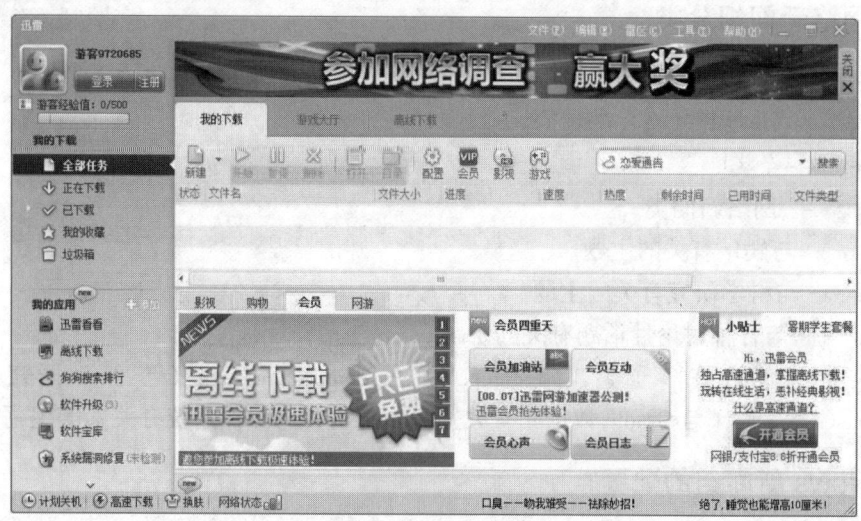

图 4-28 "迅雷"窗口

121

当在浏览器中单击需要下载的文件时，将会打开"建立新的下载任务"对话框，如图 4-29 所示。设置好"存储路径"后，单击"立即下载"按钮，即开始文件的下载。

图 4-29 "建立新的下载任务"对话框

4.5 网络新闻组

网络新闻组（USENET）是人们利用互联网互换创意、发表看法、收集信息以及回答问题的地方。它利用网络新闻传输协议（Network News Transfter Protocol，NNTP）在互联网上收发网络新闻。

4.5.1 网络新闻组分类

USENET 中的新闻组都是根据某一主题来建立的，USENET 最早分为 7 类。

- comp.——与计算机有关的讨论。
- misc.——杂类。
- news.——网络新闻类。
- rec.——与娱乐有关的主题。
- sci.——与科学研究有关的主题。
- talk.——与各种讨论性话题有关的主题。

每一类中又包含许多子类，如 comp. 中有 comp.lang.java（与 Java 语言有关）、comp.databases.oracle（与 Oracle 数据库有关）、comp.os（与操作系统有关）等主题。

4.5.2 News 新闻组的配置

以 Outlook Express 6.0 为例，简单介绍一下网络新闻组的配置和使用。

1. 设置新闻服务器

在首次使用 Outlook Express 阅读新闻前必须设置新闻服务器。在 Outlook Express 窗口中单击"工具"菜单中的"账户"命令，进入"Internet 账户"对话框，单击"新闻"选项卡，已建立的新闻组账号将显示在列表框中，要增加新的新闻组账号，单击"添加"按钮，选择"新闻"选项。

然后，进入"Internet 连接向导"第一步，输入显示姓名，当向新闻组投递文章或发送电子邮件时，显示姓名将出现在发件人字段中，可以输入自己喜欢的姓名或别名；单击"下一步"按钮进入第二步，输入电子邮件地址，由于用户可以通过电子邮件的方式投递、接收和回复新闻，所以该处输入的电子邮件地址用于接收回复的电子邮件或发布的新闻；单击"下一步"按钮进入第三步，输入新闻服务器名称，如 webking.online.jn.sd.cn，如图 4-30 所示；单击"下一步"按钮进入第四步，单击"完成"按钮，完成新闻组参数的设定。该新闻服务器的名称将出现在 Outlook Express 窗口左边的邮件箱列表中。

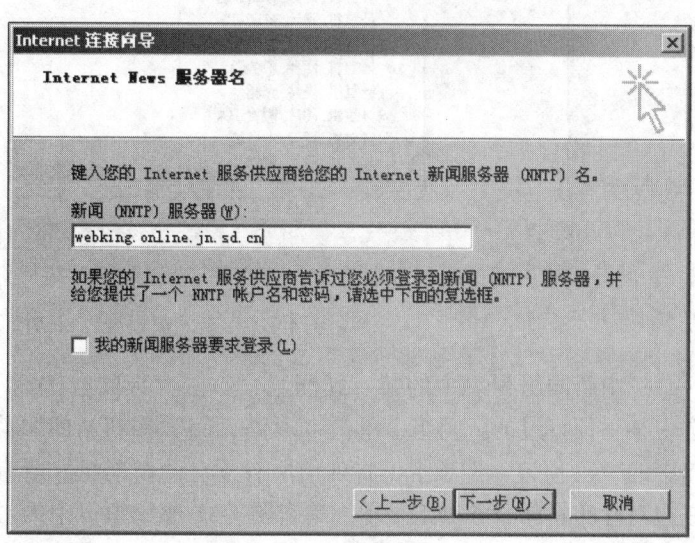

图 4-30 设置新闻服务器

2. 进入新闻组

在 Outlook Express 窗口左边的邮件箱列表中双击某个新闻服务器，即进入新闻主窗口，如图 4-31 所示。窗口分为 3 部分：左边是新闻服务器（以及相应的新闻组名），右边是某个新闻组中的文章标题，下边是某篇文章的具体内容。

如果没有在打开的新闻服务器中预订新闻组，则会弹出"新闻组预订"对话框，如图 4-32 所示。如果要修改指定的新闻服务器的预订新闻组，可以在该新闻服务器上单击鼠标右键，在弹出的快捷菜单中选择"新闻组"命令，也将打开图 4-32 所示的对话框。

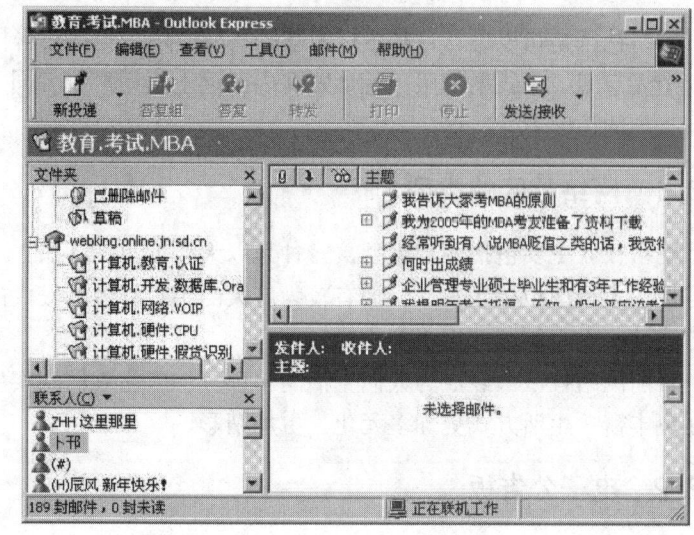

图 4-31 新闻主窗口

互联网及其应用

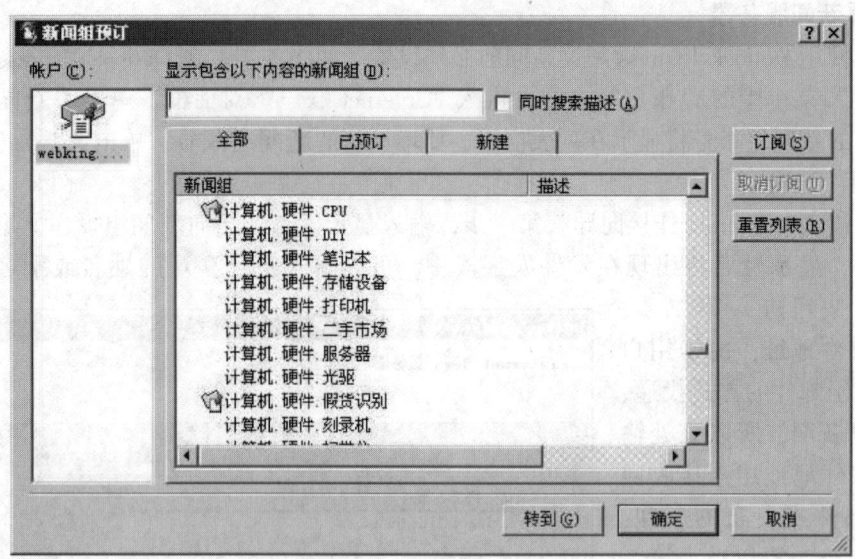

图 4-32 "新闻组预订"对话框

选中新闻组列表中的某一新闻组，单击"订阅"按钮，即订阅了该新闻组中的信息；选中某一预订过的新闻组，单击"取消订阅"按钮，即取消了对该新闻组的预订。单击窗口中的"已预订"选项卡，将列出所有预订的新闻组。所有预订的新闻组将在新闻主窗口左边对应的新闻服务器下显示。单击图 4-31 所示窗口中的"新投递"按钮，可以在新闻组中发表自己的文章；单击"答复"按钮，可以给发布该信息的作者回信。操作过程与电子邮件的操作类似。

4.6 网络社区

网络社区是指以论坛（BBS）为基础核心应用，包括公告栏、群组讨论、在线聊天、交友、个人空间、无线增值服务等形式在内的网上互动平台，同一主题的网络社区集中了具有共同兴趣的访问者。

4.6.1 网络社区的类型

网络社区主要包括两种类型，一种是以天涯（见图 4-33）、猫扑、西祠胡同等为代表的综合性、大型虚拟社区平台，拥有较为庞大的用户群体和较大的社会影响力；另一种是基于地方或某些垂直领域的中小型论坛。

目前网络社区已经成为人们生活的一部分，成为人们现实生活的延伸，它使人们的生活内涵更丰富，生活方式更加多元化，更加精彩。

4.6.2 电子公告板

电子公告板（BBS）是互联网上发布和获取信息最常用的方式之一，用户可以在此和朋友聊天、组织沙龙、交谈问题、获得帮助，也可以为别人提供信息。

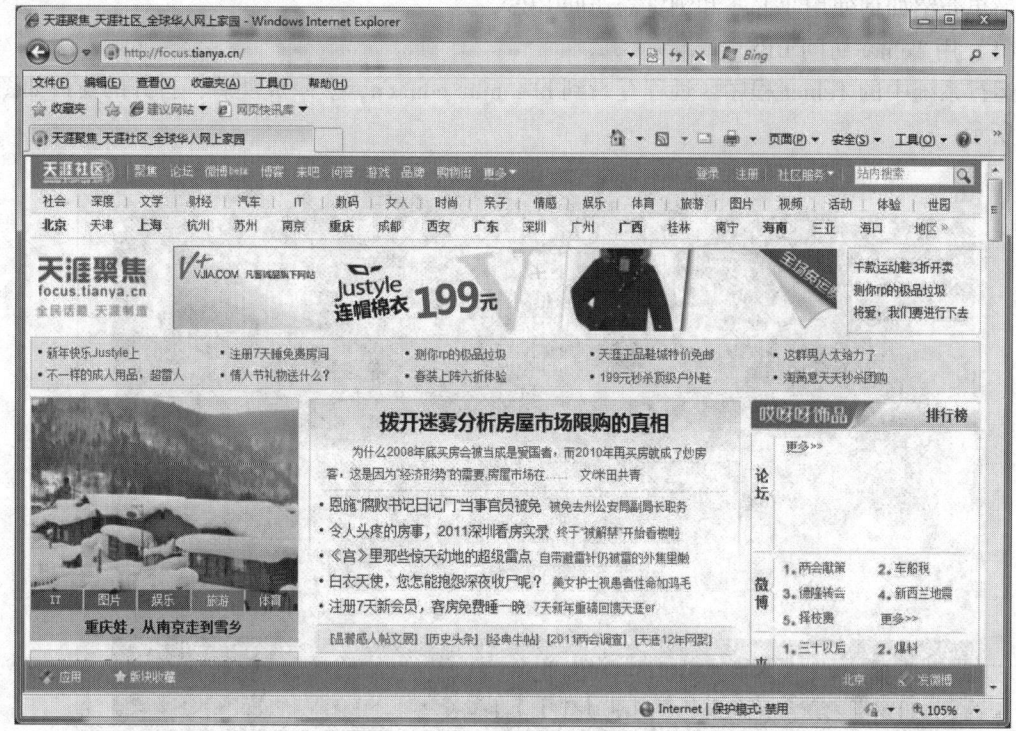

图 4-33 天涯社区

1. 电子公告板的含义和功能

电子公告板是用做特定兴趣小组的信息源和交流消息的计算机应用软件系统，它是互联网上最知名的信息服务之一。用户进入 BBS 后，可以查看消息并为其他用户留言，同时与系统上的其他用户进行通信。许多 BBS 也允许用户联机聊天、发送电子邮件，下载或上传免费软件以及访问互联网。简而言之，电子公告板开辟了一块"公共"空间供所有用户获取信息。

电子公告板的主题多种多样，其范围从科学、政治、文学、艺术到幽默、厨艺、体育、影视、股票、音乐等无所不包。

电子公告板的主要功能如下。

1) 供用户选择若干感兴趣的专业组和讨论组。
2) 定期检查是否有新的消息分布。
3) "张贴"供他人阅读的文章。
4) "张贴"对别人文章的评论。

如果想进入一个 BBS 站点，首先要在 BBS 主机上进行登录，身份被确认后才能进入。一个站点的上线人数是有限的，如果人数太多则后来想访问 BBS 的人可能被拒绝。

2. 常用的 BBS 软件

通常使计算机成为终端方式来访问 BBS。目前有不少常用的 BBS 客户端软件，包括 Telnet、Netterm、Cterm 等。虽然特色不同，但都具有执行远程登录、地址簿、进行文本的复制和粘贴、对终端进行设置的功能。下面以访问北京交通大学的 BBS（bbs.njtu.edu.cn）为例，简单介绍如何使用 Telnet 和浏览器访问 BBS。

(1) 用 Telnet 访问 BBS

运行系统中的 Telnet 程序，远程登录到 bbs.njtu.edu.cn，登录成功后，打开的窗口如图 4-34 所示。

图 4-34　登录 BBS 服务器

如果已有账号，则输入账号，然后按照提示输入密码，进入 BBS 系统；如果只是试用，则用 guest 登录；若想注册一个新的账号，则用 new 登录，然后，按照提示输入相应的信息。登录成功的窗口如图 4-35 所示。用户首次上站，应到个人工具箱中进行注册，经站长确认身份后才可成为正式成员，拥有一般的权限。

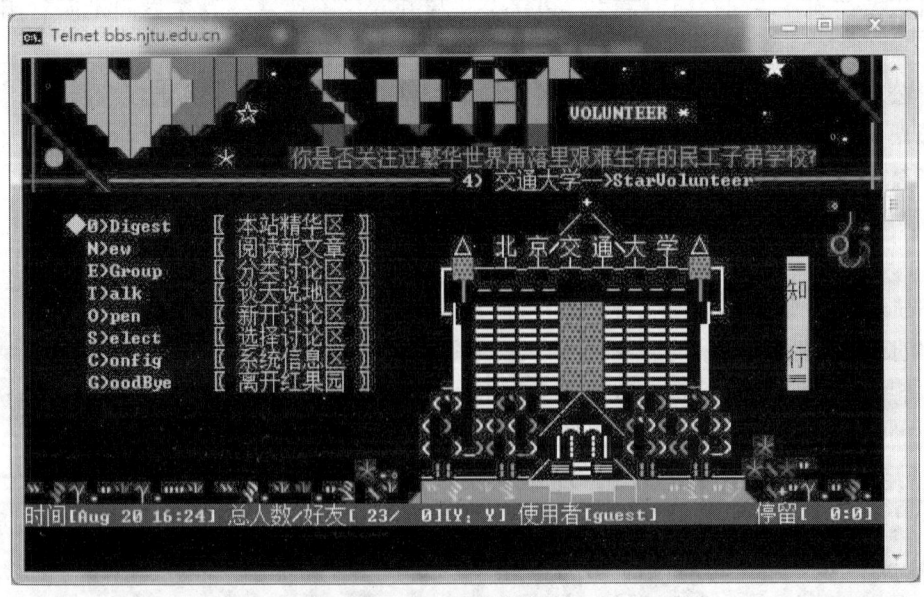

图 4-35　BBS 主窗口

作为新用户，除了选择"新站友注册"外，还应该到"BBS新手入门"中阅读"新手入门操作指南"。这样，可以了解如何在本BBS站中进行发表文章、聊天等活动。

（2）用浏览器访问BBS

目前，越来越多的BBS站开设了WWW功能，即能通过浏览器来完成阅读、发表文章等功能。访问方法是在URL地址栏中输入BBS站的地址，如http：//bbs.njtu.edu.cn，打开的窗口如图4-36所示。在该窗口中，能进行用户注册、用户登录、阅读文章、发表文章和聊天等活动。

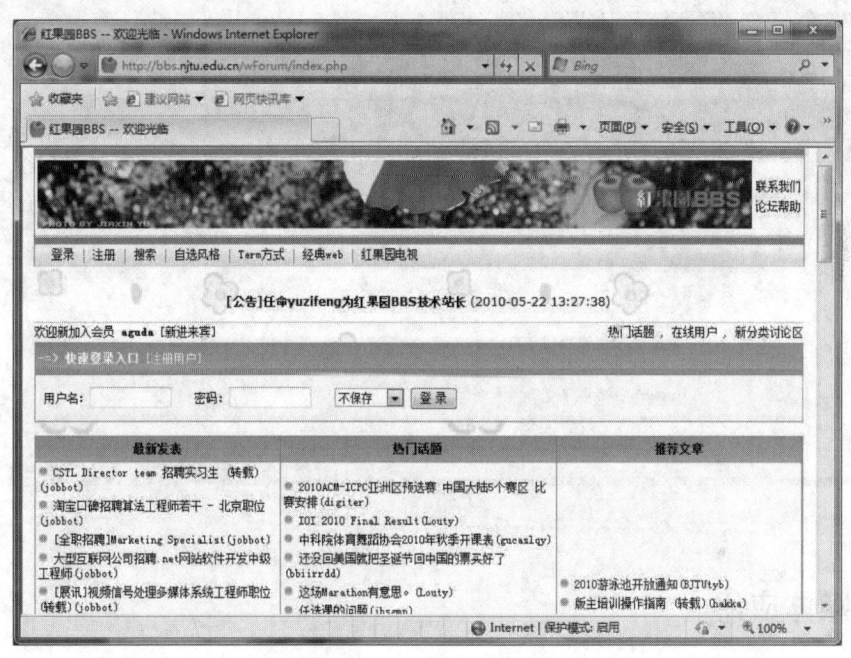

图4-36　用浏览器访问BBS

4.6.3　博客

博客也叫网络日志，最初的名称是Weblog，由Web和log两个单词组成，按字面意思就是网络日记，后来把这个词的发音改了一下，Blog这个词被创造出来了。

Blog是以网络作为载体，简易、迅速、便捷地发布自己的心得，及时、有效、轻松地与他人进行交流，集丰富多彩的个性化展示于一体的综合性平台，是继E-mail、BBS、ICQ之后出现的第四种网络交流方式。一个Blog其实就是一个网页，由简短且经常更新的帖子所构成，这些张贴的文章都按照年份和日期倒序排列。Blog的内容和目的有很大不同，从对其他网站的超级链接和评论，到有关公司、个人构想再到日记、照片、诗歌、散文，甚至科幻小说的发表或张贴无所不有。随着Blog的快速扩张，它已经成为家庭、公司、部门和团队之间越来越盛行的沟通工具，而且逐渐被应用到企业内部网络中。

不同的博客可能使用不同的编码，相互之间也不一定兼容。而且很多博客都提供丰富多彩的模板功能，这使得博客各具特色。目前，提供博客服务的网站很多，如新浪、搜狐、百度等。下面以在新浪网为例，简单介绍一下如何建立博客。

访问http：//blog.sina.com.cn，单击"开通新博客"，按照提示，填写相关信息，注册新浪会员。注册成功后，在浏览器中输入登记过的博客地址，就可以访问自己的博客了，如图4-37所示。如果需要发表博文或管理留言，单击"登录"按钮，输入登录邮箱和密码，就可以进行博客管理了。

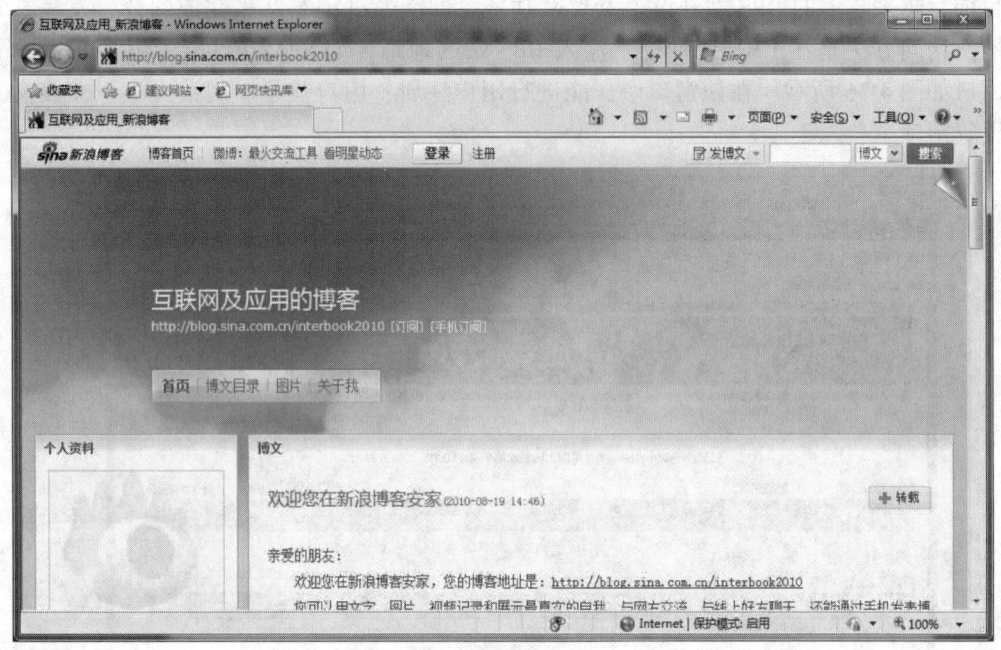

图4-37　博客访问窗口

4.7　多媒体应用

多媒体应用技术是充分利用互联网的资源进行语音和数据传送的新技术。

4.7.1　音/视频加工处理和编码

随着多媒体技术的迅速发展和日益普及，人们已经不仅仅满足于电子邮件、文字聊天等传递信息的方式，网络和通信技术的发展，使得通过网络传播音/视频越来越简单可行，音/视频具有直观、可信等优点，因此在网络信息中占的比例越来越重。

多媒体数据在网络应用中的关键技术包括音/视频压缩编码技术及网络传输技术。模拟视频和声音信号经过捕获设备捕获，再转换成数字形式后，其数据量是非常大的，如果没有采用压缩编码技术，那么要实现数字视频和声音的网络传输是不可想象的。另一方面，数字视频和声音传输对时间的敏感性很强，实时性要求很高，如果不采用特别的网络传输协议是很难满足要求的。下面简要介绍一下常用的音/视频压缩编码技术。

1. 常用的音频编码技术

WAV是Microsoft Windows开发的一种波形声音文件，符合RIFF文件规范，由于Windows本身的影响力，这个格式已经成为事实上的通用音频格式，几乎所有的音频处理软件和编辑软件都支持WAV格式。由于WAV格式存放的一般是未经压缩处理的音频数据，所以体积都很大，不适合在网络上传播。

MP3 是 Fraunhofer-IIS 研究所的研究成果，它实际上是 MPEG Audio Layer-3 的缩写。MP3 是第一个实用的有损音频压缩编码。在 MP3 出现之前，一般的音频编码即使以有损方式进行压缩，能达到 4∶1 的压缩比例已经非常不错了。但是，MP3 可以实现 12∶1 的压缩比例，这使得 MP3 迅速地流行起来。MP3 之所以能够达到如此高的压缩比例，同时又能保持相当不错的音质，是因为利用了知觉音频编码技术，也就是利用了人耳的特性，削减音乐中人耳听不到的成分，同时尝试尽可能地维持原来的声音质量。

2．常用的视频压缩技术

AVI 格式是 1992 年 Microsoft 公司推出的技术标准。它是一种音/视频交叉记录的数字视频格式，但是 AVI 文件并未限定压缩标准，如果采集的是 AVI 格式，再压缩成 MPEG 格式，图像要比实时压缩的清晰，它采用帧内压缩编码使得图像清晰，缺点是所需存储空间较大。

MPEG 是 Motion Picture Experts Group 的缩写，它包括了 MPEG-1、MPEG-2 和 MPEG-4。MPEG-1 被广泛地应用在 VCD 的制作和一些视频片段下载的网络应用上，可以说 99% 的 VCD 都是用 MPEG1 格式压缩的。MPEG-2 则是应用在 DVD 的制作（压缩）方面，同时在 HDTV（高清晰度电视）和高要求的视频编辑、处理上也有应用。MPEG-4 是一种新的压缩算法，MPEG-4 标准主要应用于视像电话、视像电子邮件和电子新闻等，其传输速率要求较低。MPEG-4 利用很窄的带宽，通过帧重建技术，压缩和传输数据，以求以最少的数据获得最佳的图像质量。与 MPEG-1 和 MPEG-2 相比，MPEG-4 的特点是其更适于交互音/视频服务以及远程监控。

4.7.2 网络电话

网络电话（IP Phone）是一种利用互联网作为传输载体，实现计算机与计算机、普通电话与普通电话、计算机与普通电话之间进行话音通信的技术。由于网络电话采用了分组交换和统计复用技术，实现了话音、数据的综合传输，占用资源小，所以成本很低，价格便宜。正因为有这个优势，它投入商业应用仅几年时间，就已经得到了广泛的应用。

网络电话的基本原理是：由专门设备或软件将呼叫方的话音/传真信号采样并数字化，压缩、打包，经过 IP 网络传输给对方，对方的专门设备或软件接收到话音包后解压缩，还原成模拟信号传送给受话器（听筒）或传真机。

目前，常用的网络电话软件有阿里通、SKYPE、ETON 等。

4.7.3 网络传真

传统的传真通信（Fax）是利用 PSTN 电话网来通信的，而网络传真则像网络电话一样在互联网上传输。网络传真最大的优点是节省费用。网络传真的原理与网络电话基本上是一样的。它具有以下优点：

（1）无须重拨

网络传真利用的是存储转发（Store and Forward）功能，用户只需一次发送传真，后续操作都由 IFax 服务器完成。IFax 不像传统传真那样当对方线路占线时需要重拨。

（2）提高工作效率

一般单位都会有一台或几台计算机，这样可以在计算机中直接发送传真，而不需要先打印出来，然后再发送。

网络传真可分为从 Web 到传真、从 E-mail 到传真、从桌面到传真和从传真到传真等几种类型。常用的传真软件有 35fax、Faxnow 和 winfax 等。

4.7.4 网络电视会议

电视会议是近几年兴起的一种通信方式。简单地说，就是通过电视会议系统中的摄像机拾取图像和声音，并传送到编解码器（Codec）转化为数字信号，并加以压缩，再通过网络把信号传送出去。远方则将接收的信号解压缩再还原为模拟信号，通过显示器和扬声器播放出来。整个电视会议的过程基本是"实时"进行的。

通过电视会议系统，用户可以轻易地与身处异地的人们进行面对面的会议和讨论。通信中不仅可以听到对方的声音，更可以看到对方的表情、动作，还可以传送数据资料，甚至实现共享软件等更高层次的应用。

通常，电视会议软件都提供白板的功能。所谓白板，即屏幕上共享文档放置的地方。只要会议中有一方打开白板，各参与方均可看到白板，并可在上面书写、贴画。

4.7.5 视频点播和广播

视频点播是 20 世纪 90 年代在国外发展起来的，英文名称为 Video on Demand，简称 VOD。顾名思义，就是根据观众的要求播放节目的系统，把用户选择的视频内容传输给所请求的用户。

点播连接是客户端与服务器之间的主动的连接。在点播连接中，用户通过选择内容项目来初始化客户端连接。用户可以开始、停止、后退、快进或暂停流。点播连接提供了对流的最大控制，但这种方式由于每个客户端各自连接服务器，会迅速用完网络带宽。

视频点播技术的出现，在某种意义上讲是视频信息技术领域的一场革命，其巨大的潜在市场，使世界主要发达国家都投入了大量的资金，加速开发和完善这一系统。VOD 技术的功能远远超出人们的想象。用户可以在家中的电视机前，利用遥控器按照自己的意愿来实现点播电视、信息查询、家庭购物、远程医疗、电视教育、电子函件、旅游指南、订票预约、股票交易等活动。这一技术的出现，提高了人们的生活质量和工作效率。

目前，视频点播网站很多，如土豆、优酷、风行等。

广播是指用户被动接收流。在广播过程中，客户端接收流，但不能控制流。例如，用户不能暂停、快进或后退该流。广播方式中资料包的单独一个拷贝将发送给网络上的所有用户。使用单播发送时，需要将资料包复制多个拷贝，以多个点对点的方式分别发送给需要它的用户；而使用广播方式发送时，资料包的单独一个拷贝将发送给网络上的所有用户，而不管用户是否需要。

视频广播通过摄像机（或录像机）将实时音/视频信号发出，由连接的计算机及其视频捕捉设备完成信号的模/数转换，再经编码压缩（如 RV 格式），打包传播。视频广播也是一种"一对多"的广播传播方式。客户端 PC 也只需要浏览器和媒体播放软件，就可以进行选播和解码。视频广播可以取代闭路电视系统，节省布线和器材，可用于会议实况直播、教学公开课直播以及类似需求的场合。

4.7.6 网络游戏

网络游戏,又称"在线游戏",简称"网游"是指以互联网为传输媒介,以游戏运营商服务器和用户计算机为处理终端,以游戏客户端软件为信息交互窗口的旨在实现娱乐、休闲、交流和取得虚拟成就的具有相当可持续性的个体性多人在线游戏。

网络游戏是区别于单机游戏而言的,是指玩家必须通过互联网连接来进行的多人游戏。一般是指由多名玩家通过计算机网络在虚拟的环境下,对人物角色及场景按照一定的规则进行操作,以达到娱乐和互动目的的游戏产品集合。

1. 游戏形式

网络游戏目前的使用形式可以分为以下两种:

(1) 浏览器形式

基于浏览器的游戏,也就是通常所说的网页游戏,又称为 Web 游戏,它不用下载客户端,任何地方、任何时间、任何一台能上网的计算机都能进行游戏。其类型及题材也非常丰富,典型的类型有角色扮演、战争策略、社区养成、SNS 等。

(2) 客户端形式

这种类型是由公司所架设的服务器来提供游戏,而玩家们则是由公司所提供的客户端来连上公司服务器以进行游戏,目前称为网络游戏的大都属于此类型。此类游戏的特征是大多数玩家都会有一个专属于自己的角色(虚拟身份),而一切存盘以及游戏资讯均记录在服务端。此类游戏大部来自美国以及亚洲地区,例如,World of Warcraft(魔兽世界)(美)、雅典娜2(中国)、信长之野望 Online(日本)、天堂2(韩国)、梦幻西游(中国)等。

2. 游戏类型

网络游戏的分类方法很多,按种类、模式、风格、题材、战斗形式等可以分成不同的类型。从游戏种类方面,可以分为:

1) 棋牌类休闲网络游戏:即登录网络服务商提供的游戏平台后,进行双人或多人对弈,如纸牌、象棋等,提供此类游戏的公司主要有腾讯、联众、新浪等。

2) 网络对战类游戏:即玩家通过安装市场上销售的支持局域网对战功能的游戏,通过网络中间服务器,实现对战,如 CS、星际争霸、魔兽争霸等,主要的网络平台有盛大、腾讯、浩方等。

3) 角色扮演类大型网上游戏:通过扮演某一角色,执行相应任务,使其提升等级,获得宝物等,如大话西游、传奇等,提供此类平台的主要有盛大等。

4.8 互联网即时通信

即时消息 MSN 和网络传呼 QQ 是互联网最常用的即时通信软件,它们提供了全球范围内实时"交谈"新方式,双方通过在计算机上输入所要交流的内容实现信息交流。

4.8.1 MSN

MSN Messenger 是 Microsoft 公司推出的网上即时消息程序,除了可以用它实时发送和接收图文消息以外,还可以与联系人进行语音交谈、向联系人的移动电话发送消息、给联系人

互联网及其应用

拨打电话、发送文件、召开多人联机会议或是玩网络游戏，甚至还可以进行视频对话和视频会议，此外还可以收到新邮件到达等事件的通知，等等。

1. MSN 的安装

首先到 http：//cn.msn.com/ 下载最新版本的 MSN 安装软件，下载完毕后，双击安装程序就可以进行安装了。

2. MSN 的注册

首次运行 MSN，将弹出"登录"窗口，如图 4-38 所示。登录之前，必须获取微软的 Windows Live ID。Windows Live ID 是微软网络产品的 ID 号，拥有它，就可以使用微软在互联网上所提供的所有服务。该 ID 是一个 E-mail 地址，如果没有，单击"注册"，输入相应信息即可。

登录成功后，进入如图 4-39 所示的 MSN 主界面。

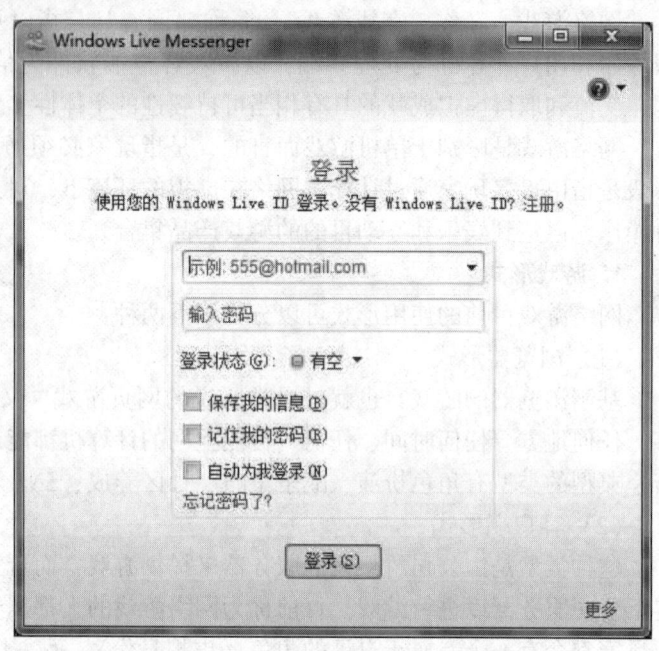

图 4-38　"登录"窗口

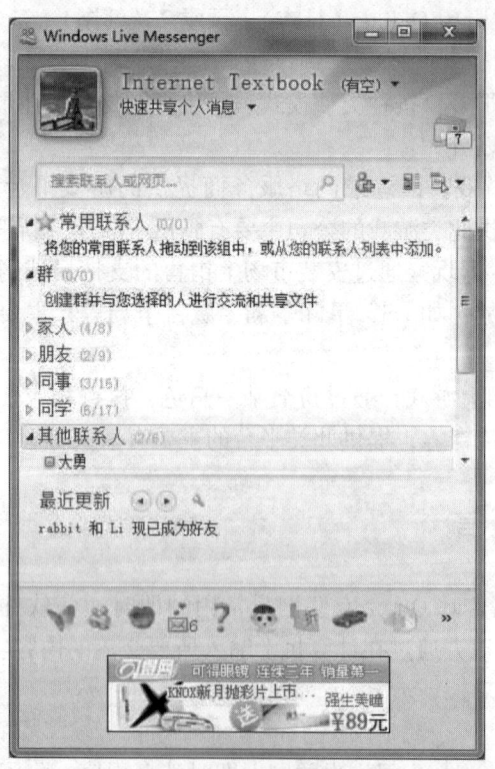

图 4-39　MSN 主界面

3. MSN 的使用

MSN 的基本功能是即时消息传递，需要先添加消息传递的对象信息，即联系人信息。单击"添加联系人或群"按钮，在弹出的菜单中选择"添加联系人"，在打开的窗口中输入同样具有 Windows Live ID 的联系人的邮件地址，就可以将联系人添加到联系人名单中。选择"创建组"来创建组，可以对联系人进行分类管理。

联系人添加完成后，如果联系人在线（即联系人名字左侧图标为绿色），双击联系人名字，弹出如图 4-40 所示窗口，此时可以与联系人进行文字交流。

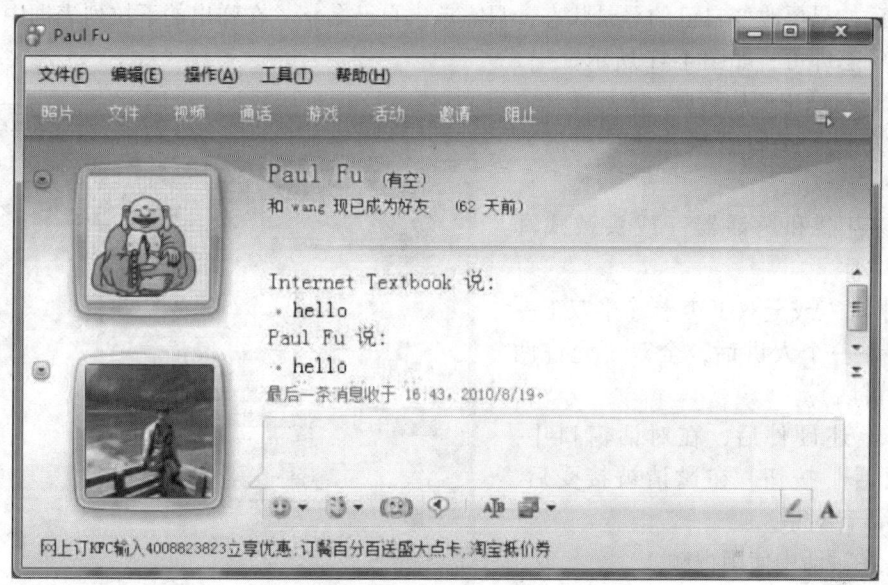

图 4-40　MSN 对话窗口

也可以进行多人对话，只需要单击图 4-40 所示窗口的工具栏中的"邀请"，在弹出的窗口中选择要邀请加入的联系人即可。

4. MSN 其他功能介绍

（1）保存即时消息

由于 MSN 是不保留聊天记录的，只要关闭了即时消息窗口，窗口中的所有文字记录都将丢失。如果需要保存即时消息，可以在即时消息窗口中单击"文件"菜单，然后选择"保存"命令，设置好文件夹和文件名后，单击"保存"按钮就将聊天记录保存为一个 .rtf 文件。

（2）阻止联系人

如果暂时不想和某一个联系人进行交流，可以使用 MSN 的阻止功能。只要单击图 4-40 所示窗口的工具栏中的"阻止"就可以了；也可以在主窗口中用鼠标右键单击要阻止的人的名称，然后在弹出的快捷菜单中选择"阻止联系人"命令。要想取消阻止，只要在联系人名单中，用鼠标右键单击要取消阻止的人的名称，然后在弹出的快捷菜单中选择"取消阻止联系人"命令即可。

（3）阻止 MSN 自动启动

单击"工具"菜单，然后单击"选项"（如果菜单选项没有显示在窗口的顶部，则单击右上方的"显示菜单"按钮）。在左侧窗格中，单击"登录"按钮，取消对"当我登录到 Windows 时自动运行 Windows Live Messenger"复选框的选择，单击"确定"按钮。

（4）改变自己的登录状态

MSN 的登录状态表示联系人是否已登录到 MSN、是否能够接收即时消息。自己的状态显示在主窗口标题中名称的下方。

在 MSN 登录窗口中，在"登录状态"下拉列表中，选择能准确描述自己在登录时希望其他人看到的状态的选项，再单击"登录"按钮，登录后就会显示所选择的状态了。

登录后如果要改变自己的登录状态，只需单击自己名字，在弹出的下拉列表框中选择需要变成的状态即可，如图 4-41 所示。

（5）在对话中使用音频

若要发送和接收音频，计算机需要以下硬件：

1）扬声器和送话器（或头戴式耳机）。

2）半双工或全双工声卡（半双工一次只能允许一个人讲话，全双工允许两个人同时讲话）。

具备上述硬件后，在对话窗口中，单击"通话"按钮。在邀请被接受后，即可进行语音对话。

（6）在对话中使用视频

若要发送视频，首先需要有连接到计算机的网络摄像机，并且正确安装了网络摄像机的软件驱动程序。

在对话窗口中，单击"视频"按钮，在邀请被接受后，网络摄像机画面会显示在联系人的对话窗口中。若要进行双向的网络摄像机对话，则双方必须都有网络摄像机并且必须相互邀请了对方。

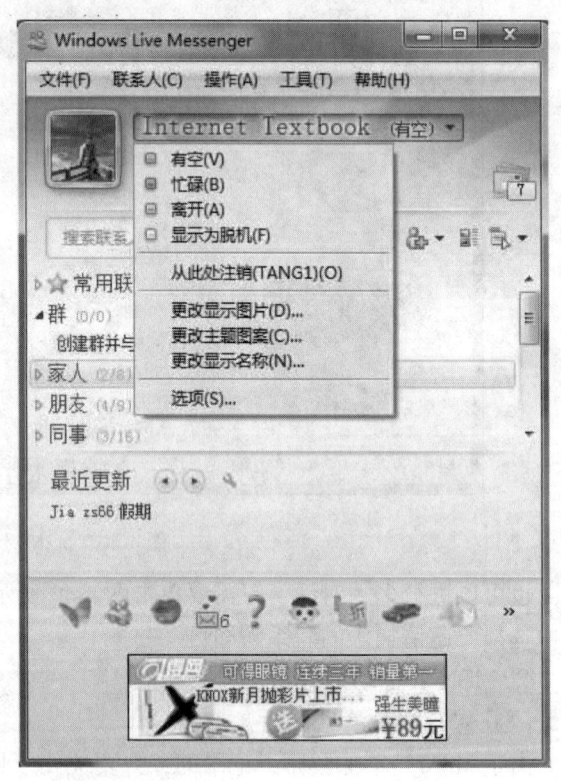

图 4-41 改变 MSN 登录状态的窗口

4.8.2 QQ

自从 MIRABLIS 公司推出 ICQ 以来，越来越多的人开始使用网络寻呼这种全新的联络方式。但是，由于语言和风格的原因，ICQ 始终没有在中国流行开来。于是，一些有远见的软件开发者纷纷推出了中国人自己的网络寻呼产品，QQ 就是其中的佼佼者。

1. QQ 功能介绍

腾讯 QQ 是一款基于互联网的即时通信（IM）软件，支持在线聊天、视频电话、点对点断点续传文件、共享文件、网络硬盘、自定义面板、QQ 邮箱等多种功能，并可与移动通信终端等多种通信方式相连。可以使用 QQ 方便、实用、高效地和其他人联系。

2. QQ 的使用

下面以 QQ2010 为例,简单介绍一下 QQ 的使用。

(1) QQ 的安装与设置

QQ2010 是一个免费软件,在 http://im.qq.com/网址可以下载最新版本的安装文件。下载并安装后,"开始"菜单以及快速启动工具栏都会出现腾讯 QQ 的小企鹅图标。单击该图标,就可以运行 QQ 应用程序了。

如果首次运行 QQ,需要注册或申请一个 QQ 号码。注册向导会提示用户输入个人基本资料、详细资料、联系方法等信息,然后系统将分配给用户一个 QQ 号码,有了这个号码后,别人才能使用这个号码寻找到自己。

如果已经注册了一个 QQ 号码,在运行 QQ 后,将会弹出一个登录窗口,选择自己的号码,并输入设置的密码,在任务栏右端提示区中出现企鹅图标。提示区的图标若闪烁不停,表示 QQ 正在与服务器联机;若是彩色,表示在线;灰色则表示离线。在该企鹅图标上单击鼠标右键,弹出改变用户状态的快捷菜单,如图 4-42 所示;单击鼠标左键,打开 QQ 操作面板,如图 4-43 所示;用鼠标左键单击 QQ 操作面板左下角的企鹅图标,打开 QQ 主菜单,如图 4-44 所示。第一次使用 QQ 时,面板中的"我的好友"栏内是空的,可以通过"查找"按钮将查到的用户改为好友。QQ 提供了 3 种方法来查找已登录到服务器上的某一特定用户:第一种是通过对方的 E-mail 地址来寻找;第二种是利用昵称来寻找;第三种也是最快的一种,是直接输入对方的 QQ 号码。对方收到查找方的请求并确认,允许将其列为好友,这时,请求方的 QQ 窗口中的"消息"按钮会不停闪动。单击"消息"按钮后,通知对方验证通过后,就把对方的头像添加至"我的好友"栏中了。

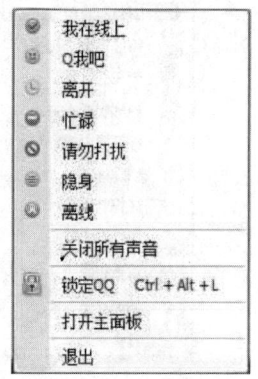

图 4-42 改变用户状态的快捷菜单

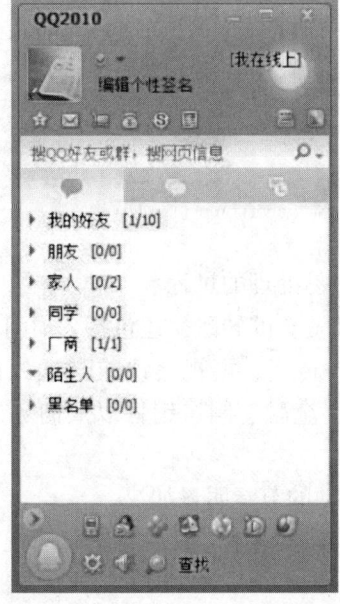

图 4-43 QQ 操作面板

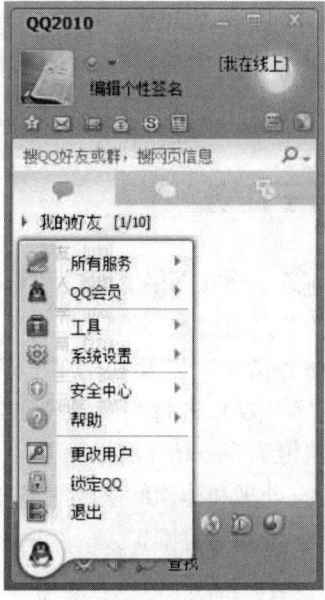

图 4-44 QQ 主菜单

(2) 发送、接收信息

收发消息是 QQ 最常用和最重要的功能。首先必须打开用户菜单使 QQ 处于在线状态，然后，打开 QQ 面板，在"好友"的头像上单击鼠标右键，打开快捷菜单，如图 4-45 所示。从快捷菜单中选择"发送即时消息"命令，或者双击好友的头像，都会打开发送消息的窗口，如图 4-46 所示，在窗口的空白部分输入要发送的文字。如果 QQ 没有连线，双击头像也会弹出发送消息的窗口，同时会给出"对方离线或隐身，可能无法立即回复"的提示。

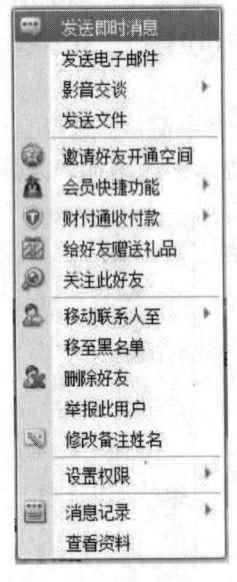

图 4-45　快捷菜单

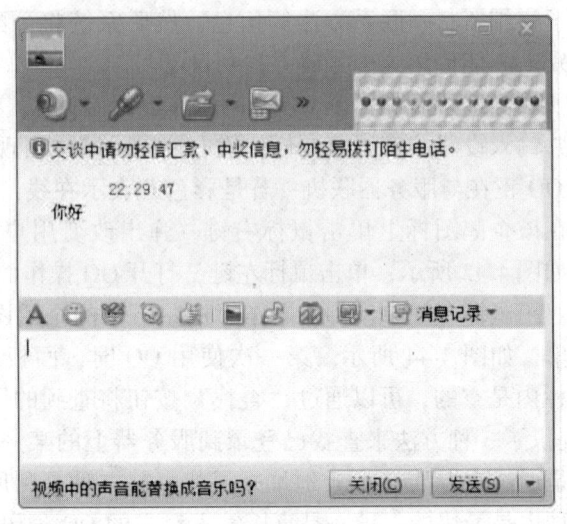

图 4-46　发送消息的窗口

输入待发送的文字后，单击"发送"按钮可将消息发送出去。

当好友给自己发送信息后，如果 QQ 是打开的，可以及时收到；如果没有打开，那么在 QQ 上线后也会收到该消息。收到消息后，会有类似 BP 机呼叫的声音提示，同时在系统底部出现闪动的头像，由此可以大致判断是哪个好友的消息，双击该头像即可弹出查看消息的窗口。

4.9　电子商务

电子商务是指在网络上通过计算机进行业务通信和交易处理的过程。

电子商务是通过数字通信进行商品和服务的买卖以及资金的转账，还包括公司间和公司内实现的商务活动，以及利用 E-mail、EDI、文件传送、传真、电视会议或与远程计算机（包括使用 WWW）进行交互的全部功能（如市场营销、金融、制造销售以及商务谈判）。

电子商务与传统商务相比有以下几个显著特点：

1）信息处理和传递的密度明显加大，从而使商务活动的节奏明显加快。

2）信息传播的范围扩大。互联网已经成为一种无边界的媒体，在世界任何地点、任何时间都可以通过互联网获得所需信息。

3）信息处理和传输的成本降低，大小企业可以相近的成本进入到全球电子化市场。

4）电子商务所面临的法律与行政管理问题与传统商务完全不同。

电子商务的功能就是通过电子商情查询、电子采购，最终实现电子交易。电子商务降低了传统售前和售后服务所需要的大量人力和财力，实现了高效率和低成本。

4.9.1 电子商务的平台

搭建具有特色的电子商务平台、充分利用互联网带来的便利和优势，是企业开拓市场的有效手段之一。这样可以大大提升工作效率和整体形象，并节约成本。因此建立一个功能强大的电子商务系统平台，对企业的发展是至关重要的。不同的电子商务模式、不同的企业规模决定了电子商务平台的不同。以 B2C 模式的电子商务为例，其平台一般包括两部分，一部分是前台销售程序，可以通过此程序了解商家的有关信息，并进行网上的商品购买；另一部分是后台信息管理程序，商家在此管理本企业的相关信息发布、更改及网上商品信息的输入、修改、订单的查询、处理等信息。

（1）前台销售

人们之所以在网上购物，主要原因是它简单、方便、快捷，并且网上顾客不一定都精通计算机或者网络，所以前台销售程序应当注重系统的易导航性、易操作性、容错性和友好的交互界面。其内容可以包括：会员申请、商品查询、订单查询、查看购物车、收银台、顾客中心等。

（2）后台信息管理

作为一个电子商务系统平台，必须具有一个功能完善的资料信息管理中心。其内容可以包括：会员管理、商品信息管理、订单查询处理、操作员信息、操作日志等。

4.9.2 电子商务的支付

电子商务包括交易和支付结算两个基本环节。电子商务的支付手段也应该是电子支付，电子支付最重要的是保证支付的安全性，通常电子支付采用以下两种模式。

1．SSL 支付模式

安全套接层（Secure Sockets Layer，SSL），主要用于提高应用程序之间的数据的安全系数，采用了公共密钥和私用密钥两种加密，公共密钥用于加密信息，私用密钥用于解译加密的信息。加密的类型和强度则在两端之间建立连接的过程中判断决定。它保证了客户和服务器间事务的安全性。在电子商务交易过程中，由于有银行的参与，按照 SSL 协议，客户的购买信息首先发往商家，商家再将信息转发给银行，银行验证客户信息的合法性后，通知商家付款成功，商家再通知客户购买成功，并将商品寄送给客户。

2．SET 支付模式

安全电子交易模式（Secure Electronic Transaction，SET），是由 Visa 和 MasterCard 两大信用卡组织提出的以信用卡为基础的电子付款系统规范，用来确保在开放网络上持卡交易的安全性。SET 规范使用公开密钥体系对通信双方进行认证，利用 DES、RC4 或任何标准对称加密方法进行信息的加密传输，并利用 Hash 算法鉴别消息的真伪、有无篡改，以维护在任何开放网络上的个人金融资料的安全性。SET 体系中还有一个关键的认证机构（CA），此机构根据 X.509 标准发布和管理证书。SET 协议规定发给每个持卡人一个数字证书。客户（持卡人）选中一个密码，用它对数字证书和私用密钥、信用卡号以及其他信息加密存储。

这些与一个SET协议的软件一起组成了一个SET"电子钱夹"。

电子商务也需要有与现实世界中使用的各种支付手段相应的电子支付工具。新兴的电子支付方式比传统的支付方式更加快捷、成本更加低廉，将逐渐取代传统支付方式而成为网上支付的主流。目前，主要有信用卡、电子支票、电子现金及移动支付等电子支付方式。

信用卡支付是电子支付中最常用的工具，随着技术的发展，信用卡的卡基由磁条卡发展为能够读写大量数据、更加安全可靠的智能卡，人们称其为电子信用卡、电子钱夹和E-Card。电子钱夹也可以说是一种基于WWW浏览器或与WWW浏览器结合的电子支付工具，它可以显示使用者还有多少钱存在自己的智能卡上，并且在相互认可的情况下，可以在多个电子钱夹之间划拨资金。一些电子钱夹还可进行无线数据通信，使电子支付更具生命力。

电子支票（E-Check）是另一种网络银行常用的电子支付工具。将传统支票变为带有数字签名的电子报文，或利用其他数字电文代替传统支票的全部信息，就是电子支票。电子支票借鉴纸张支票转移支付的优点，利用数字传递，将钱款从一个账户转移到另一个账户。用电子支票支付，事务处理费用较低，而且银行也能为参与电子商务的商户提供标准化的资金信息，因而可能是最有效率的支付手段。

电子现金，又称为数字现金。简单来说，就是电子方式的货币现金。其实质是代表一定价值的数字，或者说电子现金就是纸质现金的电子化，因此电子现金同时拥有现金和电子化两者的优点。目前，比较有影响的电子现金系统有E-cash、Netcash、Cybercoin、Mondex和EMV现金卡等。电子现金具有人们手持现金的基本特点，同时又具有网络化的方便性、安全性、秘密性。因此，电子现金必将成为网上支付的主要手段之一。

移动支付业务是由移动运营商、移动应用服务提供商（MASP）和金融机构共同推出的、构建在移动运营支撑系统上的一个移动数据增值业务应用。移动支付系统将为每个移动用户建立一个与其手机号码关联的支付账户，其功能相当于电子"钱夹"，为移动用户提供了一个通过手机进行交易支付和身份认证的途径。用户通过拨打电话、发送短信或者使用WAP功能接入移动支付系统，移动支付系统将此次交易的要求传送给MASP，由MASP确定此次交易的金额，并通过移动支付系统通知用户，在用户确认后，付费方式可通过多种途径实现，如直接转入银行、用户电话账单或者实时在专用预付账户上借记，这些都将由移动支付系统来完成。

4.9.3 电子商务的交易过程和基本程序

参加交易的买卖双方在做好交易前的准备之后，通常都是根据电子商务标准规定开展电子商务交易活动，电子商务标准规定了电子商务交易应遵循的基本程序。

1）客户方向供货方提出商品报价请求（REQOTE），说明想购买的商品信息。

2）供货方向客户方回答该商品的报价（QUOTES），说明该商品的报价信息。

3）客户方向供货方提出商品订购单（ORDERS），说明初步确定购买的商品信息。

4）供货方向客户方对提出的商品订购单进行应答（ORDESP），说明有无此商品及规格型号、品种、质量等信息。

5）客户方根据应答提出是否对订购单有变更请求（ORDCHG），说明最后确定购买商品信息。

6）客户方向供货方提出商品运输说明（IFTMIN），说明运输工具、交货地点等信息。

7）供货方向客户方发出发货通知（BESADN），说明运输公司、发货地点、运输设备、包装等信息。

8）客户方向供货方发出收货通知（RECADV），报告收货信息。

9）交易双方收发汇款通知（REMADV），买方发出汇款通知，卖方报告收款信息。

10）供货方向客户方发送电子发票（INVOIC），买方收到商品，卖方收到货款并出具电子发票，完成全部交易。

下面以在当当网通过招商银行"一卡通"进行交易为例，简要介绍电子商务交易的过程。

首先需要到"一卡通"开户行的网上银行（如北京分行 www.bj.cmbchina.com）申请开通"网上支付"功能，直接从网上获取网上支付卡卡号（无实物卡）。

在网上申请支付卡和转账的具体操作步骤如下：

1）通过互联网进入"一卡通"开户地的招商银行"一网通"主页。注意：若首次在网上使用网上支付功能，需要先下载"安全认证书"。

2）选择"个人银行"，单击"登录"按钮。

3）单击"支付卡申请"按钮，阅读说明条款后单击"确认"按钮，按要求顺序输入有关客户信息，然后单击"申请"按钮完成操作。

4）"一卡通理财"，输入"一卡通"卡号和查询密码，单击"登录"按钮，选择"支付卡转账"即可进行"一卡通"人民币活期账户与"网上支付"账户之间的资金转账。

在申请好招商银行的网上支付功能后，可以参照以下步骤简单快捷地实现网上支付。

第一步：在当当网选择好自己所需要的商品，进入如图4-47所示结账页面，填写好相关信息，付款方式选择为"网上支付"中的"招行网上支付"，选择完毕后，单击"提交订单"按钮。

图4-47　结账页面

第二步：单击"招行网上支付"按钮，将通过招行进行网上支付，进入到如图 4-48 所示招商银行网上银行的支付登录页面。

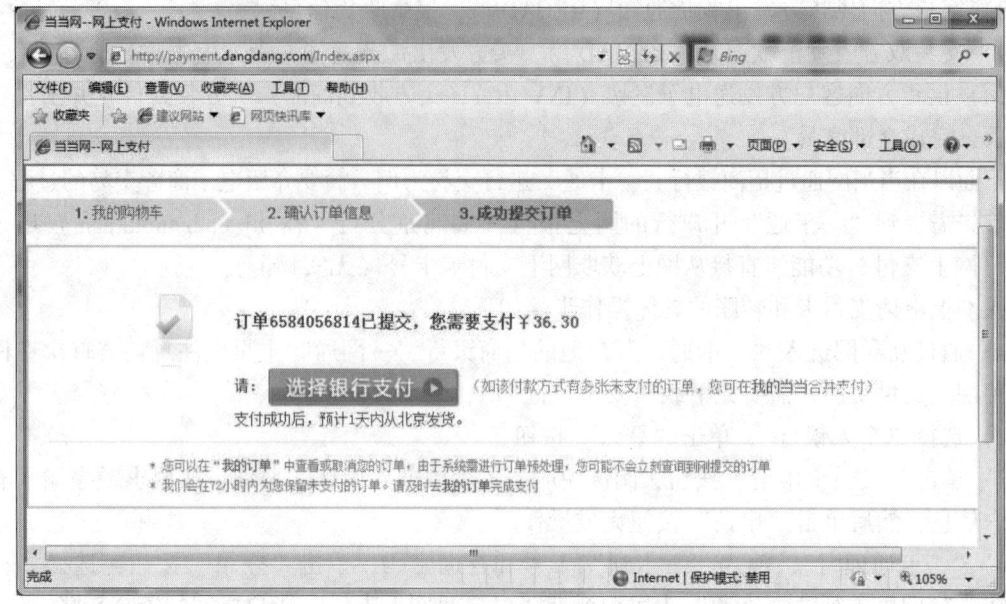

图 4-48　招商银行网上银行的支付登录页面

第三步：进入招商银行网上银行的支付登录页面后，在"支付卡号（10 位）"栏填写一卡通的网上支付专用子账户，在"密码"栏输入申请开通一卡通时的密码，输入完毕后单击"确定"按钮，如图 4-49 所示。

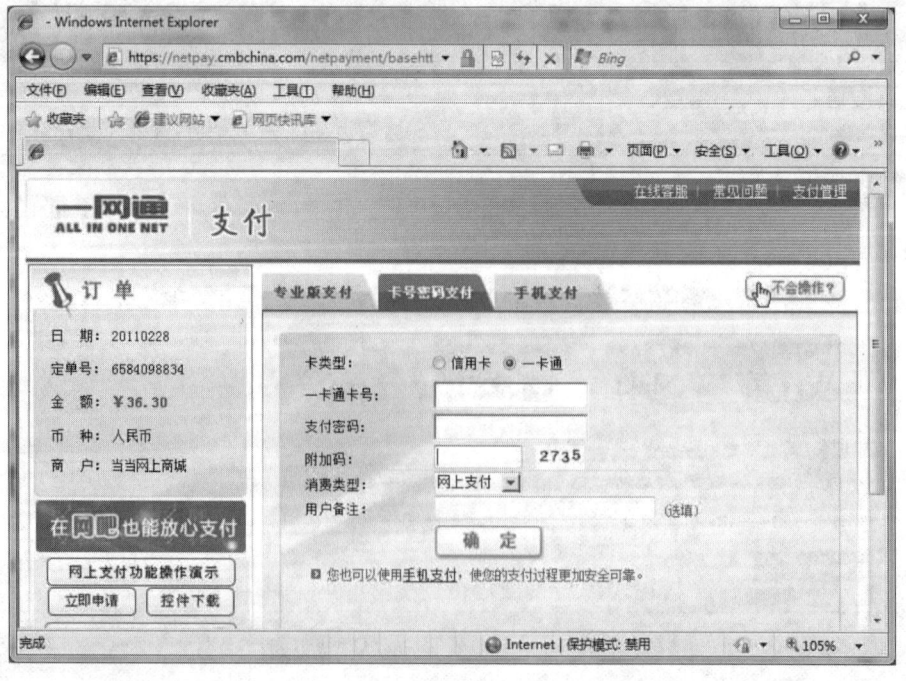

图 4-49　支付中心页面

第四步：显示支付成功相关信息，如图 4-50 所示。

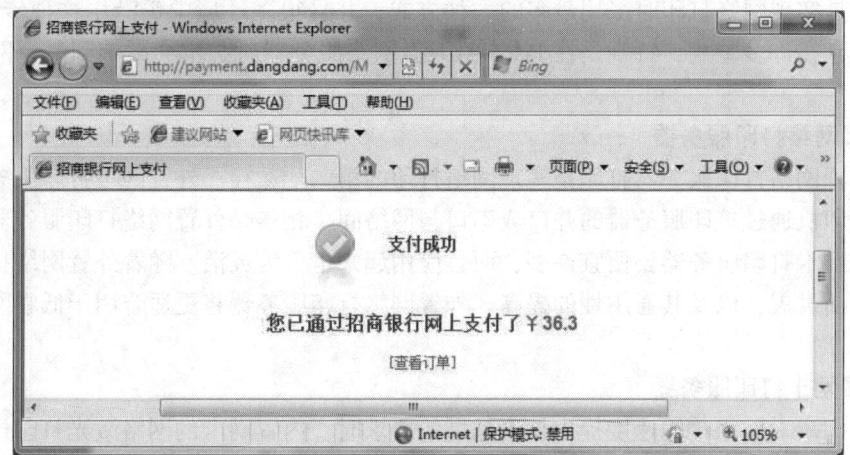

图 4-50　支付成功页面

4.9.4　网上银行

　　网上银行依托迅猛发展的计算机和网络与通信技术，利用渗透到全球每个角落的互联网，把银行的业务直接在互联网上推出。网上银行是为客户提供对私、对公的各种零售和批发的全方位银行业务，通过互联网的国际互连还可以为客户提供跨国的支付与清算及其他的贸易、非贸易的银行业务服务。

　　网上银行的客户可以随时随地在不同的计算机终端上网去申请网上银行的服务，其强大的功能和潜在的优越性，将远远胜出"电话银行"。网上银行无须"自助银行"、"无人银行"的固定场所，也可节省自动柜员机和其他银行机具所需的昂贵费用及管理与维护不便，客户可以在自己的计算机网络终端上解决银行服务需求。网上银行逐步替代其他的银行业务品种后，银行业务将变得低成本、更方便、更简捷、更安全。但是，网上银行目前所面临的困难还不少，如网络安全性、交易纠纷的处理等。

4.10　网络打印

　　现代企业办公自动化的特点之一就是使资源得到最大程度的共享，网络打印共享就是其中的一个应用。

　　随着互联网的飞速发展，信息化进程的进一步推进，无论是个人用户，还是企业单位，对打印的需求更加强烈。作为标准输出设备的打印机，在互联网的推动下，也被赋予了更多的内容，网络打印已经迅速地进入了打印领域，并得到了广泛应用。网络打印提高了工作效率、降低了办公费用，具有可管理性、可靠性、易用性和适应性等特点。

4.10.1　网络打印的途径

1. PC 共享打印

　　通过 PC 实现共享打印是网络打印的最基本层次。网络打印并非简单的"共用一台打印机",利用PC实现打印共享实际上并不是真正意义上的网络打印。虽然在最初的应用环境中共享打印是实现网络打印时采用最多的一种方式,并且很多环境中仍沿用这种传统方式,但这种方式存在许多弊病,特别是在PC本身兼做网络服务器时必定会影响到整个网络的运行能力。

2. 外置网络打印服务器

通过外置网络打印服务器打印是实现网络打印的第二个途径。外置网络打印服务器与网络相连,打印机通过打印服务器的并口或串口与网络间接相连。外置网络打印服务器在价格方面比内置网卡打印服务器要便宜许多,而且应用起来也更为灵活。随着外置网络打印服务器技术的不断发展,以及其通用性的提高,外置网络打印服务器将更适合用于低端网络打印环境。

3. 内置网卡打印服务器

在办公用户对网络传输速度提出越来越高的要求时,内置网卡的网络激光打印机应运而生。内置网卡打印服务器通过网卡直接与网络相连,其数据传输速率很快,达到10Mbit/s甚至100MbiG/s,一般高速网络打印机都采用这种方式实现网络打印。但内置网卡要求与特定型号的打印机匹配,与外置网卡的网络打印相比缺乏灵活性。

4.10.2 打印机的共享

共享打印机是指在一台PC上安装普通打印机,并把该打印机共享,然后在客户机上安装共享出来的打印机,从而实现网络打印。实现打印机共享的方法为:

1. 打印机共享

在连接打印机的计算机上,设置打印机共享。单击"开始"→"控制面板"→"打印机和传真"命令,双击需要共享的打印机,在"打印机属性"窗口中,单击"打印机"菜单下的"共享"命令,打开"打印机共享设置"对话框,如图4-51所示。选中"共享这台打印机"复选框,并设置打印机的共享名,单击"确定"按钮。

2. 安装打印机

在需要打印的计算机上,安装共享的打印机。单击"开始"→"控制面板"→"打印机和传真"→"添加打印机"命令,打开"添加打印机向导"窗口。按照提示单击"下一步"按钮,在"本地或网络打印机"窗口中,选择"网络打印机或连接到其他计算机的打印机";在"指定打印机"窗口,选择"连接到这台打印机",并在"名称"文本框

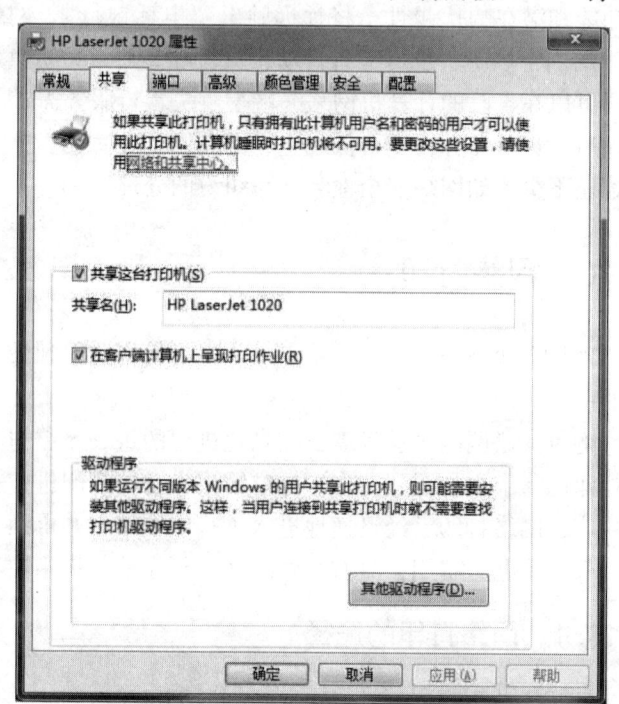

图4-51 "打印机共享设置"对话框

中输入"\连接打印机的计算机的 IP 地址\打印机名称",如"\202.112.154.188\HP Laser-Jet 1020",如图 4-52 所示。然后单击"下一步"按钮,并安装相应的驱动程序,即可完成打印机的安装。

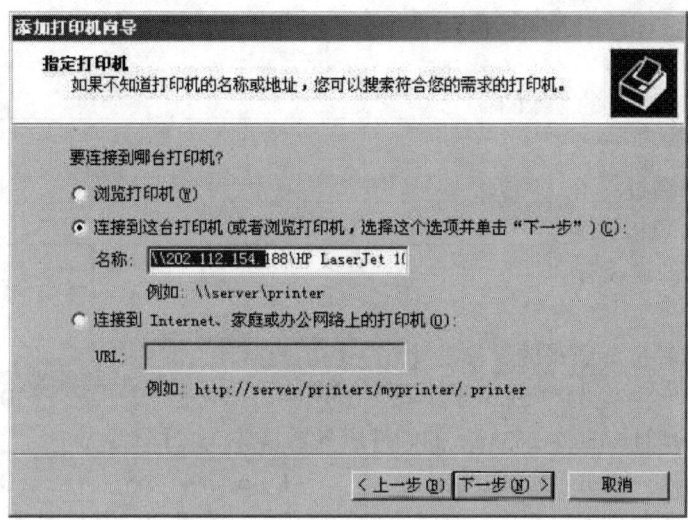

图 4-52　选择打印机

4.10.3　网络打印机的设置

网络打印机摆脱了打印机一直以来作为计算机外设的附属地位,使之成为网络中的独立成员,其他成员可以直接访问使用该打印机。

下面以 HP LaserJet 9000 网络打印机的设置为例,介绍网络打印机的配置方法。

1. 连接打印机

使用双绞线将打印机和网络连接起来。

2. 安装驱动程序

安装打印驱动程序前必须打开打印机电源,否则安装过程中找不到打印机,这对于网络打印机的安装来说都是相同的。将打印机的驱动光盘放入光驱(或者从文件服务器上安装),进入打印机的安装窗口。

单击"安装打印机"按钮,当出现"连接类型"窗口时,要选择"连接到网络(T)"选项,因为打印机是通过内置网卡打印服务器和网络上其他计算机相连的。

在"网络安装"窗口中,选择网络连接的类型为"基本服务器和对等网络设置"。

打印机的通信模式有 Windows TCP/IP 和 Windows IPX/SPX 两种。Windows IPX/SPX 模式配置简单,适合小工作组使用;Windows TCP/IP 模式便于管理,多用户环境建议使用 Windows TCP/IP 模式以方便管理。

接下来按安装提示进行操作直至结束。安装完成后,用户打印时只要选择 HP LaserJet 9000 打印机就可以正常打印了。

4.11 习题

1. 名词解释

（1）匿名 FTP；（2）网络新闻组；（3）电子商务。

2. 填空题

（1）电子邮件使用的协议有 ＿＿＿＿＿＿＿＿＿＿＿＿＿＿、＿＿＿＿＿＿＿＿＿＿＿＿＿＿ 和 ＿＿＿＿＿＿＿＿＿＿＿＿＿＿。

（2）MSN 可以通过 ＿＿＿＿＿＿＿＿、＿＿＿＿＿＿＿＿ 和 ＿＿＿＿＿＿＿＿ 呼叫对方。

（3）IPPHONE 可以分为 ＿＿＿＿＿＿＿＿、＿＿＿＿＿＿＿＿ 和 ＿＿＿＿＿＿＿＿ 3 种类型。

（4）网络打印的途径有 ＿＿＿＿＿＿＿＿＿＿、＿＿＿＿＿＿＿＿＿＿ 和 ＿＿＿＿＿＿＿＿＿＿。

3. 选择题

（1）不能通过 E-mail 获得的服务是【　　】。

A）FTP　　　　　B）USENET　　　　　C）Telnet　　　　　D）BBS

（2）电子邮件地址 wang@263.net 的邮件服务器是【　　】。

A）wang　　　　B）@263.net　　　　C）wang@263.net　　　　D）263.net

（3）在收发电子邮件的过程中，有时收到的电子邮件有乱码，其原因是【　　】。

A）图形图像信息与文字信息的干扰　　　　B）声音信息与文字信息的干扰

C）计算机病毒的原因　　　　　　　　　　D）汉字编码的不统一

（4）把 E-mail 服务器中的邮件删掉，但是还可以在【　　】里找到。

A）发件箱　　　　B）已删除邮件箱　　　C）已发送邮件箱　　　D）收件箱

（5）我们可以通过【　　】发帖子、收发信件、发送论坛短信、网络投票等。

A）BBS　　　　　B）E-mail　　　　　C）写信　　　　　D）上网

4. 简答题

（1）什么叫做下载？什么叫做上传？

（2）HTTP 和 URL 分别是什么？URL 是如何构成的？

5. 案例分析

在用 FTP 服务下载文件时，发现下载的文件与原文件不一致，请分析原因。

第 5 章 制作技术网络应用

第 5 章 网络应用制作技术

本章将介绍各种网络应用中所涉及的基本概念和制作技术,包括 HTML 语言、静态和动态网页的制作、以及网络环境下分布式数据库系统和客户服务体系的构造方法及技术。

5.1 HTML 语言简介

本节将对 HTML 基本语法以及如何利用 HTML 制作网页进行简要的介绍。

5.1.1 HTML 介绍

超文本标记语言(Hyper Text Markup Language,HTML)是一种计算机程序语言,专门用来编写网页。

HTML 描述文件结构格式的方法是利用一些指令符号,来标记表示出各种文件效果,再由浏览器来解读 HTML 的指令符号,将文件格式效果展现出来,所以说 HTML 只提供这些指令符号的标记语法。因此,HTML 可以说是一种标记式的语言。

在 HTML 里,图形、声音等文件必须用其他软件制作,再用 HTML 的标记编排在网页的原始文件里,然后浏览器才能解读这些原始文件,并在屏幕上展示其效果。

5.1.2 HTML 语言

HTML 是一种描述文件格式的语言,以标记标识及排列各对象。而标记本身则以 "<" 和 ">" 符号标识,标记内的内容称为元素(Element)。元素代表了标记的意义,与大小写无关。在浏览器中所有 "< >" 和位于其中的文字都不会被显示出来。标记的一般格式为:

    < ELEMENT > 对象 </ELEMENT >

    < ELEMENT 属性 = 参数 > 对象 </ELEMENT >

或者

    < ELEMENT >

1. HTML 基本结构

HTML 文件是层次结构文件,它分为文件头和文件体两部分。文件头包含与文件有关的信息,文件体包含全部正文信息。以下是一个简单的 HTML 文件,将其保存为一个扩展名为 .htm(或 .html)的文件,然后用浏览器软件调用该文件,在 IE 8.0 中显示的效果如图 5-1 所示。

    < html >
    < head >
    < title > HTML 入门 </title >
    </head >
    < body >
    < h1 > HTML 入门 </h1 >
    < h2 > 第 1 章 HTML 简介 </h2 >
    < h3 > 1.1 HTML 简介 </h3 >
    < pre >

HTML 是英文 Hyper Text Markup Language 的缩写,中文译为"超文本标记语言",它是一种计算机程序语言,用来编写 Web 网页。

</pre>

<p>在 HTML 里，图形、声音必须用其他软件制作，<p>再用 HTML 的标记编排在网页的原始文件里，然后浏览器才能编译解读
这些原始文件，并在屏幕上展示其效果。

</body>

</html>

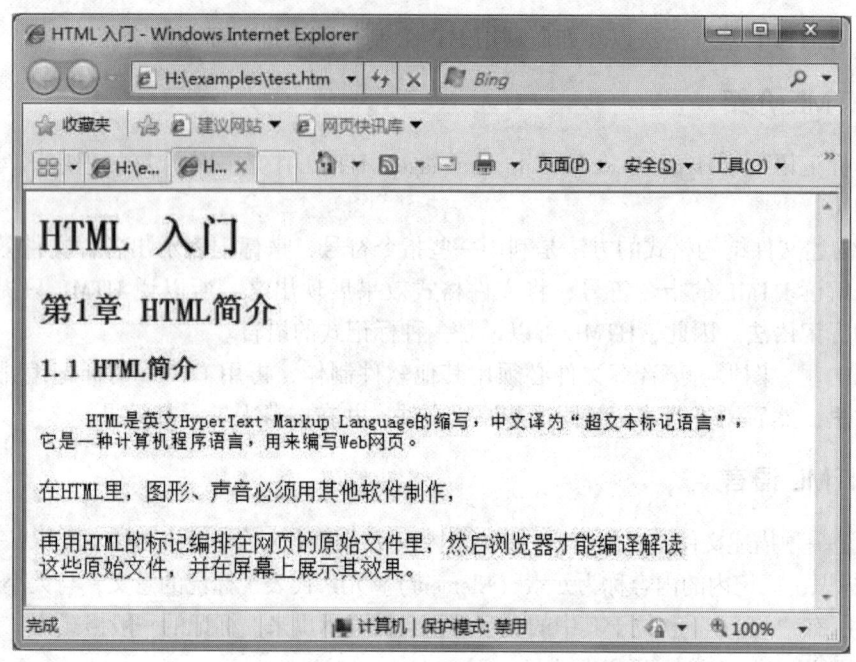

图 5-1　HTML 语言运行结果

2. 基本标记

一个 HTML 文件从 <HTML> 标记开始，到 </HTML> 结束。文件中所有文本和 HTML 标记都包含在 HTML 的起始和结束标记中。

（1）头部标记

在 <HEAD> 和 </HEAD> 中间的内容，是网页的头部。如果其间的文本没写在"TITLE"中，则成为正文的头部，显示在正文之前。

（2）文件标题

位于 <TITLE> 和 </TITLE> 标记中间的文字，是这篇文章的主题，将显示在浏览器窗口的标题栏中。

（3）主体标记

<BODY> 和 </BODY> 标记文件实际内容的开始和结束，称为主体部分。在 <BODY> 元素中可以设置文件的背景色、背景图形等基本属性。

（4）标题

HTML 中通过 <Hn> … </Hn> 标记设定标题。它允许有 6 个层次的标题：<H1>、<H2>、…

（5）段落

<P> 是 HTML 格式中特有的段落元素，指出了此处为段落结束，下面的文字将换行。

如果没有遇到<P>这个符号,它就会与前面的文字都排在一个段落里,直到遇到窗口的边界才会换行。

(6) 预格式化文本标记

<PRE>…</PRE>的作用是按照文本的原样显示文本,不作改变。

(7) 行中断标记

要想中断文本中的某一行,可以使用
标记,文本将从
之后开始新的一行。
标记单独使用,需要时才插入。

3. 超文本链接

HTML文件的另一个特色就是在文章段落间任意地跳转。可以跳到另一台计算机上的文件,也可以跳到文章的另一个段落或本机的另一篇文章。

设置超级链接的标记为<A>和</A>,属性HREF是必需的,HREF的值给出所链接的URL。如:

(1) 跳转至另一个文件

    <A HREF="first.html">第1个文件</A>

(2) 跳转至另一个网址

    <A HREF="http://www.edu.cn">CERNET主页</A>

(3) 跳转至另一个段落(预先给要跳转到的目标位置命名,如<A NAME="clients"></A>)

    <A HREF="#clients">目标文字</A>

4. 多媒体信息编制

(1) 显示图形

浏览器可以直接在文件上显示GIF、TIEF、JPG、RGB或HDF等格式的图形。方法为:

    <IMG SRC="file name">

(2) 音频和视频

在网页中允许加入音频文件,常见的音频文件的格式有AU、WAV、AIFF和SND。只要把在HREF指定的URL位置写上相应的音频或视频文件名就可以了。如:

    <A HREF="olivier_h.au">声音</A>

    <A HREF="test.mpeg">影像</A>

5. 表格制作

表格由<TABLE>标记定义,每个表格开始是一个可选的标题(由<CAPTION>标记定义)。表格行用<TR>和</TR>标记,数据内容用<TD>和</TD>标记。要在浏览器中显示如图5-2所示的表格,HTML文件代码可以写成:

```
<html>                    </tr>
<body>                    <td>99020001</td>
<table border=1>          <td>赵薇</td>
<tr>                      <td>计算机科学</td>
<td>学号</td>             <td>女</td>
<td>姓名</td>             <td>20</td>
<td>专业</td>             </tr>
<td>性别</td>             <tr>
```

```
<td>年龄</td>              <td>99020002</td>
</tr>                       <td>王小强</td>
<tr>                        <td>计算机科学</td>
<td>99010001</td>           <td>男</td>
<td>张明</td>               <td>19</td>
<td>通信工程</td>           </tr>
<td>男</td>                 </table>
<td>19</td>                 </body>
</tr>                       </html>
```

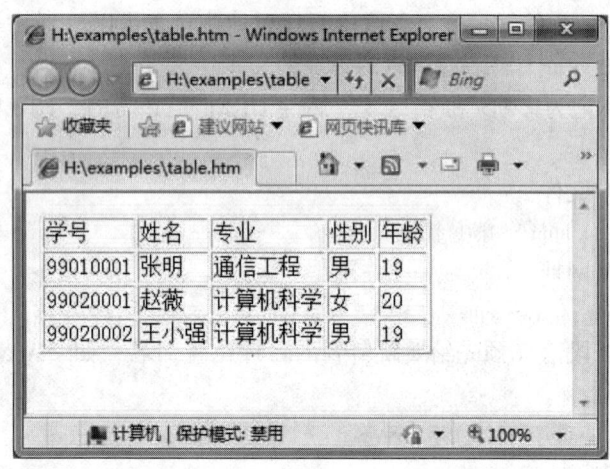

图 5-2 浏览器中显示的表格

6. 设计表单

在浏览网页时，经常会看到表单，而且经常要注册表单。表单是网络用户进行信息交流和信息反馈的重要工具。与表单有关的标记为 <form> 和 <input>。表单的基本格式为：

```
<form action="处理表单的程序" method="post | get">
<input type="输入域类型" name="输入域名称" value="输入域的值">
...
</form>
```

下面，将对各种类型的输入域标记作简单的介绍。

(1) 单行文本框

`<input type="text" name="名称" size="宽度" value="缺省值">`

其中，size 设置文本框的宽度，value 设置文本框的初始值。

(2) 密码文本框

`<input type="password" name="名称" size="宽度">`

密码文本框中将输入的字符显示为"*"，size 设置的也是文本框的宽度。

(3) 滚动文本框

`<textarea name="name" row="行数" col="列数"></textarea>`

row 规定滚动文本框的行数，即高度；col 规定滚动文本框的列数，即宽度。

(4) 下拉菜单

```
< select name ="名称" size ="1" >
   < option value ="值 1" > 选项 1 </option >
   < option value ="值 2" > 选项 2 </option >
   …
</select >
```

value 是传给处理程序的数据,而选项是呈现给浏览者的信息,二者互相对应。

(5) 单选按钮

```
< input type =" radio " name ="名称" value ="值 1" checked > 选项 1
< input type =" radio " name ="名称" value ="值 2" > 选项 2
…
< input type =" radio " name ="名称" value ="值 n" > 选项 n
```

同下拉菜单一样,value 传给处理程序,选项呈现给浏览者,二者互相对应。checked 表示默认状态下,该选项是选中的。要注意的是同一组单选按钮应该设成相同的名称和不同的值。

(6) 复选框

```
< input type =" checkbox " checked name ="名称" value ="选中时的值" >
```

checked 表示该复选框的默认状态是选中的,值由 value 设定;如果标记中没有 checked,表示该复选框的默认状态是没有选中,值是空值。

(7) 提交按钮

```
< input type =" submit " value ="在按钮上显示的信息" >
```

value 通常是"确定"和"提交"等信息。单击该按钮,将会运行表单的处理程序。

(8) 复原按钮

```
< input type =" reset " value ="在按钮上显示的信息" >
```

value 通常是"取消"等信息。单击该按钮,将表单复原,而不运行处理程序。

5.2 Web 页面设计

本节将介绍如何利用网页制作工具制作网页。

5.2.1 网页设计的原则

在网页设计过程中,应记住以下原则和目标。

1) 符合用户的需求,网页的设计是为读者服务的,满足用户的需求是最优先的考虑。
2) 有效使用资源,网页设计的目标是高效地操作、方便地使用、轻松地维护。
3) 生成一个一致的、令人愉快的、有效的网页外观。
4) 在制作网页之前,应该明确制作目的、需完成的任务和要达到的要求。应尽可能地收集素材,并将这些内容做成书面材料,以免制作时遗漏某些材料。
5) 网页设计要有自己的风格,通常应有一定的标志。
6) 网页的页面不必太花哨,上面的图片不宜太多,每一幅图的尺寸也不应太大,以免浏览网页时花费太多的时间。
7) 网页的制作要考虑浏览时的不同情况,如显示的颜色、显示的分辨率,HTML 标准,浏览器种类及版本等。尽量使其通用,最好有一些提示信息,以免影响浏览效果。

5.2.2 网页设计的方法

可以利用 HTML 语言所定义的标记及其属性来直接编写网页。使用任何一种文字处理软件，在其中写入 HTML 的各种标记及其属性参数，然后以最简单的文本文件格式保存起来，用 .htm 或 .html 作为文件的扩展名。

也可以利用特定的网页制作工具软件制作网页，这样制作网页的效率会很高，而且不必学习太多的 HTML 语言的知识就可以很容易地制作出网页来。下面将重点介绍如何利用 Microsoft FrontPage、Dreamweaver 来制作网页。

利用工具软件来制作网页是一种趋势，但它又有一些局限，在实际制作过程中，常常将两种方法结合起来应用。首先，用某种工具制作出能够满足大部分设计要求的网页，然后再对网页源代码文件进行细微处的加工修饰。

学会制作网页并不困难，但要制作出好的网页并不容易，它不仅需要计算机知识，还需要其他方面的知识，如美术方面的知识，而更重要的是好的创意，这样制作出来的网页才会吸引浏览者，也才会受到大家的欢迎。网页的制作，与其说是一种技术，不如说是一种艺术，或者是两者的结合。

5.2.3 Dreamweaver 的使用

Dreamweaver 是由 Macromedia 公司开发的进行网络站点和网页创作的专业化可视编程工具，而且可以在无须编写代码的情况下实现动态 HTML 的功能。

Dreamweaver、Flash 以及之后推出的针对专业网页图像设计的 Fireworks，三者被 Macromedia 公司称为 DreamTeam（梦之队），也叫网页制作三剑客。

Adobe Dreamweaver CS5 是 Macromedia 被 Adobe 收购后的最新版本，除了已有功能，还增加了对 CMS 的支持功能、对 CSS 的校验和对 PHP 更好的支持。下面将简单介绍 Adobe Dreamweaver CS5 的使用。

1. 工作环境

安装完 Adobe Dreamweaver CS5 后，单击"开始"→"所有程序"→"Adobe"→"Adobe Dreamweaver CS5"命令，运行 Dreamweaver CS5。如果是首次运行，系统将询问以 Adobe Dreamweaver CS5 作为默认编辑器的文件类型，如图 5-3 所示。单击"确定"按钮后，打开 Adobe Dreamweaver CS5 的运行界面，如图 5-4 所示。

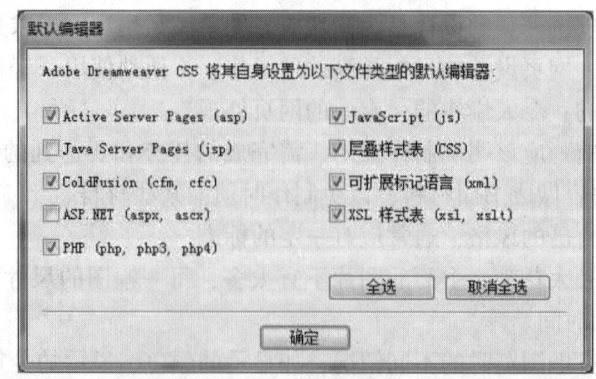

图 5-3 首次运行 Adobe Dreamweaver CS5 的界面

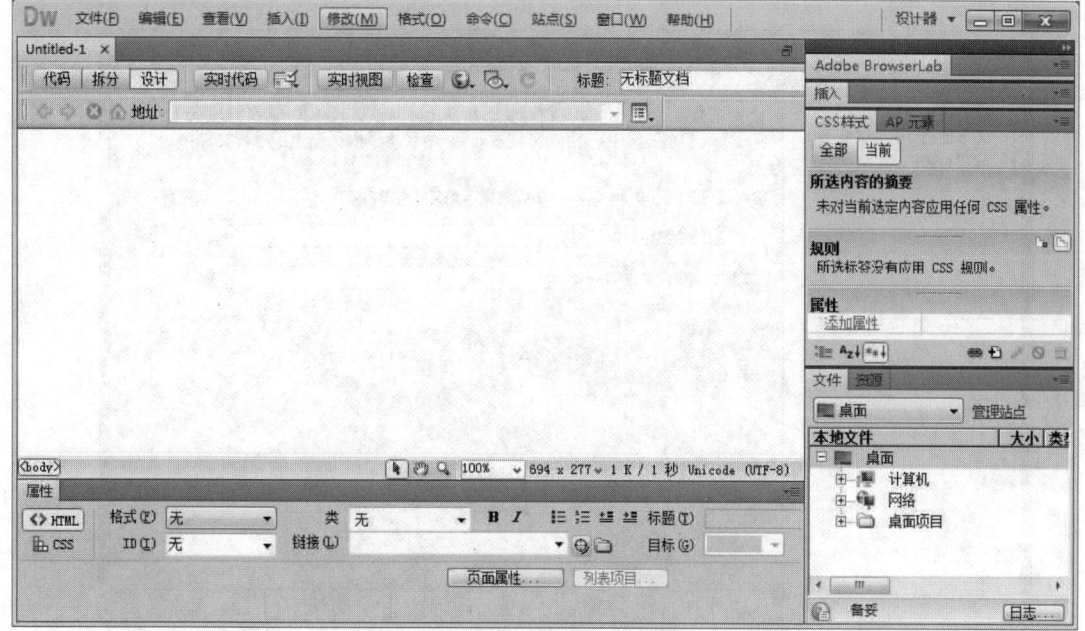

图 5-4　Dreamweaver 的运行界面

其中比较常用的有：
(1) 文档窗口

文档窗口是设计人员编辑网页的空间。编辑 HTML 源代码，则单击"代码"按钮；显示网页编辑界面，则单击"设计"按钮，两者都要显示，单击"拆分"按钮。在"标题"文本框中设置该页面的标题。

(2) "插入"面板

"插入"面板中包含了用户常用的一些对象按钮，共包含 8 个子面板：常用、布局、表单、数据、Spry、InContext Editing、文本和收藏夹。单击该面板上的 常用▼ 按钮，通过弹出的菜单，在各个子面板间切换。

(3) "属性"面板

可以在"属性"面板上对当前被选中的页面元素的属性进行检查和编辑。

2. 创建本地站点

创建本地站点的作用是在本地机器上为网站文件设立一个存放位置，需要一个名字和一个根目录，该网站的所有文件都将存放在这个根目录下。处理不同的网站的时候，需要为各个网站建立不同的本地站点。实现方法为：单击"站点"菜单中的"管理站点"命令，在打开的"站点管理"窗口中，单击"新建"按钮，从弹出的菜单中选择"站点"命令，打开"站点定义"对话框，如图 5-5 所示。分别输入本地网站的名字和根目录，单击"保存"按钮，然后，在"站点管理"窗口中单击"完成"按钮。

3. 设置页面属性

单击"修改"菜单中的"页面属性"命令，或者在网页编辑区单击鼠标右键，在弹出的快捷菜单中选择"页面属性"命令后，打开"页面属性"对话框，如图 5-6 所示。

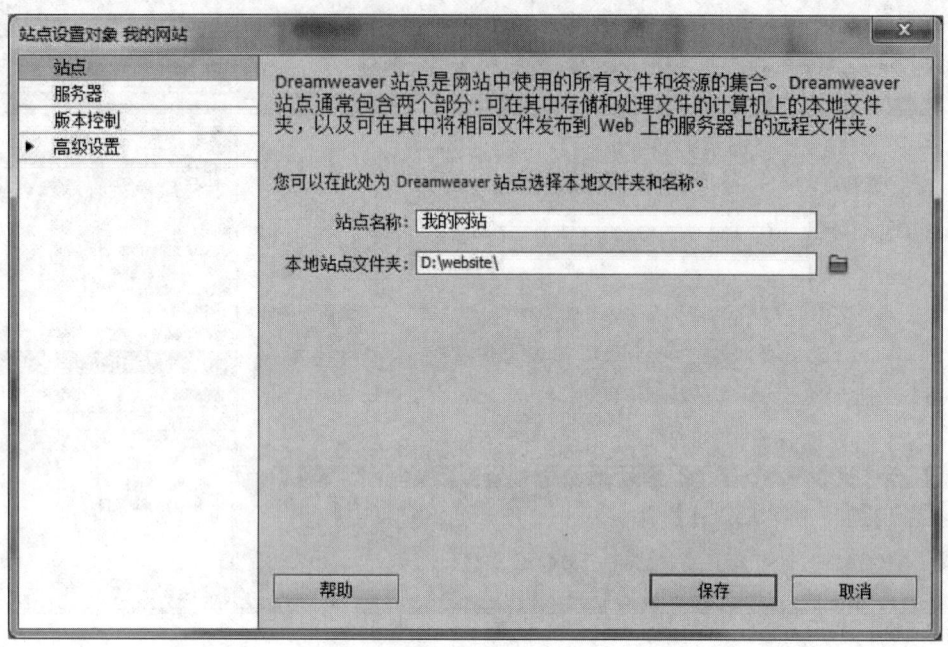

图 5-5 "站点定义"对话框

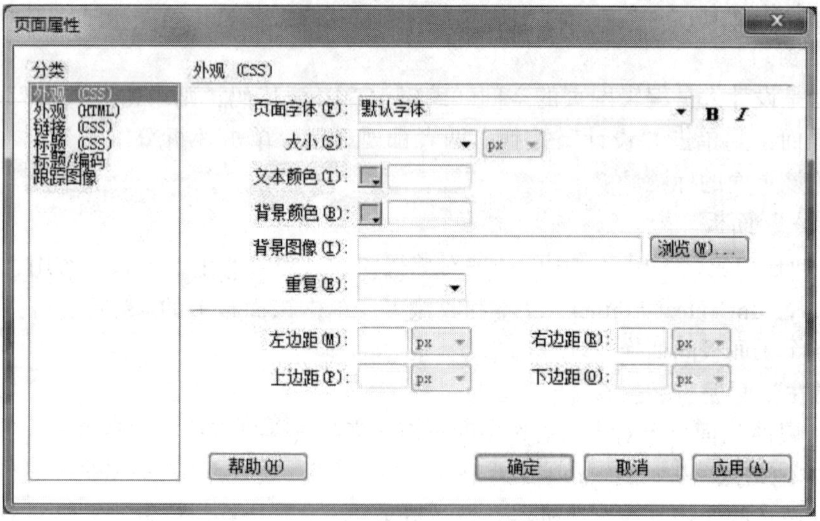

图 5-6 "页面属性"对话框

在"分类"列表框中选择"外观",在"外观"区域,设置页面文字的字体、大小、颜色和页面的背景。可以在"背景图像"文本框中输入,或者通过单击"浏览"按钮选择图片作为背景;也可以在"背景颜色"下拉列表框中选择一种颜色来作为背景。

在"分类"列表框中选择"链接",在"链接"区域,可以设置链接和不同状态的链接的风格。"链接字体"和"大小"下拉列表框分别设置链接文字的字体和尺寸;在"链接颜色"下拉列表框中设置链接文字的颜色;通过"已访问链接"下拉列表框选择已经浏览过的链接文字的颜色;"变换图像链接"下拉列表框可设定鼠标指向链接文字的颜色,"活动链接"下拉列表框可设定鼠标左键单击链接文字后的颜色。

4. 编辑文本

在文档窗口的网页编辑区输入内容。选中要调整格式的文本,从"属性"面板的各个选项中选择需要的格式,包括文字的字体、大小、颜色和样式等。

5. 插入图片

把插入点置于文档窗口中要插入图片的位置,单击"插入"菜单中的"图像"命令,或者单击"常用"对象面板中的 按钮,从弹出的菜单中选择"图像"命令,然后从"选择图片文件"对话框中选择要插入的图片,单击"确定"按钮即可。

在文档窗口中选择一幅图片,"属性"面板将显示该图片的常用属性。单击面板右下角的扩展箭头,可以查看并修改图片的所有属性,如图 5-7 所示。

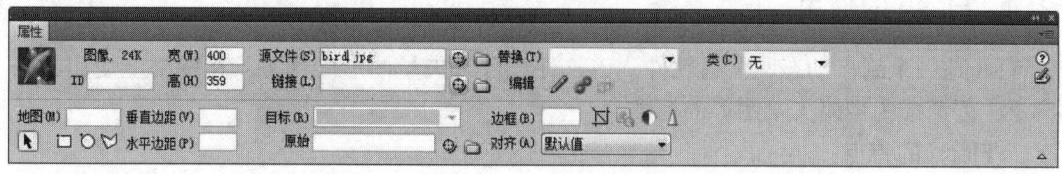

图 5-7 图片"属性"面板

6. 建立链接

(1) 链接 HTML 文件

从文档中选择要链接的文字或图片,在"属性"面板的"链接"文本框中输入要链接的文件名,或单击文本框右边的 按钮,从打开的对话框中选择要链接的文件,单击"确定"按钮完成链接。

(2) 链接到其他网站

选择要链接的文字或图片,在"属性"面板的"链接"文本框中输入要链接网站的 URL 地址。

(3) 链接到电子邮箱

选择要链接的文字或图片,在"属性"面板的"链接"文本框中输入"mailto:收件人地址",如 mailto:textbook@263.net。也可以把插入点置于需要建立链接的位置,选择"插入"菜单中的"电子邮件链接"命令,或单击"常用"对象面板中的 按钮,打开"电子邮件链接"对话框,如图 5-8 所示。在"文本"文本框中输入需要建立链接的文字,在"电子邮件"文本框中输入接收邮件的地址。

图 5-8 "电子邮件链接"对话框

（4）链接到锚记

Dreamweaver 中的锚记实际上就是书签。用鼠标单击要插入锚记的位置，单击"插入"菜单中的"命名锚记"命令，在打开的对话框中输入锚记的名字。在文档的相应位置出现 ⚓图标，表示锚记插入成功。

在文档窗口中选择要链接锚记的文字或图片，在"属性"面板的"链接"文本框中输入符号"#"和锚记名。例如，要链接当前文件中的一个名为"aaa"的锚记，则输入"#aaa"；要链接当前目录下的其他文件中的名为"aaa"的锚记，则输入"文件名#aaa"。

另外，单击"常用"对象面板中的 ▦ 按钮，可以插入表格；打开"表单"对象面板，能够设计与用户交互的表单页面；在创建一个新的页面时，选择文档类别是"框架集"，能建立包含框架的网页，这里就不再叙述了。

5.2.4 Flash 的使用

Flash 是一个制作动态网页的软件。该软件凭借其矢量图形的优势，在网络上使用越来越广泛，逐渐成为网络矢量图形的标准。

1. Flash 的特点

随着网络的普及，Flash 被越来越多的浏览器支持。它之所以能够被广泛应用，主要因为有如下特点。

（1）矢量图形

矢量图形采用直线和圆弧来描述一个图形，图形越复杂，所需要的直线和圆弧就越多。位图是用带颜色的点描述图形的，这些点称为像素。图形中包含信息越多，像素就越多。在描述一些并不复杂的信息时，矢量图形文件只需记录几条线条，所以比位图文件要小得多。另外，在改变图形大小时分辨率不受影响，图形仍然是平滑的；但放大位图时只是放大像素点，使位图很粗糙。

由于 Flash 使用了矢量图形，既能保证动画的完美效果，又保证了体积小巧，所以在当前互联网速度不很快的情况下大受欢迎。

（2）交互性

Flash 不只是单纯的动画，还可以在画面里进行控制和操作。

（3）流技术

Flash 采用了流技术，在通过网络播放动画时边下载边播放，使用户在动画还没完全下载时就能够看到效果。

2. 使用 Flash

下面以 Adobe Flash CS5 为例，简单介绍 Flash 的使用。

运行 Adobe Flash CS5 应用程序，其界面如图 5-9 所示。其中：

1）舞台用于编辑和显示不同的场景和元件。

2）时间轴由两部分组成。左边窗口显示该动画的层次及各层的排列顺序，上层图层的内容会显示在下层图层内容的上方；右边显示各层的帧数和关键帧。

3）"属性"面板显示所有选中对象的可编辑信息。

4）"库面"板是存储和组织媒体元素和元件的地方。

5）"工具"面板中提供了许多绘图工具，用于在动画中添加各种图形和文字。工具箱由工具栏、查看栏、颜色栏和选项栏4部分组成。查看栏提供手形和放大镜工具以方便移动和查看画面；颜色栏可以调整不同的绘图工具的线条颜色和填充颜色；选项栏针对不同的工具列出其特有的功能。工具栏中常用工具的用途如下。

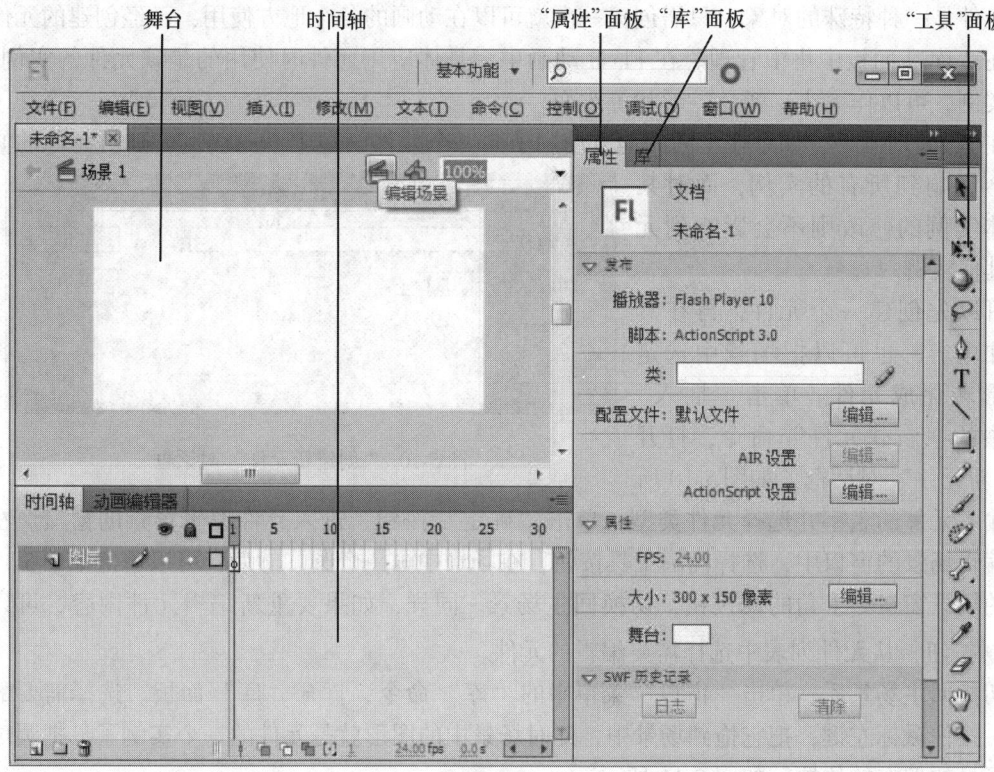

图5-9　Adobe Flash CS5界面

- 选择工具——选取、移动和操作图形和文字。
- 部分选取工具——调整图形结点、改变图形形状。
- 线条工具——绘制直线。
- 套索工具——选择对象或不同的区域。
- 钢笔工具——设定对象运动的轨迹和路径。
- 文本工具——编辑文本。
- 椭圆工具——绘制各种圆和椭圆。
- 矩形工具——绘制各种矩形。
- 铅笔工具——绘制各种曲线。
- 刷子工具——绘制各种图形。
- 墨水瓶工具——创建和修改某一形状的轮廓线条的颜色、样式等。
- 颜料桶工具——填充图形内部的颜色。
- 滴管工具——对已有的颜色进行取样。
- 橡皮擦工具——擦除线条、填充色等。

3. 元件和实例

在制作动画时，往往会重复使用同一个图形或相似的图形，这时使用元件会大大提高效率。

元件是一种特殊的对象，只需创建一次就可以在动画的各个地方使用，已经创建的元件可以在"库"面板中集中管理。在 Flash 动画中，具体应用元件时使用的是该元件的实例。对于实例，可以作大小、颜色、形状等改变。

在 Flash 动画中，如果在不同的地方使用了同一个元件的多个不同实例，则对元件的修改将会影响到所有的实例，而对某一具体实例的修改则不会影响到元件和其他实例。

可以先创建一个元件，再在其中添加内容，也可以把场景中选定的图形转化成元件。单击"插入"菜单中的"新建元件"命令，打开"创建新元件"对话框，如图 5-10 所示。输入元件的名字并选择元件类型，单击"确定"按钮，进入元件编辑场景的窗口。在元件编辑场景的窗口中，选择椭圆工具按钮，在场景中画一个圆。然后，可以单击如图 5-11 所示的场景窗口右上角的 按钮，切换回主场景。同样，如果要重新编辑元件内容，可以单击 按钮，从元件列表中选择需要编辑的元件。

图 5-10 "创建新元件"对话框

切换回主场景后，单击"窗口"菜单中的"库"命令，打开"库"面板。选择需要的元件，按住鼠标左键，把它拖到场景中，此时场景中的图形就是元件的一个实例了。把圆球拖到场景的偏左的位置，如图 5-11 所示。

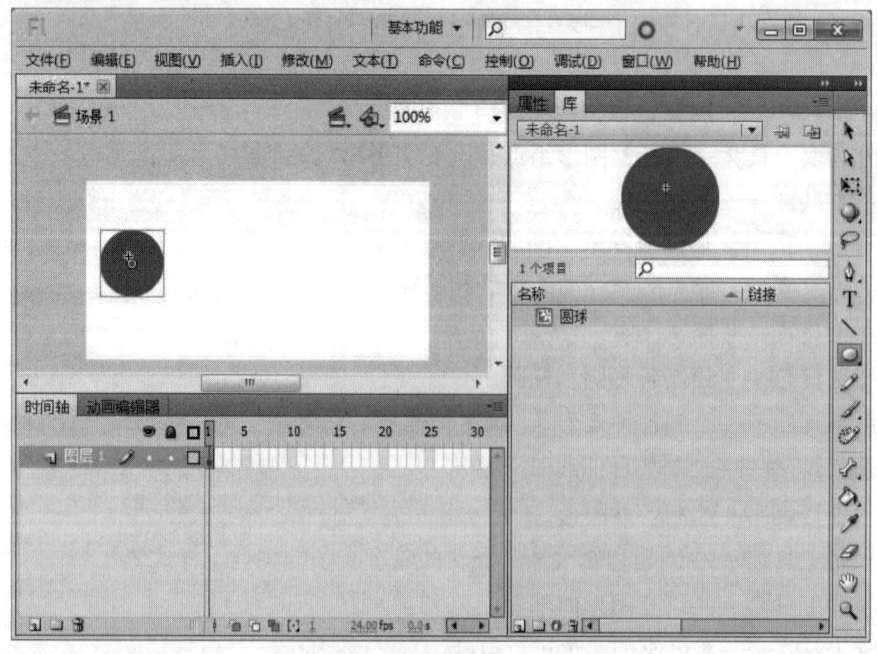

图 5-11 在场景中创建实例

4. 创建动画

Flash 的动画和电影的原理是一样的，都是利用人眼的暂存视觉。当一个影像在视网膜上出现并消失后极短的一段时间里，人眼是感觉不到该影像已经消失了的。只要在这段时间里换上一幅内容基本相同，只是其中某一个物体的位置发生变化的影像，就会产生该物体在运动的感觉。所以要制作动画，就是要在极短的时间内不停地更换影像。每一幅影像被称为一帧。由于 Flash 提供了一些功能而使用户可以不必制作每一帧图片，因而大大减少了工作量。

对帧的操作主要在"时间轴"区域完成，编号下面的每一个小格代表一帧。帧分为关键帧和普通帧。关键帧用一个黑点表示，代表 Flash 动画的一个关键时刻，如动画的开始和结束。继续以前面已经建立的元件和实例为例，建立动画。

在创建完实例后，场景中的第 1 帧就成为关键帧。把鼠标放在第 20 帧，单击鼠标右键，在弹出的快捷菜单中选择"插入关键帧"命令，使第 20 帧成为一个关键帧。

把红色的放映头拖到第 20 帧的位置，使用箭头工具把第 20 帧场景中的圆球从偏左的位置拖动到偏右的位置，如图 5-12 所示。

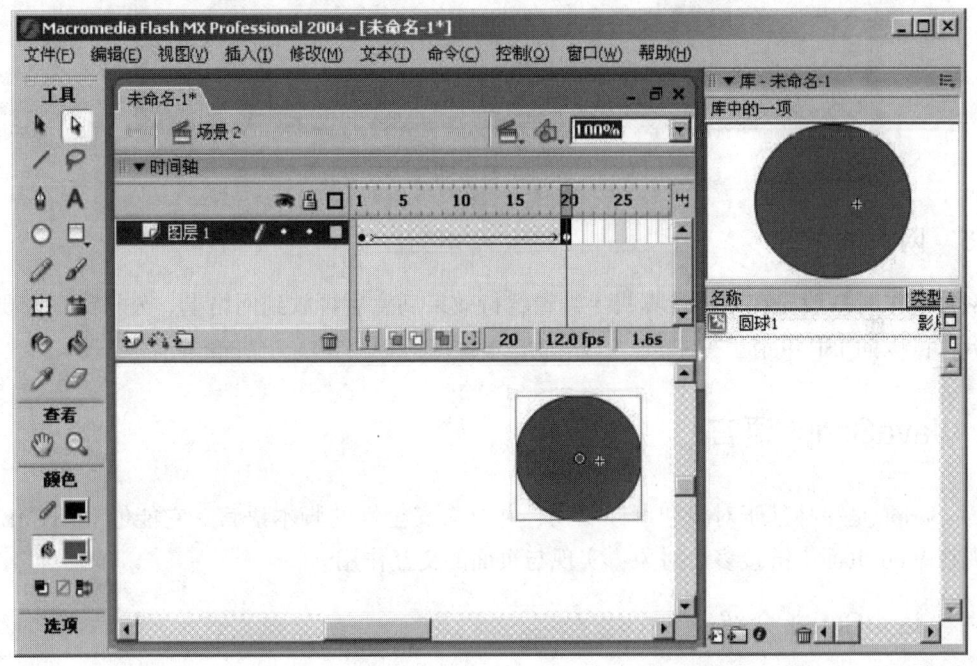

图 5-12 第 20 帧的效果

将放映头移到第 1 帧，在第 1 帧上单击鼠标右键，在弹出的快捷菜单中选择"创建传统补间"命令，可以看见第 2 帧到第 19 帧变成了一个箭头。

单击"控制"菜单中的"播放"命令，可以看到圆球从场景的左侧平滑地移动到右侧。

5. 将动画添加到网页中

保存制作好的动画，扩展名为 .fla。fla 文件只能在 Flash 程序中运行，不能通过浏览器播放。如果要通过浏览器播放，需要单击"文件"菜单下"导出"子菜单中的"导出影片"命令，把 fla 格式的文件输出为 swf 文件，swf 文件能够通过内置或外置的浏览器播放。把刚刚制作的动画输出为 flash1.swf。

要把 Flash 动画嵌入到网页中，只需把如下代码插入到 HTML 文件的相应位置：

```
< OBJECT WIDTH = 400 HEIGHT = 200 >
< PARAM NAME = movie VALUE = "flash1. swf" >
< EMBED src = "flash1. swf" WIDTH = 400 HEIGHT = 200 > </EMBED >
</OBJECT >
```

圆球在浏览器中从左侧平滑地移动到右侧，图 5-13 所示是其中的一个位置。

图 5-13　在浏览器中的显示效果

5.2.5　网页的浏览

网页制作时一般先在本地计算机上编辑，待效果满意后再放到网络上。公司或企业要放置主页，可以向 ISP 申请虚拟主机。

5.3　JavaScript 语言

JavaScript 是一种基于对象和事件驱动、并具有安全性的脚本语言。它能够和 HTML 一起实现在 Web 页面中链接多个对象，实现与页面的交互作用。

5.3.1　JavaScript 介绍

JavaScript 是一种脚本语言，由 Netscape 公司开发并推出，已被 Navigator 2.0 和 IE 3.0 以上版本的浏览器支持。它是一种介于 Java 和 HTML 之间的、基于对象和事件驱动的编程语言，能够开发客户端的应用程序，弥补了静态 HTML 语言的缺陷。

JavaScript 是一种基于客户端浏览器的语言，用户在浏览过程中的交互只是通过浏览器对调入的 HTML 文件中的 JavaScript 源代码进行解释，无须同服务器交互，减少了服务器和网络的开销。

JavaScript 具有如下特点：

1. 简单性

JavaScript 采用小程序段的方式实现编程，而且是一种解释性语言，不需要编译就能解释执行，所以开发和使用操作都很简单。

2. 动态性

JavaScript 可以直接对用户的输入作出响应，无须经过 Web 服务器。它对用户的响应，是以事件驱动的方式进行的。当用户进行了某种操作后，例如，按下鼠标、拖动窗口等，都会引起相应的响应事件。

3. 跨平台性

JavaScript 依赖于浏览器本身，与服务器和客户端的操作环境无关。但不同的浏览器对它的执行在个别方面存在差别，在使用时需要注意。

5.3.2 JavaScript 的引入

在 HTML 文档中，JavaScript 代码用 < script language = " JavaScript " > 和 </script > 标识括起来，可以将其任意分布于 < HEAD > 标识和 < BODY > 标识之中。写在 < HEAD > 标识之中的脚本代码可以在任何触发事件发生之前载入，因此成为 JavaScript 脚本放置的最佳位置。

如果要在 HTML 标记中插入 JavaScript 脚本程序，既可以使用字符编辑器，又可以使用前面介绍的网页制作工具。下面通过一个简单的例子，介绍 JavaScript 脚本是如何嵌入 HTML 标记中的。

  < html >
  < head >
  < title > JavaScript 的例子 </title >
  < script language = " JavaScript " >
   var first = window. prompt("请输入姓名:","");
   document. write ("欢迎进入 JavaScript 世界," + first +"。 < br >");
  </script >
  < body >
  < h3 > 大家好 </h3 >
  </body >
  </html >

图 5-14 是浏览器载入该页面时的运行结果，图 5-15 为在弹出的文本框中输入姓名，单

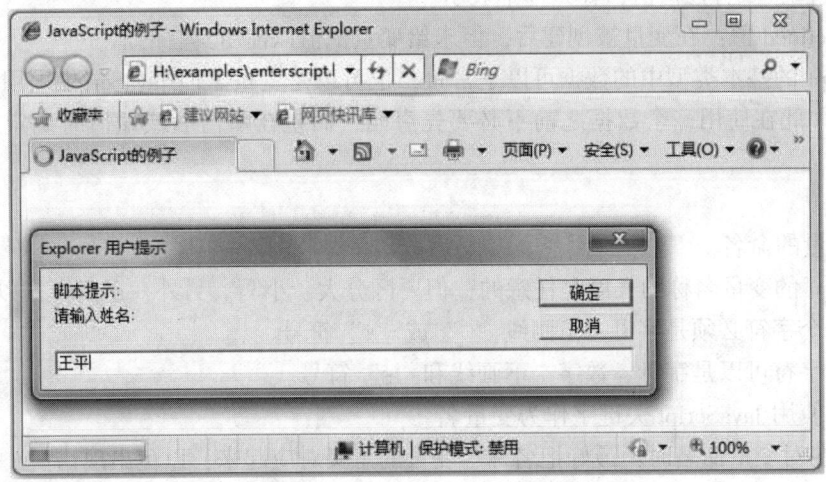

图 5-14 载入页面时的运行结果

击"确定"按钮后的最终显示结果。由此可以看出,浏览器载入 HTML 文件时是从文件头向后解释执行的。

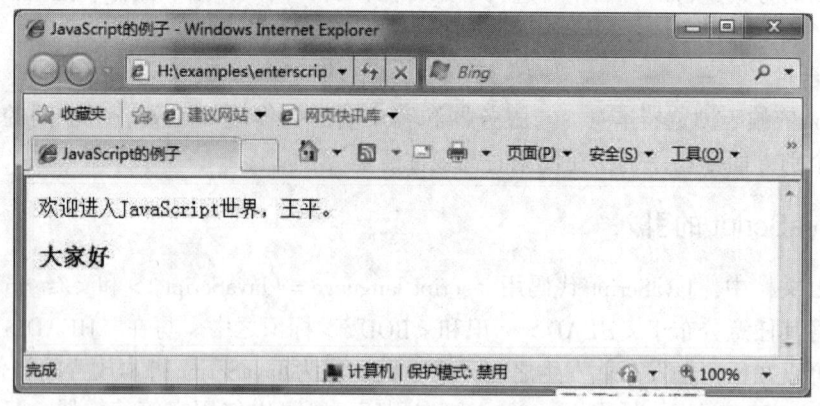

图 5-15 单击"确定"按钮后的运行结果

另外,需要注意的是 JavaScript 代码有大、小写之分,在写 JavaScript 脚本时要严格区分,否则,得不到所需结果。

5.3.3 基本数据结构

1. 基本数据类型

JavaScript 有 6 种数据类型,分别如下。

1) string 类型:字符串是用单撇号"'"或双撇号"""来说明的。

2) number 类型:支持整数和浮点数。整数可以为正数、0 或负数;浮点数可以包含小数点和一个"e"。

3) Boolean 类型:true 或 false。

4) Object 对象类型:对象是 JavaScript 的重要组成部分。

5) Null 值:没有任何值,什么都不表示。

6) Undefined 值:在变量被创建后,但未给变量赋值以前所具有的值。

JavaScript 的基本类型中的数据可以是常量,也可以是变量。但 JavaScript 采用弱数据类型的形式,因此在使用一个数据之前不必要先声明,而是在赋值后或赋值时确定其数据类型。

2. 变量

(1) 变量的命名

JavaScript 的变量名称的长度是任意的,但要区分大、小写。另外,还要遵循以下规则:
- 第一个字符必须是字母、下画线"_"或"$"符号。
- 后续字符可以是字母、数字、下画线和"$"符号。
- 不能使用 JavaScript 关键字作为变量名。

注意,在对变量命名时,最好把名称与变量的意义对应起来,以免出现错误。

(2) 变量的声明及作用域

JavaScript 的变量可以在使用前用 var 关键字声明，并可赋值。变量声明和赋值的语法为：

var 变量名称[= 初始值]

对于变量，还有一个重要特性，那就是变量的作用域，JavaScript 中有全局变量和局部变量。全局变量定义在所有函数体之外，作用范围是当前文件中的所有 JavaScript 脚本及函数；局部变量定义在函数体中，只对该函数可见，对其他函数是不可见的。

3. 表达式和运算符

表达式是变量、常量和运算符的集合。表达式可以分为算术表达式、字符串表达式和布尔表达式。

运算符是完成操作的一系列符号，JavaScript 中有算术运算符、字符串运算符、比较运算符和布尔运算符等。

JavaScript 表达式和运算符同其他编程语言类似，这里不再叙述。

5.3.4 事件驱动及事件处理

1. 事件处理程序

JavaScript 是基于对象的语言，其基本特征就是采用事件驱动。通常鼠标或热键的动作称为事件；由鼠标或热键引发的一连串程序的动作，称为事件驱动；而对事件进行处理的程序或函数，称为事件处理程序。

事件处理程序通常由函数完成，格式如下：

```
Function 事件处理名（参数表）
    {
        事件处理语句值；
        …
    }
```

2. 事件驱动

JavaScript 主要有以下事件。

（1）单击事件 onClick

当用户单击鼠标时，产生 onClick 事件，同时该事件指定的事件处理程序或代码将被调用执行。能产生 onClick 事件的对象有按钮（包括"提交"按钮、"复原"按钮和普通按钮）、复选框和单选按钮等。

（2）改变事件 onChange

当单行文本框或多行文本框中输入的字符值改变时，或下拉列表框的选项状态改变后都会引发该事件。

（3）选中事件 onSelect

当单行文本框或多行文本框对象中的文字被选中后，会引发该事件。

（4）获得焦点事件 onFocus

该事件在用户单击单行文本框、多行文本框以及下拉列表框对象时产生，使单击对象成为当前对象。

（5）失去焦点事件 onBlur

该事件在单行文本框、多行文本框以及下拉列表框对象不再拥有焦点而退到后台时发生。它与 onFocus 事件是对应的。

（6）载入文件事件 onLoad

当文档载入时，发生该事件。它的作用是在首次载入一个文档时检测 cookie 的值，并用一个变量为其赋值，并可以被源代码使用。

（7）卸载文件事件 onUnload

当页面退出时发生的事件，可以更新 cookie 的状态。

（8）鼠标悬停事件 onMouseover

当鼠标悬停（鼠标移动到需要单击的目标上，但是不单击）在某一对象上时引发该事件。

事件驱动的用法如下：

< input type ="button" value ="确定" onClick ="function( )">

或者

< input type ="button" value ="确定" onClick = alert("准备好了吗？")>

5.3.5 基于对象的 JavaScript 语言

JavaScript 是基于对象的，但不是面向对象的编程语言，所以没有对象的继承、重载等功能，而是充分利用了大量的外部对象开发客户端的应用程序。

在 JavaScript 中，可以使用已有的对象，也可以创建新的对象。在使用时，必须为该对象创建一个实例，它拥有对象的基本特征。定义对象的格式如下：

```
Funtion Object（属性表）
    This. prop1 = prop1
    This. prot2 = prop2
    …
    This. meth1 = Functionname1
    This. meth2 = Functionname2
    …
```

一旦定义了对象，就可以为该对象创建实例了。

```
NewObject = New object( )
```

以下是建立数组对象的例子。通过以下语句，建立了一个长度为参数个数，每个元素值为对应参数值的数组。

```
Function intArray( ){
    This. length = intArray. arguments. length;
    For ( var i = 0, i < this. length; i + + )
        This[ i ] = intArray. arguments[ i ];}
    var newArray = new intArray('a','b','c','d')
```

在 JavaScript 中，有一些常用的内部对象，它们也都有自己的特点和使用方法。例如，string 对象是一个静态对象，在引用该对象的属性和方法时不需要创建实例；而 date 对象是动态对象，必须用 new 运算符创建实例后才可以使用。

下面以一个例子说明 JavaScript 的使用。

```
<html>
<head>
<title>停留时间</title>
<script language="JavaScript">
  pageopen = new Date();
  function stay() {
  pageclose = new Date();
  minutes = (pageclose.getMinutes()-pageopen.getMinutes());
  seconds = (pageclose.getSeconds()-pageopen.getSeconds());
  time = (seconds+(minutes*60));
  alert("您在该窗口停留了"+time+"秒钟");}
</script>
<body onUnload=stay()>
<center>
<h3>关闭该窗口,看看有什么? </h3>
</body>
</html>
```

运行结果如图 5-16 所示。按照提示,关闭浏览器窗口,结果如图 5-17 所示。

图 5-16 运行结果

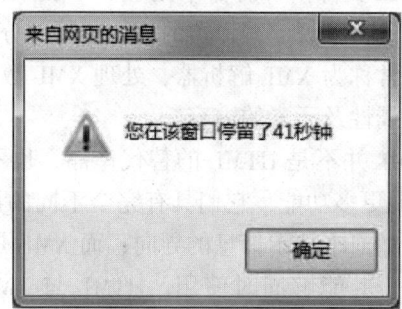

图 5-17 关闭窗口结果

5.4 XML

在开发支持万维网技术的过程中,出现的可扩展标记语言(eXtensible Markup Language,XML)是最重要的技术之一。XML 是标准通用标记语言(Standard Generalized Markup Language,SGML)的一个优化子集,提供了一种展现数据的标准方法,它允许数据在通过互联网连接的设备之间进行存储和交换,还允许不同的软件系统操作这些数据。

5.4.1 XML 介绍

SGML 为所有文档提供了一种标准的定义标记语言的方法。1986 年 SGML 作为一个 ISO 标准被提出来,随着 HTML 的发展,在 1990 年使用了 SGML 规则,为 Web 文档提供了标准标记语言。1996 年万维网联盟开始着手进行 XML 的工作。1998 年 2 月,出版了第一个 XML 标准,即 1.0 版本。

XML发展的部分动机来源于HTML的缺陷。HTML的目的是描述信息在Web文档中的布局，为了实现这个目的，HTML定义了一套标记和属性的集合，HTML用户只能使用这些标记和属性的集合。使用HTML会带来一个问题，即HTML只用于描述信息的布局，而没有考虑信息的含义。另外，HTML中有限的标记不能满足某些Web应用的需要，如基于Web的大型出版系统和新一代的电子商务，而为各种应用需要不断地往HTML中增加标记显然不是最终的解决方法，究其原因是HTML缺乏可扩展性。在此背景下，作为Web上使用的SGML的一个优化子集，XML应运而生，其目的是简化SGML，并使之能应用到Web上。

XML允许使用者按需自定义标记，XML的可扩展性就在于此。XML提供描述不同类型数据的标准格式，例如，约会记录、购买订单、数据库记录，从而可一致而正确地解码、管理和显示信息。当使用XML设计一个标记语言时，设计者必须定义一个标记集合，用来携带含义或者表示表及其内容。标记、标记的内容以及结束标记一起合称为元素。XML中设计带标记的元素是XML文档的构造块，这种元素可以有若干个属性，并可以包含子元素，这些子元素可以是文本数据，也可以是带标记的元素。

XML提供表示数据的文件格式、描述数据结构的计划，以及用语义信息扩展和注释HTML的机制。总而言之，XML是一种元标注语言，该语言提供一种描述结构数据的格式。这有助于更精确地声明内容，方便跨越多种平台、更有意义地搜索结果。

XML文件由解析器来处理。一般来说，解析器分析语法、结构或者给定文件的程序。对程序语言来说，编译器的语法分析部分是解析器的一个常用例子。分析XML编码语法的程序通常称为XML解析器，处理XML数据的程序使用XML解析器从XML文档中分离和提取标记属性及元素的内容。

XML并不是HTML的替代产品，也不是HTML的升级，它只是HTML的补充，为HTML扩展更多功能，它们具有完全不同的用途。HTML是用来表示信息布局的，同时也给出了一些如何来显示信息的导向；而XML是用来描述信息本身的，所以XML和HTML是彼此互补的，并能够同时使用。HTML与XML的区别是：HTML将数据和显示混在一起，而XML则将数据和显示分开。

目前，IE 5.0以上版本的浏览器都可以用来浏览XML文档。

5.4.2　XML文档结构

XML文档就是用XML标记书写的XML源代码文件。XML文档也是ASCII的纯文本文件，可以用Notepad创建和修改。XML文档的后缀名为.xml，如first.xml。用IE 5.0以上浏览器可以直接打开.xml文件，但看到的是"XML源代码"，而不会显示页面内容。

1. 基本构成

XML文档包含3个部分：一个XML文档声明；一个关于文档类型的定义；用XML标识创建的内容。

XML举例说明：

```
<? xml version = "1.0"? >
<! DOCtype filelist SYSTEM "filelist. dtd">
<filelist>
<myfile>
```

　　　　< title > QUICK start OF XML </title >
　　　　< author > wei </author >
　　　　</myfile >
　　　　</filelist >

其中第一行 < ? xml version ="1.0"? > 就是一个 XML 文档的声明，第二行说明这个文档是用 filelist.dtd 来定义文档类型的，第三行以下是内容主体部分。

2. XML 文档中的相关术语

（1）Element（元素）

在 XML 中一个元素由一个标记来定义，包括开始和结束标记以及其中的内容，如 < author > wei </author >。

每个 XML 文档必须定义一个根元素，就是紧接着声明后面建立的第一个元素，如 < filelist >，其他元素都是这个根元素的子元素，属于根元素一组。

（2）Tag（标记）

标记是用来定义元素的。在 XML 中，标记必须成对出现，将数据包围在中间。标记的名称和元素的名称是一样的。例如，< author > wei </author >，其中 < author > 是标记。

在 XML 中，所有标记都要有结束标记。

（3）Attribute（属性）

属性是对标记的进一步描述和说明，一个标记可以有多个属性，例如，font 的属性还有 size。XML 中的属性与 HTML 中的属性是一样的，每个属性都有它自己的名字和数值，属性是标记的一部分。如：

　　　　< author sex ="female" > wei </author >

XML 中的属性也是自己定义的，属性值都必须加引号，无论是单引号还是双引号。建议尽量不使用属性，而将属性改成子元素，因为属性不易扩充和被程序操作。上面的代码可以改成：

　　　　< author > wei
　　　　< sex > female </sex >
　　　　</author >

（4）Declaration（声明）

所有 XML 文档的第一行都有一个 XML 声明。这个声明表示此文档是一个 XML 文档，它遵循的是哪个 XML 版本的规范。一个 XML 的声明语句就像这样：

　　　　< ? xml version ="1.0"? >

（5）DTD（文件类型定义）

DTD 用来定义 XML 文档中元素、属性以及元素之间的关系。

通过 DTD 文件可以检测 XML 文档的结构是否正确，但建立 XML 文档并不一定需要 DTD 文件。如果所有的标识都严格遵守 XML 规范，那么 XML 文档就不一定需要 DTD 文件来定义它。

DTD 文件的定义方法如下：

　　　　< ! DOCtype type-of-doc SYSTEM/PUBLIC "dtd-name" >

其中：

　　! DOCtype 是指要定义一个 DOCtype；type-of-doc 是文档类型的名称，由自己定义，通

常与 DTD 文件名相同；SYSTEM/PUBLIC 这两个参数只用其一。SYSTEM 是指文档使用的私有 DTD 文件的网址，而 PUBLIC 则是指文档调用一个公用的 DTD 文件的网址。dtd-name 是 DTD 文件的网址和名称。所有 DTD 文件的后缀名均为 .dtd。

通常一个 XML 文档会用到两个辅助文件：文件类型定义和样式表。文件类型定义用于定义文档中的元素以及这些元素如何展现，样式表用于描述如何打印和显示文档的内容。本节不再详细介绍文件类型定义和样式表，只是为了显示 XML 文档内容的需要简要说明样式表的构成。

5.4.3　XML 语法

XML 的文档和 HTML 的源代码类似，也是用标记来标识内容，但需要遵循特有的语法规则。

1. XML 语法规则

首先必须有 XML 声明语句。

如果文档有相应的 DTD 文件，严格遵守 DTD 文件制定的规范。DTD 文件的声明语句紧跟在 XML 声明语句后面。

注意大小写，在 XML 文档中，大小写是有区别的。<P> 和 <p> 是不同的标识。注意在写元素时，前后标记大小写要保持一致。

给属性值加引号，在 HTML 代码里面，属性值可以加引号，也可以不加，都可以被浏览器正确解释，但是在 XML 中则规定，所有属性值必须加引号，否则将被视为错误。

所有的标记必须有相应的结束标记，在 HTML 中，标记可能不是成对出现的，如
。而在 XML 中规定，所有标识必须成对出现，有一个开始标记，就必须有一个结束标记，否则将被视为错误。

所有的空标记也必须被关闭，空标记就是标记对之间没有内容的标记，如
、<img> 等标记。在 XML 中空标记关闭的方法是在原标记最后加 /，如
 应写为
，<IMG src="cool.gif"> 应写为 <IMG src="cool.gif"/>。

2. 元素的语法

元素由一对标记以及其中的内容组成，元素的名称和标记的名称是一样的，标记可以用属性来进一步描述。在 XML 中没有任何保留字，所以可以用任何词语来作为元素名称，但是也必须遵守下列规范：

- 名称中可以包含字母、数字以及其他字母。
- 不能以数字或"_"（下画线）开头。
- 不能以字母 xml（或 XML 或 Xml……）开头。
- 不能包含空格。
- 不能包含":"（冒号）。

为了使元素更容易阅读理解和操作，提出如下建议：

- 名称中不要使用"."。因为在很多程序语言中，"."是作为对象的属性，例如，font.color。同样的原因"-"也最好不要用，必须使用的，以"_"代替。
- 名称尽量简短。
- 名称的大小写尽量采用同一标准。

- 名称可以使用非英文字符，比如用中文，但是有些软件可能不支持。IE 5.0目前支持中文元素。

另外，补充一点关于属性的说明。在 HTML 中，属性可以用来定义元素的显示格式，比如，<font color="red">word</font>将把 word 显示为红色。而在 XML 中，属性只是对标记的描述，与元素内容的显示无关。例如，同样是：<font color="red">word</font>，并不会将 word 显示为红色。

3. 注释的语法

注释是为了便于阅读和理解，在 XML 文档中添加的注释信息不会被程序解释或者被浏览器显示。

注释的语法如下：

<!--这里是注释信息-->

可以看到，它和 HTML 中的注释语法是一样的，非常容易。养成良好的注释习惯将使文档更加便于维护、共享，看起来也更专业。

5.4.4 XSL 介绍

由于 XML 没有固定的标记，用户可以建立自己需要的标记，所以浏览器不能自动解析它们，例如，<table>可以理解为表格，也可以理解为桌子。由于 XML 的可扩展性，使我们没有一个标准的办法来显示 XML 文档。

XML 文档可以通过两种方式向浏览器提供样式表的信息，第一种是通过级联样式表（CSS）来实现；另一种是使用可扩展样式表语言（eXtensible Stylesheet Language，XSL）技术，这是万维网联盟最近开发出来的，在文档显示方面功能强大，比 CSS 更适合于 XML，下面简单介绍用 XSL 显示 XML 文档的方法。

XSL 包含 3 部分：
- 一个转换 XML 文档的方法。
- 一个定义 XML 部分和模式的方法。
- 一个格式化 XML 文档的方法。

可以这么理解：XSL 是一种可以将 XML 转化成 HTML 的语言，一种可以过滤和选择 XML 数据的语言，一种能够格式化 XML 数据的语言。

1. XSL 的转换

因为 XSL 样式表自身也是一个 XML 文档，因此，XSL 文件的开头以一个 XML 声明开始。在 XSL 文档中包含一个特殊元素 stylesheet，用来声明这是一个样式表文件。在 XSL 中可以采用万维网定义的 URL 命名空间，也可以采用 IE 5.0 早期设计草案的网址，stylesheet 标记分别可以为：<xsl:stylesheet xmlns:xsl="http://www.w3.org/1999/xls/Format">和<xsl:stylesheet xmlns:xsl="http://www.w3.org/TR/WD-xsl">。

XSL 元素的前缀是 xsl。元素 stylesheet 必须包含至少一个元素 template，XSL 处理器使用元素 template 显示文档的元素层次中的某个分支，这个分支元素由 match 定义。最简单的情况就是模板匹配整个 XML 文档，此时标记 template 的使用如下：

<xsl:template match="/">

每个 XSL 文档中必须包含一个模板用于表示"/"，可以包含其他模板来表示元素层次中

的某个分支，如 <xsl:template match ="year">。

XSL 样式表有两种独特的元素类型，其中一类直接包含内容，另一类指定从关联 XML 文档合并而来的内容。通常使用表示 HTML 的元素的 XSL 元素指定内容，这些元素具有与之关联的 HTML 元素显示的格式。如：

<DIV style =" font-size:14 ">Merry Christmas! </DIV>

用于合并 XML 数据最简单的元素是 value-of，这个元素的 select 属性用于指定合并到 XSL 文档中的那部分 XML 数据，如：

<xsl:value-of select =" BOOK/AUTHOR "/>

合并到 XSL 文档中的 XML 文档必须包含一个处理命令，用于通知 XSL 处理器，在本文档中使用了样式表。指令格式为：

<? xml-stylesheet type =" text/xsl " href =" XSL 文档名"?>

2. XML 与 XSL 的简单示例

下面是一个简单的 XML 文档，用"person.xsl"的样式表进行显示，所以在第三行指明了所用的 XSL 文档名，第二行为 XML 注释。

```
<? xml version =" 1.0 " encoding =" gb2312 "?>
<! --File Name:person.xml-->
<? xml-stylesheet type =" text/xsl " href =" person.xsl "?>
<persons>
    <person>
        <name>张明</name>
        <code>008</code>
        <sex>男</sex>
        <E-mail>zhangming@hotmail.com</E-mail>
    </person>
    <person>
        <name>赵薇</name>
        <code>009</code>
        <sex>女</sex>
        <E-mail>zhaowei@hotmail.com</E-mail>
    </person>
</persons>
```

下面是 XML 文档"person.xml"完整的 XSL 样式表文档。

```
<? xml version =" 1.0 " encoding =" gb2312 "?>
<! --File Name:person1.xsl-->
<xsl:stylesheet xmlns:xsl =" http://www.w3.org/TR/WD-xsl ">
<xsl:template match ="/">
<h3>个人信息</h3>
<xsl:for-each select =" persons/person ">
    <span style =" font-weight:bold;color:red ">姓名:</span>
    <xsl:value-of select =" name "/> <br/>
    <span style =" font-weight:bold;color:red ">编号:</span>
    <xsl:value-of select =" code "/> <br/>
```

```
            <span style="font-weight:bold;color:red">性别:</span>
            <xsl:value-of select="sex"/><br/>
            <span style="font-weight:bold;color:red">电子邮件:</span>
            <xsl:value-of select="E-mail"/><br/><hr/>
        </xsl:for-each>
    </xsl:template>
</xsl:stylesheet>
```

浏览效果如图5-18所示。

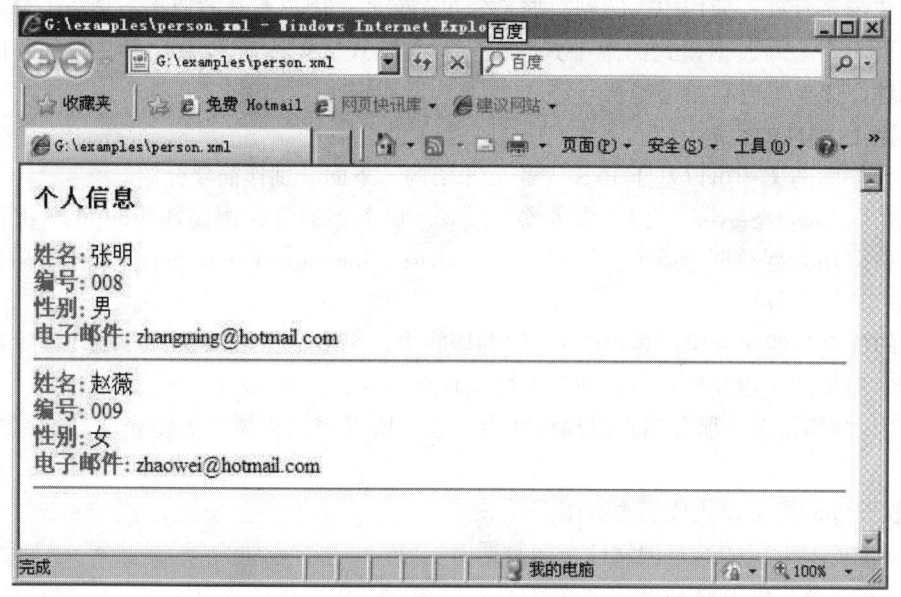

图5-18　XML示例

文档以一个 XML 声明开始，第二行为 XML 注释，第三行中的 xsl：stylesheet 标记定义了样式表的开始。第四行中的 xsl：template 标记定义了一个模板的开始。模板属性 match ="/" 将模板与 XML 源文档的根（/）匹配。文档的其他部分包含了模板本身，最后两行定义了模板的结束和样式表的结束。

在上面的代码中，利用 xsl：for-each 元素可以重复使用所定义的 XSL 模板，xsl：value-of 元素用来选择进入 XSL 转换输出流中的 XML 元素，select 属性用来指定 XML 源文件中的元素名。

5.5　动态页面技术

由于 HTML 不是程序语言，因此由 HTML 所构成的网页并不能因时因地而产生变化，所以便有"静态网页"之称。为了让网页具有动态变化的能力，就要将程序加到纯 HTML 文件中。

5.5.1　Web 数据库

随着数据存储的分布性需求日益广泛，对分布式数据的管理和访问成为数据库技术必须解决的问题。由于一个事务所涉及的数据可能分布在多个结点上，这就要求数据库系统具备一个优化的分布查询策略。分布式数据库系统和客户服务体系正是为解决上述问题而设计的。

1. 分布式数据库的定义

分布式数据库是指具有物理上分布、逻辑上系统结构集中的数据库。一个分布式数据库系统由一个逻辑数据库组成，这个逻辑数据库的数据存储在一个或多个结点的物理数据库上，通过两阶段提交（2PC）协议来提供透明的数据访问和事务管理。数据在物理上分布后，由系统统一管理，使用户不感到数据是分布存储的。用户看到的似乎不是一个分布式数据库，而是一个全局数据模式的集中式数据库。分布式数据库有利于改善性能、可扩充性好、可用性好以及具有自治性等优点。

2. 网络数据库的组成

网络数据库的架构可以基于 B/S 或者 C/S 架构，下面分别作简要介绍。

C/S 又称 Client/Server（客户/服务器）模式。服务器通常采用高性能的 PC、工作站或小型机，并采用大型数据库系统，如 Oracle、Sybase、Informix 或 SQL Server。客户端需要安装专用的客户端软件。

C/S 的优点是能充分发挥客户端 PC 的处理能力，很多工作可以在客户端处理后再提交给服务器。对应的优点是客户端响应速度快。缺点主要有：

1）C/S 结构是单一服务器且以局域网为中心，所以难以扩展至大型企业广域网或互联网。

2）软硬件的组合及集成能力有限。

3）通常需要专门的客户端软件访问数据库。

4）客户端软件的升级和维护比较烦琐。

B/S 是 Brower/Server（浏览器/服务器）的缩写，客户机上只要安装一个浏览器，如 Netscape Navigator 或 Internet Explorer，服务器上安装 Oracle、Sybase、Informix 或 SQL Server 等数据库。浏览器通过 Web Server 同数据库进行数据交互，属于典型的 3 层结构。

采用 B/S 方式的网络数据库的优点有：

1）浏览器可以移植。不需要随身带着计算机和个人软件。只要有浏览器就可以通过网络访问相关的数据。

2）无须分发专门用于访问数据库的软件。

3）无须考虑为每个客户端提供软件升级；只要升级服务器上的软件就可以了。

4）无须专门培训客户如何使用，只需要熟悉浏览器的相关操作就可以了。

3. Web 数据库的开发和发布

Web 数据库通常是指以 Web 查询接口方式访问的数据库资源，其结构是后台采用数据库管理系统存储数据信息，对外提供包含表单的 Web 页面作为访问接口，查询结果也以包含数据列表的 Web 页面形式返回给用户。

实现 Web 数据库应用一般可以采用两种方法：一种是在 Web 服务器端提供中间件来连接 Web 服务器和数据库服务器；另一种是把应用程序下载到客户端，并在客户端直接访问数据库。

中间件负责管理 Web 服务器和数据库服务器之间的通信并提供应用程序服务，它能够直接或调用外部程序或脚本代码来访问数据库，因此可以提供与数据库相关的动态 HTML 页面，或执行用户查询，并将查询结果格式化成 HTML 页面，通过 Web 服务器返回给用户浏览器。最基本的中间件技术有通用网关接口（CGI）和应用程序编程接口（API）。

除了在 Web 服务器端采用中间件以外，还可以通过 Web 浏览器把应用下载到客户端运行，在客户端直接访问数据库。客户端应用包括 Java Applet、ActiveX、Plug in 等，其中最典型的就是 Java Applet。

4. ODBC

ODBC（Open DataBase Connectivity）是由微软公司提出的一个用于访问数据库的统一界面标准，随着客户/服务器体系结构在各领域广泛应用，多种数据库之间的互连访问成为一个突出的问题，而 ODBC 成为目前一个很好的解决方案。ODBC 之所以能够操作众多的数据库，是因为当前绝大部分数据库全部或部分地遵从关系数据库概念，ODBC 看待这些数据库时正是着眼于这些共同点。虽然支持众多的数据库，但这并不意味 ODBC 很复杂，ODBC 是基于结构化查询语言 SQL 的，使用 SQL 可大大简化其应用程序编程接口（API），由于 ODBC 思想上的先进性，而且没有同类标准或产品与之竞争，因而越来越受到众多厂家和用户的青睐。目前，ODBC 已经成为客户/服务器系统中的一个重要支持技术。

在使用 ODBC 访问数据库之前，必须建立 ODBC 数据源。可使用 ODBC 数据源管理器建立数据源，控制面板中的 ODBC 表示 ODBC 数据源管理器。"ODBC 数据源管理器"对话框如图 5-19 所示。

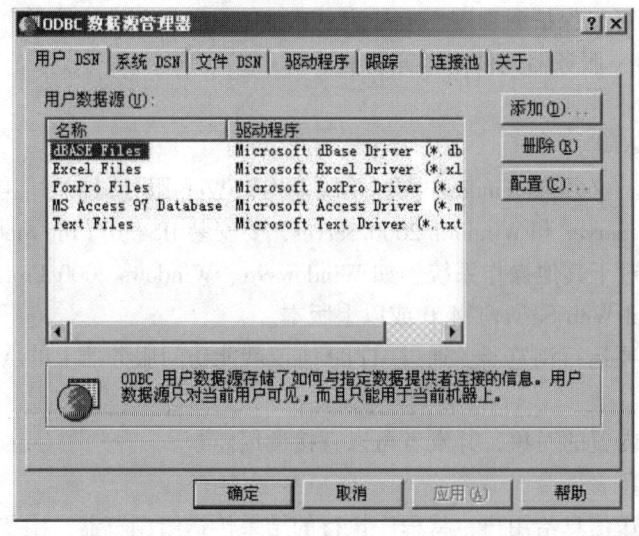

图 5-19 "ODBC 数据源管理器"对话框

一旦进入 ODBC 数据源管理器，就可以建立一个数据源或修改一个已经存在的数据源。ODBC 3.0 版支持 3 种不同的数据源类型：用户（User）、系统（System）和文件（File）。User 数据源只能用于创建用户，并且只能在所定义的机器上运行；System 数据源可用于当前机器上的所有用户和当前机器上正在运行的服务；File 数据源将数据源信息保存在一个

.dsn 文件中，可用于企业用户，为其提供必需的 ODBC 驱动程序以安装在计算机上。

5.5.2　ASP 介绍

1. ASP 的特点

程序的执行端分成浏览器端和 Web 服务器端。如果程序在浏览器端执行，那么服务器必须把程序代码传给浏览器，由浏览器来执行传下来的程序，JavaScript 和 VB Script 是典型的浏览器端执行的程序；如果程序在服务器端执行，则服务器只要把执行的结果传到浏览器即可，ASP（Active Server Pages）就是服务器端执行的程序。

ASP 提供了一个服务器端执行的程序环境，能够产生和执行动态的、交互的、高效率的 Web 服务器的应用程序，而不必担心浏览器是否能正确执行设计出来的脚本程序。

ASP 脚本是通过"＜％"和"％＞"嵌入 HTML 中的。当浏览器向 Web 服务器要求下载文件时，服务器会判断该文件是否为 ASP 文件，如果是，服务器会判断文件中是否含有"＜％"和"％＞"标记，如果有，则解释执行，把执行结果返回给浏览器。如果没有，则直接把文件传给浏览器解释。

ASP 的特点是：

1）集成于 HTML 中，无须编译或链接就能够执行。

2）使用常规文本编辑器（如 Windows 的记事本），就可以设计 ASP 程序。

3）与浏览器无关：用户端只要使用常规浏览器，即可浏览 ASP 所设计的主页内容。

4）ASP 的源程序代码，不会传到用户的浏览器，传到浏览器的只是包含脚本执行结果的 HTML 代码，因此可以保护源程序不会外泄。

5）可通过 ActiveX 服务器元件来扩充功能。

6）面向对象。

2. ASP 的运行环境

对服务器端而言，必须在 Windows 操作系统上构架 Web 服务器，才能够运行 ASP 程序。对于 Windows NT 4.0 Server 和 Windows 2000 Server，要安装 IIS4.0（Internet Information Server）或以上版本。而对于其他操作系统，如 Windows98、Windows 2000 Professional 等，则需要安装 PWS（Personal Web Server）4.0 或以上版本。

而对于客户，只要运行浏览器，通过 HTTP 协议就能访问服务器上的 ASP 文件。

3. ASP 对象

ASP 提供了 5 个内置的对象，开发者可以直接调用。

（1）Response 对象

Response 对象传送信息给用户，将程序执行的结果传送给浏览器。主要用法有：

1）Response.write：把信息写在浏览器上。例如，要在浏览器上显示打开该网页的时刻，可以在 HTML 文件中插入如下脚本：

```
＜％ response.write "现在时间是："
    response.write now％＞
```

或者

```
现在时间是：＜％ response.write now％＞
```

或者

现在时间是：<% = now% >

2）Response. redirect：可以将目前的网页转移到另一个网页。这样就可以把复杂的网页分成多个子网页，甚至放在不同的服务器上，然后由主控网页来判断当时的情况，以决定跳到哪一个子网页。注意，Response. Redirect 方法只能在没有任何信息输出到浏览器以前调用。下面的例子根据今天是星期几来转移到相应的页面，星期日转移到 00. htm，星期一转移到 01. htm……。

  <% week = datepart("w",date( )) -1
  page = "0"&week&". htm"
  response. redirect page% >

3）Response. end：告诉浏览器信息已经全部下载完毕，同时促使 Web 服务器不再解释执行后续的 HTML 标记及脚本，达到结束 ASP 文件执行的目的。例如：

  <% if 情况一 then
    Response. Write 情况一的内容
    Response. end
  End if
  <% if 情况二 then
    Response. Write 情况二的内容
    Response. end
  End if% >

（2）Request 对象

Request 对象用于读取浏览器的信息。例如，在 request. htm 文件中插入语句：

  < form method = "post" action = "response. asp" >
  姓名：< input type = "text" size = "15" name = "name" > < br >
  单位：< input type = "text" size = "15" name = "department" > < p >
  < input type = "submit" value = 登录 > </form >

那么，网页中将显示的表单如图 5-20 所示。表单中两个输入字段的名称分别设为 name 和 department，单击"确定"按钮，将启动 response. asp 程序，在该程序中加入语句：

  < % = request("department")% > 的 < % = request("name")% > 你好！

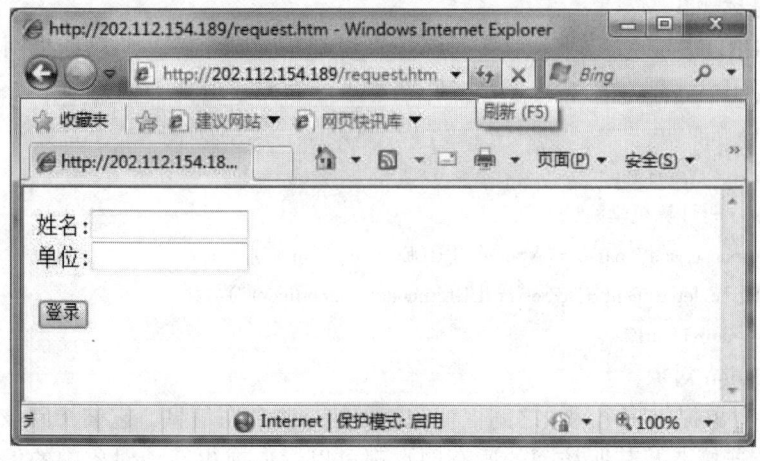

图 5-20　表单

将在浏览器中显示对输入单位的输入姓名的响应，如图 5-21 所示。

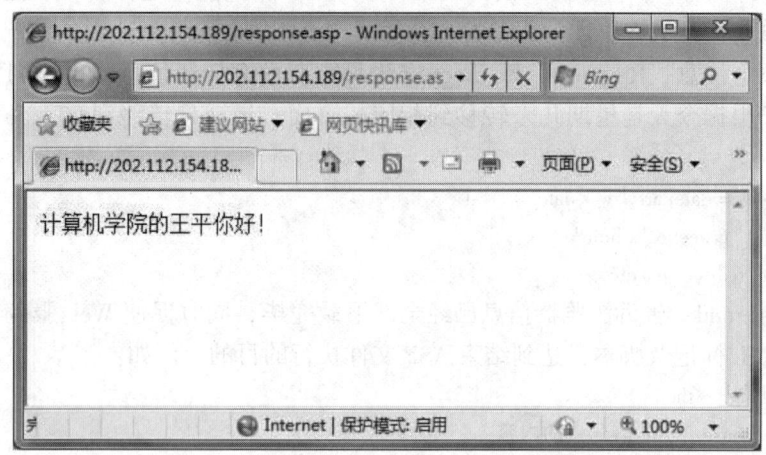

图 5-21　对表单输入的响应

(3) Server 对象

Server 对象提供访问服务器的方法和属性，是 VB Script 程序建立 ActiveX 对象的源头。常用的使用方法有：

1) Server. MapPath：把"网址路径"转换成服务器的"实际路径"。如果 C：\ wwwroot 是服务器的根目录，那么 Server. MapPath ("/request. htm") 将返回 C：\ wwwroot \ request. htm。如果不是以根目录 ("\") 开始，返回的结果与调用程序所在的目录有关。如果调用程序所在的目录是 C：\ wwwroot \ temp，那么 Server. MapPath ("response. asp") 将返回 C：\ wwwroot \ temp \ response. asp。

2) Server. HTMLEncode：对特殊字符如"<"及">"进行编码，而使它们不被视为 HTML 标识。如果在 ASP 文件中加入语句：< % = Server. HTMLEncode ("< h3 > 这不是标题 3 </h3 >")% >，将在浏览器中显示"< h3 > 这不是标题 3 </h3 >"，而不是以标题 3 的格式显示"这不是标题 3"。

3) Server. URLEncode：空格和汉字对网址来说都是特殊字符，所以如果网址中包含特殊字符，就需要用 Server. URLencode 对特殊字符进行编码。例如，创建一个 ASP 文件，文件代码如下：

　　< % name = " Wang Ping "
　　department = "计算机学院"
　　url = " response. asp?　name = " &Server. URLEncode (" name ")
　　url = url& " &department = " &Server. URLEncode (" department ")
　　response. redirect url% >

(4) Application 对象

Application 对象提供多个网页之间保留和使用的一些共用信息，它被访问该网站的所有用户共享。所有连接者及其所访问的所有网页都可以读取或更新该对象中的信息。所以说 Application 对象是所有连接者和所有网页公用的对象。其使用方法如下。

将变量（对象）内容存储在 Application 对象中：

Application("变量名称") = 变量名称

Set Application("对象名称") = 对象名称

将变量（对象）的内容还原回来：

变量名称 = Application("变量名称")

Set 对象名称 = Application("对象名称")

（5）Session 对象

Session 对象也是 ASP 文件公用的对象，提供网页之间的共用信息，但是它只能被一个连接者访问，每个连接者都拥有自己的 Session 对象。如果某一时间网站有 100 个连接者，那么 Session 对象的个数也会是 100。因此，它是某一连接者所有网页的公用对象。其使用方法如下。

将变量（对象）内容存储在 Session 对象中：

Session("变量名称") = 变量名称

Set Session("对象名称") = 对象名称

将变量（对象）的内容还原回来：

变量名称 = Session("变量名称")

Set 对象名称 = Session("对象名称")

4. 通过 ASP 访问数据库

设计通过浏览器访问数据库的网页是 ASP 的一个重要功能，ASP 访问数据库是通过 ADO 对象实现的。当服务器解释到 ADO 对象时，会调用相应的数据库驱动程序来访问数据库中的资源，并把访问结果返回给浏览器。

要实现如图 5-2 所示的网页，可以编写纯 HTML 代码，但随着数据量的增多，工作量将会大大加大。因此可以把表中数据放到数据库中，如 Access 数据库，通过 ASP 脚本访问数据库，这样无论数据量如何变化，都不需要修改脚本。

首先，建立一个 Access 数据库文件 student.mdb，其中有一个名为 student 的数据表中存放学生的学号、姓名、专业、性别和年龄的信息。同时建立一个 ASP 文件，如 database.asp，然后，把这两个文件放在同一个目录下，如 C:\inetpub\wwwroot。在 database.asp 中插入如下代码：

1) 建立 Connection 对象 conn。

```
<% set conn = Server.CreateObject("ADODB.Connection") %>
```

2) 通过调用 conn.open 打开数据库。

```
<% conn.open "Driver = {Microsoft Access Driver (*.mdb)};dbq ="
& Server.MapPath("student.mdb") %>
```

3) 建立 Recordset 对象 rs，并取得 student 表中的信息。

```
<% set rs = conn.execute("student") %>
```

4) 将 Recordset 内容输出到浏览器。

对于一个数据表而言，数据记录由数据字段构成，而数据表是由数据记录构成的。其中，数据字段与 ASP 中的 Field 对象对应，Fields 集合对象构成数据记录，Recordset 是数据记录的集合。

Field 对象有 3 个属性，分别是 name（字段名称）、value（字段数据内容）和 type（字段数据类型）。由这 3 个属性可以获得某一字段的具体信息。

要输出数据表的信息，首先要输出字段名称的信息。为了输出每一个字段名称，假设共有 N 个字段，则必须使用 fields（0～N-1）的 name 属性。代码如下：

```
<table border=1>
<tr>
<% for i=0 to rs.fields.count-1
    response.write"<td>"&rs.fields(i).name&"</td>"
Next%>
</tr>
```

在读取数据库时，不能把整个数据表完全载入内存，而是每次只能存取一条数据记录，所以要想改变存取的记录，必须使用 MoveNext（移动到下一条）、MovePrevious（移动到上一条）、MoveFirst（移动到第一条）、MoveLast（移动到最后一条）或 AbsolutePositon=N（移动到第 N 条）等命令来改变当前数据记录的位置。对当前记录的每一个字段的数据信息，则必须使用 fields 的 Value 属性。通过如下代码，把数据表中的数据信息添加到浏览器中。

```
<% while not rs.eof
    response.write"<tr>"
    for i=0 to rs.fields.count-1
        response.write"<td>"&rs.fields(i).value&"</td>"
    next
    response.write"</tr>"
    rs.MoveNext
Wend%>
</table>
```

把上面的代码综合起来，即可在浏览器中实现图 5-2 所示的表格。

以上介绍的是通过 ADO 对象直接访问 Access 数据库。但如果使用的是 SQL Server 数据库，就要修改 ASP 脚本，方法是将：

```
<% conn.open"Driver={Microsoft Access Driver (*.mdb)};dbq="
& Server.MapPath("student.mdb")%>
```

修改为：

```
<% conn.open"driver={SQL Server};server=数据库服务器的 IP 地址;
uid=访问数据库的用户名;pwd=用户密码;database=数据库名称"%>
```

网站中如有多处需要打开数据库，那么修改的工作量也是很大的。如果使用 ODBC，为数据库建立一个 ODBC 数据源，在网页中使用 ODBC 打开数据库，那么只需要修改 ODBC，不用修改或稍微修改就能使网站正常运行。用 ODBC 打开数据库的方法为：

```
<% conn.open"DSN=ODBC 数据源名称;UID=访问数据库用户名;PWD=用户密码"%>
```

要通过 ODBC 访问数据库，首先要在图 5-19 所示窗口中选择"系统 DSN"选项卡，然后单击"添加"按钮，打开"创建新数据源"窗口。在选择需要的驱动程序下拉列表框中选择"Microsoft Access Driver (*.mdb)"，然后单击"完成"按钮，打开"ODBC Microsoft Access 安装"窗口。在"数据源名"文本框中输入 studentinfo，单击"选择"按钮，为该数据源选择对应的数据库文件，即 student.mdb，如图 5-22 所示。单击"确定"按钮，完成 ODBC 数据源的设置。

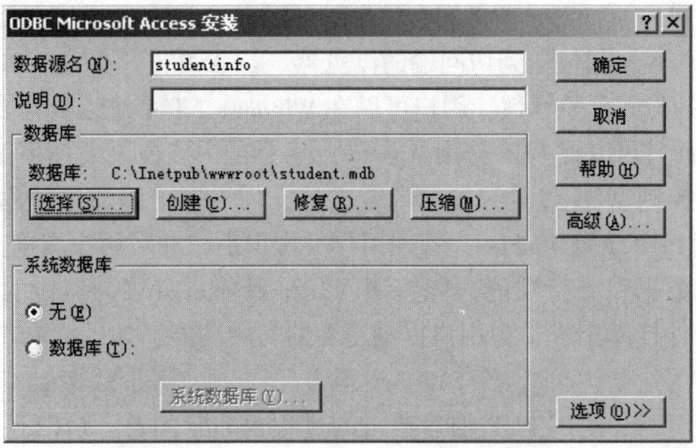

图 5-22 "ODBC Microsoft Access 安装"窗口

以下为通过 ODBC 访问数据库的 database.asp 代码：

```
< html >
< body >
< % set conn = server.createobject(" ADODB.CONNECTION ")
  conn.open " odbc = studentinfo;UID = ;PWD = "
  set rs = conn.execute(" student ") % >
< table border = 1 >
< tr >
< % for i = 0 to rs.fields.count-1
  response.write " < td > " &rs.fields(i).name& " < /td > "
  Next% >
< /tr >
< % while not rs.eof
  response.write " < tr > "
  for i = 0 to rs.fields.count-1
    response.write " < td > " &rs.fields(i).value& " < /td > "
  next
  response.write " < /tr > "
  rs.MoveNext
  Wend% >
< /table >
< /body >
< /html >
```

5.5.3 PHP 介绍

1. 简介

超文本预处理器（Hypertext Preprocessor，PHP）是一种在服务器端执行的嵌入 HTML 的脚本语言，如同 ASP。用户可以混合使用 PHP 和 HTML 编写 Web 页面，建立一个真正交互的 Web 站点。

当访问者浏览到 PHP 页面时,服务端会首先对页面中的 PHP 命令进行处理,然后把处理后的结果连同 HTML 内容一起传送到访问端的浏览器。与 ASP 不同的是:PHP 是一种源代码开放程序,拥有很好的跨平台兼容性。用户可以在 Windows NT 系统以及许多版本的 UNIX 操作系统上运行 PHP,而且可以将 PHP 作为 Apache 服务器的内置模块或 CGI 程序运行。

除了能够精确地控制 Web 页面的显示内容之外,用户还可以通过使用 PHP 发送 HTTP 报头。用户可以通过 PHP 设置 cookies,管理用户身份识别,并对用户浏览页面进行重定向。PHP 具有非常强大的数据库支持功能,能够访问几乎目前所有较为流行的数据库系统。此外,PHP 可以与多个外接库集成,为用户提供更多的实用功能,如生成 PDF 文件等。

PHP 脚本语言的语法结构与 C 语言和 Perl 语言的语法风格非常相似。用户在使用变量前不需要对变量进行声明。使用 PHP 创建数组的过程也非常简单。PHP 还具有基本的面向对象组件功能,可以方便用户有效组织和封装自己编写的代码。

PHP 是完全免费的,可以从 PHP 官方网站自由下载。PHP 和 Linux 一样,遵守 GNU 公共许可(GPL),可以不受限制地获得源代码,甚至可以从中加进自己需要的特色。

2. 安装

为了能使用 PHP,需要建立一个能够支持 PHP 的 Web 环境。其中包括:

1)安装运行 Web 服务器。

2)在 Web 服务器上安装 PHP 的扩展。

下面将以 Windows Server 2003 + IIS6.0 为例,重点介绍 PHP4 的安装。

1)下载 PHP4 软件包。

2)将软件包解压到 C:\ php 下。

3)将 php.ini-recommended 复制到 C:\ windows 目录下,并改名为 php.ini。

4)编辑 php.ini,将 extension _ dir = "./"改为 extension _ dir = "C:\ php \ extensions"。

5)将 C:\ php、C:\ php \ dlls 下的所有 dll 文件复制到 C:\ windows \ system32 文件夹下。

运行"开始"按钮下的"程序"→"管理工具"→"Internet 服务管理器",打开"Internet 信息服务"窗口。在"默认 web 站点"上单击鼠标右键,在弹出的快捷菜单中选择"属性"命令。

在打开的"属性"窗口中,先打开"主目录"选项卡,单击"应用程序设置"下的"配置"按钮后,在新窗口下单击"添加"按钮,在"可执行文件"中输入"C:\ windows \ System32 \ php4isapi.dll",在"扩展名"中输入".php",单击"确定"按钮。

然后,打开"ISAPI 筛选器"选项卡,单击"添加"按钮,在"筛选器名称"中输入"php",在"可执行文件"中输入"C:\ windows \ system32 \ php4isapi.dll",单击"确定"按钮。

接着,选中"文档"选项卡,单击"添加"按钮,在"默认文档名"中输入"index.php",单击"确定"按钮,并将其提高到最高级。另外还可以添加常用的 PHP 文件名,如 default.phtml、index.php3 等。

关闭所有窗口,重启系统后,可打开 IE 浏览器进行测试。

3. 实例

新建一个名为 test.php 的文件,文件内容如下:

```
< html >
    < head >
```

```
<title>第一个 PHP 程序</title>
</head>
<body>
<? php phpinfo( );? >
</body>
</html>
```

然后在 IE 下用 HTTP 协议访问该 PHP 文件，如果能够运行，这表明整个系统已能正常工作。运行结果如图 5-23 所示。

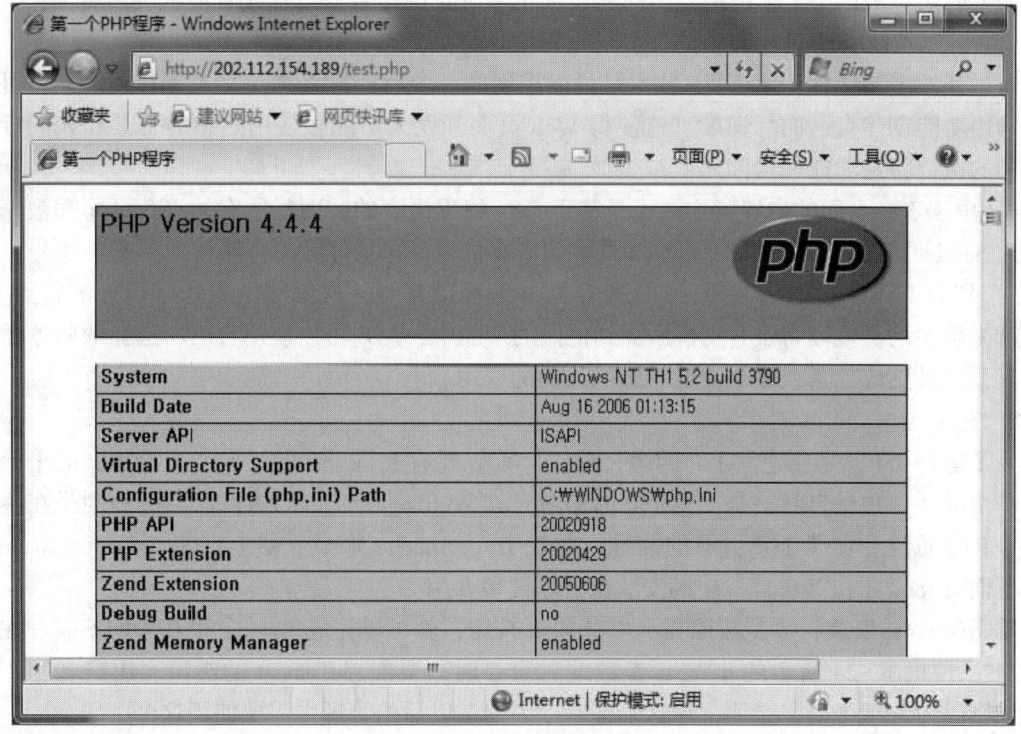

图 5-23　test.php 的运行结果

5.5.4　JSP 介绍

1. 简介

JSP（Java Server Pages）是 Sun 公司推出的新一代站点开发语言，可以在 Servlet 和 JavaBean 的支持下完成功能强大的站点。

JSP 的技术特点如下。

1) 内容的生成和显示进行分离。使用 JSP 技术，Web 页面开发人员可以使用 HTML 或者 XML 标识来设计和格式化最终页面。使用 JSP 标识或者小脚本来生成页面上的动态内容。生成内容的逻辑被封装在标识和 JavaBean 组件中，并且捆绑在小脚本中，所有的脚本在服务器端运行。如果核心逻辑被封装在标识和 JavaBean 中，那么其他人（如 Web 管理人员和页面设计者）能够编辑和使用 JSP 页面，而不影响内容的生成。

在服务器端，JSP 引擎解释 JSP 标识和小脚本，生成所请求的内容，并且将结果以 HTML 或者 XML 页面的形式发送回浏览器。这有助于用户保护自己的代码，而且保证任何基于

HTML 的 Web 浏览器的完全可用性。

2）生成可重用的组件。绝大多数 JSP 页面依赖于可重用的跨平台的组件来执行应用程序所要求的更为复杂的处理。开发人员能够共享和交换执行普通操作的组件，或者使得这些组件为更多的使用者或者客户团体所使用。基于组件的方法加速了总体开发过程，并且使得各种组织在他们现有的技能和优化结果的开发努力中得到平衡。

3）采用标识简化页面开发。Web 页面开发人员不会都是熟悉脚本语言的编程人员。JSP 技术封装了许多功能，这些功能是在易用的、与 JSP 相关的 XML 标识中进行动态内容生成所需要的。标准的 JSP 标识能够访问和实例化 JavaBean 组件，设置或者检索组件属性，下载 Applet，以及执行用其他方法更难于编码和耗时的功能。

通过开发定制化标识库，JSP 技术是可以扩展的。今后，第三方开发人员和其他人员可以为常用功能创建自己的标识库。这使得 Web 页面开发人员能够使用熟悉的工具和如同标识一样的执行特定功能的构件来工作。

4）由于 JSP 页面的内置脚本语言是基于 Java 编程语言的，而且所有的 JSP 页面都被编译成为 Servlet，JSP 页面就具有了 Java 技术的所有优点，包括健壮的存储管理和安全性。

5）作为 Java 平台的一部分，JSP 拥有 Java 编程语言"一次编写，各处运行"的特点。随着越来越多的供应商将 JSP 支持添加到他们的产品中，用户可以使用自己所选择的服务器和工具，而且更改工具或服务器并不影响当前的应用。

2. 安装

为了运行 JSP，需要建立 JSP 的运行环境，首先要有支持 JSP 的平台。支持 JSP 的平台分两种情况：一种是自身就是支持 JSP 的平台，如 WebLogic 和 JSWDK；而另一种则是在不支持 JSP 的平台上安装 JSP 引擎的插件，如在 IIS、Apache 等服务器上安装 Tomcat、Resin 等。下面对 tomcat 在 Windows 中的安装配置作简单介绍。

单击 Tomcat 安装程序，按照提示单击 Next 按钮，就可以完成 Tomcat 和 JDK 的安装。注意，当打开如图 5-24 所示的 Tomcat 参数配置窗口时，要配置 Tomcat 的端口、用户名和密码。该密码为管理密码，必须记住这个密码，因为在以后的管理中需要使用这个密码。

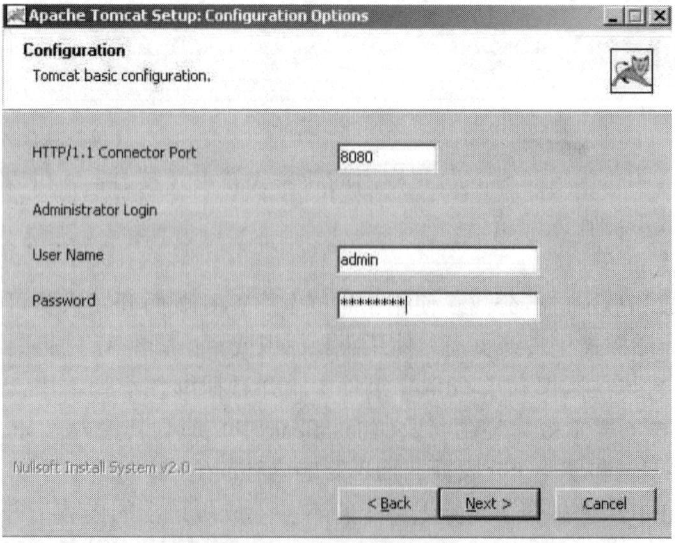

图 5-24 Tomcat 参数配置窗口

3. 实例

用记事本编写一个简单的 JSP 页面，源代码如下：

```
<html>
  <head>
    <title>测试JSP运行</title>
  </head>
  <body>
    <center>
      当前的时间是：<%=new java.util.Date()%>
    </center>
  </body>
</html>
```

将文件命名为 test.jsp，并保存到到 %TOMCAT_HOME%\webapps\ 目录下。在浏览器中输入"http://计算机 IP 地址：8080/test.jsp"，将打开如图 5-25 所示的窗口。

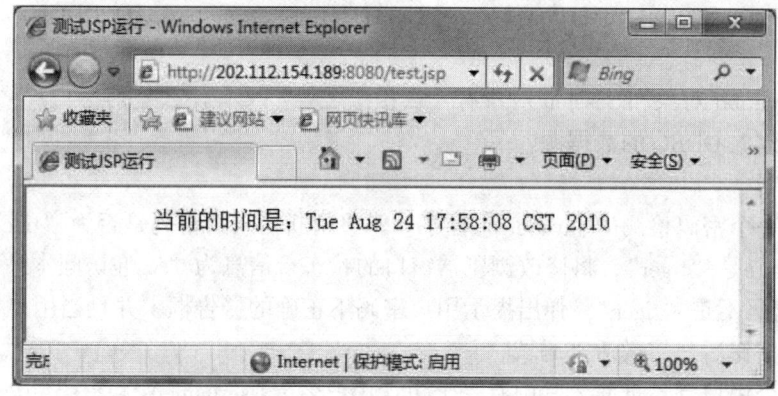

图 5-25　test.jsp 的运行结果

5.6　习题

1. 名词解释

（1）HTML；（2）分布式数据库。

2. 填空题

（1）为了实现动态网页，需要在 HTML 标记中插入程序。其中，JavaScript 是在_____执行，而 ASP 是在_____执行。

（2）ASP 提供了 5 个内置对象，分别是_____、_____、_____、_____和_____。

（3）数据表中的字段与 ASP 中的_____对象对应，ASP 的_____对应数据记录，_____对应数据记录的集合。

（4）Flash 的特点为_____、_____和_____。

（5）Web 服务器端提供的用来连接 Web 服务器和数据库服务器的中间件主要有_____和_____。

3. 选择题

（1）网页中的单行文本框对象不可能发生的事件为【　　】。

A）onSelect　　　　B）onClick　　　　C）onChange　　　　D）onFocus

（2）在 ASP 中，如果要实现从目前的网页转移到另一个网页，需要的方法是【　　】。

A）Response.write　　B）Response.end　　C）Response.redirect　　D）Server.MapPath

（3）合法的 JavaScript 变量名为【　　】。

A）true　　　　B）3a　　　　C）abc*　　　　D）_abc

（4）在 Dreamweaver 中可通过【　　】来设置文本属性。

A）属性面板　　　B）控制面板　　　C）启动面板　　　D）文本菜单

（5）HTML 的 <P>……</P> 标记的作用为【　　】。

A）将文本分段显示　　　　　　B）按照文本原样进行显示

C）将文本变为斜体字显示　　　D）改变文本中字体大小

（6）网页文件存储的默认格式是【　　】。

A）PPT　　　　B）TXT　　　　C）HTML　　　　D）DOC

4. 简答题

（1）Application 对象和 Session 对象有什么相似之处？又有什么差别？

（2）如何建立 ODBC 的数据源？

5. 程序设计

（1）制作一个密码检测的 JavaScript 程序，能够判断输入的密码是否为"tiger"。

1）如果密码是"tiger"，将修改浏览器窗口的状态行信息为"欢迎访问本站"。

2）如果密码不是"tiger"，弹出提示用户密码不正确的警告框，并且当用户单击警告框中的"确定"按钮后，将激活密码域。

（2）有一个用户登录页面，其中有一个包含用户名（Username）和密码（Password）的表单，编写表单的处理程序 response.asp。

1）当密码是"admin"时，计数器加 1，并保存用户账号信息，以便该用户在访问其他页面时使用，并在页面显示账号信息及计数信息。例如：

> 欢迎您 *****
> 您是第 ** 位访问本站的贵宾

2）当密码是"admin"时，将页面重新定向到该网站的首页。

6. 案例分析

通过浏览器浏览含有 JavaScript 脚本的 ASP 网页时，只能从源文件中读到 JavaScript 脚本而看不到 ASP 脚本，请分析原因。

第6章

常用服务器的安装与配置

在 Internet/Intranet 网上常见的应用服务有域名服务 DNS、电子邮件服务 E-mail、文件传输服务（FTP）、WWW 服务、电子公告板（BBS）系统、代理服务、动态地址分配服务、流媒体服务等，这些服务是由建立在网上的应用服务器提供的。为了能使大家了解和掌握这些服务器的工作过程，本章将分别介绍这几种服务的服务器的建立和安装方法。

6.1 域名服务器

域名系统（Domain Name System，DNS）服务器也叫名字服务器，类似于使用电话号码簿或查号台通过查询名字可以得到电话号码一样，只是域名系统是在网络中将由一串字母组成的名字（即域名）转换为 IP 地址。DNS 负责控制本地域名数据库中的名字解析，通过采用复制技术和缓存技术，在保持整个数据库坚固性的同时，保持各个域名服务器的同步。

严格地说，域名服务对于计算机通信不是必需的，它是一种服务，特别是使网络对于用户更加友好的一种服务。

6.1.1 域名服务系统

早期的网络规模比较小，网络中各个结点的域名和 IP 地址的对应关系存放在一个名为 hosts 的文件内，用户定期将 hosts 文件复制到本地来实现域名的解析。但随着网络规模的不断扩大，采用 hosts 文件解析域名的方法就不可行了，因为大量用户从网上下载 hosts 文件，使得网络负荷增大，传输效率降低，同时随着网络新增结点数量的扩大，很难维护所有结点的域名。为了克服这些弊端，采用客户/服务器机制建立一个分布式的主机信息数据库，将整个网络按照组织结构或管理范围，逻辑地分解为层次的结构，形成一个树形域名系统结构，其顶部是根，根以下的每个结点都有一个唯一的标记名，称为域（Domain）。域名和 IP 地址之间的关系就像一个人的姓名和身份证号码之间的关系，显然记忆人的名字要比身份证号码容易得多。这样可以允许对结构化的域名空间进行分散管理。为了完成域名解析所构成的系统就叫做域名服务系统，如图 6-1 所示。

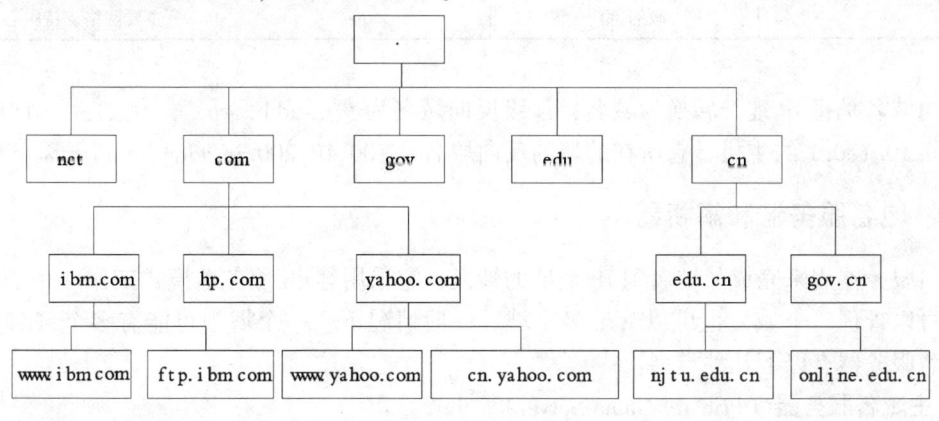

图 6-1 域名服务系统

域名是从根到当前域所经过的所有结点的标记名，从右到左排列，并用"."进行分隔的标记名串，如 www.edu.cn。虽然 DNS 指定这个格式，但这并不说明每一级代表什么。在域名系统中每个域可由不同的组织管理,每个组织可以将它的域再分成一系列的子域,并将其交给其他组织管理。虽然每个域名对应一个 IP 地址,但并不是每个 IP 地址都有一个域名与它对应,有些 IP 地址没有域名,而有些 IP 地址可以对应几个域名。

对于某个用户来说,域名名字的结构可能是:

[主机].[部门].[网点名称].[公司名称].[国家]

在互联网中有些既定俗称的名字分别代表不同的含义,见表6-1。

表 6-1 部分国家和地区的域名

域 名	国家和地区	域 名	国家和地区
AU	澳大利亚	IN	印度
BE	比利时	IT	意大利
CH	瑞士	JP	日本
CN	中国	NL	荷兰
DE	德国	NO	挪威
DK	丹麦	RU	俄罗斯
ES	西班牙	SE	瑞典
FL	芬兰	TW	中国台湾
FR	法国	UK	英国
IE	爱尔兰	US	美国

常见领域的域名见表6-2。

表 6-2 常见领域的域名

域 名	用 途	域 名	用 途
com	商业组织	mil	军事部门
edu	教育机构	org	非营利组织
gov	政府部门	net	主要网络支持中心

反向域名是将 IP 地址转换为域名,顶级反向域名为"in-addr.arpa"。例如,一个 IP 地址为 200.10.100.1 的主机,它所在的域的反向域名是 100.10.200.in-addr.arpa。

6.1.2 域名服务器和解析器

域名服务器用来完成从域名到 IP 地址的转换,它采用客户/服务器模式工作。一个域名服务器可以管理一个域,也可以管理多个域。一般情况下,一个域中可能有多个域名服务器。域名服务器有以下几种类型:

1. 主域名服务器(Primary Name Server)

主域名服务器负责维护本区的域名空间信息,并对本区内其他域名服务器授权。它是特定域所有信息的权威性信息源,从域管理员构造的本地磁盘文件中加载域信息,该文件(区文件)包含着该服务器具有管理权的一部分域结构的信息。主服务器是一种权威性服务器,以绝对的权威回答该域的任何查询。

2. 辅域名服务器（Secondary Name Server）

当主域名服务器关闭、出现故障或负载过重时，辅域名服务器作为备份服务器提供服务。辅域名服务器从主域名服务器获得授权，从主域名服务器取得其管理区内的域名数据，并周期性地与主域名服务器上的数据比较，更新其管理区内的域名数据。它从主服务器中转移一整套域信息。在辅域名服务器中有所有域信息的完整拷贝，可以有权威地回答对该域的查询，因此，辅域名服务器也称作权威性服务器。

配置辅域名服务器不需要生成本地区文件，可以从主服务器中下载该区文件。其他文件是需要的，包括引导文件、高速缓存文件和回送文件。

3. 转发服务器（Forwarding Name Server）

转发服务器接到地址映射查询请求时，在其缓存 Cache 中查找，如果找不到，就把请求依次转发到指定的域名服务器，直到查询到结果，否则返回无法映射。

4. 唯缓存服务器（Cache-Only Name server）

唯缓存服务器运行域名服务器软件，但是没有域名数据库软件。它从远程服务器取得每次域名服务器查询的回答，一旦取得答案，就将其放在高速缓存中，以后查询相同的信息时就用它予以回答。唯高速缓存服务器不是权威性服务器，因为它提供的是间接信息。对于唯缓存服务器只需要配置一个高速缓存文件，这是最常见的域名服务器配置。

5. 解析器（Resolver）

所谓解析，就是一个域名服务器把域名转化为与其相映射的 IP 地址的过程。解析器是在客户方查询域名服务器，解释域名服务器的应答，并将查询到的有关信息返回给请求的程序或用户。域名解析的方式有两种：第一种叫递归解析，要求名字服务器系统一次完成全部名字—地址的变换。第二种叫反复解析，解析器每次请求一个服务器，不行再请求别的服务器，由本次请求的服务器返回下次请求服务器的地址。

由图 6-2 可以看出，每个解析器至少知道如何访问一个服务器。解析器向服务器发出递归请求，服务器先在所辖域查找，成功则将结果返回给解析器；否则向根服务器发出反复请求，整个过程由顶向下进行。

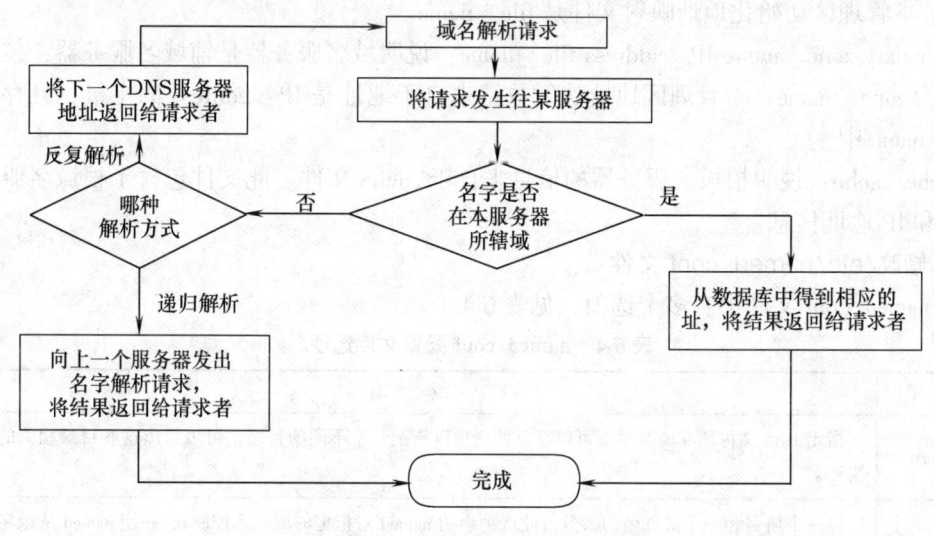

图 6-2 域名解析器的工作流程

配置域名服务器是接入互联网不可缺少的步骤。目前,很多域名服务运行在 UNIX/Linux 或 Windows 2000/Windows 2003 系统下,下面介绍 Linux 和 Windows 2003 操作系统下域名服务器的建立和使用。

6.1.3 Linux 下 DNS 服务器的配置

在 Linux 上的域名服务器由 named 守护程序来执行。通常 named 守护程序在系统启动时开始工作,一直工作到系统关闭。该进程从配置文件/etc/named.boot 中获取有关信息和将主机名映射为 IP 地址的各种文件及其定义的区文件,并将它的进程 ID 以 ASCII 码的形式写到/var/run/named.pid 中,下载主服务器的区文件,在 UDP 端口 53 等待域名解析请求。在进行域名服务器配置时,需首先配置表 6-3 所示的 named 配置文件。

表 6-3 named 配置文件

named.conf	设置一般的 named 参数,指向该服务器使用的域数据库信息的源
named.boot	获取有关信息和将主机名映射为 IP 地址的各种文件及其区文件
named.ca	指向根域名服务器
named.local	用于在本地转换回送地址
named.hosts	将主机名映射为 IP 地址
named.rev	用于反向域转换,将 IP 地址映射到主机名的区文件

1. 建立/etc/named.boot 文件

/etc/named.boot 是根文件,用于说明域名服务器的类型、授权管理的区以及读取初始化数据的位置。当/etc/named.boot 存在时,系统在启动时将启动域名服务器进程,它首先读取 named.boot 文件对自身进行初始化。

该文件主要包含下列记录。

directory directory_name:指定域名服务器数据文件所在的目录为 directory_name。

primary zone_name file_name:说明域名服务器是主域名服务器;授权管理的区为 zone_name;本管理区初始化地址映射文件是 file_name。

secondary zone_name IP_address file_name:说明域名服务器是辅域名服务器;授权管理的区为 zone_name;本管理区地址映射数据来自于地址是 IP_address 的主机,且存在文件 file_name 中。

cache.cache:说明根域名服务器的信息来自于 cache 文件。此文件包含了根域名服务器的名字和 IP 地址信息。

2. 修改/etc/named.conf 文件

在 named.conf 文件中有多个选项,见表 6-4。

表 6-4 named.conf 配置文件选项

选 项	说 明
directory	指定 DNS 文件所在的目录。可以重复此选项以指定几个不同的目录。可以给出这些目录相关的文件路径名
master	以一个域名和一个文件名为参数。此选项声明 named 对指定的域具有控制权,并使 named 从指定的区域加载信息

(续)

选项	说　明
hint	为 named 建立高速缓存信息。以一个域名和一个文件名为参数。域名通常用"."指定。指定的文件包括一组称为服务器提示的记录,这些记录列出了根域名服务器的信息
forwarders	以一个域名服务器的列表作为参数。告诉本地域名服务器:如果它不能从它的本地信息中解析出地址,那么就与该列表中的服务器联系
slave	把本地域名服务器变成一个从属服务器。如果给出了此选项,那么本地服务器就试着通过递归查询来解析 DNS 名字。它只把请求传递给 forwarders 选项行列出的其中一个服务器

如 test.com 的主域服务器的 named.conf 的配置如下:

```
options {
    directory "/var/named";        //规定正反向解析文件放置的默认目录
};
zone "." {                         //定义根
    type hint;                     //选择根类型为 hint 的文件内容
    file "named.ca";               //默认的文件名为 named.ca
};
zone "test.com" {                  //解析本地域名而使用
    type master;                   //设在本机的域名文件
    file "named.hosts";            //正向解析文件名
}
zone "0.0.127.in-addr.arpa" {      //反向解析 IP 网段,in-addr.arpa 是固定写法
    type master;
    file "named.local";            //反向解析文件名
}
zone "50.128.in-addr.arpa" {       //反向解析 IP 网段
    type master;
    file "named.rev";              //反向解析文件名
}
```

3. 修改/etc/named.local 文件

named.local 描述本机地址的映射信息。在每个映射文件中,各种信息以记录的形式组织,称为资源记录,主要有以下几种类型的记录。

NS(名称服务器)资源记录为 DNS 域标识 DNS 名称服务器。NS 资源记录出现在所有的 DNS 区域或反向区域(in-addr.arpa DNS 域)中。

A(地址)资源记录将主机(计算机或其他网络设备)名映射到 DNS 区域中的一个 IP 地址。添加主机时,添加的就是此记录。与它配对的是资源记录,它用于将 IP 地址映射到 DNS 反向区域(in-addr.arpa DNS 域)中的主机名。

CNAME(规范名称)资源记录为指定的主机(计算机或其他网络设备)名创建了一个别名(同义名称)。用户在创建 CNAME 别名记录时,不能创建与现有资源记录中的 DNS 名称一样的别名。

MX（邮件交换）资源记录为 DNS 域名指定了邮件交换服务器。邮件交换服务器是可以为 DNS 域名处理或转发邮件的主机（计算机或其他网络设备）。处理邮件是指按地址交付邮件或将邮件送到不同类型的邮件服务器上。转发邮件是指将邮件发送到最终的目标服务器，用简单邮件传输协议（SMTP）将邮件发送到离目标服务器更近的另一个邮件交换服务器，或者是使邮件按指定的时间排队等候。

SOA（授权的开始）资源记录表明 DNS 名称服务器是 DNS 域中的数据的最好信息来源。它是每个 DNS 数据库文件中的第一条记录。在创建新的 DNS 区域时，DNS 管理器将自动创建 SOA 资源记录。主机信息记录指明主机地址、域名、类型、别名等。

具体格式为：

所辖域域名	IN	SOA	主机名	E-mail 地址（
			版本号	
			刷新时间（秒）；	从 DNS 数据刷新时间
			重试时间（秒）；	从 DNS 数据刷新失败则等待该时间后重试
			越时时间（秒）；	主 DNS 失效后，第二 DNS 数据的有效期
			最小生存时间（秒）；	数据刷新包的最小生存期
			）	
	IN	NS	主机名	指定域名服务器的地址
主机名	IN	A	IP 地址	主机名和 IP 地址的映射
别名		CNAME	主机名	为主机定义别名，用于一台主机有多个名字
反序 IP 地址	IN	PTR	主机名	增加一个有关目标存储信息的指针，用于反向域名解析，注意这里的 IP 地址是反序的

4. 下载 named.ca 文件

该文件包含了根域名服务器的名字与 IP 地址的映射信息，可以从互联网上获取。

5. 建立 named.hosts 文件

named.hosts 中包含本地域信息，它可以将主机名转换成 IP 地址，它包含 A、MX、CNAME 等记录，只有主服务器才有，其他服务器可以从主服务器取得。例如：

```
;/var/named/named.hosts      Local hosts at the test.com
@                            IN SOA   test.com (
                                      center.test.com.
                                      0001.00    ;序列号
                                      10800      ;刷新时间［3 小时］
                                      3600       ;重试时间［1 小时］
                                      432000     ;过期时间［5 天］
                                      86400）    ;最小生存时间［1 天］
                             IN NS    center.test.com
        localhost            IN A     127.0.0.1
        center               IN A     128.50.2.1
        ns                   CNAME    center      ;设置 Center 的别名
        west                 IN A     128.50.2.2
        mail                 IN A     128.50.2.10
        web                  IN A     128.50.2.20
```

6. named. rev

named. rev 与 named. hosts 文件类似，都包含主机资源记录，只是 named. rev 将 IP 地址映射为主机名。

在配置完以上文件后，重新启动 named 进程，在命令行输入：

    #/etc/rc. d/init. d/named start

或

    # ndc start

域名服务器就开始工作了。用户可以使用 nslookup 命令测试域名配置情况。

    # nslookup
    > www. test. com
    > center. test. com
    > 128. 50. 2. 10

6.1.4　Windows 2003 下 DNS 服务器的配置

Windows 2003 Server 的域名服务如果作为域控制器，它是缺省安装；如果它不作为域控制器，或从域控制器中删除了 DNS，则需要手动安装 DNS，操作步骤如下：

1. DNS 服务器软件的安装

单击"开始"→"控制面板"→"添加或删除程序"→"添加或删除 Windows 组件"命令，在图 6-3 所示的组件列表中，单击"网络服务"，然后单击"详细信息"按钮，出现如图 6-4 所示的对话框。

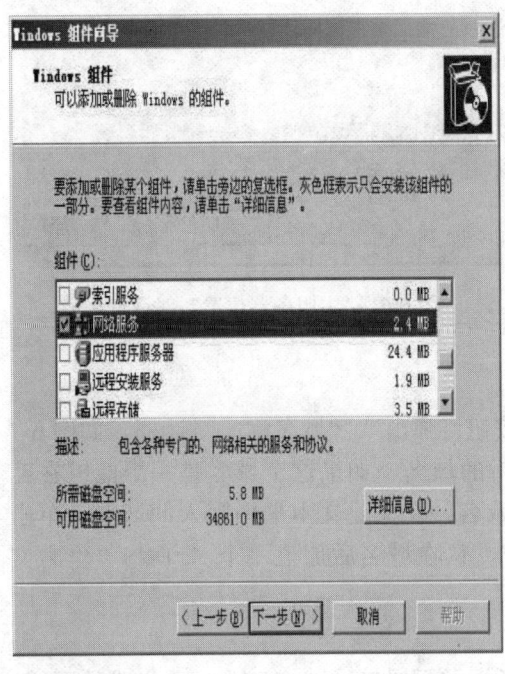
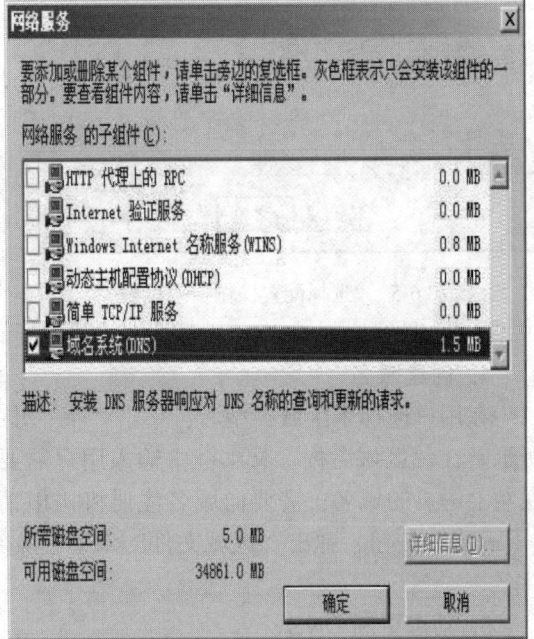

图 6-3　"Windows 组件向导"对话框　　　　　　图 6-4　"网络服务"对话框

单击已选中的"域名系统（DNS）"复选框，然后单击"确定"按钮（见图6-4），返回图6-3所示对话框，单击"下一步"按钮，得到提示后，将 Windows Server 2003 CD-ROM 插入计算机的光盘驱动器中。

2. 启动 DNS 管理器，创建域名服务器

单击"开始"→"程序"→"管理工具"→"DNS"命令。在域名服务管理器的主窗口中，用鼠标右键单击用户的新服务器并选择"配置服务器"命令，弹出"选择配置操作"对话框，如图6-5所示。

3. 创建 DNS 正向映射地址域

单击"下一步"按钮，打开"正向查找区域"画面，这一区域是将 DNS 映射为 IP 地址的区域，选择"创建正向查找区域"单选按钮来创建用户的第一个区域。然后系统提示选择"主服务器位置"，决定由哪个 DNS 服务器管理正向区域，如图6-6所示。

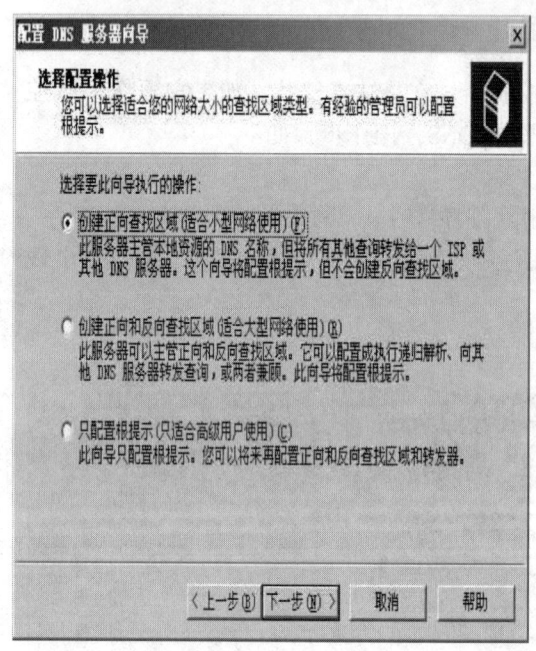
图6-5 "选择配置操作"对话框

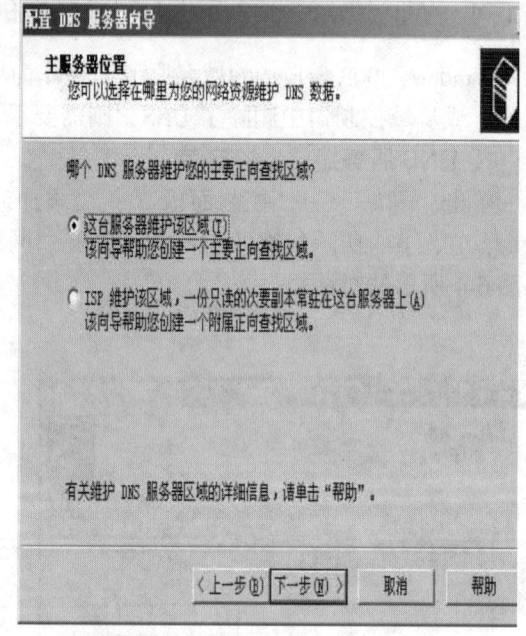
图6-6 "主服务器位置"对话框

4. 创建域名

在用户选择了区域类型后，单击"下一步"按钮，弹出"区域名称"对话框，如图6-7所示。在"区域名称"文本框中输入用户需要解析的域名，如果这个域名是一个能够在互联网上解析的域名，需要向域名注册机构申请此域名，并在此文本框中写入此域名。单击"下一步"按钮，弹出"区域文件"对话框，系统默认在域名后加上一个".DNS"作为文件名。

5. 动态更新 DNS

用户可以根据具体情况选择是否采用动态更新资源记录或 Active Directory 集成的区域，如图6-8所示。

 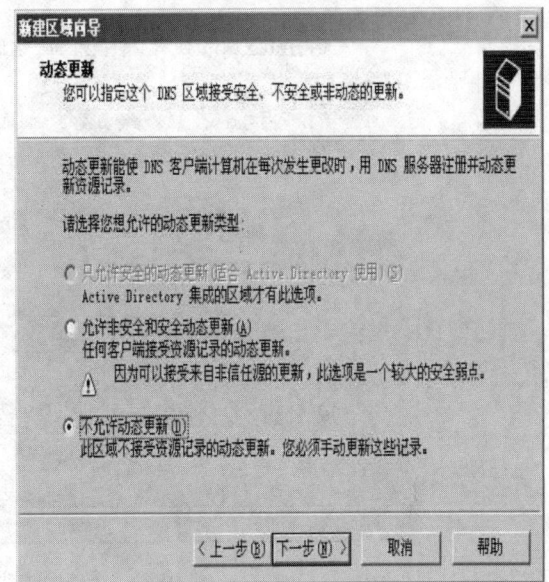

图 6-7 "区域名称"对话框　　　　图 6-8 "动态更新"对话框

6. 创建反向搜索区

DNS 服务器可以解析两种基本的请求：正向搜索请求和反向搜索请求。正向搜索更普遍一些。正向搜索将主机名称解析为一个带有"A"或主机资源记录的 IP 地址。反向搜索将 IP 地址解析为一个带有指针资源记录的主机名称。在配置反向 DNS 区域时，可以在创建原始正向记录时自动创建关联的反向记录。单击"下一步"按钮，打开"反向查找区域"对话框。用户可以选择"创建反向查找区域"，这样就允许用户根据 IP 地址反向查询相关的主机名了。然后"单击"下一步"按钮，打开和图 6-6 类似的区域类型对话框，为反向域名选择区域类型。

7. 为反向域指定网络地址

单击"下一步"按钮，打开"反向查找区域名称"对话框，在对话框中输入反向域名的名称。注意，反向域名的顶级域名为 in-addr.arpa，所以 IP 地址为 192.168.20.0 的反向域名名称为 20.168.192.in-addr.arpa，如图 6-9 所示。单击"下一步"按钮，弹出"区域文件"对话框，系统默认在域名后加上一个".DNS"作为文件名。

8. 完成域名配置

单击"下一步"按钮，打开"完成 DNS 服务器配置向导"对话框，该对话框可以用于回顾自己所选的配置，单击"完成"按钮返回。

9. 添加记录

在 DNS 管理器窗口中，用光标选中"test.com"，在菜单栏上的 DNS 子菜单中选择"新建主机"、"新建别名"、"新建邮件交换器"，可分别建立主机对应的 IP 地址、别名和邮件交换地址，如图 6-10 所示。

互联网及其应用

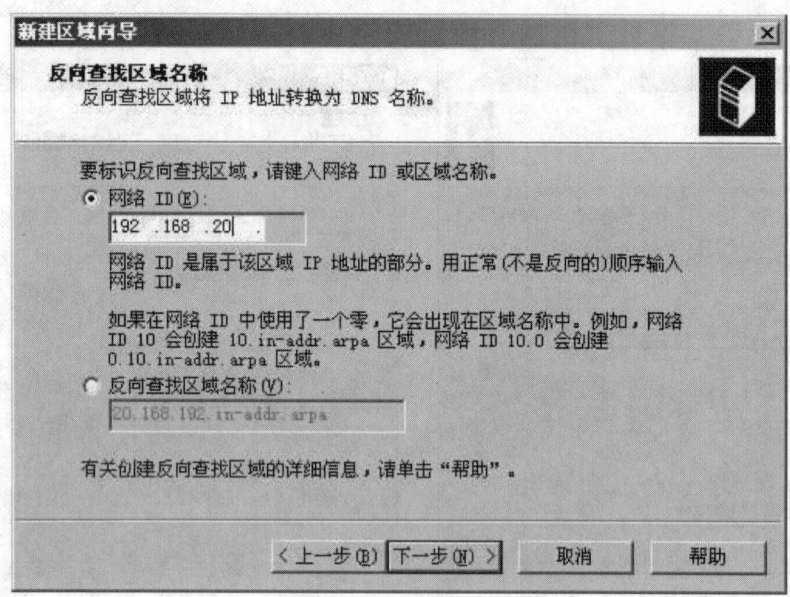

图 6-9 "反向查找区域"对话框

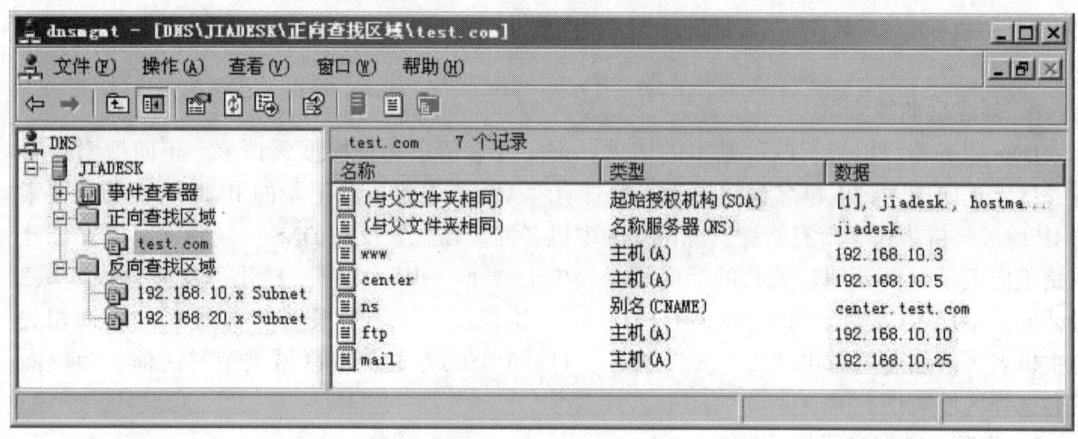

图 6-10 域名服务管理器

10. 解析器配置

任何支持 TCP/IP 协议的计算机都能配置成解析器,现以 Windows XP 平台为例,说明解析器的配置。

运行"控制面板"后选择"网络连接",然后在"本地连接"图标上单击鼠标右键,在弹出的快捷菜单中选取"属性",在弹出的"属性"对话框中选择"Internet 协议(TCP/IP)",再单击"属性"按钮,输入 IP 地址和子网掩码后,在 DNS 服务器中填入服务器的 IP 地址;如果想进一步配置 DNS,可以单击"高级"按钮,改变 DNS 服务器搜索顺序,输入域名服务器的 IP 地址;在此连接的 DNS 后缀文本框中填入本域域名,这样访问本域域名时就不用再录入重复的后缀了,如图 6-11 所示。

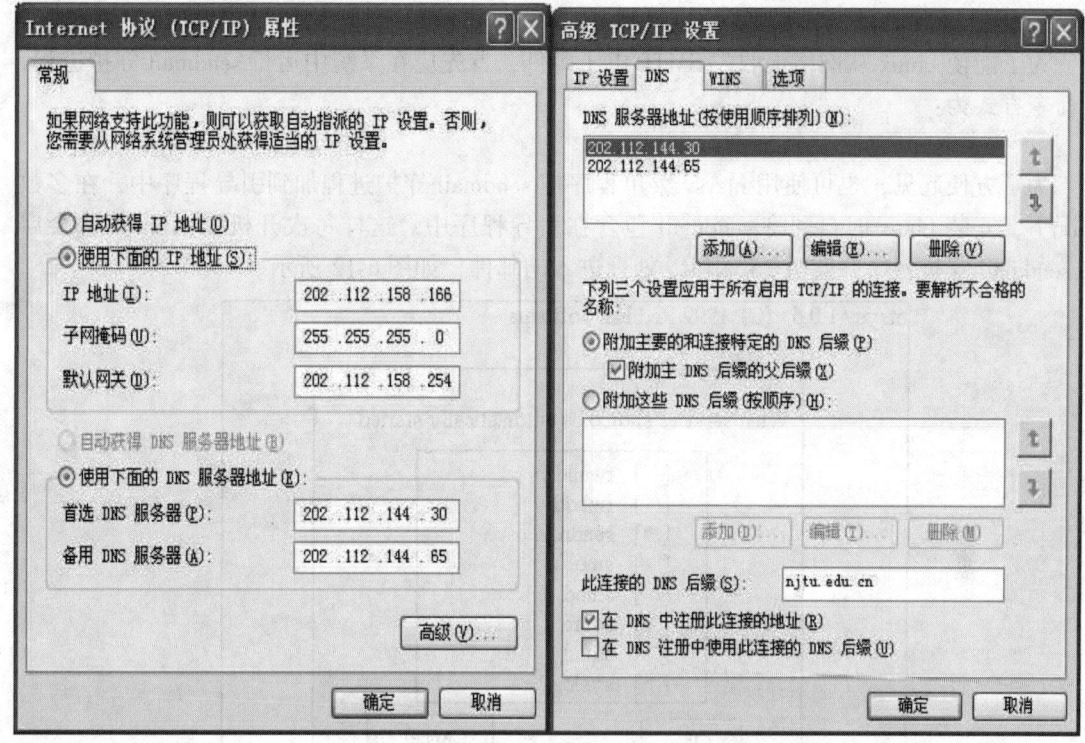

图 6-11　TCP/IP 属性

6.2　电子邮件服务器

电子邮件是互联网上应用范围最为广泛的服务，它是通过计算机网络与其他用户进行联络的快速、安全、高效、廉价的现代化通信手段。只要知道收信人的电子邮件地址，互联网上的用户就可以随时通过计算机将信件发给对方，也可以接收来自世界各地的邮件。各种网络操作系统都提供电子邮件服务。

由于在互联网上采用简单邮件传输协议（SMTP）收发邮件时，只能传送英文 ASCII 码，所以用户在发送中文、图像、声音等二进制文件前需要经过编码。有些收发电子邮件程序已经包含编解码功能，它能够自动进行邮件的编解码，编码的方式很多，要求收发双方要采用统一的编码方式，因此用户在配置邮件收发参数时应考虑到这一点。

6.2.1　Linux 系统的邮件服务器

Linux 系统内部的邮件系统是一个网络中的邮件递送实体。它由用户接口、邮件发送程序和邮件递交程序组成。用户通过邮件用户接口创建、发送和接收邮件，Linux 系统上标准的邮件用户接口程序是 mail。Linux 邮件系统的邮件发送程序是 sendmail，将邮件发送至目的地，它是一个服务进程，从 /etc/sendmail.cf 文件中获取信息来完成邮件的发送。根据不同的目的地路由，sendmail 选择不同的邮件递交程序来递交邮件。因此，sendmail 是设置电子邮件服务器的关键。

1. 运行 sendmail 守护进程

为了能使 Linux 从网络上收发 SMTP 电子邮件，首先应在系统中运行 sendmail 守护进程，其命令方式为：

/etc/rc.d/init.d/sendmail start

为了方便起见，也可使用 ntsysv 菜单程序把 sendmail 守护进程加到引导程序中，在多数情况下，安装 Linux 时自动将 sendmail 包含在引导程序中。这样每次开机时，Linux 都会启动 sendmail 守护程序并监听 25 端口，处理进入的邮件，如图 6-12 所示。

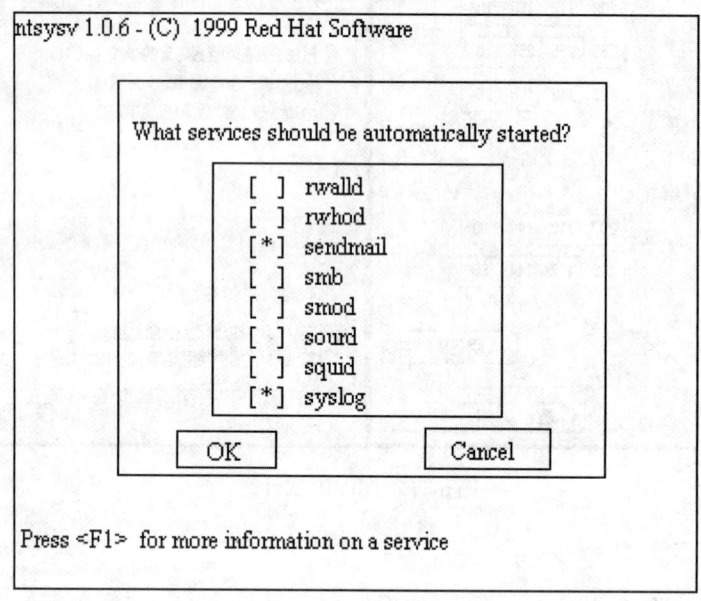

图 6-12 启动 sendmail 守护程序

2. 配置 /etc/sendmail.cf 文件

该文件定义了运行的 mail 的类型、邮件格式以及 sendmail 命令的运行环境。/etc/sendmail.cf 文件的默认配置只能传送本地的邮件，为了使邮件可以通过 TCP/IP 协议传送到网络中的其他主机上，需要根据用户自己的情况（如主机名、域名等）修改相应配置。

3. 编译 sendmail.cf 文件

执行 /usr/sbin/sendmail-bz，将 sendmail.cf 文件转换成 sendmail 命令能读取的数据库格式，生成的文件为 /etc/sendmail.cfDB。

4. 重新启动 sendmail 服务进程

重新启动 sendmail 服务进程的方式有两种：

refresh-s sendmail

kill-1 | cat/etc/sendmail.pid

和

/etc/sendmail

5. 测试服务器

测试是否能在本网段及互联网上正确收发电子邮件。如果服务器工作不正常，除检查 sendmail 的配置以外，还要检查域名服务器配置是否正确，因为 sendmail 的工作要依赖于域名服务器。

邮件服务器设置好后,用户可以通过 Telnet 登录到服务器上,然后使用 mail 来收发、处理邮件。但如果发送的邮件是自己微机中的文件,就必须先把文件通过 FTP 传送到服务器上,然后再发送出去。POP(Post Office Protocol)服务器是运行在 Linux 主机上的一个服务进程,接受来自微机用户的请求,为他们管理电子邮件。这样,用户就可以直接在自己的微机上收发邮件,而不必登录到服务器上。要提供电子邮件服务,POP 服务器是必不可少的。

6. 安装 POP 服务器

Linux 系统内部已经自带了 POP 功能,只是在初始状态时是处于关闭状态,只需修改/etc/inetd.conf 文件,确保 POP 能够工作即可,方法如下:

1)用 vi 编辑/etc/inetd.conf 文件,查找到#pop-3 stream tcp nowait root /usr/sbin/tcpd ipop3d,把这一行前的"#"号去掉,存盘退出。

2)用 vi 编辑/etc/services 文件,查找到#pop-3 110/tcp #POP version 3,同样把这一行前的"#"号去掉,存盘退出。

重新启动 inetd 和 sendmail 守护程序:

    #/etc/rc.d/inet.d/sendmail restart

    #/etc/tc.d/inet.d/inetd restart

为了验证 POP3 服务器是否工作,可以用如下方法测试:

执行 telnet localhost 110

显示 + OK UCB Pop server at mail starting

执行 quit

显示 + OK Pop server at mail signing off connection closed

/var/spool/mail/.userid.pop 是用户本身所有,而不属于 root,则说明配置成功。

7. 电子邮件服务器管理

电子邮件服务器的主要管理任务如下:

(1)别名管理

在/etc/aliases 文件中定义系统范围或域范围内的邮件别名,邮件的别名提供:个人用户的别名(昵称);向前转发邮件到其他主机;邮递列表,根据需要随时添加或删除别名。

(2)邮件队列管理

由于各种原因,如果邮件没有立即发出,就会被存放到邮件队列中,sendmail 定时检查邮件队列并发送队列中的邮件。系统管理员可以定义 sendmail 检查邮件队列的间隔时间、邮件在队列中停留的期限、清理邮件等。

(3)邮件日志管理

sendmail 通过 syslogd 进程记录邮件系统的运行状况并存储于文件/var/spool/mqueue/log 中。系统管理员通过此文件来查看服务器的运行状况,并应定期清理该文件。

6.2.2 在 Windows 2003 上建立电子邮件系统

有许多邮件服务器的软件可以安装在 Windows 2003 下,如 Netscape Mail Server、Microsoft Exchange Server 等。下面以 Winmail Mail Server 为例说明电子邮件服务器的安装与配

置。Winmail Mail Server 可以提供基于 WWW 页面的电子邮件收发系统，同时也支持 POP3 协议。

1. Winmail Mail Server 服务器软件的安装

首先从 http：//www2.magicwinmail.com/index.php 网站下载 Winmail Mail Server 4.8 服务器软件 winmail.exe，然后双击安装文件 winmail.exe，即可进行安装。

系统首先提示是否安装此服务器软件，然后选择安装过程中所用语言，系统将进入安装界面，如图 6-13 所示。

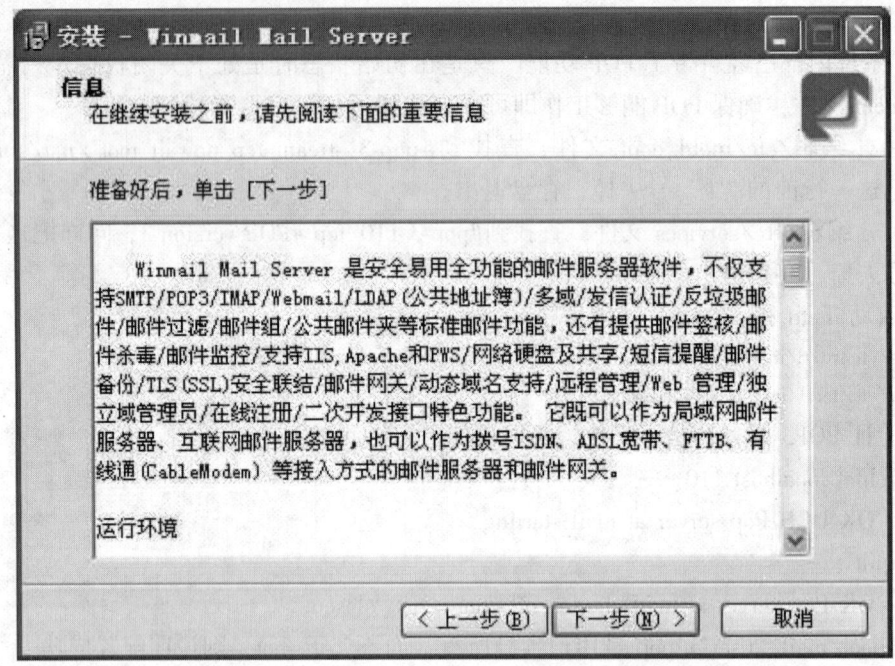

图 6-13　Winmail Mail Server 安装界面

随后提示输入用户信息、安装目录，在选择安装组件时，既可以安装服务器程序，也可以安装管理端工具。然后为管理工具的管理员（Admin）和系统邮箱（Postmaster）设置密码。最后确认准备安装设置后，单击"安装"按钮进行安装。

2. 管理邮件服务器

首先运行 Winmail Mail Server 管理程序，要求输入管理程序的用户名和安装时创建的密码，进入 Winmail Mail Server 的管理工具界面，如图 6-14 所示。

这个邮件服务器系统可以进行在线注册新邮箱，收发邮件，修改密码，设置外部 POP3 邮箱、自动转发、自动回复、设置短信等操作；支持邮件杀毒功能、邮件过滤、ESMTP 验证、IMAP、公用地址簿、访问限制；对 SMTP、POP3、IMAP、LDAP、HTTP 可以支持 SSL/TLS 加密传输，提供网络磁盘功能，并且可以设置共享；可以通过 Webmail 或通用的 FTP 客户端软件来访问；提供网络行事历和网络记事本服务；支持短信提醒，有新邮件到达时，可在手机上获得通知；支持多域（虚拟域）；可以在单机中安装多个邮件域；将 Webmail 设置为 IIS、Apache、PWS 的虚拟目录或虚拟站点，支持基于 Web 的管理和邮件的收发，如图 6-15 所示。

第6章 常用服务器的安装与配置

图 6-14　Winmail Mail Server 管理工具界面

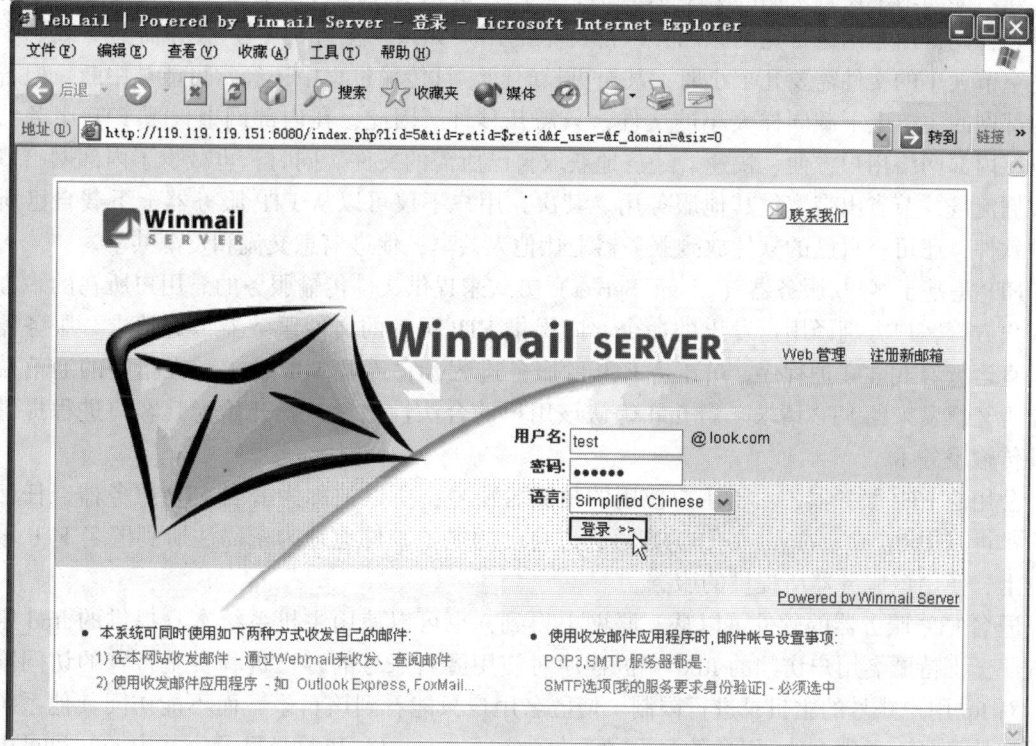

图 6-15　配置虚拟主机

3. Winmail Mail Server 服务器启动

完成以上设置后，系统通过自动运行 MailCtrl.exe 程序启动邮件服务。Winmail Mail Server 用户就可以开始使用 E-mail 服务了。如果通过 Web 方式接收邮件，用户可以通过 http：//yoururl（你设定的 URL）:6080 在浏览器里收发 E-mail。

6.3 文件传输服务器

文件传输（File Transfer Protocol，FTP）是互联网上使用最广泛、信息传输量最大的应用之一。用它在不同的系统间传输文件，使用户可以从授权的异地计算机上获取所需文件，也可把本地文件传送到其他计算机上实现资源共享。FTP 服务是由 TCP/IP 协议的文件传输协议支持的。它是一种实时的联机服务，在进行工作时先要登录到对方的计算机上，用户在登录后可以进行文件搜索和文件传输的有关操作。使用 FTP 可以传输文本文件和二进制文件，如图像、声音、压缩文件、可执行文件、电子表格等。

FTP 服务器是指互联网上存储有大量文件和数据的计算机主机，它设有公共的账号，有公开的资源供用户使用。互联网上有许多公用的 FTP 服务器，不管用户的身份与范围如何，都可以从这些 FTP 服务器上获取大量有用的文件。目前，几乎所有接入互联网的机构，包括政府机关、研究部门、学校、商业组织等都拥有自己的 FTP 服务器，并向全世界开放。

6.3.1 FTP 服务器介绍

在内部网络中设置公用的 FTP 服务器，向用户提供实用软件及有价值的文件是完全必要的。首先，由于网络带宽的原因，内部网上的用户如果从国外的 FTP 服务器上下载一个几兆字节大小的文件需要几个小时，甚至更长时间，且传输过程中还经常可能被中断，但若从内部网的主机上下载同样大小的文件，只需几秒钟。因此，在内部网上设置 FTP 服务器可以使内部网络用户方便、快速、经济地获取自己所需的文件。同时，也减少了内部网出口的数据流量，节省出带宽供其他服务用。其次，用户不仅可以从 FTP 服务器上下载自己所需的软件，还可将自己的软件放到服务器上让他人共享，促进信息交流和资源共享。

FTP 是基于客户/服务器（Client/Server）方式来提供文件传输服务的。用户所在的一方是客户方，客户方翻译用户发出的命令，向提供 FTP 服务的文件服务器传送请求。服务器端一直运行着 ftpd 守护程序。ftpd 是 FTP 的服务进程，它遵循 TCP 协议，在指定的通信端口监听客户发来的 FTP 请求。当 ftpd 确认该用户的合法性之后，就开始为其客户进程提供文件传输服务了。

公用的 FTP 服务器，由于用户使用的是匿名账号，所以被称为匿名 FTP 服务器。任何用户都可以用 ftp 或 anonymous 作为账号，以自己的电子邮件地址为密码注册到匿名 FTP 服务器上，使用该服务器所提供的服务。

匿名 FTP 服务器的软件可以从互联网上得到，也可以使用主机系统本身提供的 ftpd 服务程序。支持匿名用户访问的 ftpd 守护程序对使用匿名账号的客户进程实施特殊的访问限制，对 ftp 用户账号的主目录进行限制，使匿名用户只能看到该目录，而不能访问其他系统或用户的目录。通常在 ftp 用户的主目录下包含 bin、etc、lib 和 pub 目录，其中 pub 目录中存放共享文件，其他目录为系统目录。

6.3.2 Linux 下的 FTP 服务器

Linux 操作系统本身提供 FTP 服务。在 Linux 的发行套件中都有 FTP 服务器的软件包 wu-ftpd，这是目前流行的一种免费 FTP 服务器软件，多数 FTP 站点是由 wu-ftpd 来建立的。wu-ftp 的功能如下：

1) 可控制不同网域的计算机对 FTP 服务器的存取权限和访问时段。
2) 使用者在下载文件时，可自动对文件进行压缩或解压缩。
3) 可以记录文件上传或下载的过程。
4) 可以限制最高访问人数，以维持系统的最佳运行效率。
5) 可显示相关的信息，以便用户了解当前的接收状态。
6) 可暂时关闭 FTP 服务器，以便系统维护。

在安装系统时如果选择了 wu-ftpd 软件包，系统就会自动安装。但如果想要使用最新的 FTP 软件包，可以到各大 FTP 站点下载。目前最新的版本是 wu-ftpd 2.6.2，得到了 wu-ftpd-2.6.2.tar.gz 后，可按照下面的步骤进行安装。

将 wu-ftpd-2.6.2.tar.gz 复制到临时目录中并解压缩：

  #tar zxvf wu-ftpd 2.6.2.tar.gz

进入解压缩产生的目录 wu-ftpd-2.6.2 中，在开始安装之前仔细阅读里面的 README、INSTALL 等文件，以便了解安装注意事项。

执行命令 "bulid lnx"，编译 wu-ftpd.2.6.2 的源程序。

  #./bulid lnx

这条命令将编译 Linux 系统使用 wu-ftpd 所需的服务程序，如果正常将产生以下可执行文件：

ftpd	FTP 服务程序
ftpshut	关闭 FTP 服务的程序
ftpcount	显示 FTP 服务器目前连接的人数的程序
ftpwho	查看目前使用者

执行安装命令 "make install" 将编译生成的可执行文件和 man pages 安装到系统中。

  #make install

修改 /etc/inetd.conf 文件，加入如下内容：

  ftp stream tcp nowait root /usr/sbin/tcpd in.ftpd-1-a

如果系统中安装有 wu-ftpd，这一步可以省略，安装程序会自动更新 /etc/inetd.conf 文件有关 ftp 的记录项。

如果想为 FTP 用户提供压缩和解压缩的功能，还需要将 tar、gzip、compress、cpio、sh 等可执行文件复制到 /home/ftp/bin 目录下。此外，还需要将 ls 命令复制到 /home/ftp/bin 中，以便使用者查看目录。因为复制到 /home/ftp/bin 目录下的程序有可能是动态链接的，所以运行时还需要共享函数库，可以将运行时需要用到的共享库复制到 /home/ftp/bin 目录中。检查这些命令所需要的共享库可以使用 ldd 命令。例如，对于 ls 命令，使用 ldd /usr/bin/ls 命令可以得到如下输出：

  # ldd /usr/bin/ls

  libc.so.6 => /lib/libc.so.6 (0x40003000)

/lib/ld-linux.so.2 => /lib/ld-Linux.so.2 (0x00000000)

这样，就需要将/lib/libc.so.6 和/lib/ld-linux.so.2 复制到/home/ftp/lib 目录中。其他命令所需的共享库也可以参照上面的方法找出并复制到/home/etc/lib 目录中。

接下来将/etc/passwd 和/etc/group 文件复制到/home/ftp/etc 中，并删除其中任何个人用户和个人用户组的信息。按照下面的例子修改：

#/home/ftp/etc/passwd 文件
  root:x:0:0:::
  bin:x:1:1:::
  operator:x:11:0:::
  nobody:x:99:99:::
  ftp:x:1000:1000:::

#/home/ftp/etc/group 文件
  root::0:
  bin::1::
  daemon::2:
  sys::3:
  adm::4:
  ftp::1000:

为了确保提供 FTP 服务不会给系统带来安全隐患，还需要采取以下措施：

  #chmod 0555 /home/ftp
  #chmod 0111 /home/bin/ *
  #chmod 0555 /home/ftp/lib/ *
  #chmod 0444 /home/ftp/etc/ *

安装好 wu-ftpd 之后，还需要定制 FTP 服务器，使 FTP 服务器实现上述功能，需要修改 ftpusers、ftpaccess、ftpconversions、xferlog、ftphosts 等系统配置文件。在解开包后的 wu-ftpd-2.6.2 目录中的 doc/examples 子目录下，可以找到以下文件的示例。

/etc/ftpusers：不允许使用 FTP 的用户加入到 ftpusers 文件中。如果/etc/ftpusers 文件存在，则 ftpd 会检查用户的登录名，如果该文件中有此用户的名称，就拒绝访问，这样可以保障系统的安全。下面是应该加入 ftpusers 文件中的最低限度的用户：

  root
  bin
  boot
  daemon
  guest

/etc/ftphosts：决定哪些网络中的主机或某些用户不能访问 FTP 服务器的文件。其格式为：

  allow <用户名> <主机名或域名>
  deny <用户名> <主机名或域名>

/etc/ftpaccess：一般情况下，最为重视的配置文件是 ftpaccess，因为该文件决定着 FTP 服务器是否能够正常工作。此外，还可以在这个系统参数文件中设置多项有关使用权限记录，以及与信息有关的文件名称及路径。

/etc/ftpconversions：配置该文件可以实现用户在通过 FTP 传输文件的同时，对文件进行压缩打包等处理。这个文件的格式初看比较复杂，但只要把/examples 目录中的例子复制到/etc 目录下即可。

/var/log/xferlog：FTP 日志文件。该文件将记录使用匿名账户的用户所上传或下载过的文件，该文件只是记录 FTP 信息，不需要对它进行配置。

FTP 服务器建立后，还要不断进行修改和维护。首先，要不断添加新的软件或文件到相应的目录中，并对老版本的软件进行更新。第二，列出一个服务器中所有内容的文件清单（FILELIST），并将其保存在高级目录中。这个清单可以帮助用户查找资源。该清单每月更新一次。第三，在每个子目录中加入 README 和 INDEX 文件来描述其内容。第四，由系统管理员定期对 incoming 目录进行清理，将新的资源移至 pub 的相应子目录下，将重复或没用的文件删除。

6.3.3 Microsoft IIS FTP 服务器

在 Windows 2003 中，FTP 服务包含在 IIS 服务中。IIS 是 Internet 信息服务器（Internet Information Server）的缩写，它由 FTP、WWW 和 SMTP 虚拟服务器 3 个独立的服务器部件组成。

在 Windows 2003 中创建 FTP 服务时，首先要在 FTP 服务器中建立相关的目录及访问权限，单击"开始"→"程序"→"系统管理"→"Internet 服务管理器"命令。用户通过"Internet 服务管理器"来管理各个独立的服务器组件。下面介绍对 FTP 服务器的配置。

首先选中"Internet 信息服务"中的"默认 FTP 服务"，然后单击鼠标右键，在弹出的快捷菜单中选择"创建虚拟目录"，弹出"虚拟目录创建向导"对话框，然后单击"下一步"按钮，弹出如图 6-16 所示的对话框，要求输入目录别名。这样，可以为虚拟目录提供一个简短的名称，以便快速地使用。

单击"下一步"按钮，弹出"FTP 站点内容目录"对话框，用户输入要发布到 FTP 站点的内容的目录路径，如"C：\games"，然后再单击"下一步"按钮，为此目录设置访问权限，如果只想让 FTP 用户读取该目录，则选中"读取"复选框，如果可以让 FTP 用户向这个目录写入信息，则选中"写入"复选框，如图 6-17 所示。

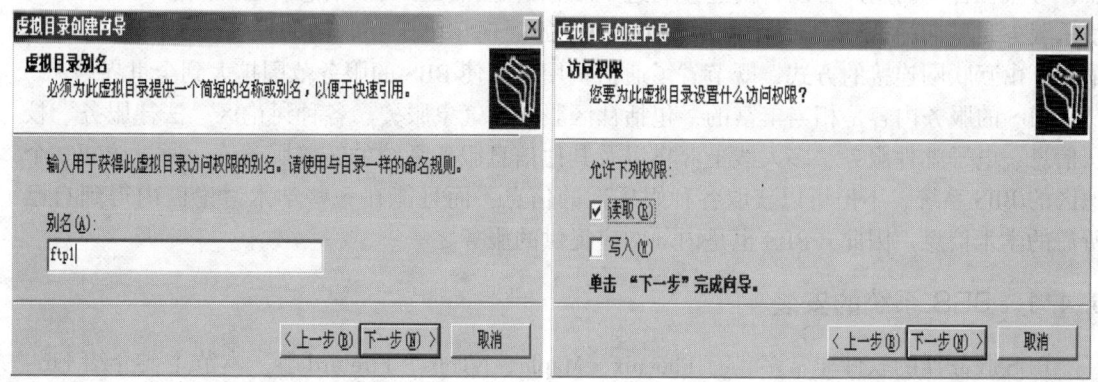

图 6-16 "虚拟目录别名"对话框　　　　　图 6-17 "访问权限"对话框

虚拟目录创建完成后，可以修改此目录的属性。在"Internet 信息服务"管理界面，选中 FTP 站点中刚建好的虚拟目录，如图 6-18 所示。

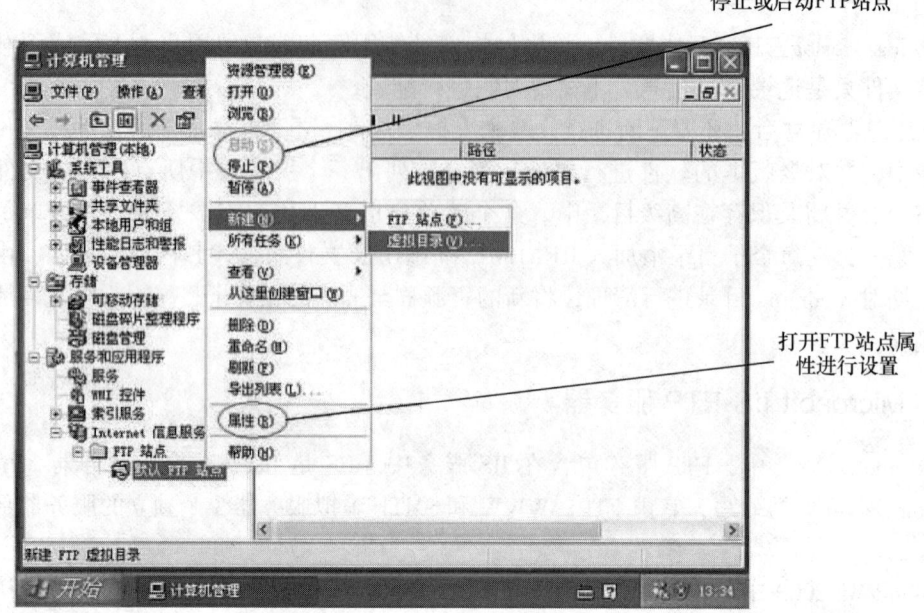

图 6-18　FTP 管理窗口

在"属性"对话框中共有两个菜单选项，在"虚拟目录"菜单选项中，用户可以修改虚拟目录所对应的本地路径或远程计算机路径、访问权限，以及是否需要日志记录。在"目录安全性"菜单选项中，允许用户设置对 FTP 访问的限制，可以选择除了指定的特权用户以外拒绝其他用户的访问（拒绝访问），或允许除了指定的用户以外的用户的访问（授权访问）。

6.4　电子公告板服务器

电子公告板系统（BBS）是一种很流行的信息服务系统，它实际上是一个远程访问服务器，分布在各地的用户可以自由连接到这个服务器上，互相交换信息，还可以享受其提供的娱乐服务。早期的 BBS 是经由电话线拨号连接的，现在由于互联网的发展，大部分 BBS 都采用了由互联网连接的方式，既节省了通信费用，又使 BBS 的服务范围扩大到全世界。

BBS 的服务内容是相当丰富的，包括社区服务、气象服务、各种讨论区、法律服务、校园信息、电子邮件服务、多人线上弈棋以及其他信息服务系统的转接服务等。通过访问一个地区的 BBS 系统，不但可以获取各种娱乐性的信息，而且能在一些学术讨论区内得到自己所需的学术信息。因此，BBS 也是内部网应提供的服务之一。

6.4.1　BBS 系统的安装

BBS 服务器的软件非常多，有 Phoenix、Maple、NTbbs、Firebird 等。本节主要介绍 Firebird BBS，这是个很流行的 BBS 服务器软件，国内很多大学和站点都采用这个系统。这个系统是一套可支持多人同时使用的电子布告栏系统，适用于多种 UNIX 操作系统。BBS 服务器软件所提供的基本功能有：分类讨论区、双人对谈、多人谈天、电子邮件以及各类信息查询。此外，通过本程序提供的执行外部程序的方式，系统管理者可以提供其他外部程序供 BBS 使用者使用。

1. 设定与 BBS 相关的账号

首先，为 BBS 选一个根目录（Home Directory）。该系统和其附属的工具将在确定根目录之后，自行选择相关的目录来安装。通常，将其设为/home/bbs。

1）在 Linux 系统中加入 bbsadm、bbs 和 bbsuser 三个账号，然后在/etc/passwd 内修改如下三行，其中采用 UID＝9999 和 9990 是为了避免与其他账号的 UID 产生冲突，并为 bbsadm 和 bbsuser 两个账号设置密码，通常 BBS 用户不设任何密码：

  bbsadm:*:9990:99:BBS and modify source code:/home/bbsadm:/bin/csh
  bbs::9999:99:BBS user:/home/bbs:/home/bbs/bin/bbsrf
  bbsuser:*:9999:99:BBS user:/home/bbs:/bin/csh

2）在/etc/group 内设定 bbs 的 group，以方便管理 BBS 目录的读写权限，加入如下内容：

  bbs:*:99:bbs,bbsuser,bbsadmt

3）最后在/home 下，用 chown bbs.bbs bbs 命令更改 bbs 目录的所有者属性。

2. 获得并解开 Firebird BBS 源程序

以 bbsadm 登录，执行：

  ftp://ftp.cs.ccu.edu.tw/pub/BBS/Firebird/FirebirdBBS3.0K.tar.gz 下载源程序

然后用"tar zxvf FirebirdBBS3.0K.tar.gz"程序解开之后，会在当前目录下建立 bbs_src 目录，内含 BBS 的源程序。

3. 编译源程序

以 bbsadm 身份进入/home/bbsadm/bbs_src/CONFIG 目录下，运行

  ./configure

执行的过程应出现以下画面：

```
       ……
       Please fill data for your BBS                              //请填写 BBS 数据
       Home directory of BBS --> [/home/bbs]                      //BBS 目录所在
       UID of BBS --> [9999]                                      //BBS 的系统用户 ID
       GID of BBS --> [99]                                        //BBS 的系统组 ID
       UID of BBS admin --> [9990]                                //BBS admin 的系统用户 ID
       The ID of your site --> [NoName]                           //该站的英文代号
       The name of your site --> [Hibiscus Realm BBS]             //该站名称(中文)
       The domain name of your site --> [some.where.on.earth]     //该站域名
       The ip address of your site --> [192.168.2.10]             //该站 IP 地址
       Maximum number of users --> [20236]                        //最大使用人数
       Maximum number of boards --> [256]                         //开版最大数目
       Maximum number of on-line users --> [256]                  //最大同时上线人数
       Show idle time of BBS users ? --> [Y]                      //显示空闲时间
       BBS listen port --> [23]                                   //BBS 使用的端口
       BBS listen port (BIG5) --> [2300]                          //BBS BIG5 使用的端口
```

```
        Can exec outside program(like bbsnet) -->[N]        //是否允许执行外部程序
```
配置程序会自动判断所在系统状态，询问 BBS 站的基本资料，以建立相应的 Makefile。如果顺利的话，会在/home/bbsroot/bbs_src 目录下生成新的 Makefile。然后，就可以执行 make 进行编译。在/home/bbsroot/bbs_src 目录下执行：

```
        make install
```

如果所使用的端口被其他程序占用（例如，23 端口就是 telnetd），请停止其他程序或者重新配置到其他端口。

用 standlone 方式启动，到/home/bbs/bin 目录下执行：

```
        /home/bbs/bin/bbsd
```

如果使用的是低于 1024 的端口，那么就需要使用 root 权限执行。

用 inet daemon 方式启动（需要 root 权限），在/etc/services 里面加入：

```
        bbsd            1600/tcp            #bbsd
        bbsdbig5        1700/tcp            #bbsd big5
```

其中 bbsd 是 GB 的入口，bbsdbig5 是 BIG5 码的端口。

在/etc/inetd.conf 里加入：

```
        bbsd stream tcp       nowait root    /home/bbs/bin/bbsd bbsd-i inet
        bbsdbig5 stream tcp   nowait root    /home/bbs/bin/bbsd bbsd-i1
```

用"kill all-HUP inetd"终止该进程，然后重新运行，即可完成 BBS 服务器的编译和安装。

4. 测试 BBS 程序取得 SYSOP 权利

用 telnet 命令注册到 BBS 主机，此时使用在安装时设定的端口号，假设 BBS 主机名为 bbs.test88.edu.cn，bbsd 端口号为 1600，那么使用以下命令登录：

```
        #telnet bbs.test88.edu.cn 1600
```

就可看到 BBS 的 login 画面。当 BBS 要求输入代号时，请输入 new，以便注册一个新使用者。由于名称为 SYSOP 的使用者拥有一切权利，因此必须先注册为 SYSOP，并且设定密码。注意，SYSOP 必须大写。再替 guest 登记账号，此账号为 BBS 的参观者账号，不需要输入密码即可进入 BBS（注册时随便输入一个密码即可）。如果不想提供 guest 账号，可以跳过此步骤，并把 guest 加入"不可注册之 ID"的名单内。如果提供了 guest 账号，则需要替 guest 设定适当的权限。通常 guest 账号是只能参观不可发言，因此通常不具有发表文章或聊天的功能。

6.4.2 BBS 的管理

BBS 系统安装完后，还要进行配置以下主要文件，以便使用者设置出一个符合自己要求的 BBS 系统。

1. 修改系统设置文件

修改 ~bbs/etc/sysconf.ini，可以更改安装时由".configure"设置的参数。

2. 修改 BBS 的选单

在 menu.ini 文件内可以设定 BBS 的显示界面和菜单，如下所示。

```
        % menu TOPMENU
        screen          3,0,   S1_MAIN                //指定背景
```

```
title            0,0, "欢迎光临皮皮站"              //每个选单都显示的标题
! M_EGROUP       3,0,0,"EGroup",        "E)分类讨论区"
                                                  //不限权限从(3,0)开始显示
! M_MAIL         0,0,  PERM_BASIC,"Mail", "M)私人信件服务"
                                                  //要有 BASIC 权限才能看到这
                                                    个选项跳到 M_MAIL 选单
! M_TALK         0,0,  PERM_BASIC,"Talk", "T)进入聊天选单"
                                                  //(0,0)开始接着上行显示
#! M_INFO        0,0,  PERM_BASIC,"Info", "I)设定个人资料"
                                                  //行前加"#",代表删掉这行
```

3. 开版及建立精华区

(1) 开版及分类讨论区

刚建好的 BBS 没有任何讨论区，站长可以根据使用者的需要开设讨论区，同时为了 BBS user 找寻讨论区方便起见，必须将相关的讨论区分在同一组中（Group），讨论区组的设定方法是修改 ~bbs/etc/menu.ini 文件，以下是参考的设定。

```
title           0,0,"分类讨论区选单"
screen          3,0,S_EGROUP
@ BoardsNew     11,25,0,     "New",     "N)阅读新文章 New"
@ EGroups       0,0,0,       "0BBS",    "0)BBS 系统 ——[站内]"
  ……                                    ……
@ EGroups       0,0,0,       "6Sports", "6)体育健身 ——[运动][职棒]"
@ EGroups       0,0,0,       "7Talk",   "7)物理专业 ——[中国物理协会]"
@ BoardsAll     0,0,0,       "Boards",  "B)所有讨论区"
! ..            0,0,0,       "Exit",    "E)回到主选单"
%
EGROUP0 = "0"
…
EGROUP6 = "rs"       //rs 为分类码,开版时会用到,r 与 s 均定义为 EGROUP6
EGROUP7 = "xf"
EGROUPT = "*"
```

分类选单的 0)将会分到 EGROUP0,6)将会分到 EGROUP6。

开启新版的方式是到主选单下选 A)系统管理功能表的 N)开启新的讨论区,第一个建立的版必须为 sysop,请按如下内容输入:

```
讨论区名称:sysop                    //填入讨论区的英文版名
讨论区说明:0[站内]○站务管理区
  ~讨论区说明的第一个字为分类码(定义于 menu.ini),以此 0
  为例,将会分至 EGROUP0,也就是 0)BBS 系统 ——[站内]
  其余讨论区说明按此形式填写
讨论区管理员:SYSOP                  //指定讨论区的管理员
是否限制存取权利(Y/N)? [N]:n        //指定只有某些权限者才能存取此版
是否加入匿名版(Y/N)? [N]:n          //是否为匿名版
   1. 本站系统          system.faq
```

2.……　　　　　　　……
14. 其他　　　　　　　other.faq
请输入你的选择:1　　　　　　//选择精华区的位置

（2）建立精华区

使用者在讨论区按下＜x＞键会跳至该讨论区的精华区，要实现此功能必须要正确设定~bbs/0Announce/.Search 文件内容。正常开版时即会自动写入此文件，平常无须自加，但如果精华区目录有变动时，要修改此文件。

4．BBS 目录下文件的说明

下面说明在~bbs/目录下主要文件的功能，请详细阅读以便能更好地掌握该站的正常运作。

BBS_HOME/.PASSWDS：存放每位使用者的基本资料。

BBS_HOME/.BOARDS：存放各个讨论区的基本资料。

BBS_HOME/Welcome：存放进站后的欢迎画面和记录读取情况。可直接用编辑器修改 Welcome 的内容，只有当 Welcome 更新后使用者才会看到。Welcome2 与 Welcome 类似，但每次进站都会看到，且允许有多重画面，以@login@隔开。

BBS_HOME/home/A-Z：存有各个使用者的目录，并依照使用者 ID 的第一个字来分类排放。

BBS_HOME/boards：各讨论区的目录。

BBS_HOME/vote：记录各讨论区的投票控制文件，以及讨论区简介。

BBS_HOME/0Announce：记录精华区资料。

BBS_HOME/etc：系统控制文件。

BBS_HOME/help：各控制键说明文件。

6.5　WWW 服务器

在互联网上发展最快的是 WWW（World Wide Web）服务。WWW 是由位于瑞士的 CERN 实验室设计的，这种服务通过超文本链接信息，由 HTML 和 URL 两种技术来实现各种信息的链接，从而只用简单的工具就可以在互联网上漫游，这对用户和服务提供者都是相当方便的。

从 1989 年第一个 WWW 服务器出现到现在，已经有数不清的 WWW 服务器在运行着，为整个互联网提供各种服务。随着这种服务的逐渐普及，建立一个 WWW 服务器已成为一个互联网网点建成后所要考虑的第一件事。

各种 Web 服务器的软件很多，有 UNIX 平台的，也有 Windows 2000/Windows XP 平台的，如 Netscape 的 Enterprise Server、Microsoft IIS、Apache、Tomcat 等。用户只需将制作的主页添加到相应的目录即可。

6.5.1　Linux 下 WWW 服务器的安装

Linux 的小红帽 6.0 版中附带的是 Apache 1.3.6，在安装时如果选择了 Web Server 的组件，系统就会在安装过程中自动安装 Apache 服务器，用户只要稍加配置就可满足自己的需要。目前，Apache 最新的版本是 Apache 2.2.17，可以从互联网中下载 Apache_

2.2.17.tar.gz：http：//www.apache.org/dyn/closer.cgi。

下面介绍 Apache 2.2.17 的安装方法。

1. 编译服务器源程序

首先取得 Apache 2.2.17 的源程序，然后在某个目录中解压缩：

  # tar zxvf apache_ 2.2.17.tar.gz

就会产生 Apache_ 2.2.17 目录，进入这个目录后，运行：

  #./configure-help

查看配置的编译参数，这些参数后面有含义说明，其中的-prefix 选项表示将指定 Apache 的安装路径，默认值为/usrlocal/apache，如果要将 Apache 安装到其他路径中，就需要改变这个参数值。同时 Apache 在设计时采用了模块化方式，用户在编译前可以根据自己的情况选择和取消某些模块，其参数是-enable-module 和-disable-module。

如果想把 Apache 安装到/home/httpd 目录下并允许 proxy 模块，可以进行编译前的配置：

  #./configure-prefix =/home/httpd-enable-module = proxy

然后执行 make 进行编译：

  # make

系统将会生成 WWW 服务器的可执行文件 httpd。然后运行安装命令：

  #make install

这时系统就会把 Apache 安装到指定的目录中。完成以上 3 条命令后，Apache 就安装好了。

2. 配置

在 Linux 系统下的 Apache 的配置文件存放在/usr/local/apache/conf 目录中，有 httpd.conf、snm.conf 和 access.conf 三个文件，可以通过在 conf/下的 httpd.conf-dist、snm.conf-dist、access.conf-dist 分别复制 httpd.conf、snm.com、access.con 而得到。从 1.3 版本开始，对于下载的 tar 格式的 Apache 的软件包，所有的初始配置信息都放到 httpd.conf 文件中，snm.conf 和 access.conf 文件可能只有说明性的内容。用户只要修改 httpd.conf 文件就可以了。而对于使用 RPM 安装的用户来说，需要配置的还是传统的 3 个 conf 文件。下面介绍 httpd.conf 文件的配置。

为了建立基本的 Web 站点，必须对 Apache 进行一些修改。httpd.conf 中有很多参数，如 WWW 服务器的一般属性、端口号、执行者身份等。通常该配置文件是由带有很多参数命令和虚拟 HTML 标记组成的。例如：

  Port 8080

或

  AddIcon/icons/back.gif…

还可以把命令组成一组放在某个虚拟 HTML 标记内。与 HTML 不同的是这些标记各占一行。例如：

  < Virtualhost www.test88.com >
  DocumentRoot/usr/local/apache/httpdocs/test88.com
  ServerName www.test88.com
    </Virtuallhost >

通常需要修改的参数有：

1）Port number：这是与 Web 服务器绑定的 TCP/IP 端口号。

例如：Port 8080

换句话说，http：//www.test88.com/等价于 http：//www.test88.com：8080/。

如果不进行配置，端口 80 是 http：URL 中的默认端口。

2）User#number_ or_ uid：对于 Apache 需要用根账号启动，使它与低于 1024 的端口相结合。在占据端口之后，Apache 把它的有效用户 ID 改变为其他值，通常改为用户 nobody。作为超级用户来运行服务程序意味着其中的任何漏洞都可能被外面的用户在计算机上通过运行命令而加以利用。因此，把用户设置为 nobody、www 或其他用户 ID 是最安全的选择。这个用户 ID 必须能够读取文件根目录中的文件，并具有对配置文件的读权限，这个参数是实际的用户名。如果想给出一个数字的用户 ID，那么这个数字前要使用 "#"。

例如：User nobody

3）Group#number_ or_ uid：这个 Group 命令与 User 命令含义相同，它决定想要的服务程序使用的 ID 组。

例如：Group nogroup

4）SeverAdmin E-mail-address：设置用户的 E-mail 地址，该地址用于接收与服务器操作有关的邮件。当服务器发生错误时，发给访问网站的浏览器的消息中将包含"请把这个问题报告给 adm@test88.com"的信息。将来如果 Apache 遇到与系统有关的主要问题，会把警告 E-mail 发送给 ServerAdmin 用户。

5）ServerRoot directory 是设置服务器的根目录。给出完整的路径，不要在路径的末尾使用斜杠符号。

例如：ServerRoot/etc/httpd

6）ErrorLog directory/filename 和 TransferLog directory/filename：指定记录错误和 Web 访问的地方。如果给出的文件名不以斜线开始，那么就假定它是相对于服务器根目录的。

7）ServerNameDNS hostname：有时 Web 服务器有必要知道它的主机名，这个名字可能与它的实际的主机名不同。

例如，名字 www.Test88.com 实际可能是 hostname.test88.com 的 DNS 别名。这种情况下，若不想让服务器产生的 URL 为 http：//hostname.test88.com/，则 ServerName 允许设置成 www.test88.com。

8）DocumentRoot directory：是文件树的根目录，一般要求/home/httpd/html 目录必须存在，并且对用以运行 Web 服务器的用户（通常是 nobody）来说是可读的。

9）ScriptAlias request_ path_ alias directory：在文件根目录之外指定特殊目录作为请求的路径的别名，这个目录中的对象是被执行的而不是从文件系统中读取的。

例如，默认时提供：ScriptAlias/cgi-bin//etc/httpd/cgi-bin/

这意味着对 http：//www.test88.com/cgi-bin/fortune 的请求将执行程序/etc/httpd/cgi-bin/fortune。Apache 还带有许多对初学者有用的 CGI 脚本，是说明 CGI 编程的简单的 shell 脚本。最后值得注意的是包含 CGI 脚本的目录不应该放在文件根目录下。

3. 启动

启动 Apache 服务器，需要在安装目录下运行下面的命令，即可启动 Apache 服务器。

例如：

```
#./bin/apachectl start
```

这时用 ps 命令可以看到 httpd 程序在运行。启动 Apache 服务器之后，用户可以使用浏览器浏览本地服务器，在 URL 中输入 127.0.0.1 就会在浏览器中看到 Apache 服务器的测试页内容。在检查并确定 Apache 正确启动之后，可以把启动命令添加到系统引导文件中，以便系统在引导时能自动启动 Apache 服务器。通常启动命令放在文件/etc/rc.d/rc.local 中。

4. 在图形终端（Xterminal）中配置 Apache

在 Linux 中，提供了一些 Comanche 和 Linuxconf 等图形界面工具，可以简便、直观地配置 Apache 服务器。下面简要介绍通过 Comanche 来配置 Apache 服务器的过程。

为了调用 Comanche，只要在 Xterm 中输入：

```
#Comanche&
```

就可以得到 Apache 的配置主窗口，如图 6-19 所示。

配置界面被分成了以下 3 个主要部分。

1）上半部分：该区域中显示的是一个树形目录结构。

2）下半部分：一个显示 httpd 状态的视窗。

3）在顶部的主菜单：有 Comanche 和 HeIp 命令的下拉菜单。

用鼠标双击 Comanche 文件夹，就会在 Comanche 后面出现一个新的蓝色的计算机图标。双击这个图标或单击图标前面的圆形钮，该图标就会展开，看到标注着 Server Management 和 Default WebSite 的两个文件夹。

如果想启动/关闭/重启 Apache 服务器，

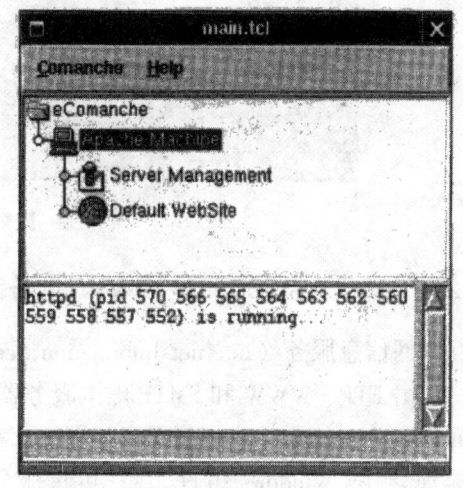

图 6-19 Apache 的配置主窗口

用鼠标右键选择图 6-19 上的 Server Management，在弹出的窗口中选择存盘选项。如果想让 Apache 读取服务器新的配置文件可以选择 Restart 选项。双击 Default WebSite 图标，该图标下就会展开几个目录和目录的路径。如果需要定义虚拟主机，可以按照下面的步骤进行：

1）用鼠标右键单击界面上的代表 Apache 服务器的计算机图标。
2）在弹出的选项框中，选择 New→Virtual Host。
3）然后在弹出的对话框中输入新的虚拟主机的主机名。

为新建的虚拟主机创建目录也是一样的，只要在代表该主机的图标上用鼠标右键单击，然后在弹出的选项框中选中 Directory 之后，在弹出的对话框中输入目录的路径。删除一个目录和创建一个目录的步骤基本相同，选中该目录后，在弹出的对话框中选择 Delete 选项即可。用鼠标右键单击想配置的虚拟主机的图标，在弹出的选项窗上选择 Properties 选项，就会看到图 6-20 所示的窗口。该窗口被分成了两部分。左半部分显示的是调用 Apache 的各种配置选项的图标，用鼠标单击窗口中的图标，就能在窗口右边得到相应的配置页。通过这些配置页，用户就可以很方便地配置 Apache 服务器了。配置结束后，单击 OK 按钮回到主窗口上，用鼠标右键单击 Server Management，在弹出的窗口中选择 Save the Configuration 和 Restart the Server。

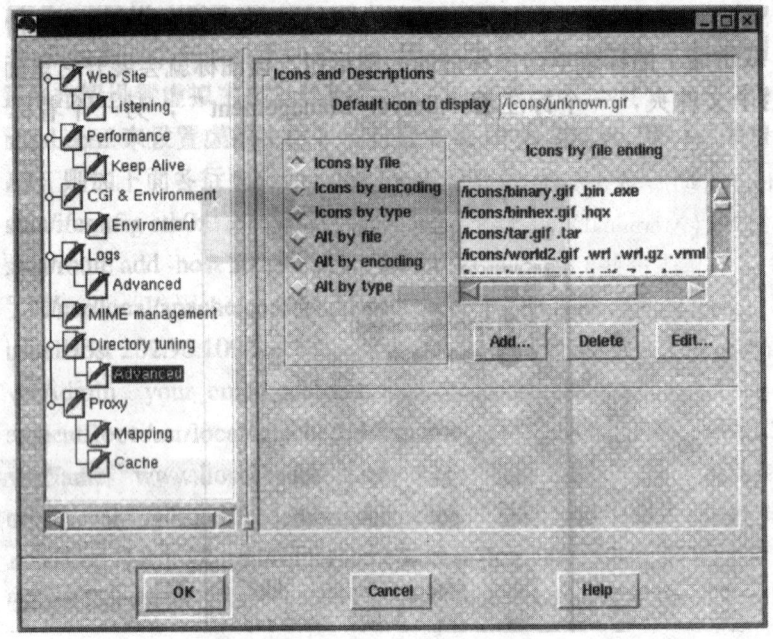

图 6-20　配置 Apache 服务器

6.5.2　Windows 2003 下 WWW 服务器的安装

互联网信息服务（Internet Information Server，IIS）是可自由安装在 Windows 2003 下的服务，它由 FTP、WWW 和 SMTP 虚拟服务器 3 个独立的服务器部件组成。安装 IIS 时，在控制面板中单击"添加或删除程序"图标，在打开的"添加或删除程序"窗口中单击左侧的"添加/删除 Windows 组件"，在可选服务列表中选择"Web 应用程序服务器"，单击"详细信息"按钮，然后选择"Internet 信息服务（IIS）"，再单击"详细信息"按钮，查看 IIS 可选组件列表，包括：公共文件、FrontPage 2002 Server Extentions、Internet 信息服务管理单元、Internet 信息服务管理器、NNTP 服务、SMTP 服务、World Wide Web 服务。

安装好 IIS 后，就可以配置 Internet 服务了。选择"开始"菜单，在"管理工具"中，选中"Internet 信息服务（IIS）管理器"。用户通过"Internet 信息服务（IIS）管理器"来管理各个独立的服务器组件。在左窗格中展开"ServerName（本地计算机）"目录，并用鼠标右键单击"网站"选项。在弹出的快捷菜单中选择"新建/网站"命令，打开"网站创建向导"，单击"下一步"按钮，如图 6-21 所示。在"网站描述"对话框中，输入一段用以描述或标识该 Web 站点的语言，单击"下一步"按钮。

首先选中"Internet 信息服务"中的"默认 Web 站点"，然后单击鼠标右键，在弹出的快捷菜单中选择"创建虚拟目录"命令，弹出"虚拟目录创建向导"对话框，然后单击"下一步"按钮，弹出"输入虚拟目录别名"对话框。输入目录名后，可以为虚拟目录提供一个简短的名称，以便快速访问。

单击"下一步"按钮，弹出如图 6-22 所示的"网站主目录"对话框，用户输入要发布到 Web 站点的内容的目录路径，如"C：\Inetpub\iissamples"，然后再单击"下一步"按钮，为此目录设置访问权限，如图 6-23 所示。如果只想让 Web 用户读取该目录，则选中

"读取"复选框;如果可以让 Web 用户向这个目录写入信息,则选中"写入"复选框;如果容许 Web 用户在这个目录下运行脚本或执行 CGI 程序,则选中"运行脚本"或"执行"复选框。再单击"下一步"按钮,完成虚拟目录的创建。

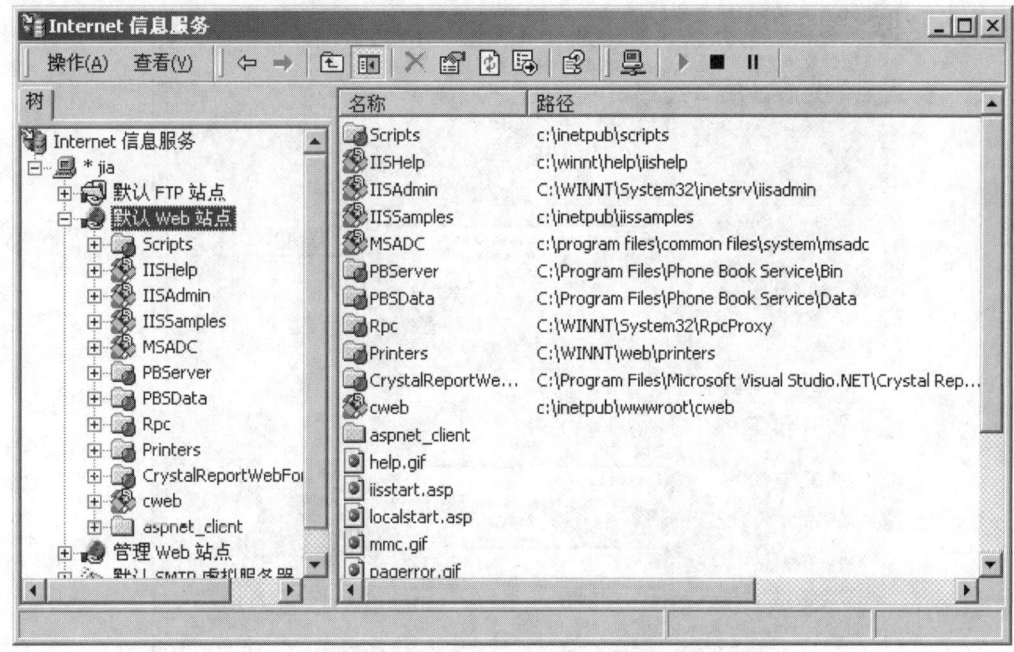

图 6-21　Internet 信息服务窗口

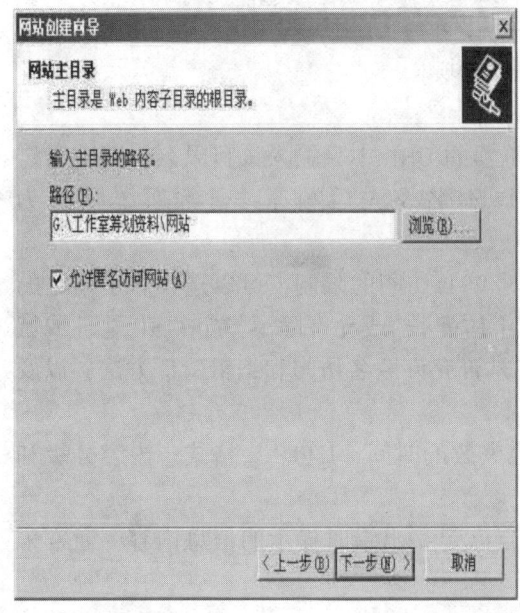

图 6-22　"网站主目录"对话框

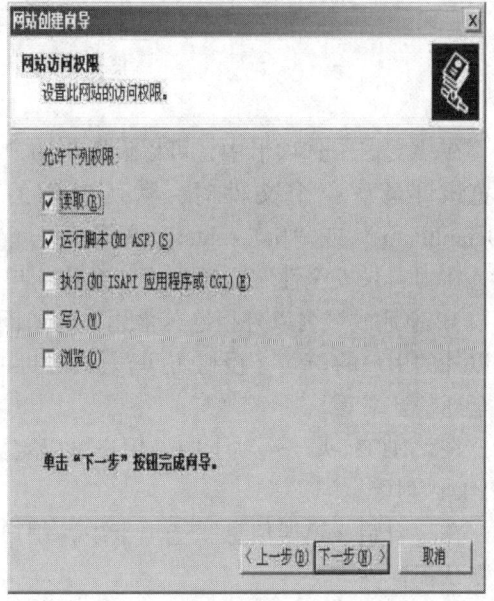

图 6-23　"网站访问权限"对话框

虚拟目录创建完成后,可以修改此目录的属性。在"Internet 信息服务"管理界面中,选中 Web 站点中刚建好的虚拟目录,单击鼠标右键,选取"属性"。在"testfile 属性"对话框中，共有5个选项卡，在"虚拟目录"选项卡中，用户可以修改这个虚拟目录所对应的本地路径、远程计算机路径或重定向到URL，访问权限，是否需要日志记录以及应用程序设置。在应用程序设置中，可以修改应用程序名、执行许可、应用程序保护等，如图6-24所示。

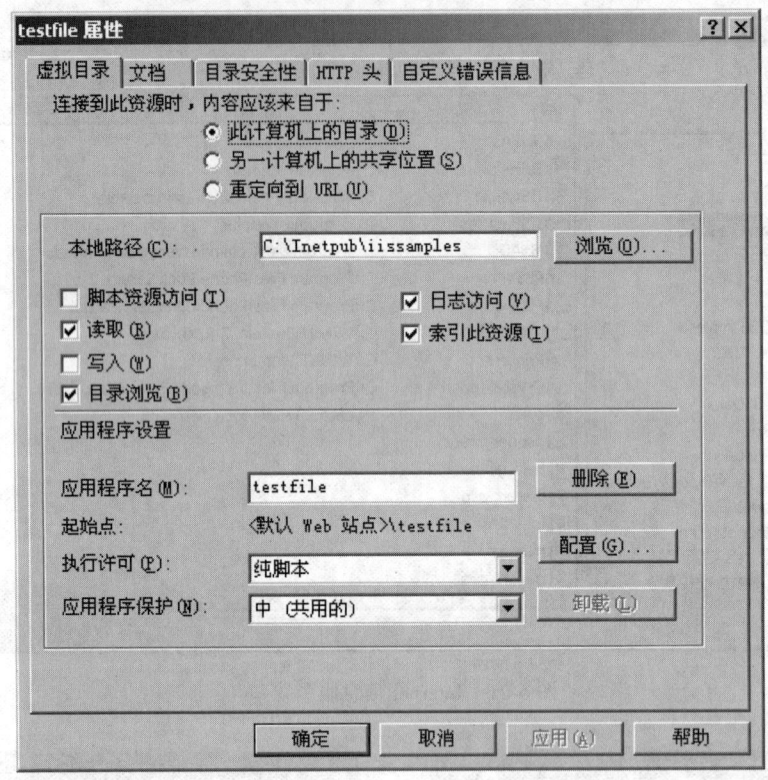

图6-24 "虚拟目录"选项卡

在"文档"选项卡中，可以设置当用户在浏览器的URL中只输入该目录名，而不指定浏览该目录下哪个文件时，默认启动的文档脚本名及先后顺序。通常系统默认为"Default.htm"或"Index.htm"文档。

在"目录安全性"选项卡中，允许用户设置对Web访问的限制，可以选择除了指定的特权IP地址或域名以外拒绝其他用户的访问（拒绝访问），或允许除了指定的IP地址或域名以外的用户的访问（授权访问）。同时也可设置是否允许匿名访问和编辑验证方法，以及安全通信证书等。

在"HTTP头"选项卡中，用户可以定义内容失效的时间、HTTP头格式、内容分级和MIME映射等。

在"自定义错误信息"选项卡中，用户可以自己定义出错时提示的信息内容，通常采用默认配置。

6.5.3 WWW服务器的运行和维护

WWW服务器的维护包括服务器程序的维护和页面文件（HTML文件）的维护。通常程序维护的工作量不大，系统会自动进行。所要做的主要是页面文件的维护，包括页面的内容更新、结构修改以及目录结构的改变等。

作为一个网络对外的窗口，WWW 服务器的内容安排是很重要的，首先要经过详细完整的设计，然后经过收集资料、设计页面文件及文件的组织，而后将文件放到 WWW 服务器上，外界才能访问到这些内容，得到所需的信息。

每个页面都由一个 HTML 文件构成，页面的设计实际上就是 HTML 文件的编写，早期 HTML 文件都是用手工来编写的，设计人员要对 HTML 语言十分熟悉，还要使用很麻烦的方式来进行调试，非常不方便。很多厂商推出了 HTML 文件的可视化设计工具，如 Microsoft 的 FrontPage，Micromedia 的 Dreamweaver、Flash、Firework 等，利用这些工具可以很轻松地设计出内容丰富、版面漂亮的页面。

6.6 动态主机配置服务

TCP/IP 网络上的每一台计算机都需要拥有一个 IP 地址，这个地址用于从计算机上获取用户需要的信息或是向计算机传送重要信息。IP 地址能够被静态或动态地分配给每一台计算机。所谓静态分配 IP 地址，就是网络中的每一台计算机被分配一个固定的地址号码，该号码不能和其他号码重复。如果网络中的一台计算机已经被转移到其他网段中，就必须重新更改它的固定地址号码。

动态地址分配是指计算机向特定服务器临时申请一个地址，并且在一段时期内租用该号码，这就大大地减少了在管理上所耗费的时间。该协议被称为"动态主机分配协议"（DHCP）。用于管理 IP 地址的服务器称为 DHCP 服务器，申请地址的工作站被称为"客户端"。

DHCP 提供了安全、可靠且简单的 TCP/IP 网络配置，确保不会发生地址冲突，并且通过地址分配集中管理预留的 IP 地址。DHCP 提供了计算机 IP 地址的动态配置，系统管理员通过限定租用时间来控制 IP 地址的分配，该租用时间限定了一台计算机可以使用一个已分配给它的 IP 地址的时间。

例如，当一台 DHCP 客户机从一个子网中移走，则原来分配给它的 IP 地址将重新被租用给另外的计算机，而当该客户机被接到另一个子网时，新的子网将自动地给它分配一个新的 IP 地址。这一特性对于流动计算机用户来说是非常重要的。

6.6.1 DHCP 的实现机理

DHCP 使用客户/服务器模式，在系统启动时，DHCP 客户机发送 Discovery Message（发现信息），该信息被广播到本地网，且可能转播到本地网络的所有 DHCP 服务器，每个 DHCP 服务器收到这一显示信息后，就向提出申请的客户发送一个 Offer Message（提供信息），其中包含一个 IP 地址和合法的配置信息。DHCP 客户收集各个服务器提供的配置信息，从中选择一个，然后发送一个标识着被选中的 DHCP 服务器的请求信息（Request Message），被选中的 DHCP 服务器就发送一个 DHCP 确认信息（Acknowledgment Message），它包含着在显示（Discovery）期间第一次发送的地址、对该地址的合法租用及该用户的 TCP/IP 网络配置参数。客户收到确认信息后，就进行地址绑定（Bind），这样它就加入了 TCP/IP 网络，且完成了其系统初始化。具有本地存储器的客户机保存着接收到的地址以供以后系统启动时使用，因为当租用时间到期时，它就试图向 DHCP 服务器申请继续租用，而一旦当前的 IP

地址不能再被使用时，服务器就给它分配一个新地址。

　　DHCP 支持 3 种 IP 地址分配方法。第一种是自动分配，DHCP 给用户分配一个永久的 IP 地址。第二种是动态分配，在这种情况下，用户可以取得一个 IP 地址，但是有时间限制。第三种是手工分配，在这种方法下，用户的 IP 地址是由管理员手工指定的，DHCP 服务器只需要将这个指定的 IP 地址传送给用户即可。至于用什么分配方法，不同的网络各不相同。DHCP 是一种相对集中式的管理方式。

6.6.2　DHCP 服务器的配置

　　在使用 DHCP 之前，必须先配置使用的服务器和 IP 地址范围。如果网络是由因特网 ISP（互联网服务提供商）提供，那么可以让 ISP 提供这一信息。如果目前使用的是内部独立的 IP 地址，那么应当选用一个在因特网上保留的 IP 地址范围。使用这些范围中的任意一个可以确保不会在因特网信息包进行外部传输时发生中断问题。

1. 安装 DHCP 服务

　　首先需要确保在 Windows Server 2003 服务器中安装了 TCP/IP，并为这台服务器指定了静态 IP 地址。因为在 Windows Server 2003 系统中默认没有安装 DHCP 服务组件，所以需要把该组件手动添加进来。添加 DHCP 服务组件的步骤如下：

　　打开"控制面板"窗口，并双击"添加或删除程序"图标，在打开的"添加或删除程序"窗口中单击左侧的"添加/删除 Windows 组件"按钮，打开"Windows 组件向导"对话框，如图 6-25 所示。在"组件"列表中双击"网络服务"选项，打开"网络服务"对话框，如图 6-26 所示。接着在"网络服务的子组件"列表中选中"动态主机配置协议（DHCP）"复选框，单击"确定"按钮返回图 6-25 所示界面，然后单击"下一步"按钮，开始配置和安装 DHCP 服务。最后单击"完成"按钮完成安装。

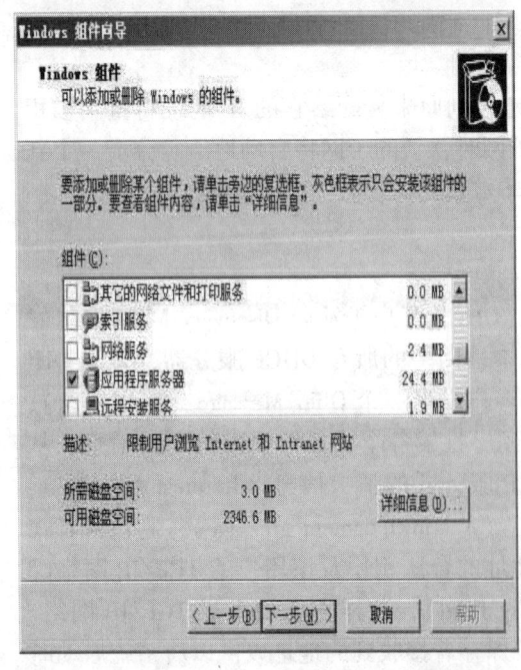

图 6-25　"Windows 组件向导"对话框

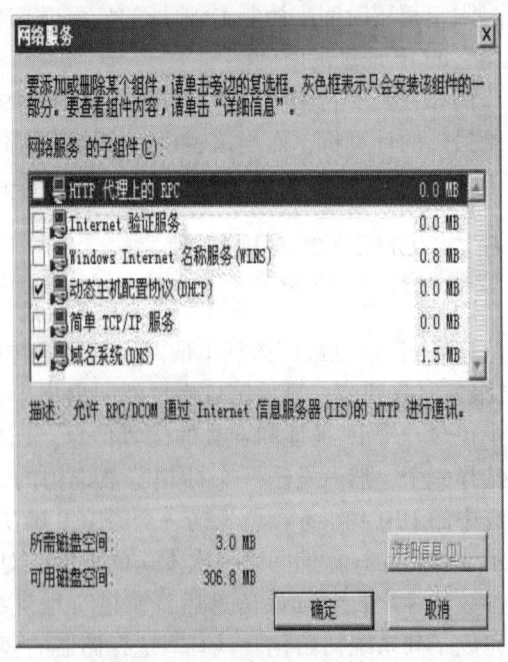

图 6-26　"网络服务"对话框

在安装 DHCP 服务组件的过程中需要提供系统安装光盘或者指定安装源文件。另外，如果部署 DHCP 服务的服务器处于 Active Directory（活动目录）域中，则必须进行授权操作才能使 DHCP 服务器生效。如果是基于工作组模式，则无须进行授权操作即可使 DHCP 服务器生效。

2. 创建 DHCP 作用域

完成 DHCP 服务组件的安装后并不能立即为客户端计算机自动分配 IP 地址，还需要经过一些设置工作。首先要做的就是根据网络中的结点或计算机数确定一段 IP 地址范围，并创建一个 IP 作用域。这部分操作属于配置 DHCP 服务器的核心内容，具体操作步骤如下：

单击"开始"→"管理工具"→"DHCP"命令，打开 DHCP 控制台窗口。在左窗格中用鼠标右键单击 DHCP 服务器名称，在弹出的快捷菜单中选择"新建作用域"命令，打开"新建作用域向导"对话框，单击"下一步"按钮打开"作用域名"对话框。在"名称"文本框中为该作用域输入一个名称和一段描述性信息，单击"下一步"按钮，如图 6-27 所示。

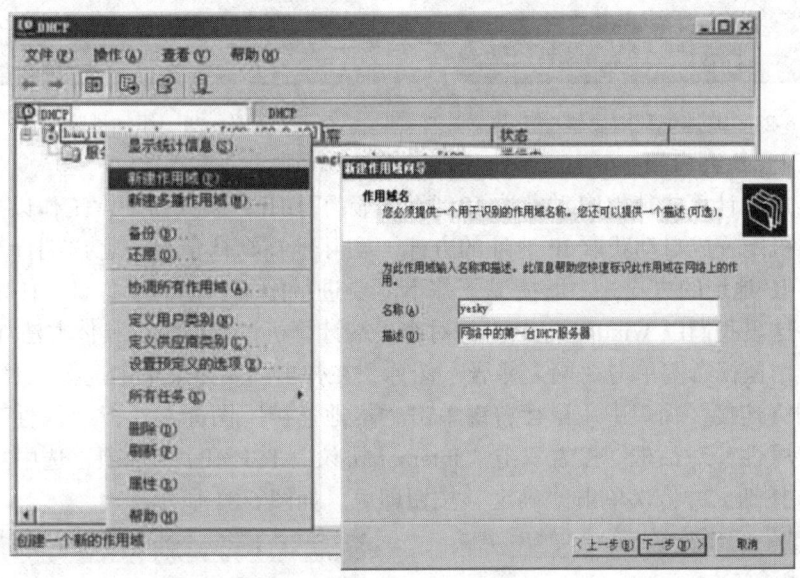

图 6-27　DHCP 作用域配置

在打开的"IP 地址范围"对话框中，分别在"起始 IP 地址"和"结束 IP 地址"文本框中输入已经确定好的 IP 地址范围的起止 IP 地址，单击"下一步"按钮，如图 6-28 所示。

打开"添加排除"对话框，在这里可以指定需要排除的 IP 地址或 IP 地址范围。在"起始 IP 地址"文本框中输入排除的 IP 地址并单击"添加"按钮。重复操作即可，接着单击"下一步"按钮，如图 6-29 所示。

在打开的"租约期限"对话框中，默认将客户端获取的 IP 地址使用期限限制为 8 天。如果没有特殊要求保持默认值不变，单击"下一步"按钮。打开"配置 DHCP 选项"对话框，保持选中"是，我想现在配置这些选项"单选按钮并单击"下一步"按钮。在打开的"路由器（默认网关）"对话框中根据实际情况输入网关地址，并单击"添加"按钮，如图 6-30 所示。在打开的"激活作用域"对话框中保持对"是，我想现在激活此作用域"单选按钮的选择，并依次单击"下一步"按钮和"完成"按钮完成配置。

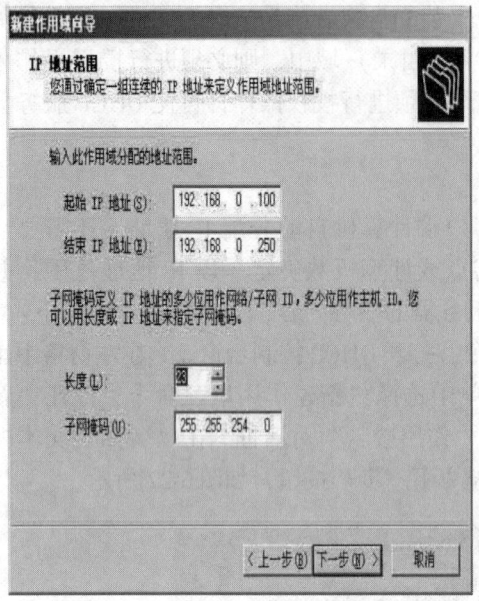

图 6-28　IP 地址范围设置　　　　　图 6-29　添加排除地址

3. 设置 DHCP 客户端

为了使客户端计算机能够自动获取 IP 地址，除了 DHCP 服务器正常工作以外，还需要将客户端计算机配置成自动获取 IP 地址的方式。实际上在默认情况下客户端计算机使用的都是自动获取 IP 地址的方式，一般情况下并不需要进行配置。但为了保证 DHCP 客户端能够正常工作，这里我们以 Windows XP 为例对客户端计算机进行配置，具体方法如下：

在桌面上用鼠标右键单击"网上邻居"图标，在弹出的快捷菜单中选择"属性"命令。在打开的"网络连接"窗口中用鼠标右键单击"本地连接"图标并执行"属性"命令，打开"本地连接属性"对话框。接着双击"Internet 协议（TCP/IP）"选项，选中"自动获得 IP 地址"单选按钮，并依次单击"确定"按钮即可，如图 6-31 所示。

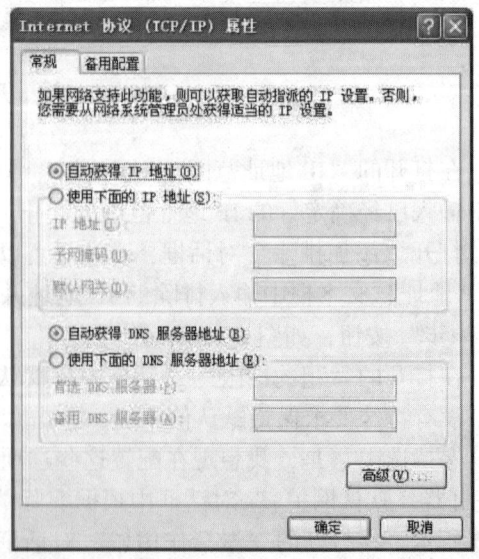

图 6-30　默认网关　　　　　　　　图 6-31　DHCP 客户端设置

6.6.3 DHCP 的不足

DHCP 虽然有不少优点，但它也不是完美无缺的。一个值得注意的问题是，在分布式网络中，DHCP 服务器没办法交换及共享地址和其他数据，网络管理员需要手工分配 IP 地址并确保一个服务器中的 IP 地址与另一个服务器中的 IP 地址不重复。DHCP 的另一问题是它不能同传统的域名服务器（DNS）共享地址，网络管理员必须定期地手工更新 DNS。但是 DHCP 可以和动态域名服务器（DDNS）配合，通过目录服务完成动态域名的更新。另外，如果 DHCP 服务器出现故障，IP 地址依赖于该服务器的其他 PC 将断开与网络的连接。这就表明需要配置几台 DHCP 服务器以提供额外的 IP 地址。

6.7 代理服务器

近几年来互联网得到了飞速发展，在各个行业的应用也日益广泛。目前企事业单位内部的计算机一般都已采用以太网技术组成小型局域网（LAN），要将 LAN 接入互联网，可以采用代理服务器（Proxy Server）的方法。

为局域网中的每台计算机配备一台 Modem 和一条拨号上网电话线或 ADSL，运行费用太高；通过路由器或专线，为局域网中每台计算机分配一个合法 IP 地址接入互联网，这对于小型局域网而言，不仅维护复杂、成本高，而且无法管理每台计算机对互联网的访问权限。

使用代理服务器则能解决以上问题。代理服务器一端连接局域网，另一端接入互联网，局域网和互联网之间的数据传输全部由代理服务器转发和控制。代理服务器相当于一个中间人，局域网内的计算机向互联网网站提出的网络服务请求都由它代为办理，由它向网站提出服务请求，得到服务后，再将服务转发给局域网中提出申请的计算机。由于局域网中的计算机不再需要和互联网直接连接，所以也就不再需要合法的 IP 地址，因此使用代理服务器可以节约大量 IP 地址和连网设备。代理服务器可以把局域网中计算机访问过的互联网内容存储在代理服务器的缓冲区中，当其他计算机访问这些内容时，代理服务器会自动从缓冲区中读取，从而使访问速度大大提高。由于不从互联网重复下载文件，所以减轻了网络负担，提高了整体上网速度。使用代理服务器还可以加强网络管理，局域网中的计算机对互联网的访问请求必须经过代理服务器转发，因此管理员只要在代理服务器中作一些设置，就可使代理服务器拒绝为局域网中的计算机转发到某个互联网站点的服务申请，从而起到应用级的防火墙作用。

6.7.1 代理服务器配置局域网 TCP/IP 协议参数

代理服务器的 TCP/IP 协议参数配置有两种方案：

方案一是代理服务器配置两块网卡，每块网卡都捆绑 TCP/IP 协议。一个网卡有合法的 IP 地址、DNS、网关使用上一级网络管理员所给定的 IP 地址，该网卡对外连接，负责与互联网的通信。例如，网卡的 IP 地址为 202.112.152.100，子网掩码为 255.255.255.0，网关的 IP 地址为 202.112.152.2，DNS 的 IP 地址为 202.112.144.30。另一块网卡对内连接，负责与局域网内的计算机通信，因此它的 IP 地址可以和局域网内计算机一样设为私有 IP 地址，网关、DNS 的 IP 地址也不用设定。例如，IP 地址为 192.168.10.1，子网掩码为

255.255.255.0。

方案二是代理服务器只配置一块网卡，网卡捆绑的 TCP/IP 协议中配置两个 IP 地址，一个为对外与互联网通信的合法 IP 地址，网关、DNS 也是使用上一级网络管理员给定的 IP 地址；另一个为对内与网内计算机通信的私有 IP 地址。例如，合法的 IP 地址为 202.112.152.100，子网掩码为 255.255.255.0，网关的 IP 地址为 202.112.152.2，DNS 的 IP 地址为 202.112.144.30，私有 IP 地址为 192.168.10.1。

需要注意的是，Windows 2000/Windows 2003/Windows XP 支持为一个网卡绑定两个 IP 地址，而 Windows 9x 不允许，所以代理服务器若使用 Windows 9x 操作系统，则只能使用方案一。Windows 2000/Windows 2003/Windows XP 虽然支持一个网卡绑定两个 IP 地址，但单个网卡捆绑多个 IP 地址会导致系统效率降低。

局域网中各计算机的 TCP/IP 参数设置：从理论上讲，内部局域网计算机的 IP 地址用户可以根据自己的喜好设定，因为它只在自己的局域网内使用，对局域网外的计算机不会产生任何影响。推荐使用 172.16.0.0 或 192.168.0.0 网段，它是 TCP/IP 为建立局域网预留的 C 类网地址空间，子网掩码设为 255.255.255.0；网关不用设定，除非内部局域网又分成若干个子网；由于代理服务器能转发局域网内计算机提出的域名解析申请，所以 DNS 也不用设定。

6.7.2 代理服务器软件的安装与设置

现以 WinGate 5.0.1 Pro 为例说明代理服务器软件的安装与设置。

1. WinGate 安装

在安装时需要选择是安装服务器还是客户端，如图 6-32 所示。如果是服务器安装，就选择第二个单选按钮，也就是配置这台计算机为 WinGate 服务器。单 Continue 按钮进入下一步，如果没有其他的要求就直接以默认方式安装，安装完成之后，机器会要求重启。系统在重新启动后自动在后台运行 WinGate 服务和相关程序。

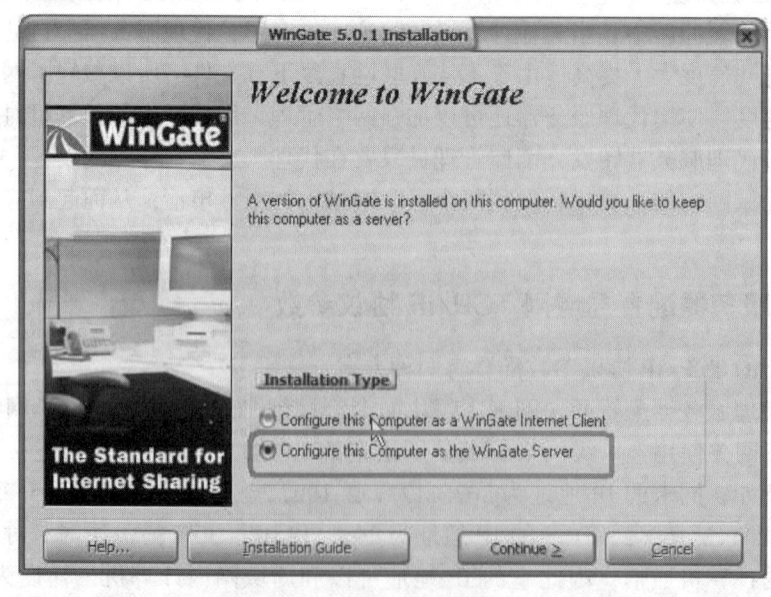

图 6-32　WinGate 安装

2. Wingate 配置

单击"开始"→所有"程序"→"WinGate"→"Start WinGate Engine"命令，启动服务。再用同样的方式启动 GateKeeper，输入管理员密码。启动后的界面如图 6-33 所示：

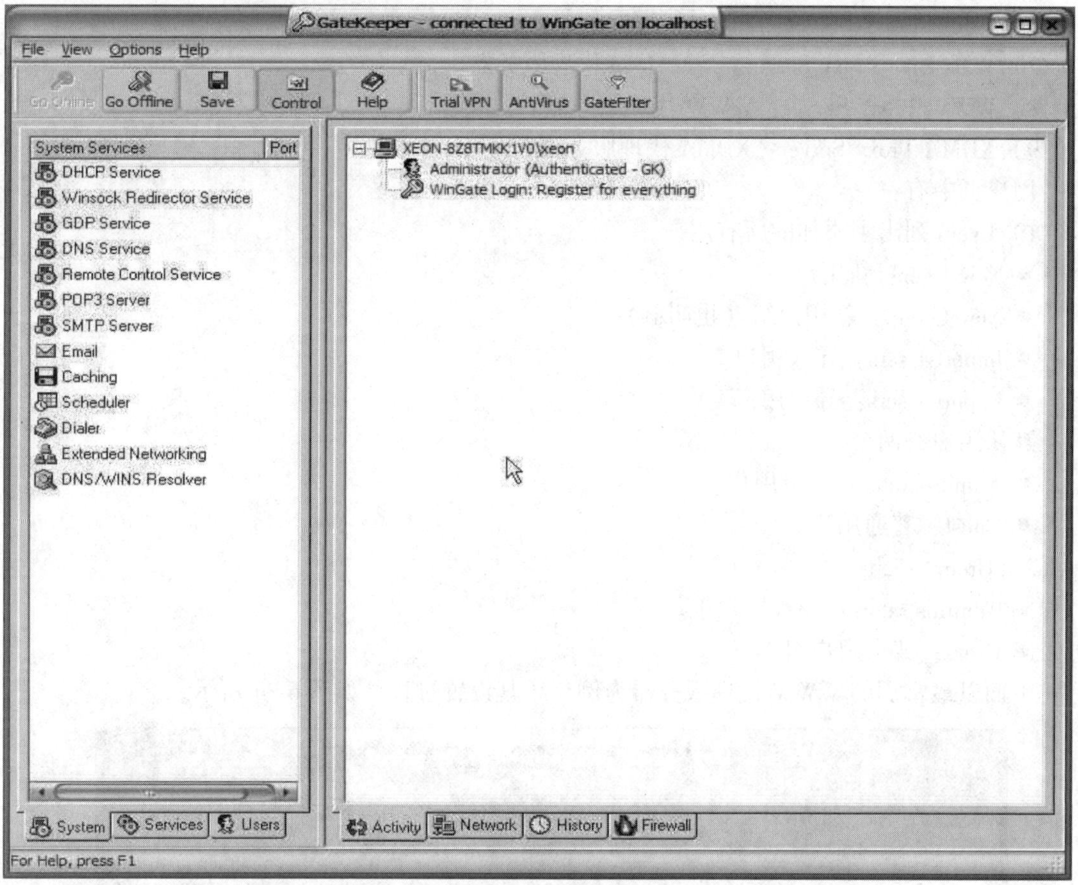

图 6-33 WinGate 管理器

左边为常用的功能设置：System（系统页），Services（服务页）和 Users（用户页）。

在系统页中，选择要设置的项，单击右键就会弹出相应的菜单。

1）DHCP Service：使用动态 IP 还是固定的 IP 地址。因为大多数 Server 在安装时，也启用了这项功能，如果 Server 上已有这项服务，就可以使用右键选取 Stop 命令，停止这项服务否则使用右键选取 Start 命令，开始这项服务。

2）DNS Service：域名服务。

3）Remote Control Service：远程控制服务。

4）POP3 Server：接收邮件的服务器。

5）SMTP Server：邮件发送的服务器。

在服务页中，需要对不同的服务进行设置。

1）FTP Proxy Server：FTP 代理服务器。

2）Log File Server：记录文件服务器。

3）POP3 Proxy Server：POP3 代理服务器。

4）RTSP Proxy Server：RTSP 代理服务器。

5）SOCKS Proxy Server：SOCKS 代理服务器。

6）Telnet Proxy Server：Telnet 代理服务器。

7）VOD Live Proxy Server：VOD Live 代理服务器。

8）WWW Proxy Server：WWW 代理服务器。

9）XDMA Proxy Server：XDMA 代理服务器。

用户页中有：

1）Users 列出了添加的所有用户。

- New User：新用户。
- New Group：新用户组（也叫群）。
- Import Users：导入用户。
- Export Users：导出用户。

默认用户有两个。

- Administrator：超级用户。
- Guest：普通用户。

2）Groups：组。

- Administrators：超级用户组。
- Users：普通用户组。

下面以最常用的 WWW 代理服务器为例介绍其设置过程，如图 6-34 所示。

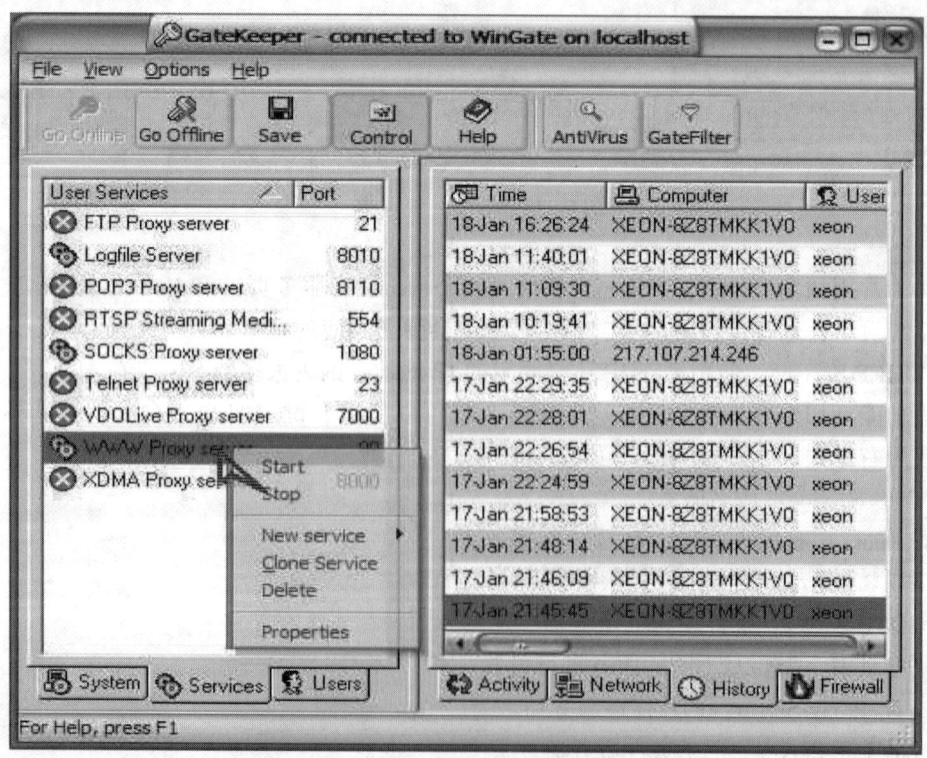

图 6-34　WinGate 中 WWW 代理服务的设置

用右键单击 WWW Proxy Server，在弹出的快捷菜单中选择 Properties 命令，系统弹出 WWW Proxy server Properties 对话框，如图 6-35 所示。如果经常使用这项服务，就把它设为自动；如果偶尔使用的话，就设为手动。

WinGate 还提供了 FTP Proxy、Telnet Proxy、POP3 Proxy、Real Audio Proxy、SOCKS Proxy 等代理服务，设置方法和 WWW Proxy 大同小异。

6.7.3 客户计算机使用代理的设置

设置了代理服务器后，局域网内的计算机上网时，必须指定代理服务器的 IP 地址。在 Internet Explorer 的设置中，代理设置在"查看"菜单的"Internet 选项"中，首先单击"Internet 选项"对话框中的"连接"按钮，选中"通过代理服务器连接"，在下方的"地址"文本框中输入代理服务器的 IP 地址，在"端口"文本框中输入代理服务器使用的服务端口号。服务端口号一般根据服务器端代理服务软件的设置而定，WinGate 的 WWW Proxy 服务端口号一般为 80，这是默认值。在不引起冲突的前提下，网络管理员可以自己指定服务端口号。

在使用 Telnet 软件时，首先用 Telnet 注册到代理服务器上，在 Win Gate > 提示符下，输入要登录的主机名或 IP 地址，并可附加端口号，按下〈Ctrl + Enter〉组合键即可连接远程主机。

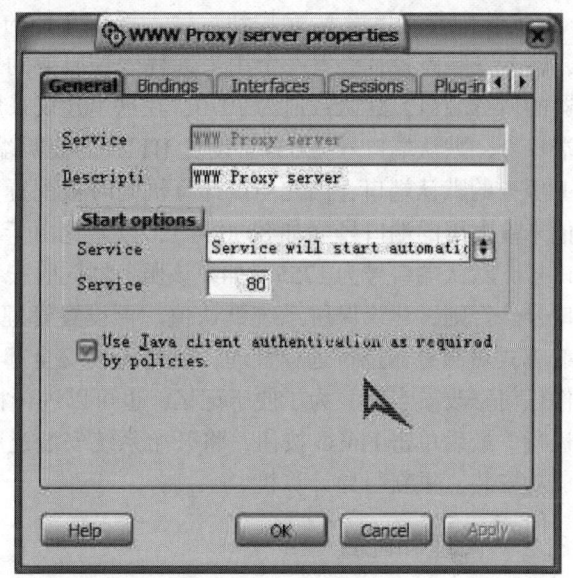

图 6-35　WWW Proxy server properties 对话框

在用 WinGate 作为代理服务器的局域网中，使用 E-mail 客户端软件的关键是配置好这些软件的 POP3 服务器、SMTP 服务器和用户的账户。在配置客户端程序之前，首先要保证 WinGate 代理服务器上的 SMTP Mapping 设置正确，在 SMTP Mapping 服务中要选中 Enable Default Mapping，并输入客户端程序使用的 SMTP 服务器地址和端口号。进入邮件服务器设置对话框，将 SMTP 和 POP3 服务器都设置为代理服务器的 IP 地址；POP3 账户应该设置为电子邮件地址，如 test66@263.net，并将账户中的"@"改为"#"号，是 WinGate 的 POP3 Proxy 中指定的分隔符；电子邮件地址也要写成 POP3 账户的形式。这样就可以通过 POP3 代理服务器和 SMTP Mapping 收发电子邮件了。

6.8　视频点播服务器

如今网络上流行的多媒体格式很多，有 RM、RMVB、FLASH、RP/RT、MPEG-1、MPEG-4、QuickTime、ASF/WMA 等。这些格式由于具有压缩率高以及体积小的特点，所以特别适合于在网络上传播，因而很多网站都提供这些格式的媒体资源让用户进行访问，如在线电影、视频点播等。

Real 服务就是 Real 公司的流媒体服务器软件,其最新版本为 Helix Server。下面来介绍如何在 Windows 2003 中搭建、配置与管理 Helix Server 视频点播服务器。

6.8.1 搭建视频点播服务器

Helix Server 软件可从官方网站 http://www.realnetworks.com/下载。需要注意的是,在安装 Helix Server 之前,应当确认自己已经获得了服务授权文件。当然如果到 Helix Server 的官方网站注册,可以获得一个免费试用 12 个月的授权文件(扩展名为 .lic)。

双击运行下载的 Helix Producer Plus,它首先会自解压缩,然后将显示 Setup Of Helix Server 安装向导。单击 Next 按钮,输入授权文件的文件名及其所在的文件夹,阅读使用协议,输入安装路径,设置一个用来远程管理服务的用户名和密码,指定 PNA 方式连接时服务器的侦听端口,默认数值为 7070,在这里建议采用系统默认值。然后设置 RTSP 连接使用的端口号,默认端口号为 554。设置 HTTP 的侦听端口,默认端口号为 80。由于 80 端口是 Web 服务的默认端口,因此当该计算机同时被配置为 Web 服务器时,应当将该数值修改为其他未被占用的端口号(如 8080 等),以避免由于端口冲突而导致服务失败。再设置 MMS 端口号,默认端口号为 1755。如果该服务器同时安装有 Windows Media 服务,则需要修改该端口号。否则,建议保留系统默认值。再设置管理员专用的管理端口。由于管理员可以用 Web 方式对服务器进行远程管理,因此为了安全起见,该端口号是随机产生的,一般不需要作任何修改。当然,为了便于记忆,也可以进行相应的修改。再设置服务是否后台自动启动运行。最后单击 Finish 按钮,将开始系统安装过程。在安装完成后,提示 Helix Server 已经成功安装,重新引导计算机。

6.8.2 管理和配置

在 Helix Server 安装完成后,它并不能立即提供视频点播服务。首先必须要为其绑定 IP 地址,才可以让用户访问到它。另外,由于默认主目录(即安装目录)为系统分区,还应当将它修改为其他磁盘容量更大的数据分区才行。

双击桌面上的 Helix Server Administrator 图标,或者单击"开始"→"所有程序"→HelixServer→Helix Server Administrator 命令,均可进入服务器管理窗口。或通过浏览器,在地址栏中输入 http://Real 服务器的 IP 地址:管理端口号/admin/index.html 并按〈Enter〉键,将显示登录对话框,在这里提示输入用户名和密码。如果用户总是在本地计算机上进行管理,这样下次就可以直接进入管理界面,其管理的项目如下。

(1)修改协议端口

通常情况下,无须修改该协议端口,除非是在 Helix Server 端口与其他服务端口发生冲突的情况下。

(2)绑定 IP 地址

当 Helix 服务器拥有两个以上 IP 地址时,通常情况下需要为其绑定一个 IP 地址。单击其中的 IP Binding 选项,将显示 IP 地址绑定页面。单击其中的"+"按钮,并在 IP Address 列表框中添加一个 0.0.0.0 的 IP 地址。在该列表框中选择"0.0.0.0"地址,然后直接在 Edit IP Address 文本框中输入要与该 Helix Server 绑定的 IP 地址。然后单击 Apply 按钮,与 Helix Server 绑定的 IP 地址将显示在列表框中。单击 Apply 按钮,在这里提示需重新启动 Real 服务才能使该服务生效,单击"确定"按钮。确认 Configuration Change Results 对话框中绑定的 IP 地址是否正确,单击 Close 按钮关闭该对话框。

(3) 修改根目录

与 Web 服务相似,Real 服务也有它自己的根目录,默认值为 C:\Program Files\Real\Helix Server\Content。也就是说,如果不作任何修改,那么所有的媒体文件都将保存在系统引导分区中。显然这既不利于系统的安全和稳定,也不利于大量流媒体数据的存储。通常情况下,由于引导盘分区都比较小,它只用来保存系统文件和应用程序。而数据则都被保存于其他分区,这样既便于数据的管理,也有利于系统的安全。因此,必须修改 Real 的根目录(即装载点),并将其指定到其他逻辑分区。

(4) 设置最大连接数

Helix Server 可以对服务器的最大连接数量以及最大带宽进行限制。如果服务器的性能较差、硬盘读取速度不够快以及网络设备的带宽较窄时,需要对同时连接用户数量进行控制,以避免可能发生的系统瘫痪或网络拥塞。单击管理界面中的 Connection Control 超级链接,将显示连接控制页面。

(5) 访问控制

Helix Server 在安全方面做得也相当不错,它可以禁止(或允许)特定的 IP 范围内的客户端对 Real 服务器进行访问,从而避免用户对该点播服务器的滥用。依次单击 Security 和 Access Control 超级链接,将显示访问控制页面。单击其中的 Add New 按钮,将给服务器添加一条新的访问规则。

(6) 服务器的监控

Helix Server 提供了较为详尽的服务监视功能,管理员只需借助于支持 Java 的 Web 浏览器即可了解一切管理信息,从而实现了对 Real 服务的远程监控。

6.8.3 访问视频服务器资源

Helix Server 并没有像 Windows Media 那样提供发布文件或 HTML 文档,因此必须采用手工方式来创建 Web 页,以便于用户访问。

RTSP 的通用 URL 格式为:

和 rtsp://Real 服务器的 IP 地址:554/子文件夹/rm 格式文件名

rtsp://Real 服务器的域名:554/子文件夹/rm 格式文件名

需要注意的是,这里的 554 是 RTSP 协议的默认端口号,可以忽略不写。如果要为 RTSP 协议指定其他端口号,则必须在该 URL 中指定将要使用的端口号。

另外,由于 Helix Server 同时还支持 MMS 协议,所以它可以同时支持 ASF、WMV、WMA 和 MP3 文件的播放。这些流媒体文件也与 RM 格式文件一样,必须保存在装载点所在的文件夹中。在实现视频点播时,必须要使用 MMS 协议。MMS 默认的端口号为 1755。如果使用的是 MMS 协议默认端口号,可以忽略不写。如果在配置中修改了该端口号,则必须在 URL 中进行指定。

当浏览者单击相关超级链接时,Realone Player 将自动连接至 Helix Server。在进行适当的下载缓存后即开始播放,从而实现视频点播的目的。另外,可以将 RM 格式文件直接放在 Web 服务器的目录中,这时客户端用户也可以使用 HTTP 文件来访问。但这种方式可能会造成客户端用户的下载，如使用网际快车等多线程下载工具来下载多媒体文件，会占用大量的带宽，从而影响其他用户的访问。

6.9 习题

1. 名词解释

（1）域名服务；（2）BBS；（3）邮件服务；（4）DHCP；（5）代理服务器。

2. 填空题

（1）域名服务器的类型有_____、_____、_____和_____。

（2）电子邮件服务器的主要管理任务是_____、_____和_____。

3. 选择题

（1）域名的组织结构是【　　】。

A）www.yahoo.com　　　　　B）www，com，gov

C）202.112.10.33　　　　　D）book@263.net

（2）IIS 能提供的服务是【　　】。

A）BBS　　　B）FTP　　　C）E-mail　　　D）DHCP

4. 简答题

（1）在一个网络中，已有一台域名服务器，但另一台 UNIX 客户机只能通过 IP 地址访问其他主机，而不能用域名进行访问，为什么？如何解决？

（2）简述连接代理服务器的两种形式。

（3）简述安装 POP3 的操作步骤。

（4）如何使有些用户能访问 FTP 服务器，而有些用户不能访问 FTP 服务器？

（5）简述采用 DHCP 的优缺点。

5. 实践案例

（1）在 Windows 2003 中安装 IIS，并配置 WWW、FTP。

（2）在 Windows 2003 中安装 WinMail 服务器。

（3）在 Windows 2003 中安装 WinGate 服务器。

（4）在 Windows 2003 中安装 DHCP 服务器。

（5）在 Windows 2003 中安装视频点播服务器。

第7章 计算机网络安全及管理技术

本章将介绍计算机网络安全、防火墙、网络管理的协议和功能以及网络热点技术；重点讲述网络安全技术和网络管理技术。

7.1 计算机网络安全

计算机网络安全是指通过采取各种技术和管理措施，确保网络数据的可用性、完整性和保密性，其目的是确保经过网络传输和交换的数据不会发生增加、修改、丢失和泄漏等。

随着计算机网络技术的发展，网络的安全和可靠成为不同使用层次的用户共同关心的问题。人们都希望自己的网络能够更加可靠地运行，不受外来入侵者的干扰和破坏。解决好网络的安全性和可靠性，是保证网络正常运行的前提和保障。

7.1.1 网络系统安全介绍

由于计算机网络具有面向众多用户的性质，自然地引入了各种必须关注的潜在的安全问题。网络系统的安全是每个网络策划者和管理者都应首先关注的重点。

1. 计算机安全基础

（1）什么是计算机安全

国际标准化组织（ISO）对计算机安全作了如下定义：计算机安全是指为保护数据处理系统而采取各种技术和管理措施，保护计算机硬件、软件和数据不会因偶然或人为的原因而遭到破坏、更改和泄密。

（2）计算机安全的主要内容

计算机硬件的安全性，如计算机硬件设备、安装和配置的安全性；确保计算机安全的环境条件，包括机房、电源等。

软件安全性，如保护计算机系统软件、应用软件和开发工具，使它们不被非法修改、复制和感染病毒。

数据安全性，如保护数据不被非法访问、保护数据的完整性、数据保密性等。

计算机运行安全性，如计算机运行遇到突发事件的安全处理等。

（3）计算机安全遭受破坏的方式

窃取计算机用户密码、上机或通过网络非法访问数据、复制、删改软件和数据。通过磁盘、网络等传播计算机病毒。通过截取计算机工作时产生的电磁波辐射或通信线路来破译计算机数据。偷窃存储有重要数据的存储介质，如光盘、磁带、硬盘、U盘等。"黑客"通过网络非法侵入计算机系统。

（4）保护计算机安全的措施

物理措施包括机房安全，严格的安全制度，采取防窃听、防辐射措施等。数据加密，对磁盘上的数据或通过网络传输的数据进行加密。防止计算机病毒，计算机病毒会对计算机系统的资源产生很大的危害，甚至造成重大损失。采取安全访问措施，如使用身份认证和密码，设置数据或文件的访问权限。采取其他安全措施，包括确保数据的完整性、计算机容错、数据备份和加强审计等。最重要的是要加强安全教育，培养安全意识。

2. 网络安全基础

（1）网络安全的内涵

网络安全的传统提法一般是指信息的保密性（Security）、完整性（Integrity）和可靠性（Reliability）。后来，计算机安全专家又提出了一种新的安全框架，在原来的基础上增加了实用性（Utility）、真实性（Authenticity）和占有性（Possession）。

（2）可能受到威胁的网络资源

硬件设备，如服务器、交换机、路由器、集线器和存储设备等；软件，如操作系统、应用软件、开发工具等；数据或信息。

（3）网络安全问题日益突出的主要原因

网络是为广大用户共享网上的资源而互连的，然而网络的开放性与共享性也导致了网络的安全性问题，使网络容易受到外界的攻击和破坏，进而使信息的安全保密性受到严重影响。因此，无论是使用专用网还是互联网等公用网，都要注意保护自己本单位、本部门内部的信息资源不会受到外来因素的侵害。通常人们希望网络能为用户提供众多的服务，同时又能提供相应的安全保障措施，而这些措施不应影响用户使用网络的方便性。造成网络安全保密问题日益突出的主要原因有：网络的共享性、系统的复杂性、边界不确定性、路径不确定性。

计算机网络安全被攻击的主要途径包括：通过计算机辐射、接线头、传输线路截获信息；绕过防火墙和用户密码而进入网络，获取信息或修改数据；数据被破译、截获或窃听；计算机网络被注入"病毒"，造成网络瘫痪。

3. 网络安全控制措施

网络规划者应对可能遇到的危险进行评估，在网络设计和运行时考虑相应的安全措施。网络安全控制措施主要从以下3个方面来考虑：

（1）物理安全

物理安全可以分为两个方面，一是人为对网络的损害，二是网络对使用者的危害。

最常见的是施工人员由于不了解地下电缆的位置，而弄断网络电缆，这种情况可以通过采取立标牌标明电缆位置的措施加以防范。未采用结构化布线的网络经常会出现使用者对电缆的损坏，如无意中碰断或碰坏电缆，从而造成网络通信故障，因此，尽量采用结构化布线来安装网络。另外，人为偷窃、故意破坏，小动物（鼠类、虫类等）的破坏，自然灾害（洪水、火灾等）的影响，都会对网络造成威胁，在规划一个网络时都要加以考虑。

网络对使用者的危害在于电缆的电击、高频信号的辐射等，所以，网络的绝缘、接地和屏蔽工作都要做好。

（2）访问控制

识别并验证用户，将用户限制于已授权的活动和资源范围之内。网络的访问控制可以从以下几个方面来考虑。

1）密码。网络安全系统的最外层防线就是网络用户的登录，在注册过程中，系统会检查用户的登录名和密码的合法性，只有合法的用户才能进入系统，不合法的用户将被拒绝，因此，只要知道系统的登录名和密码，任何人都可以进入一个系统。

2）网络资源的属主、属性和访问权限。网络资源主要包括共享文件、共享打印机、网络通信设备等网络用户都可以使用的资源。资源的属主体现了不同用户对资源的从属关系，如建立者、修改者、同组成员等。资源的属性表示了资源本身的存取特性，如可被读、写或执行等。访问权限主要体现在用户对网络资源的可用程度上。利用指定网络资源的属主、属性和访问权限可以有效地在应用层控制网络系统的安全性。

3）网络安全监视。网络监视通称为"网管"，它的作用主要是对整个网络的运行情况进行动态地监视并及时处理各种事件。一般网络监视都采用专用的网管软件系统。通过网络监视可以简单明了地找出并解决网络上的安全问题，如定位网络故障点、捉住 IP 盗用者、控制网络访问范围等。

4）审计和跟踪。网络的审计和跟踪包括对网络资源的使用、网络故障、系统记账等方面的记录和分析。这对网络安全来说是至关重要的，因为系统管理员不可能时刻坐在网络监视器前并捕捉到每一个网络事件。审计和跟踪一般由两部分组成，一是记录事件，即将各类事件全部记录到文件中；二是对记录进行分析和统计，从而找出问题。

（3）传输安全

要求保护网络上被传输的信息，以防止被动的（未加修改）和主动的（加以修改）侵犯。良好的物理安全控制是保证传输安全的前提，下面介绍一些对数据传输保护的方法。

1）加密与数字签名。任何良好的安全系统都必须包括加密，因为几乎所有的网络都有可能被窃听。通过各种方法，一个用户可以截获网络上传输的全部数据；但如果传输的数据是加密的，在没有解密密钥的情况下，截获的数据没有任何意义。

网络上的加密可以分为 3 层，第一层为数据链路层加密，即对数据在线路传输前后分别进行加密和解密，这样可以减少在传输线路上被窃听的危险，但付出的代价是使网络运行和传输的速度变慢；第二层是传输层的加密，使数据在网络传输期间保持加密状态；第三层是应用层上的加密，让网络应用程序对数据进行加密和解密。上述 3 层可以单独使用，但结合在一起使用效果会达到最佳。

数字签名是数据的接收者用来证实数据的发送者确实无误的一种方法，这种签名所起的作用与纸面上的亲笔签名是一致的。它主要通过加密算法和证实协议而实现。

2）SSL 协议。SSL（Secure Socket Layer）是在互联网电子商务活动中发展起来的技术，由 Netscape 公司设计，它是位于 TCP/IP 协议之上的安全协议，可以实现互联网中数据的安全传输。

SSL 的目标是提供两个应用软件之间通信的保密性和可靠性，它独立于应用协议，因而上层协议可以叠加于 SSL 协议上。SSL 的安全协议集中于握手协议上，每个需要提供服务的厂家都要向 CA（Certificate Authority）申请授权，在 CA 检验申请合法后，CA 会在申请上添加一个数字签名，并提供给厂家使用。

另外，一种基于 SSL 的安全超文本传输协议（SHTTP）也是目前常用的 WWW 安全传输技术，它定义了信息的封装、加密、密钥传输、认证传输及信息过滤等功能。SHTTP 支持 RSA、Kerberos 等加密协议，还为程序员提供了灵活的编程接口。

3）电子邮件安全。据统计，电子邮件是互联网上使用最多的服务，每时每刻互联网上都有无数的电子邮件在传送着，其中有不少是相当重要的邮件。一般情况下，邮件都以明文方式进行传输，一封邮件从发送者到接收者，往往经过多个结点的层层传递，失密的可能性极大。因此，保证邮件的安全是相当现实的一个问题。

我们知道，电子邮件在传输中使用的是 SMTP 协议，它不提供加密服务，攻击者可在邮件传输中截获数据。其中的文本格式、非文本格式的二进制数据（如.exe文件）都可轻松地还原。用户收到好像是好友发来的邮件，但这可能是一封冒充的、带着病毒的邮件。还有，电子邮件误发给陌生人或不希望发给的人，也是电子邮件的不加密性客观上带来的信息泄露。安全电子邮件能解决邮件的加密传输问题，验证发送者的身份验证问题，错发用户的收件无效问题（因为需要用密钥解密）。但是，安全电子邮件不能解决邮件炸弹、防御病毒在邮件中的传播、邮件服务器的入侵等问题。

保证电子邮件的安全常用到 PGP（Pretty Good Privacy）和 S/MIME（Secure MultiPurpose Internet Mail Extensions）两种端到端的安全技术。它们的主要功能就是身份的认证和传输数据的加密。

PGP 是基于 RSA 加密技术的邮件加密系统，主要用于防止非授权者对邮件的阅读与修改，同时还能为邮件提供数字签名以保证邮件的真实性。PGP 不仅可用来传送重要的私人邮件，还可用来发表公开声明，所有收到声明的人都可以用声明人的公共密钥对其认证。互联网上有许多免费的 PGP 共享软件可供用户使用。在发送邮件前，用 PGP 软件将其加密，就可以保证邮件安全地发送给接收者了。

S/MIME 是从 PEM（Privacy Enhanced Mail）和 MIME（Internet 邮件的附件标准）发展而来的。同 PGP 一样，S/MIME 也利用单向散列算法和公钥与私钥的加密体系。但它与 PGP 主要有两点不同：它的认证机制依赖于层次结构的证书认证机构，所有下一级的组织和个人的证书由上一级的组织负责认证，而最上一级的组织（根证书）之间相互认证，整个信任关系基本是树状的。还有，S/MIME 将信件内容加密签名后作为特殊的附件传送，它的证书格式采用 X.509，但与一般浏览器网上使用的 SSL 证书有一定差异。国内众多的认证机构基本都提供一种叫"安全电子邮件证书"的服务，其技术对应的就是 S/MIME 技术。

4）防火墙。TCP/IP 协议群的迅速崛起导致了互联网的诞生与迅猛发展。然而，由于 TCP/IP 协议的先天性特征，互联网上是不安全的，为了使互联网更安全，推出了不少技术标准，防火墙（Firewall）是互联网上广泛应用的一种安全措施，在 7.1.4 节将专门介绍。

7.1.2 信息安全技术

传统的互联网是一个无中心的、不可控的、没有 QoS 保证的、"尽力而为"（Best-effort）的网络。为了解决安全接入的问题，人们采取了"密码字"等措施，但很容易被猜破，难以对抗有组织的集团性攻击。近年来，伴随着宽带互联网技术和大规模集成电路技术的飞速发展，公钥密码技术有了其用武之地，加密、解密的开销已不再是其应用的障碍。因此，国际电信联盟（ITU）、国际标准化组织（ISO）、国际电工委员会（IEC）、互联网工程任务组（IETF）等密切合作，制定了一系列有关公钥基础设施（Public Key Infrastructure，PKI）的技术标准，通过认证机制，建立证书服务系统，通过证书绑定某个网络实体的公钥，使网络的每个实体均可识别，从而有效地解决了网络上"你是谁"的问题，把宽带互联网在一定的安全域内变成了一个可控、可管、安全的网络。

PKI 通过对数字证书进行扩展，在公钥证书的基础上，给特定的网络实体签发属性证书，用以表征实体的角色和属性的权力，从而解决了在大规模的网络应用中"你能干什么"的授权问题。这一特点对实施电子政务十分有利。因为电子政务从一定意义上讲，就是把现实的政务模拟到网上来实现。在传统的局域网中，虽然也可以按照不同的级别设置访问权限，但权限最高的往往不是部门的主要领导，而是网络的系统管理员，这和政务现实不相符。而利用 PKI 可以方便地构建授权服务系统，在需要保密时，可以利用私钥的唯一性，才能保证有权限的人做某件事，其他人包括网络系统管理员也不能做未经授权的事；在需要大家都知道时，有关人员都能用公钥去验证某项批示是否确实出自领导之手，从而保证真实可靠、确切无误。

作为提供信息安全服务的公共基础设施，PKI 是目前公认的保障网络安全的最佳体系。在我国，PKI 建设在几年前就已开始启动，截至目前，金融、政府、电信等部门已经建立了多家 CA 认证中心。如何推广 PKI 应用，加强系统之间、部门之间、国家之间 PKI 体系的互通互连，已经成为目前 PKI 建设亟待解决的重要问题。

1. PKI

PKI 技术就是利用公钥理论和技术建立的提供信息安全服务的基础设施，是 CA 认证、数字证书、数字签名以及相关安全应用组件模块的集合。作为一种技术体系，PKI 可以作为支持认证、完整性、机密性和不可否认性的技术基础，从技术上解决网上身份认证、信息完整性和抗抵赖等安全问题，为网络应用提供可靠的安全保障。但 PKI 不仅仅涉及技术层面的问题，还涉及电子政务、电子商务以及国家信息化的整体发展战略等多层面问题。PKI 作为国家信息化的基础设施，是相关技术、应用、组织、规范和法律法规的总和，是一个宏观体系，其本身体现了强大的国家实力。PKI 的核心是要解决信息网络空间中的信任问题，确定信息网络空间中各种经济、军事和管理行为主体（包括组织和个人）身份的唯一性、真实性和合法性，保护信息网络空间中各种主体的安全利益。

一个标准的 PKI 域必须具备以下主要内容：

（1）认证机构（Certificate Authority，CA）

CA 是 PKI 的核心执行机构，是 PKI 的主要组成部分，业界人士通常称它为认证中心。从广义上讲，认证中心还应该包括证书申请注册机构（Registration Authority，RA），它是数字证书的申请注册、证书签发和管理机构。

（2）证书和证书库

证书是数字证书或电子证书的简称，它符合 X.509 标准，是网上实体身份的证明。证书是由具备权威性、可信任性和公正性的第三方机构签发的，因此，它是权威性的电子文档。

证书库是 CA 颁发证书和撤销证书的集中存放地，它像网上的"白页"一样，是网上的公共信息库，可供公众进行开放式查询。一般来说，查询的目的有两个：一是得到与之通信实体的公钥；二是验证通信对方的证书是否已进入"黑名单"。证书库支持分布式存放，即可以采用数据库镜像技术，将 CA 签发的证书中与本组织有关的证书和证书撤销列表存放到本地，以提高证书的查询效率，减少向总目录查询的瓶颈。

（3）密钥备份及恢复

密钥备份及恢复是密钥管理的主要内容，用户由于某些原因将解密数据的密钥丢失，从而使已被加密的密文无法解开。为避免这种情况的发生，PKI 提供了密钥备份与密钥恢复机制：当用户证书生成时，加密密钥即被 CA 备份存储；当需要恢复时，用户只需向 CA 提出申请，CA 就会为用户自动进行恢复。

（4）密钥和证书的更新

一个证书的有效期是有限的，这种规定在理论上是基于当前非对称算法和密钥长度的可破译性分析；在实际应用中是由于长期使用同一个密钥有被破译的危险，因此，为了保证安全，证书和密钥必须有一定的更换频度。为此，PKI 对已发的证书必须有一个更换措施，这个过程称为"密钥更新或证书更新"。

证书更新一般由 PKI 系统自动完成，不需要用户干预。即在用户使用证书的过程中，PKI 也会自动到目录服务器中检查证书的有效期，在有效期结束之前，PKI/CA 会自动启动更新程序，生成一个新证书来代替旧证书。

(5) 证书历史档案

经过一段时间后，每个用户都会形成多个旧证书和至少一个当前新证书。这一系列旧证书和相应的私钥就组成了用户密钥和证书的历史档案。记录整个密钥历史是非常重要的。例如，某用户几年前用自己的公钥加密的数据或者其他人用自己的公钥加密的数据无法用现在的私钥解密，那么该用户就必须从他的密钥历史档案中，查找到几年前的私钥来解密数据。

(6) 客户端软件

为方便客户操作，解决 PKI 的应用问题，在客户端装有客户端软件，以实现数字签名、加密传输数据等功能。此外，客户端软件还负责在认证过程中，查询证书和相关证书的撤销信息以及进行证书路径处理、对特定文档提供时间戳请求等。

(7) 交叉认证

交叉认证就是多个 PKI 域之间实现互操作。交叉认证实现的方法有多种：一种方法是桥接 CA，即用一个第三方 CA 作为桥，将多个 CA 连接起来，成为一个可信任的统一体；另一种方法是多个 CA 的根 CA（RCA）互相签发根证书，这样当不同 PKI 域中的终端用户沿着不同的认证链检验认证到根时，就能达到互相信任的目的。

随着 PKI 技术应用的不断深入，PKI 技术本身也在不断发展与变化，近年来比较重要的变化有以下几个方面：

(1) 属性证书

授权管理基础设施（Privilege Management Infrastructure，PMI）。授权技术的核心思想是以资源管理为核心，将对资源的访问控制权统一交由授权机构进行管理，即由资源的所有者来进行访问控制管理。

在 PKI 信任技术中，授权证书非常适合于细粒度的、基于角色的访问控制领域。X.509 公钥证书原始的含义非常简单，即为某个人的身份提供不可更改的证据。但是，在许多应用领域，如电子政务、电子商务应用中，需要的信息远不止身份信息，尤其是当交易的双方在以前彼此没有过任何关系的时候。在这种情况下，关于一个人的权限或者属性信息远比其身份信息更为重要。为了使附加信息能够保存在证书中，X.509 v4 中引入了公钥证书扩展项，这种证书扩展项可以保存任何类型的附加数据。随后，各个证书系统纷纷引入自己的专有证书扩展项，以满足各自应用的需求。

(2) 漫游证书

证书应用的普及自然产生了证书的便携性需要，而到目前为止，能提供证书和其对应私钥移动性的实际解决方案只有两种：第一种是智能卡技术，在该技术中，公钥/私钥对存放在卡上，但这种方法存在缺陷，如易丢失和损坏，并且依赖读卡器（虽然带 USB 接口的智能钥匙不依赖读卡器，但成本太高）；第二种选择是将证书和私钥复制到一张软盘上备用，但软盘不仅容易丢失和损坏，而且安全性也较差。

一个新的解决方案就是使用漫游证书。漫游证书通过第三方软件提供，只需在任何系统中正确地配置，该软件（或者插件）就可以允许用户访问自己的公钥/私钥对。它的基本原理很简单，即将用户的证书和私钥放在一个安全的中央服务器上，当用户登录到一个本地系统时，从服务器安全地检索出公钥/私钥对，并将其放在本地系统的内存中备用，当用户完成工作并从本地系统注销后，该软件自动删除存放在本地系统中的用户证书和私钥。

(3) 无线 PKI（WPKI）

随着无线通信技术的广泛应用，无线通信领域的安全问题也引起了广泛的重视。将 PKI 技术直接应用于无线通信领域存在两方面的问题：一是无线终端的资源有限（运算能力、存储能力、电源等）；二是通信模式不同。为适应这些需求，目前已公布了 WPKI 草案，其内容涉及 WPKI 的运作方式、WPKI 如何与现行的 PKI 服务相结合等。

WPKI 中定义了 3 种不同的通信安全模式，在证书编码方面，WPKI 证书格式要尽量减少常规证书所需的存储量，采用的机制有两种：一是重新定义一种证书格式，以此减小 X.509 证书的尺寸；二是采用 ECC 算法减少证书的尺寸，因为 ECC 密钥的长度比其他算法的密钥要短得多。WPKI 也在 IETF PKIX 证书中限制了一个数据区的尺寸。由于 WPKI 证书是 PKIX 证书的一个分支，还要考虑与标准 PKI 之间的互通性。

2. CA 认证技术

随着计算机技术、网络技术的发展，人们从面对面的交易和作业变成网上互相不见面的操作，没有国界、时间限制，可以利用互联网的资源和工具进行访问、攻击，甚至破坏。在网上进行交易时，由于交易双方并不是现场交易，怎样保证交易双方身份的真实性和交易的不可抵赖性，就成为人们非常关心的一个问题。因此，在电子商务中，必须从技术上保证在交易过程中能够实现：身份认证、安全传输、不可否认性、数据一致性。在采用 CA 证书认证体系之前，交易安全一直未能真正得到解决。由于 CA 证书认证技术采用了加密传输和数字签名技术，能够实现上述要求，因此在国内外的电子商务中，都得到了广泛的应用，以数字证书认证来保证交易能够得到正常的执行。

在基于证书的安全通信中，证书是证明用户合法身份和提供用户合法公钥的凭证，是建立保密通信的基础。因此，作为网络可信机构的证书管理设施，CA 的主要职能就是管理和维护它所签发的证书，提供各种证书服务，包括证书的签发、更新、回收、归档等。在各类证书服务中，除了证书的签发过程需要人为参与控制外，其他服务都可以利用通信信道，通过用户与 CA 交换证书服务消息进行。

(1) 数字证书

在 CA 认证体系中，数字证书是一个经 CA 数字签名的包含公开密钥拥有者的信息以及其公开密钥的文件。

数字证书是各类终端实体和最终用户在网上进行信息交流及商务活动的身份证明。在电子交易的各个环节，交易的各方都需验证对方数字证书的有效性，从而解决相互间的信任问题。它一般是一段包含用户身份信息、用户公钥信息以及身份验证机构数字签名的数据。身份验证机构的数字签名可以确保证书信息的真实性，用户公钥信息可以保证数字信息传输的完整性，用户的数字签名可以保证数字信息的不可否认性。

数字证书可以应用于公众网络上的商务活动和行政作业活动，包括支付型和非支付型电子商务活动。其应用范围涉及需要身份认证及数据安全的各个行业，包括传统的商业、制造业、流通业的网上交易，以及公共事业、金融服务业、工商税务海关、出入境检验检疫、政府行政办公、教育科研单位、保险、医疗等网上作业系统。

数字证书采用公钥体制，即利用一对互相匹配的密钥进行加密、解密。每个用户自己设定一把特定的仅为本人所知的私有密钥（私钥），用它进行解密和签名；同时设定一把公共密钥（公钥）并由本人公开，为一组用户所共享，用于加密和验证签名。当发送一份保密文件时，发送方使用接收方的公钥对数据加密，而接收方则使用自己的私钥解密，这样信息就可以安全无误地到达目的地了。通过数字的方法保证加密过程是一个不可逆过程，即只有用私有密钥才能解密。

（2）CA 认证

当用户向某一服务器提出访问请求时，服务器要求用户提交其数字证书。收到用户的证书后，服务器利用 CA 的公开密钥对证书中 CA 的签名进行解密，从而获得信息的散列码。然后服务器用与 CA 相同的散列算法对证书的信息部分进行处理，得到一个散列码，将此散列码与对签名解密所得到的散列码进行比较，若相等，则表明此证书确实是 CA 签发的，而且是完整的、未被篡改的证书。这样，用户便通过了身份认证。服务器从证书的信息部分取出用户的公钥，以后向用户传送数据时，便以此公钥加密，只有用户才可以对该信息进行解密。

由于这种认证技术中采用了非对称密码体制，用户的私钥不会在网络上传输，避免了基于密码的认证中传输密码所带来的问题。攻击者即使截获了用户的证书，但由于无法获得用户的私钥，也就无法解读服务器传给用户的信息。因此，有效地保证了通信双方身份的真实性和不可抵赖性。

3. 信息加密技术

在保障信息安全的诸多技术中，密码技术是信息安全的核心和关键技术，通过数据加密技术，可以在一定程度上提高数据传输的安全性，保证传输数据的完整性。

数据加密过程就是通过加密系统把原始的数字信息（明文），按照加密算法变换成与明文完全不同的数字信息（密文）的过程。

目前，常用的加密算法可分为 3 类：

（1）序列密码体制

这种密码直接对当前的字符进行变换，也就是说，以一个字符为单位进行加密变换。在这种加密体制中，每一个字符数据的加密与报文的其他部分无关。例如，直接对明文加上一串同等长度的乱码（也可看成是密钥），只要所用的乱码是随机数且不重复使用，就实现了"一次一密"的加密。从理论上讲，真正实现了"一次一密"的密码是可靠的密码，理论上是不可破译的。这类密码的明文和密文长度一般不变，传递迅速、快捷；其缺点是密码破译人员比较容易得到明密对照双码，便于其进行密码分析，同时乱码的产生和管理比较困难，难以真正做到"一次一密"。该类密码适用于通信领域。

（2）分组密码体制

应用这类密码时，明文按固定长度分组，以分组为单位，分别在密钥的控制下变换成等长的输出数字（简称密文数字）序列。使用分组密码容易实现同步，因为一个密码组的传输错误不会影响到其他的分组，丢失一个密文组不会对随后组的解密产生影响。

（3）公开密钥体制

在公开密钥体制中，常用的一种是 RSA 体制。其数学原理是将一个大数分解成两个质数的乘积，加密和解密用的是两个不同的密钥。即使已知明文、密文和加密密钥（公开密钥），想要推导出解密密钥（私密密钥），在计算上是不可能的。按照现在的计算机技术水平，要破解目前采用的 1024 位 RSA 密钥，需要上千年的计算时间。公开密钥体制的缺点是加/解密速度较慢，据报道，这类密码的运算速率仅达到其他密码的运算速率的 0.001～0.01。目前，公开密钥体制的密码常用于用户认证、数字签名以及密钥传输等，不能适应数据库加密的速度要求。

序列密码体制和分组密码体制属于对称性密码算法，即加密和解密都使用同一密钥。例如，将"I am a boy"按英文字母表顺序循环后移 10 位加密就变成"S kw k lyi"，收到密文的人只要按相同的方法逆推就能够得到原文，因此这样的密钥安全性较低。后来人们为了更安全地传送数据，发明了一种非对称密码算法，公开密钥体制就属于非对称密码算法。这种算法每次会生成一对密钥，分别称为公钥和私钥。公钥是可以在网络上公开或被他人知道的，所以称为"公钥"；私钥是只有用户私人持有且无法读出（包括用户自己）的，所以称为"私钥"。加密时用公钥加密，解密时必须用私钥解密。

每一对公钥和私钥具有以下特点：

第一，这两个密钥完全不相同且不能相互推导。

第二，用私钥加密的数据只有用对应的公钥才能解开。

第三，用公钥加密的数据只有用对应的私钥才能解开。

4. 数字签名技术

对文件进行加密只解决了传送信息的保密问题，而防止他人对传输的文件进行破坏，以及如何确定发信人的身份还需要采取其他方法，即数字签名。在信息安全保密系统中，数字签名技术有着特别重要的地位，在信息安全服务的源鉴别、完整性服务、不可否认服务中，都要用到数字签名技术。完善的数字签名应具备签字方不能抵赖、他人不能伪造、在公证人面前能够验证真伪的能力。

在书面文件上签名是确认文件的一种方法，其作用有两点：第一，因为自己的签名难以否认，从而确认了文件已签署这一事实；第二，因为签名不易仿冒，从而确定了文件是真的这一事实。

数字签名与书面文件签名有相同之处，采用数字签名，也能确认以下两点：第一，信息是由签名者发送的；第二，信息自签发后到收到为止未曾作过任何修改。这样数字签名就可用来防止电子信息因容易被修改而有人作伪，或冒用别人名义发送信息，或发出（收到）信件后又加以否认等情况发生。

数字签名是建立在公开密钥体制基础上的，它是公开密钥加密技术的另一类应用。它的主要方式是，报文的发送方从报文文本中生成一个 128 位的散列值（或报文摘要）。发送方用自己的私人密钥对这个散列值进行加密来形成发送方的数字签名。然后，这个数字签名将作为报文的附件和报文一起发送给报文的接收方。报文的接收方首先从接收到的原始报文中计算出 128 位的散列值（或报文摘要），接着再用发送方的公开密钥来对报文附加的发送方的数字签名进行解密，获得发送方计算出的散列值，并对两个散列值进行比较，如果两个散列值相同，那么接收方就能确认该数字签名是发送方的。通过数字签名能够实现对原始报文的鉴别。

应用广泛的数字签名方法主要有 3 种，即 RSA 签名、DSS 签名和 Hash 签名。这 3 种算法可单独使用，也可综合在一起使用。

用 RSA 或其他公开密钥密码算法的最大方便是没有密钥分配问题（网络越复杂、网络用户越多，其优点越明显）。因为公开密钥加密使用两个不同的密钥，其中一个是公开的，另一个是保密的。公开密钥可以保存在系统目录内、未加密的电子邮件信息中、电话黄页（商业电话）上或公告牌里，网上的任何用户都可获得公开密钥。而私有密钥是用户专用的，由用户本身持有，它可以对由公开密钥加密的信息进行解密。

基于 RSA 算法的数字签名技术实际上是通过一个哈希函数来实现的。数字签名的特点是它代表了文件的特征，文件如果发生改变，数字签名的值也将发生变化。不同的文件将得到不同的数字签名。一个最简单的哈希函数是把文件的二进制码相累加，取最后的若干位。哈希函数对发送数据的双方都是公开的。

DSS 签名是由美国国家标准化研究院和国家安全局共同开发的。由于它是由美国政府颁布实施的，主要用于与美国政府有联系的公司，其他公司较少使用。

Hash 签名是最主要的数字签名方法，也称为数字摘要法（Digital Digest）或数字指纹法（Digital Finger Print）。它与 RSA 不同，RSA 签名是单独的签名，而 Hash 签名则是将数字签名与要发送的信息紧密联系在一起，它更适合于电子商务活动。将一个商务合同的个体内容与签名结合在一起比合同和签名分开传递，更增加了可信度和安全性。

7.1.3 网络攻击与网络病毒

1. 网络黑客与入侵者

黑客一词原本是指程序员，而不是那些非法破坏系统安全的人。他们通常具有硬件和软件的高级知识，并有能力通过创新的方法剖析系统，检查系统完整性和安全性。

入侵者是指怀着不良的企图，闯入甚至破坏远程计算机系统完整性的人。入侵者利用获得的非法访问权破坏重要数据，拒绝合法用户服务请求，或为了自己的目的给他人制造麻烦。

上述两个概念的不同点有：一方面是两者的动机不同；另一方面在于入侵者并不像黑客一样都是在计算机知识方面有着很深造诣的人。

2. 攻击技术

（1）获取密码

这种方式有 3 种方法：一是默认的登录界面（ShellScripts）攻击法。在被攻击主机上启动一个可执行程序，该程序显示一个伪造的登录界面。当用户在这个伪装的界面上输入登录信息（用户名、密码）后，程序将用户输入的信息传送到攻击者主机，然后关闭界面给出提示信息"系统故障"，要求用户重新登录。此后，才会出现真正的登录界面。二是通过网络监听非法得到用户密码，这类方法有一定的局限性，但危害性极大，监听者往往能够获得其所在网段的所有用户账号和密码，对局域网安全威胁巨大。三是在知道用户的账号后（如电子邮件"@"前面的部分）利用一些专门软件强行破解用户密码，这种方法不受网段限制，尤其对那些密码安全系数极低的用户，只要短短的一两分钟，甚至几十秒内就可以将其破解。

（2）电子邮件攻击

这种方式一般采用电子邮件炸弹（E-mail Bomb），是黑客常用的一种攻击手段。是指是用伪造的 IP 地址和电子邮件地址向同一信箱发送数以千计、万计甚至无穷多次的内容相同的恶意邮件，也可称为大容量的垃圾邮件。由于邮件信箱的容量是有限的，当庞大的邮件垃圾到达信箱的时候，就会挤满信箱，把正常的邮件给冲掉。同时，因为它占用了大量的网络资源，常常导致网络堵塞，使用户不能正常地工作，严重时可能会给电子邮件服务器操作系统带来危险，甚至瘫痪。

（3）特洛伊木马（Trojan horse）攻击

"特洛伊木马程序"技术是黑客常用的攻击手段。它通过在计算机系统隐藏一个会在 Windows 启动时运行的程序，采用客户/服务器的运行方式，从而达到在上网时控制计算机的目的。黑客利用它窃取密码、浏览驱动器、修改文件、登录注册表等，如流传极广的冰河木马。

（4）诱入法

黑客编写一些看起来"合法"的程序，上传到一些 FTP 站点或是提供给某些个人主页，诱导用户下载。当一个用户下载软件时，黑客的软件被一起下载到用户的机器上。该软件会跟踪用户的计算机操作，它静静地记录着用户输入的每个密码，然后把它们发送给黑客指定的互联网信箱。例如，有人发送给用户电子邮件，声称为"确定我们的用户需要"而进行调查。作为对填写表格的回报，允许用户免费使用多少小时。但是，该程序实际上却是搜集用户的密码，并把它们发送给黑客。

（5）系统漏洞扫描

许多系统都有很多安全漏洞（Bugs），其中某些是操作系统或应用软件本身具有的，如 Windows 2003/Windows XP 中的 0day 漏洞、IE 6 漏洞以及 Windows 2003/Windows XP 中的 RPC 漏洞等，这些漏洞在补丁未被开发出来之前一般很难防御黑客的破坏，除非不上网。有些程序员设计一些功能复杂的程序时，一般采用模块化的程序设计思想，将整个项目分割为多个功能模块，分别进行设计、调试，这时的后门就是一个模块的秘密入口。在程序开发阶段，后门便于测试、更改和增强模块功能。正常情况下，完成设计之后需要去掉各个模块的后门，不过有时由于疏忽或者其他原因（如将其留在程序中，便于日后访问、测试或维护）后门没有去掉，一些别有用心的人会利用专门的扫描工具发现并利用这些后门，然后进入系统并发动攻击。

（6）网络监听

在一个非交换式局域网中，数据是以广播的形式传送的。通常，数据被送往网络中的每个结点和工作站，而后每个接收者判断这条信息的目标地址与它自己的地址是否相同，如果相同则接收，否则就忽略。但是，如果它们不忽略，它们也可以得到该信息。换言之，这个网段上所有的结点和工作站都可以获得在该网上传输的信息。网络监听工具就是利用这个特性来获取该网段上所有信息的。要防止被监听，可以改用交换式网络或者对传输的数据进行加密。

（7）缓冲区溢出

缓冲区溢出是一个非常普遍、非常危险的漏洞，在各种操作系统、应用软件中广泛存在。缓冲区溢出会带来两种后果，一是过长的字串覆盖了相邻的存储单元，引起程序运行失败，严重的可引起宕机、系统重新启动等后果；二是利用这种漏洞可以执行任意指令，甚至可以取得系统特权。

（8）拒绝服务攻击

拒绝服务攻击（DOS）是指占据了大量的系统资源，没有剩余的资源给其他用户，系统不能为其他用户提供正常的服务。拒绝服务攻击会降低资源的可用性，这些资源可以是处理器、磁盘空间、CPU使用的时间、打印机、调制解调器，甚至是系统管理员的时间。攻击的结果是减少或失去服务。

网络的开放性决定了它的复杂性和多样性，随着技术的不断进步，各种各样高明的黑客还会不断诞生，同时，他们使用的手段也会越来越先进。唯有不断提高个人的安全意识，再加上必要的防护手段，才能保证网络安全。

3. 网络病毒

随着计算机网络的发展，计算机病毒也具有了一些新的特征。

1）传播速度更快：由于病毒借助了网络的力量，所以它的传播速度更快。据统计，目前80%的病毒发生在网络上。联网计算机病毒的传播速度是单机的20倍，宽带联网用户比拨号联网用户遭受感染的可能性更大。

2）危害性更强：以前的计算机病毒主要危害计算机个体，比如，删除硬盘数据、导致系统不稳定等，网络仅仅是它们的一个传播途径，并不对网络本身造成危害。但现在的网络病毒，特别是邮件型病毒和蠕虫型病毒对网络系统的危害是不可忽视的。网络设计人员可能已经在文件目录结构、用户组织、数据安全性、备份与恢复方法上，以及系统容错技术上采取了严格的措施，但是没有重视网络防病毒问题，结果可能造成系统和网络瘫痪。

3）融入了黑客特征：进入21世纪以来，以红色代码、Nimda为代表的病毒采用漏洞攻击，融入了黑客特征。

网络病毒问题的解决，只能从采用先进的防病毒技术与制定严格的用户使用网络的管理制度两方面入手。

7.1.4 网络安全设施

本节主要介绍目前互联网上一个最常用的网络安全措施——防火墙（Firewall）。

1. 防火墙的基本概念

（1）什么是防火墙

古时候，人们常在住处之间砌起一道砖墙，一旦火灾发生，它能够防止火势蔓延到别的地方，这种墙因此而得名"防火墙"。在互联网中，这种概念被引申为内部网与外部互联网之间所设的安全系统。

防火墙是一种访问控制技术，它用于加强两个或多个网络间的边界防卫能力。它在公共网络和专用网络之间设立一道隔离墙，在此检查是否允许进出专用网络的信息通过，或是否允许用户的服务请求，从而阻止对信息资源的非法访问和非授权用户的进入。这是一种被动防卫技术，如图7-1所示。

防火墙并不仅仅指用来提供一个网络安全保障的主机、路由器或多机系统。应该说，防火墙是保障安全的手段，它有助于建立一个网络安全协议，并通过网络配置、主机系统、路由器以及身份认证等手段来实现该安全协议。防火墙系统的主要目标是控制出入一个网络的权限，它要求所有的连接都通过防火墙，以便接受检查。

图 7-1　防火墙

（2）设置防火墙的原因

为什么要引入防火墙呢？因为传统的子网系统往往把自己完全暴露在一些本身并不安全的服务下，暴露在外界主机的侦探和攻击下。这样，子网的安全就要完全依靠于各个主机，并且要求各个主机有相同的安全度。子网越大，越难以保证各主机都有较高的安全度。况且，很多"入侵"是由配置或密码错误造成的，而不是故意的、复杂的攻击。而防火墙能提高系统整体的安全性，给站点带来无尽的好处。

2. 防火墙技术分类

防火墙技术大体上分为两类：网络层防火墙和应用层防火墙。

（1）网络层防火墙

网络层防火墙通常是以路由器为基础的，换句话说，是路由器决定了"谁"和"什么"能访问目标网络。这种方案采用了一种所谓的"数据包过滤"技术，即检查到达路由器的外部数据包并作出选择的技术。它在网络的出入口处（如路由器）对通过的数据包进行选择，只有满足条件的数据包才被允许通过，否则被抛弃。这样可以有效地防止恶意用户利用不安全的服务对内部网进行攻击。

在网络上传输的每个数据包都可分为数据部分和包头两部分。包过滤器就是根据包头信息来判断该包是否符合网络管理员设定的规则表中的规则，以确定是否允许数据包通过。包过滤规则一般是基于某些或全部包头信息的，如 IP 协议类型、IP 源地址、IP 目的地址、TCP 源端口号、TCP 目标端口号和 TCP ACK 标识等。例如，网络层防火墙可以对来自特定互联网地址的信息进行过滤，或者只允许来自特定地址的信息通过。它还可以根据需要的 TCP 端口来过滤信息。如果将过滤器设置成只允许数据包通过 TCP 端口 80（标准 HTTP 端口），那么在其他端口，如端口 25（标准 SMTP 端口）上的服务程序的任何数据包均不得通过。

网络层防火墙既可以允许授权的服务程序和主机直接访问内部网络，也可以过滤指定的端口和内部用户的互联网地址的信息，限制内部网络对外部网络的访问。大多数网络层防火墙的功能可以设置在内部网络与互联网相连接的路由器上。

基于路由器的防火墙有很快的速度，因为它只是简单地检查一下源地址，并不判断源地址的真假。这就意味着带有伪造源地址的数据包也能在一定程度上对目标服务器进行访问。

（2）应用层防火墙

应用层防火墙也称为代理服务器，它能够代替网络用户完成特定的 TCP/IP 功能，控制对应用程序的访问。

应用层防火墙的工作方式与过滤数据包的防火墙、以路由器为基础的防火墙的工作方式稍有不同，它是基于软件的。当远程用户想和一个运行应用网关的网络建立联系时，应用网关会阻塞这个远程连接，然后对连接请求的各个域进行检查。如果此连接请求符合预定的规则，网关便会在远程主机和内部主机之间建立一个"桥"，自己在中间充当转换器和解释器的角色。

这种应用网关代理模型的优点是不进行 IP 转发，更为重要的是可以在"桥"上设置更多的控制，而且这种工具还能提供非常成熟的日志功能。然而，所有的这些优点都是通过牺牲速度换取的，因为每次连接请求和所有发往内部网的报文在网关上都要经过接收、分析、转换和再转发等几个过程，完成这些过程所需要的时间显然比完成以路由器为基础的数据包过滤的时间长得多。

应用层防火墙分别与内部和外部系统连接，不允许信息越过防火墙而传递。整个过程对用户完全透明，如图 7-2 所示。

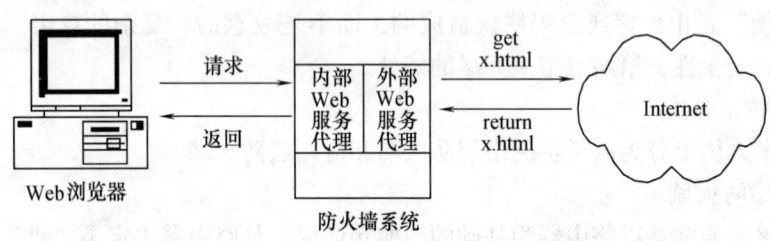

图 7-2 应用层防火墙

应用层防火墙还能记录通过它们的一些信息，例如，什么用户在什么时间访问过什么站点。这些审计信息可以帮助网络管理员识别网络间谍。

表 7-1 对这两种基本类型的防火墙的优缺点进行了比较。

表 7-1 网络层防火墙和应用层防火墙比较

项目分类	网络层防火墙	应用层防火墙
价格	便宜，可设置在内部网络与互联网相连接的路由器上，无须另购	比网络层防火墙要高得多，需要购置专门的软件及高性能的硬件系统，否则会产生严重的通信瓶颈
安装、配置与管理	简单。过滤规则易于维护	复杂。管理员不仅需要清楚地了解 TCP/IP，还需要为存储、监视和报告功能作出最合理的设置
功能	功能单一。按照规则表对数据包进行过滤；只能提供基本的统计记录	功能多，应用灵活。能够提供许多报告、统计和监控的手段，以控制网络的运行；提供有益的内部网络功能，如存储频繁访问的网页、设置拒绝与缺乏商业价值的站点建立连接
编址方式	要求所有的内部主机都要有正确分配的地址。这些地址在互联网上都是可见的，可以被互联网上的系统访问	允许内部网络使用任何寻址模式，因为能够与互联网实现真正通信的唯一系统就是应用层防火墙。这就使管理员可以不受任何约束地对其内部网络进行灵活的编址

项　目 分　类	网络层防火墙	应用层防火墙
安全性	使用路由器过滤数据包可以有效地阻止罪犯进入内部网络，但罪犯有可能绕过过滤器。整个内部网络容易受到来自互联网的入侵	可以使内部网络与外部网络完全隔离。可以监视外部主机的连接企图，并使用启发式分析，确定是否有罪犯要闯入网络。防火墙系统中还存有可疑活动的详细报告，管理人员可以利用该报告调查有潜在危险的互联网主机，并采取预防措施
适用情况	资金有限，缺乏管理更复杂的应用层防火墙的专门技术，拥有的系统没有很大的风险，只配有少数的可供访问互联网的服务程序（如 Telnet、WWW、E-mail）	有用于网络安全的大量资金，拥有管理应用层防火墙的软件和硬件技术，网络管理需要有监视网络连接的详细的报告和统计，系统的保密性和安全性高，需要使内部网络与互联网相隔离

3．防火墙产品

目前使用的防火墙产品分为软件防火墙和硬件防火墙两类。

软件防火墙，如天网防火墙、瑞星防火墙等个人版防火墙，在个人微机上安装这类防火墙可以实现对单机的保护。还有类似 CheckPoint FireWall-1 这样的专业级防火墙，用于对某个局域网进行保护，通常安装在配有多块网卡的 UNIX 服务器上。

硬件防火墙是将防火墙软件与计算机硬件高度集成的专用网络设备，图 7-3 所示为 H3C 公司的一款硬件防火墙。

图 7-3　硬件防火墙

从目前硬件防火墙设计所采用的架构来分，大致分为 3 类：基于 X86 构架、基于 NP（网络处理器）和基于 ASIC 芯片。从效率上来说，基于 ASIC 设计的防火墙应该是最优的；从软件功能上来说，基于 X86 构架的防火墙最容易实现功能扩展；基于 NP 的则介于两者之间。

下面对软件防火墙和硬件防火墙的一般特性进行比较。

（1）软件防火墙

第一，它必须安装在一台带操作系统的机器上，如 NT 或 UNIX。

第二，使用的这些操作系统经常会发现安全的漏洞。如果操作系统是不安全的，那么在其上安装任何防火墙都没用。

第三，操作系统并不是仅为防火墙系统而设计的。它的全部功能需要通过硬盘、文件系统来处理。这样就降低了防火墙的性能。一个软件防火墙的性能也会随着规则和策略的增加而急剧下降。正如我们所知的，用软件的方法检查规则，每一条规则就需要一个软件循环。

第四，软件的解决方案是基于软件许可证（License）的，用户不仅需要购买防火墙的软件许可证，同时还需要购买操作系统的软件许可证。

第五，虚拟专用网、负载平衡和流量控制功能对于 CheckPoint 防火墙产品来说，都需要另外花钱购买。

第六，软件安装往往是很复杂的，一般需要很多步骤来完成，同时也使得故障查找变得复杂化。

（2）硬件防火墙

第一，它运行在自己专用的操作系统上。

第二，硬件防火墙是作为一个网络设备来使用的，安装时无须安装软件，并可通过Web界面进行管理。用户也无须在自己的机器上安装任何特定的管理软件。

第三，硬件的方法使得防火墙的性能大幅提高。防火墙的规则检查也不再需要逐个地循环来检查，因为所有的规则都存储在一个特定的存储区里。当硬件引擎每次需要检查规则时，就去扫描该存储区。因此，检查一条规则或 20 条以上的规则并不会使性能有重大区别。

第四，硬件防火墙产品没有用户软件许可证数的限制。

第五，虚拟专用网、负载平衡和流量控制等功能都集成在一个盒子里，用户无须额外开支。

4. 入侵检测与入侵保护

入侵检测（IDS）技术是为保证计算机系统的安全而设计与配置的一种能够及时发现并报告系统中未授权或异常现象的技术，是一种用于检测计算机网络中违反安全策略行为的技术。入侵检测系统能够识别出任何不希望有的活动，这种活动可能来自于网络外部或内部。

大多数的入侵检测系统都是被动的，而不是主动性的。入侵保护（IDP 或 IPS）则倾向于提供主动性的防护，其设计旨在预先对入侵活动和攻击性网络流量进行拦截，避免其造成任何损失，而不是简单地在恶意流量传送时或传送后才发出警报。

IDS 一般是并联在网络中，以旁路监听的方式实时检测网络可疑流量，在性能上没有太大的影响；而 IDP 在部署时主要是串联在网络中，所有进入内部的网络流量都要经过 IDP，如果发现攻击行为，立即响应并阻断攻击，这样必定会影响网络的性能。

IDS、IDP 与前面介绍的防火墙都属于网络安全设施，但它们对数据包的检查层次是不同的，如图 7-4 所示。

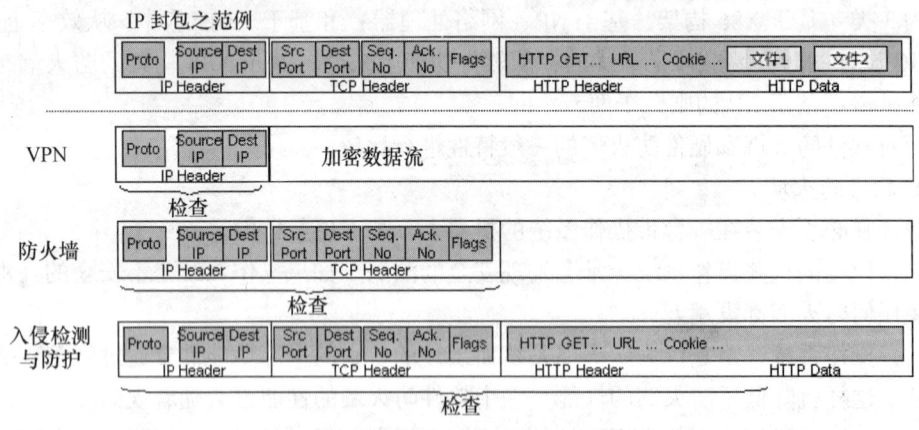

图 7-4　安全技术的检查层次

从图 7-4 中可以看出，防火墙只对 IP 和 TCP 层进行检查，而 IDS、IDP 的检查要仔细得多，因而能够对类似蠕虫病毒这样的攻击进行报警或保护。

7.1.5　安全接入技术

1. 远程访问的安全接入

互联网的兴起推动了整个信息产业的飞速发展，Modem 的出现为单个网络用户获得网络服务带来了福音，它借助于公用电话交换网，使用户摆脱了地理位置对上网的限制，用户可以在任何一个有电话线路的地方拨号接入互联网。然而，这也给网络服务的提供者（ISP）们提出了一个无法回避的问题，即如何保证远程访问的网络安全。

远程访问控制的安全包含 3 个方面的内容：认证、授权和记账。"认证"是确认远端访问用户的身份，判断访问者是否为合法的网络用户，常用的办法是以一个用户标识和一个与之对应的密码来识别用户。"授权"即对不同用户赋予不同的权限，限制用户可以使用的服务，如限制其访问某些服务器或使用某些应用，它避免了合法用户有意或无意地破坏系统。"记账"记录了用户使用网络服务中的所有操作，包括使用的服务类型、起始时间、数据流量等信息，它不仅为 ISP 们提供了计费手段，同时也对网络安全起到了监视的作用。认证（Authentication）、授权（Authorization）、记账（Accounting）3 个英语单词的第一个字母都是 A，所以现在人们常常将它们称为 AAA 或 3A，把它们作为网络安全策略的一个组成部分。

（1）远程访问系统

在传统的远程访问系统中，远程用户的管理信息配置在网络上的拨号访问服务器（NAS）设备中，其内容包括相应用户的账号、密码、访问权限等信息，由 NAS 直接负责进行用户身份认证和访问授权控制。然而，由于 NAS 系统不具有完备的管理模式，其安全性不强，管理和维护也很麻烦。而接下来所要介绍的基于客户/服务器模式的远程访问系统模型（见图 7-5）则可实现远程访问用户的有效身份认证和授权。

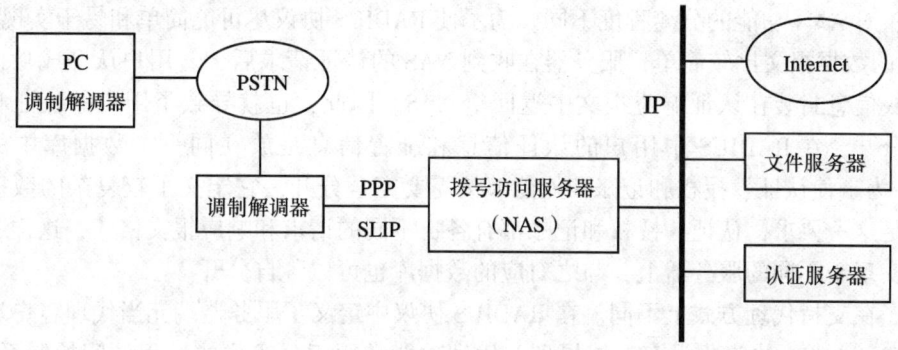

图 7-5 远程访问系统模型

拨号入网用户利用 Modem 经公共电话网，连接到 NAS 上，NAS 要求用户输入用户 ID 及密码，并将数据传送到认证服务器上，进行身份认证后，认证服务器将用户采用的协议及授权使用的服务传回 NAS 上，NAS 据此配置相应的端口，并为用户提供服务。

（2）RADIUS 和 TACACS

RADIUS（Remote Authentication Dial In User Service）和 TACACS（Terminal Access Controller Access Control System）是远程访问控制的两个开放协议标准，它们被广泛地应用在各种拨号服务器中。

RADIUS 是由 LIVINGSTON 公司最早提出的，后来由 IETF 列入互联网标准，定义在 RFC2138 和 RFC2139 中。

TACACS 是 CISCO 公司在 20 世纪 80 年代提出的，是用于路由器和终端服务器产品的远程访问控制协议，后经扩展变为 XTACACS（Extended TACACS），近几年为了进一步增强 TACACS 的功能，CISCO 公司又推出了新一代的 TACACS +。

TACACS + 和 RADIUS 都实现了认证、授权和记账功能，它们有很多相似点：结构上都采用了客户/服务器、请求/响应模式；都使用公共密钥对网上传输的用户信息进行加密；都提供了进一步认证的手段；都有较好的灵活性和可扩充性。

两者存在的主要区别如下：

首先，客户端与服务器端连接所采用的传输协议不同，这是它们之间的最大区别。在 TACACS + 协议中，客户端采用 TCP 与服务器端连接，而在 RADIUS 中则采用 UDP。采用 TCP 连接可以避免客户端和服务器端在传送用户信息和计费信息中报文的错误，提高用户记账信息的准确性，这对绝大多数的 ISP 都是比较重要的，在线路质量比较差的网络上它有着较突出的优越性。但是，采用 UDP 连接也有不可忽视的好处：一方面采用 UDP 连接使服务器端的实现比较简单；另一方面 TCP 的超时重传机制在整个系统的实际使用中存在着一些不足，若客户端在发出请求后一段时间内未收到来自服务器的响应则需重发请求，但是通常用户希望在几秒内完成认证，而 TCP 的超时重传的时间是由来回（Round-Trip）时间决定的，要远远大于几秒，若采用 UDP，在一定时间内未收到响应后用户可以马上重发一个 UDP 报文而不需要关心前一个报文是否到达，这比采用 TCP 效率高。

其次，对报文的加密程度不同。TACACS + 和 RADIUS 都是采用 MD5 算法对报文进行加密，但 TACACS + 对整个报文进行加密，而 RADIUS 仅对用户的密码部分加密。

再次，对 AAA 功能的分离程度不同。为了使 RADIUS 协议尽可能简单和易于实现，RADIUS 定义的数据报文比较简单，服务器在收到 NAS 的认证请求后，若用户认证成功，就将用户的授权信息封装在认证响应报文中返回给 NAS。因此，也就导致了用户的认证和授权过程无法分开，在 RADIUS 中用户的认证信息和配置信息是放在同一个数据库中的。而 TACACS + 为了使认证、授权和记账功能能够按需要完全分开，它定义了较复杂的数据报文结构以满足这一要求，认证、授权和记账都有各自不同的请求和响应报文格式，这样 3 种功能就可以实现于不同的服务器上，与之对应的数据库也可以各自分开。

最后，在支持代理方式上不同。在 RADIUS 协议中定义了服务器端充当代理客户端的功能，但在 TACACS + 协议中没有具体提到。代理功能常用于分布式的远程访问控制系统中，通过将用户信息转发给异地的含有用户信息记录的服务器进行认证和授权，使在不同地理位置的活动用户不需要通过长途拨号登录到注册地的 NAS 就能得到本地接入服务，即通常所说的"漫游"。

TACACS + 和 RADIUS 都是开放标准，现在很多 NAS 产品都同时支持这两种协议，但是各个厂商在实现它们的过程中往往根据自己产品的特点对协议进行了扩充，这给不同的 NAS 产品之间的互操作带来了影响。

2. 局域网的安全接入

（1） PPPoE（PPP over Ethernet）

近年来，网络数据业务发展迅速，宽带用户呈爆炸式的增长，运营商在采用 xDSL、LAN、HFC、无线等多种接入方式的同时，为了构建一个可运营、可管理、可赢利的宽带网络，十分关心如何有效地完成用户的管理，PPPoE 就是随之出现的多种认证技术中的一种。

PPPoE 就是在以太网上建立 PPP 连接，由于以太网技术十分成熟且使用广泛，而 PPP

协议在传统的拨号上网应用中显示出良好的可扩展性和优质的管理控制机制，二者结合而成的 PPPoE 协议得到了宽带接入运营商的认可并广为采用。

PPPoE 不仅有以太网的快速简便的特点，同时还具有 PPP 的强大功能，任何能被 PPP 封装的协议都可以通过 PPPoE 传输，此外还有如下特点：

第一，PPPoE 很容易检查到用户下线，可通过一个 PPP 会话的建立和释放对用户进行基于时长或流量的统计，计费方式灵活方便。

第二，PPPoE 可以提供动态 IP 地址分配方式，用户无须任何配置，网络管理维护简单，无须添加设备就可解决 IP 地址短缺问题，同时根据分配的 IP 地址，可以很好地定位用户在本网内的活动。

第三，用户通过免费的 PPPoE 客户端软件（如 Enternet），输入用户名和密码就可以上网，跟传统的拨号上网差不多，最大程度地延续了用户的习惯。从运营商的角度来看，PPPoE 对其现存的网络结构进行的变更也很小。

（2）802.1X 协议

以太网技术"连通和共享"的设计初衷使目前由以太网构成的网络系统面临着很多安全问题，为了适应以太网的安全性和运营维护需求，IEEE 于 2001 年 6 月正式通过了 802.1X 协议（又称 EAPOE 认证）。802.1X 协议定义了基于端口的网络接入控制协议（Port Based Network Access Control）。它适用于以太网交换机的一个物理端口仅连接一个终端的组网，实现基于物理端口的访问控制，成为解决局域网安全问题的一个有效手段。

802.1X 协议起源于 802.11 协议，后者是标准的无线局域网协议，802.1X 协议的主要目的是为了解决无线局域网用户的接入认证问题。

802.1X 协议仅关注端口的打开与关闭，合法用户（根据账号和密码）接入时，该端口打开；非法用户接入或没有用户接入时，该端口处于关闭状态。认证的结果在于端口状态的改变，而不涉及通常认证技术必须考虑的 IP 地址协商和分配问题，是各种认证技术中最简化的实现方案。

802.1X 系统共有 3 个实体：客户端、认证系统（设备端）、认证服务器。802.1X 系统模型如图 7-6 所示。

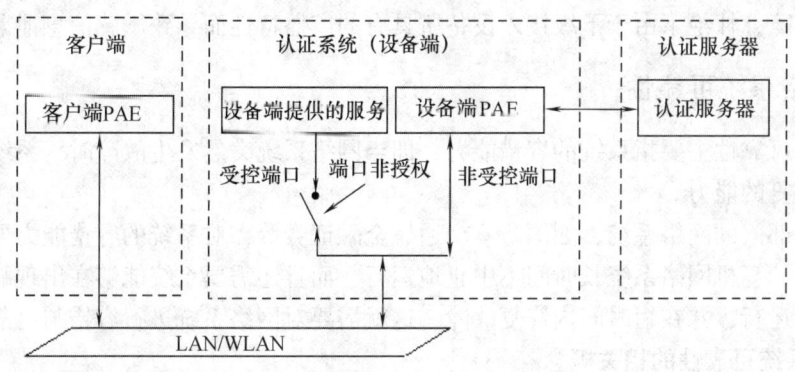

图 7-6　802.1X 系统模型

客户端：一般安装在用户的工作站上，当用户有上网需求时，激活客户端程序，输入用户名和密码，客户端程序将会送出连接请求。

认证系统：在以太网系统中指认证交换机，其主要作用是完成用户认证信息的上传、下载工作，并根据认证的结果打开或关闭端口。

认证服务器：通过检验客户端发送来的身份标识（用户名和密码）来判别用户是否有权使用网络系统提供的网络服务，并根据认证结果向交换机发出打开或保持端口关闭的要求。

在具有 802.1X 认证功能的网络系统中，用户在对网络资源进行访问之前必须先要完成以下认证过程。

- 当用户有上网需求时打开 802.1X 客户端程序，输入已经申请、登记过的用户名和密码，发起连接请求。此时，客户端程序将发出请求认证的报文给交换机，开始启动一次认证过程。
- 交换机收到请求认证的数据帧后，将发出一个请求帧要求用户的客户端程序将输入的用户名送上来。
- 客户端程序响应交换机发出的请求，将用户名信息通过数据帧传给交换机。交换机将客户端送上来的数据帧经过封包处理后传给认证服务器进行处理。
- 认证服务器收到交换机转发上来的用户名信息后，将该信息与数据库中的用户名表相比对，找到该用户名对应的密码信息，用随机生成的一个加密字对它进行加密处理，同时也将此加密字传送给交换机，由交换机传给客户端程序。
- 客户端程序收到由交换机传来的加密字后，用该加密字对密码部分进行加密处理（此种加密算法通常是不可逆的），并通过交换机传给认证服务器。
- 认证服务器将送上来的加密后的密码信息和自己经过加密运算后的密码信息进行对比，如果相同，则认为该用户为合法用户，反馈认证通过的消息，并向交换机发出打开端口的指令，允许用户的业务流通过端口访问网络；如果不同，则反馈认证失败的消息，并保持交换机端口的关闭状态，只允许认证信息数据通过而不允许业务数据通过。

注意，在客户端与认证服务器交换密码信息的时候，没有将密码以明文直接送到网络上进行传输，而是对密码信息进行了不可逆的加密算法处理，使在网络上传输的敏感信息有了更高的安全保障，杜绝了由于下级接入设备所具有的广播特性而导致敏感信息泄漏的问题。

7.1.6 网络系统可靠性

网络系统可靠性主要指系统的容错能力，即当网络系统突然发生故障时，系统能够继续工作及迅速恢复的能力。

一些重要部门的网络系统，如国防、交通、金融证券等，对系统的容错能力要求是很高的。不仅需要计算机网络系统长时间不中止地运行，而且还需要系统能够在出现故障及干扰的情况下继续运行，并在短时间内修复故障。这就需要对网络系统进行容错与可靠性设计。

1. 网络系统可靠性的相关概念

（1）软件容错

以软件为主的容错系统一般由两套设备构成，其中一台作为主机，另一台作为备份机。当主机出现故障时，马上将工作转到备份机。其实现方式是在软件中设置一些检测点，软件运行到这些检测点时，对主机和备份机进行检测，若主机工作正常，这些检测点上的工作数据就备份到备份机上；若主机出错，则将工作切换到备份机上，由备份机负责工作，并向工作人员报警，以排除主机的故障。

（2）硬件容错

硬件容错主要是采取冗余技术，用加大投资和降低速度的代价来换取可靠性。可作冗余设计的设备很多，从 CPU、网络收发接口、磁盘控制器到磁盘存储器，都可以采用多套设备并存的方式，用多数表决技术或两两比较技术进行容错。

（3）容错存储

RAID（Redundant Array of Inexpensive Disk）技术是将十几个低成本的硬盘用阵列方式组合在一起工作的硬盘管理技术。它可以实现在多个硬盘上建立单个的逻辑驱动器，并且能提供比同样容量的单个硬盘更快的存取速度，同时它还可以提供一定的数据备份功能。

（4）数据备份

数据备份是计算机网络管理员要定期进行的工作。所谓数据备份，即将数据从服务器的硬盘中复制到可移动介质上（如磁带、大容量软盘或光盘上）并将它们保存到一个更安全的场所的过程。

数据备份对所有的计算机网络系统来说都至关重要。事实上，许多故障所造成的损失都由于备份数据的存在而被降到最小。

最常用的备份设备是数据流磁带机，许多小型盒式磁带可以提供 4～10GB 的存储容量。常用的操作系统也都支持数据备份，提供实用程序对系统数据进行周期性的安全备份。

（5）容错电源

电源是计算机网络的动力来源。对电源的容错主要包括稳定电源和不间断电源，主要功能有：电源尖峰、浪涌和噪声过滤；电压稳定调节；主动力电源失效后的备份电源供电。

高性能的 UPS（不间断电源）可以解决上述问题，UPS 主要由电源优化、逆变电路和后备电池组成，分为后备式和在线式两种。它可以对供电电源进行滤波、整形及去除干扰，并能在停电时将电池的直流电逆变成交流电，提供给计算机网络设备使用。

2. 双机容错技术

双机容错系统通过软硬件的紧密配合，将两台独立服务器在网络中表现为单一的系统，提供给客户一套具有单点故障容错能力，且性价比优越的用户应用系统运行平台。双机容错系统拥有更高的可用性、更方便的可管理性。

可用性：双机容错技术能够自动检测应用或服务器故障，并可将其在另一台可用的服务器上快速重新启动；而用户只会觉察到瞬间的服务暂停。

可管理性：双机容错技术使管理员能够快速检查所有集群资源的状态，并轻松地将工作负载分配给集群之中的不同服务器。这对于人工负载平衡十分有用，并且无须将重要数据和应用脱机即可对服务器进行"滚动升级"。

双机容错系统的最低要求是：两台服务器通过网络互连；允许每台服务器访问对方的磁盘数据；专用的双机容错软件。专用软件可以提供包括故障检测、恢复等多种服务。

双机容错系统从工作原理上可以分为共享磁盘阵列柜方式和镜像磁盘方式，如图 7-7 和图 7-8 所示。

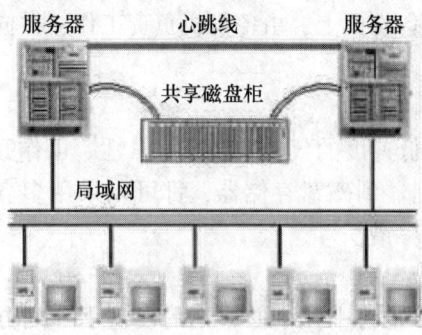
图7-7 共享磁盘阵列柜方式

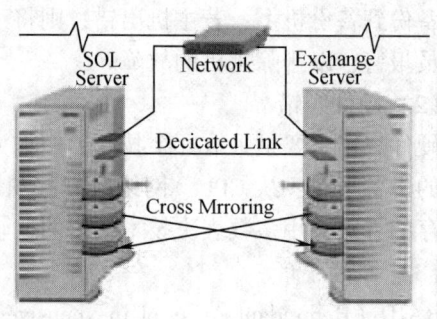
图7-8 镜像磁盘方式

(1) 共享磁盘阵列柜方式

共享磁盘阵列柜方式由两台同类型的服务器和一台外接磁盘柜构成，每台服务器拥有各自的系统盘，用来安装操作系统、数据库软件、应用软件和双机容错软件。两台服务器同时还拥有共享的数据盘，即外接磁盘柜，用来存储应用数据，磁盘柜可做 RAID 5 或 RAID 1 级数据冗余，保证数据的安全。按照工作方式的不同，共享磁盘阵列柜方式还可以分为双机互备援（Dual Active）模式和双机热备份（Hot Standby）模式。

特点：共享磁盘阵列柜方式使用外接磁盘柜，可提供海量的存储空间，适用于需要大量数据存储的应用环境。

主要软件产品有 Microsoft 公司的 Cluster 软件和 SteelEYE 公司的 Lifekeeper 软件。

(2) 镜像磁盘方式

使用镜像磁盘方式不需要外接磁盘阵列柜，这种集群模式将数据存储于各自的服务器内，通过镜像引擎将数据实时复制，当其中一台服务器停机时，另一台服务器接管停机服务器的工作。由于数据存储于不同服务器内，因此避免了单点崩溃的可能性，增加了数据的安全性。由于数据存储在各自服务器的硬盘内，因此服务器之间的应用各不影响，提高了服务器正常使用时的效率。在镜像磁盘方式下，将风险分散到两台服务器上，使系统的可靠性得到了提高。

特点：镜像磁盘方式不需要外接磁盘柜，总体的拥有成本较低。服务器之间通过网络连接，服务器的摆放位置受距离的限制较小。

主要软件产品有 SteelEYE 公司的 Lifekeeper 软件。

7.2 网络管理

随着网络技术的发展，网络的组成日益复杂，多厂商、跨技术领域的复杂的网络环境，对网络管理的要求也愈来愈高。但是由于网络应用环境、管理制度和文化背景的不同，造成管理需求的差异。任何厂商都难于提供一个完整的解决方案，尤其是对于各种新的网络技术，仍需要有自己的专家进行管理和维护。自 20 世纪 80 年代以来，网络的增长速度加快，不同类别的网络设备骤增，因此能够管理各种异构网络，并能在不同的环境中自动进行网络管理与规划，成为一种新的迫切需求。

1988 年作为由信息网络设备提供者和使用者共同参加的独立企业国际性协议 OSI/NMF

（网络管理论坛）成立，开始了致力于制定 OSI 标准的网络管理规范，制定了专门为网络管理设计的两种截然不同的技术：基于 TCP/IP 网络的简单网络管理协议（SNMP）和由国际标准化组织（ISO）开发的公共管理信息服务/公共管理信息协议（Common Management Information Service/Common Management Information Protocal，CMIS/CMIP）。尽管 SNMP 和 CMIS/CMIP 都没有对收集到的信息的实际使用方式提供任何建议，但两者都提供了一种从网络设备获取信息或向它们发送指令的手段。而且这两种网络管理协议都和 ISO 开放系统互连（OSI）参考模型一致。

在网络管理协议中，SNMP 由于其易于实现和广泛的 TCP/IP 应用基础而被众多的厂商支持。从路由器到交换机再到调制解调器，甚至有的数据库系统等应用都对 SNMP 协议提供支持。利用 SNMP 协议可以了解网络设备的运行情况、设置设备的参数、收集相关数据、了解网络的使用效率。

和 SNMP 协议相比，CMIS/CMIP 协议提供了更完备的网络管理功能，能够对各种不同的网络设备和网络结构进行管理。但由于其实现复杂、结构庞大，目前还没有开发出实际可用的产品。

WWW 和 Java 的出现，将网络管理延伸到互联网的范围，基于 Web 的网络管理成为网络管理的一个新的发展趋势，这将给网络管理带来许多方便。

7.2.1 计算机网络管理介绍

1. 计算机网络管理功能

按照 OSI 管理框架，把网络管理任务分为：用户管理、配置管理、性能管理、故障管理、计费管理、安全管理和其他网络管理功能。

（1）用户管理

用户管理是网络管理的基本功能，用于管理用户标识、用户账户、用户密码、文件目录、地址和用户个人信息以及工作站信息等。

（2）配置管理

网络中包括各种各样的设备，这些设备的用途不同，其参数、状态和配置也不同。网络配置管理的目标是监视网络的运行环境和状态、改变和调整网络设备的配置、确保网络有效可靠地运行。网络配置功能至少包括：识别被管网络的拓扑结构、监视网络设备的运行状态和参数、自动修改指定设备的配置和动态维护网络等。

（3）性能管理

网络性能主要包括网络吞吐量、响应时间、线路利用率、网络可用性等参数。网络性能管理是指通过监控网络的运行状态调整网络性能参数来改善网络的性能，确保网络平稳运行。

（4）故障管理

故障管理包括故障检测、故障诊断和故障恢复。通过故障检测确定发生了什么故障、故障位于何处；通过故障诊断找出发生故障的原因和解决办法；故障恢复不仅包括排除故障，而且包括如何避免发生故障，提出减少故障的措施。

（5）计费管理

计费管理是商业化网络的重要网络功能，主要包括：统计用户使用网络资源的情况、根据资费标准计算出使用费用、统计网络通信资源和信息资源的使用情况、分析预测网络业务量。

(6) 安全管理

网络安全管理的目标是防止用户网络资源的非法访问,确保网络资源和网络用户的安全。例如,设置密码和访问权限防止非法访问网络、对数据进行加密、防止非法窃取信息等。

(7) 其他网络管理功能

网络管理是一件非常复杂的事情,除了上述网络管理功能外,还有许多工作要做。例如,用户培训、设备维护、网络规划、网络资产管理等。

| 网络管理员操作界面 |
| 网络管理应用软件 |
| 网络管理工具 |
| 网络管理平台 |
| 网络管理协议 |
| 网络平台 |

图 7-9　网络管理层次结构

2. 网络管理层次结构

图 7-9 给出了网络管理层次结构:网络平台、网络管理协议、网络管理平台、网络管理工具、网络管理应用软件和网络管理员操作界面。

7.2.2　简单网络管理协议

简单网络管理协议(SNMP)是在应用层上进行网络设备的管理,可以进行网络状态监视、网络参数设定、网络流量的统计与分析、发现网络故障等。因为它的使用及开发较为简单,因此在网络中得到了普遍的应用。

1. SNMP 管理模型

SNMP 主要用于 OSI 七层模型中较低层次的管理,采用轮循监控方式。管理站按一定的时间间隔向代理请求管理信息,根据管理信息判断是否有异常事件发生。当管理对象发生紧急情况时,也可以使用名为 Trap 信息的报文主动报告。轮循监控的主要优点是对代理资源要求不高,SNMP 协议简单,易于实现;缺点是管理通信开销大。图 7-10 为 SNMP 的网络管理模型。

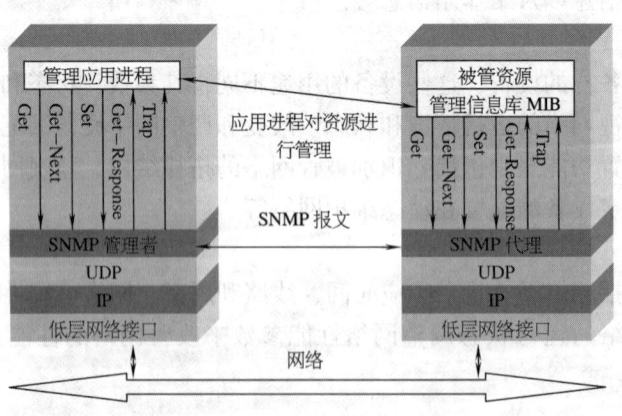

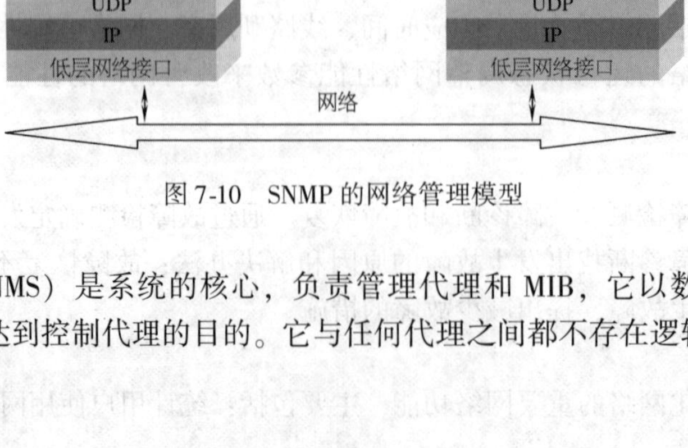

图 7-10　SNMP 的网络管理模型

网络管理站(NMS)是系统的核心,负责管理代理和 MIB,它以数据报表的形式发出和传送命令,从而达到控制代理的目的。它与任何代理之间都不存在逻辑链路关系,因而网络系统负载很低。

代理（Agent）的作用是收集被管理设备的各种信息并响应网络中 SNMP 服务器的要求，把它们传输到中心的 SNMP 服务器的 MIB 中。代理包括：智能集线器、网桥、路由器、网关及任何合法结点的计算机。

管理信息库（Management Information Base，MIB）负责存储设备的信息，它是 SNMP 分布式数据库的分支数据库。

2. MIB

MIB 是网络管理系统中一个概念上的被管对象的数据库，一般位于各个代理上。

管理数据库是网络管理数据的标准，在这个标准里规定了被管设备必须保存的数据项目、数据类型以及允许在每个数据项目中的操作。通过对这些数据项目的存取访问可以得到该设备的所有统计内容，再通过对多个设备统计内容的综合分析即可实现基本的网络管理。

（1）MIB 的划分

SNMP 的管理信息库是一个树形结构的数据库，其结构如图 7-11 所示。

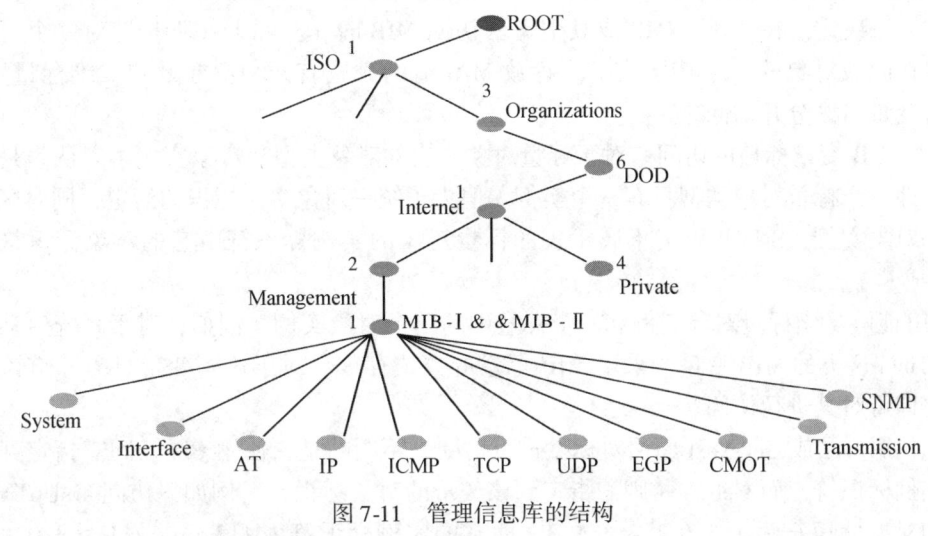

图 7-11 管理信息库的结构

MIB-Ⅰ定义了 8 个管理信息类别，MIB-Ⅱ是在 MIB-Ⅰ基础上的扩展，增加了 SNMP 和 CMOT 两项。其中各个信息类别代表的含义见表 7-2。

表 7-2 MIB 中各个信息类别的含义

System	主机或网关信息	Interface	网络接口信息
AT	地址转换信息	IP	网际协议数据
ICMP	网际控制报文协议数据	TCP	传输控制协议数据
UDP	用户数据报协议数据	EGP	外部网关协议数据
CMOT	公共管理信息与服务协议（目前还未定义）	Transmission	包含特定介质信息
SNMP	简单网络管理协议数据		

在每个管理信息类别中均包含了相应的管理信息，如在 Interface 类中包含 ifAdminStatus 和 ifOperStatus 等值，通过两者的结合可以确定接口的当前状态，见表 7-3。

表 7-3　确定接口的当前状态

ifAdminStatus	ifOperStatus	含　　义
1(up)	1(up)	接口工作正常
1(up)	2(down)	接口处于故障状态
2(down)	2(down)	接口被人为关闭了
3(testing)	3(testing)	接口处于测试状态

（2）MIB 变量的表示

OBJECT IDENTIFER 是全局树的整数序列表达。在图 7-11 中，IP 组中所有变量的 OBJECT IDENTIFIER 的前缀均为 1.3.6.1.2.1.4，其文字表示为 iso. org. dod. internet. mgmt. mib. ip。MIB 为其路由表变量 ipRouteTable 分配的数字标识符为 21，则其数字表示为 1.3.6.1.2.1.4.21，对应的文字表示为 iso. org. dod. internet. mgmt. mib. ip. ipRouteTable。

（3）对 MIB 变量的访问

在 MIB 中，每个对象都有一个唯一的对象标识。这个标识由这个对象在 MIB 的树状结构中的位置来决定。在通过 SNMP 或其他方法访问 MIB 时，实际上并不是针对一个对象类型，而是访问该对象的一个特定实例。存放 MIB 值的方式有两种：标量和二维标量数组。对这两种变量需区分开访问。

1）对 MIB 变量标量的访问。对于标量对象，它的对象类型和对象实例可以认为是一一对应的，即一个标量对象类型只有一个实例。但为了统一对象实例标识的约定，同时区分对象类型和对象实例，SNMP 规定不属于表的标量对象的实例标识符由它的对象标识符加上".0"组成。

SNMP 能够检索标量对象实例和一个标量中的单个对象实例。例如，对于系统启动的时间 sysUpTime 这类的 MIB 变量，采用 MIB 标量的方式存放。对于这一变量只需知道该变量的标识符即可对其进行访问。

可以使用 Get 或 Get-Next 原语对标量进行访问，不同的是，使用 Get 访问需指定到标量对象的实例标识符，而 Get-Next 则需指定到该变量的对象标识符。例如，访问 sysUpTime 变量，它的对象标识符为 1.3.6.1.2.1.1.3，而它的实例标识符为 1.3.6.1.2.1.1.3.0，若使用 Get 原语则需使用标识符 1.3.6.1.2.1.1.3.0，而使用 Get-Next 原语则需使用 1.3.6.1.2.1.1.3，这一点恰与 Get 同 Get-Next 之间的用法区别相吻合。

2）对 MIB 中表格的访问。对于如 IP 组中的路由表内容则需要使用二维标量数组，即表格的方式存放。例如，在 ipRouteTable 的 ipRouteEntry 子项下存在以下几个 MIB 对象：ipRouteDest、ipRouteMask、ipRouteNextHop 等，这些项只是组成了一个简单的路由表头，通过获取相应的值即可得到路由表的内容，但是，路由表不可能就只有一条纪录，见表 7-4。

表 7-4　路由表的内容

ipRouteDest	ipRouteMask	ipRouteNextHop
0.0.0.0	0.0.0.0	202.112.42.17
202.112.42.16	255.255.255.252	202.112.42.18
202.112.144.0	255.255.255.0	202.112.144.2
202.112.145.0	255.255.255.0	202.112.144.2
⋮	⋮	⋮

对于表 7-4 中的对象（被称为列对象），对象标识符本身不足以标识一个实例，因为表中的每一行都包含了对象的一个实例。所以需要有一个约定来识别表中对象的一个特殊实例。SNMP 协议定义了两种访问特定对象实例的方法：顺序访问和随机访问。限于篇幅，关于顺序访问和随机访问的内容此处不再讲解，感兴趣的读者可以自行学习。

3. SNMP 协议

（1）SNMP v1

SNMP 是一个简单的请求/应答协议。SNMP 管理站可以发出多个请求而不收到应答。在 SNMP v1 中定义了 5 个协议数据单元（Protocol Data Unit，PDU），下面是对这些 PDU 的简介。

1) Get-Request：请求获取代理上一个 MIB 变量的值。

2) Get-Next-Request：请求获取代理上一张表中的下一个 MIB 变量的值。当管理者想要访问代理的一张表格时，它首先发出一个对这张表格的 Get-Request，然后再发出一系列 Get-Next-Request 来遍历这张表格。

3) Get-Response：响应 Get-Request、Get-Next-Request 消息所用的 PDU。

4) Set-Request：设置代理上一个 MIB 变量的值。SNMP 管理站用 Set-Request 可以对网络设备进行远程配置（包括设备名、设备属性、删除设备或使某一个设备属性有效/无效等）。

5) Trap：当代理检测到某些突发事件时，用 Trap 向管理站报告。SNMP v1 和 SNMP v2 在 Trap 的格式上有比较大的不同。

SNMP v1 PDU 包括两个部分：第一部分包含一个版本号和一个共同体标识（Community）；第二部分是真正的 SNMPv1 PDU，见表 7-5。

表 7-5 SNMP v1 PDU 格式

版本号	共同体标识	请求标识符	错误状态	错误索引	变量绑定列表
Version	community	RequestID	ErrorStatus	ErrorIndex	VarBindList

（2）SNMP v2

IETF 在 1993 年 4 月公布了 SNMP v2，在 RFC1441 到 RFC1452 中定义，在 SNMP v2 中定义了 8 个 PDU，在 SNMP v1 的基础上增加了 3 个。

1) Get-Bulk-Request：管理者仅使用一个请求就可以检索大量的数据。

2) Inform-Request：供管理进程之间传递管理信息（Trap）所用。

3) Report：目前它的精确定义还未完成。

对 SNMP v1 的改进主要体现在以下几个方面：

1）增强了安全性。基于数字签名算法 MD5 和数据加密标准 DES 算法的安全协议可以有效地防止身份冒充、信息修改、信息泄漏、信息顺序改变等，大大改善了 SNMP v1 明文鉴别机制的安全性。

引入视图机制，不同的实体被授予了不同的访问权限，所看到的 MIB 的内容不同。

提供了一个灵活的访问控制机制来定义不同的视图，分配给不同的参与者。

2）提高提取机制的效率，减少了带宽浪费。增加的 Get-Bulk-PDU 支持成块数据传输，可以大大提高 NMS 批量数据请求的执行性能和效率。

3)增加了管理者之间的功能设施,可以实现分层次的管理。使用增加的 Inform-PDU 实现管理进程之间的通信,可实现 NMS 分布在不同的网络管理站上,由高级管理者来协调整个网络的管理操作,从而实现网络的分层式管理。

4)支持多种传输服务。使用标准化的方法支持附加的传输通信设施,包括 AppleTalk、IPX 和 OSI 的 CLNP 协议栈。

5)对 SNMP v1 协议框架的增强。设计了一种锁定机制,当一个代理进程和多个 NMS 通信时,可以保证 Set 请求的完成;扩展了差错代码集等。

在上述 5 个方面中,安全性和效率方面的改善最为突出。

(3) SNMP v3

在 RFC2271 中定义了一种体系结构,用来描述 SNMP v3 管理框架,它主要解决两个方面的问题:管理和安全性。SNMP v3 的主要目标是支持一种可以很容易扩充的模块化体系结构。这样如果产生新的安全协议,则可以通过把它们定义为单独的模块使 SNMP v3 支持它。

在 SNMP v3 中将 SNMP 代理和 SNMP 管理站统称为 SNMP 实体。SNMP 实体由 SNMP 引擎和 SNMP 应用程序两部分组成。其结构如图 7-12 所示。

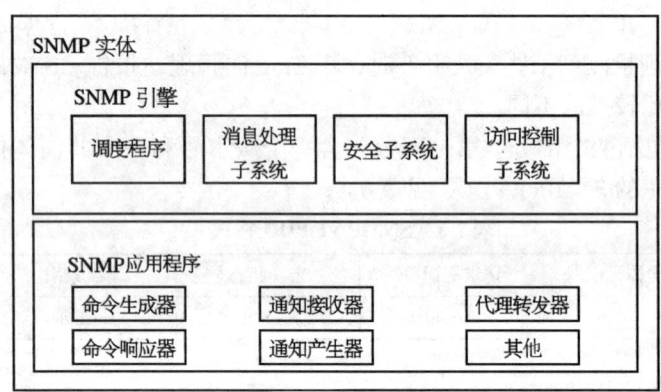

图 7-12　SNMP v3 结构

SNMP 引擎由调度程序、消息处理子系统、安全子系统和访问控制子系统组成。

- 调度程序负责发送和接收消息,负责发送 PDU 给应用程序,为要发送的消息选择适当的传输。
- 消息处理子系统由一个或多个消息处理模型组成,负责发送消息并从接收到的消息中提取数据。
- 安全子系统负责验证消息并对消息加密、解密。
- 访问控制子系统负责确定是否允许访问一个管理对象,它定义了一种基于视图的访问控制模型。

SNMP 应用程序负责生成 SNMP 消息、响应接收到的 SNMP 消息、生成通知、接收通知以及在 SNMP 实体之间转发消息。

4. SNMP 的工作原理

SNMP 代理和管理站通过标准消息通信，这些消息中的每一个都是一个单独的包。因此，SNMP 使用 UDP（用户数据报协议）作为第四层，即传输协议。UDP 使用无连接的服务，因此 SNMP 不需要依靠在代理和管理站之间保持连接来传输消息。SNMP 的 OSI 参考模型如图 7-13 所示。

SNMP 管理站使用 Get-Request 从拥有 SNMP 代理的网络设备中检索信息，SNMP 代理以 Get-Response 消息响应 Get-Request 消息。在这中间可以交换的信息很多，如系统的名字、系统自启动后正常运行的时间、系统中的网络接口数等。

Get-Request 和 Get-Next-Request 结合起来使用可以获得一个表中的对象。Get-Request 取回一个特定对象，而使用 Get-Next-Request 则是请求表中的下一个对象。

第七层	SNMP
第六层	OSI 表示层
第五层	OSI 会话层
第四层	UDP
第三层	IP
第二层	OSI 数据链路层
第一层	物理层

图 7-13　SNMP 的 OSI 参考模型

使用 Set-Request 可以对一个设备中的参数进行远程配置。例如，Set-Request 可以设置设备的名字，在管理上关掉一个端口或清除一个地址解析表中的项。

SNMP 陷阱是 SNMP 代理发送给工作站的非请求信息。这些消息通知服务器发生了一个特定的事件。例如，SNMP 陷阱可以被用来通知网络管理系统中某个线路失败了，一个设备的磁盘空间已经接近于其最大容量或者一个用户登录到一个主机。在一个设备发送 SNMP 陷阱时，SNMP 管理站和代理之间的交互如图 7-14 所示。

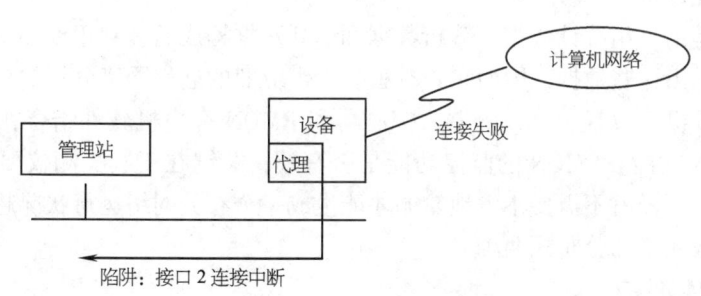

图 7-14　接收到一个 SNMP 陷阱后的操作

然而，SNMP 协议并不是在没有任何形式的安全的情况下提供关于网络设备的信息或允许对其进行配置改变的。位于网络设备中的 SNMP 代理可以要求 SNMP 管理站和每个消息一起发送一个特殊的密码。SNMP 代理将认证管理站是否被授权访问 MIB 信息。这个密码被称为 SNMP 团体字符串，如图 7-15 所示。

5. SNMP 的弱点

因为 SNMP 简单，它也暴露出许多弱点，其中最明显的是没有伸缩性。在大型网络中，轮循会产生巨大的网络管理通信量，因而导致通信拥挤的情况发生。它将收集数据的负担加在网络管理控制台上，在管理几个网段时也许能轻松地收集网络信息，但当它们监控许多网段时就非常困难了。

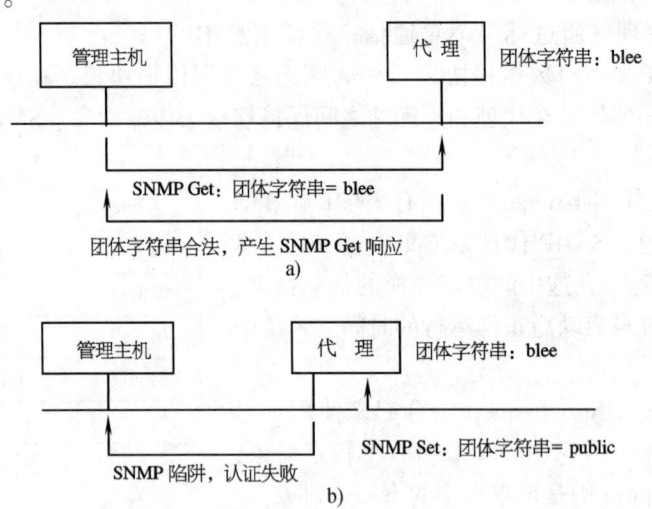

图 7-15 SNMP 团体字符串
a) 一个含有合法团体字符串的 SNMP 查询　b) 一个含有不合法团体字符串的 SNMP 查询

7.2.3 远程监控

由于 SNMP 存在上述弱点，所以 IETF 于 1991 年 11 月公布了 RMON MIB 来解决 SNMP 在日益扩大的分布式网络中所面临的局限性。RMON MIB 的目的在于使 SNMP 更有效、更积极主动地监控远程设备。

RMON MIB 是由一组统计数据、分析数据和诊断数据构成的，利用许多供应商生产的标准工具都可以显示出这些数据，因而它具有独立于供应商的远程网络分析的功能。RMON 的主要特点是在客户机上放置一个探测器，探测器和 RMON 客户机软件结合在一起，在网络环境中实施 RMON 功能。RMON 的监控功能是否有效，关键在于其探测仪要具有存储统计历史数据的能力，这样就不需要不停地轮循才能生成一个有关网络运行状况趋势的视图。

RMON 分为嵌入式和分布式两种。

1. 嵌入式 RMON

当 RMON 嵌入到网络设备（如集线器）中时，它的作用效率更高、经济上更划算，可以一次监控所有连通的局域网网段。

2. 分布式 RMON

机箱式集线器的扩展容量将嵌入式 RMON 的发展带入到一个新的层次，即分布式 RMON。分布式 RMON 监控数据包活动，将来自多个远程局域网网段的状态和运行状态统计数据综合在一起，使网络管理员能够查看拓扑结构的变化对网络性能的全面影响。

RMON II 标准能将网络管理员对网络的监控层次提高到网络协议栈的应用层。因而，除了能监控网络通信与容量外，还提供有关各种应用所使用的网络带宽量的信息，这是在客户/服务器环境中进行故障排除的重要依据。

RMON 在网络中查找物理故障，RMON II 进行的则是更高层次的观察。RMON 探测器观察的是由一个路由器流向另一个路由器的数据包，而 RMON II 则深入到内部，它观察的是哪一个服务器发送的数据包，哪一个用户预定要接受这一数据包，这一数据包表示何种应用。网络管理员能够使用这种信息，按照应用带宽和响应时间要求来区分用户，就像使用网络地址生成工作组一样。RMON 及 RMON Ⅱ 在 OSI 参考模型中的层次如图 7-16 所示。

RMON Ⅱ 没有取代 RMON，而是它的补充。RMON Ⅱ 在 RMON 标准的基础上提供了一种新层次的诊断和监控功能。事实上，RMON Ⅱ 能够监控执行 RMON 标准的设备所发出的意外事件报警信号。

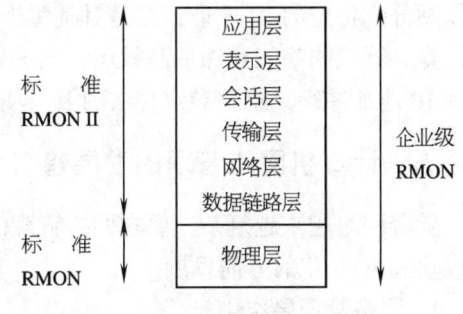

图 7-16 RMON 及 RMON Ⅱ 在 OSI 参考模型中的层次

在客户/服务器网络中，RMON Ⅱ 探测器能够观察整个网络中的应用层对话。最好将 RMON Ⅱ 探测器放在数据中心或工作组交换机中，或服务器集群中的高性能服务器中，因为大部分应用层通信都经过这些地方。物理故障最有可能出现在工作组层，实际上用户是从这里接入网络的。

7.2.4 计算机网络管理的实施

1. 网络管理员

网络管理员是网络管理的中坚，对于大型网络来说，要选派技术能力强的技术人员来专职管理网络。网络管理员除了要管理好网络外，还要负责培训用户等工作。

2. 实施网络管理

实施网络管理时，应抓住以下几个关键环节：

选好高素质的网络管理人员并明确责任；制定严格的网络管理规章制度和操作责任；选择合适的网络管理系统；认真抓好培训工作；制订切实可行的网络管理计划和实施方案；建立并维护好各种文档。

3. 布线系统的日常维护

做好布线系统的日常维护工作，确保底层网络连接完好是计算机网络正常、高效运行的基础。网络布线系统的日常维护包括：

1）对楼内 UTP（或 STP）综合布线系统的维护管理。

2）对室外光纤通道的日常维护。

3）对微波信道的可靠性管理。

对布线系统的测试和维护一般借助于双绞线测试仪和规程分析仪、信道测试仪、OTDR 仪等。

4. 关键设备的管理

计算机网络中的关键设备一般包括网络的主干交换机、中心路由器以及关键服务器。对这些关键网络设备的管理，除了通过网络管理软件实时监测其工作状态外，更要做好它们的备份工作。

5. IP 地址的管理

TCP/IP 协议已经成为事实上的工业标准，TCP/IP 网络上的任何一台工作站都需要一个合法的 IP 地址才能够正常工作。在构建、规划计算机网络时，应做好机构内部各部门对上网业务的需求调查的统计，确定计算机网络规模。IP 地址的分配一般有两种途径：一是给工作站分配特定的 IP 地址；二是对某些计算机的 IP 地址进行动态分配。IP 地址管理得当与否，是计算机网络能否保持高效运行的关键。如果 IP 地址的管理手段不完善，网络很容易出现 IP 地址冲突，就会导致合法的 IP 地址用户不能正常进行网络通信。

7.2.5 计算机网络管理的发展趋势

随着网络越来越复杂，要求网络管理的性能越来越高，今后的网络管理将朝着层次化、集成化和 Web 化的方向发展。

1. 网络管理层次化

由于网络规模扩大，SNMP 机制的弱点被充分暴露出来：SNMP 是一种平面型网络管理结构，管理者容易成为瓶颈；轮循数目太多，分布较广的代理使带宽开销过大，效率下降；管理者从各代理处获取的管理信息是原始数据，不但量大而且需要精加工才能变为有价值的管理信息；传输原始数据既浪费带宽又消耗大量 CPU 时间，使网络管理效率下降。

解决这个问题的办法是在管理者与代理之间增加中层管理者，实现分层管理，将集中式的网络管理结构改变为层次化的网络管理结构。

2. 网络管理集成化

新的网管集成化解决方案是由 OSF（Open Software Foundation）提出来的分布式管理环境（Distributed Management Environment，DMS）。DME 集系统管理和网络结构于一体，提供一系列标准管理服务以及从网桥、路由器到基于操作系统应用的服务。DME 是一个独立的操作系统，可支持多种标准网络管理协议，如 SNMP、CMIP 等。

3. 网络管理 Web 化

传统的网络管理界面是网络管理命令驱动的远程登录屏幕，必须由专业网络管理工作人员操作。随着网络规模扩大，网络管理功能复杂化，使传统网络管理界面的友好程度越来越差。基于 Web 的网络管理模式则可以大大减轻网络管理的复杂性，减低网络管理费用，它允许网络管理人员通过与 WWW 同样的形式去监测、管理网络系统，很好地解决了由于平台结构所产生的互操作问题，能提供比传统网络管理界面更直接、更易于使用的图形界面，从而降低了对网络管理人员的特别要求。基于 Web 的网络管理模式是网络管理的一次革命，它将使用户管理网络的方法得到彻底改善，从而向"自己管理网络"和"网络管理自动化"迈出关键一步。

7.3 网络热点技术

7.3.1 目录服务

目录服务是当前业界最常谈论的话题之一。互联网的目录服务是建立智能网的基础，它是一种用于管理企业网络环境的数据仓库，这种数据仓库物理上是分散的，逻辑上是集中的，需管理的计算环境不仅包括计算机本身，还包括连接计算机的网络设备。将目录服务包含于网络中是为了借助目录进行网络管理这一新形式的要求。典型的互联网范围内的目录服务是 DNS 和 Whois，此外还有 Novell 的目录服务（Directory Services）和 Windows 中的活动目录（Active Directory）。

1. 什么是目录

形象地讲，目录服务就像网络的电话簿，它提供的是网络中所有资源的信息目录，网络中的用户、服务器、应用系统、外设及网络设备都可以由目录服务集中管理，形成一个巨大的资源库。以这种方式对网络信息进行管理能有效地降低网络管理和维护的难度，提高网络安全。

目录服务采用了客户/服务器的模式，用户通过访问目录服务器可以迅速获得所需的信息。目录服务与一般的关系数据库一样，存储了大量的资源信息供用户访问，所以它通常又被人们认为是一种特殊的数据库，它的特点有以下几个方面。

（1）存储内容

目录中保存的一般是描述性、属性类信息。目录服务器的主要功能是提供快速的查询，其中的数据更新很少，故存储的多是更新频率很低的静态数据。同时数据的范围非常广泛，如用户、打印机、路由器等各种性质的数据均可作为存储的内容。

（2）存储模式

目录服务独特的对象存储模式和树状结构使其具有良好的扩展性。信息存储的基本单位是条目（Entry），每一个条目包括一个或多个属性，并有相应的语法结构，每个属性可以有一个或多个值。所有的条目是通过目录信息树（Directory Information Tree，DIT）来组织的。

（3）存储方式

目录服务支持数据的分块和冗余存储，不同的服务器之间以指针相连，这一点使得目录服务能很好地适应分布式环境。当客户机所访问的目录服务器上找不到所需的信息时，服务器会返回一个指向另外一个可能包含该信息的目录服务器（可以是本地或异地）的参考指针，客户端根据返回的信息继续查询。

（4）访问方式

主要访问方式是读，很少有写。因此，目录服务一般不实现通用数据库的事务机制，不提供回滚，也不支持复杂的 SQL 查询和更新。目录服务主要提供尽可能快的响应速率。

2. 为什么使用目录

归结起来，使用目录的原因有以下几个。

（1）一次登录

随着网络应用的不断拓展，各种各样的网络服务应运而生。网络环境也变得日益复杂和多样化，这给网络的管理者和使用者带来很大的负担，尤其在具有众多服务和用户的 Internet/Intranet 上，这种负担更加突出。例如，某个互联网用户既有各种 E-mail 账号，又有 Web 服务、Proxy（代理）服务、Certificate（安全认证）等服务的用户信息，他可能要花费很多的时间来记忆和维护这些信息。同样，提供这些服务的网站管理者也必须在不同的网络应用中管理不同的网络资源。结果，用户频繁的登录过程，不仅费时，降低了工作效率，而且也给网络增加了额外的负担。

从 20 世纪 80 年代早期开始，使用一个用户名和密码一次性登录网络的能力成为网络管理的目标。解决问题的办法当然是网络目录的一次登录功能。

用户使用一个登录名和密码就可以访问所有的网络资源，而管理员也只需面对和处理一个账号。而且，现在的网络目录使用复杂的加密和认证机制，使得密码安全机制几乎不可破解,并且由于目录提供给用户访问所有网络资源的单一认证机制,网络应用程序能从这一增强的安全中获益。

(2) 设备识别和定位

用户在 PC 上定位文件和打印机通常是一件非常简单的事情,因为一般用户只有 1~2 块硬盘,一个打印机。然而,在大型企业网中,用户有众多磁盘卷和打印机可供选择。如何识别这些资源？如何访问这些资源？网络目录为定位在大型企业网上的成百上千的设备提供了分类和查找机制。目录存储了所需访问设备的一切细节,如网络地址和配置。目录也简化了定位和访问网络服务的功能,这些服务包括数据库服务、电子邮件服务、打印服务等。在非目录的环境中,用户必须使用服务器的名字来识别这些服务。

(3) 位置无关

除了提供一种识别和定位网络设备和服务的简便方法之外,网络目录还具有与位置无关的优点。企业网络管理员经常把磁盘卷从一个服务器移到另一个服务器上,或把数据库服务从一个很忙的服务器上移到另一个能更好地完成工作的服务器上。在一个非目录的环境中,管理员将不得不改变每一个用户的 PC 配置,以便指向新的设备或服务器。而在一个基于目录的网络中,由于用户通过目录名识别和访问网络设备和服务,管理员只需简单地改变目录中的地址和配置数据即可。

(4) 简化管理

为网络管理信息提供一个存储库是减少网络管理成本的重要一步。它不再需要使用不同的实用工具在不同的地方来管理数据,并且把所有的网络管理信息放到一个地方,减少了管理员出错的概率。

(5) 可靠性

网络目录使网络的可靠性提高了。绝大多数目录都有副本,即目录数据保留在网络中几个不同的服务器上。这样就减少了因单一服务器失败而导致用户无法登录的可能性。

3. LDAP

轻型目录访问协议（Lightweight Directory Access Protocol, LDAP）是促使目录流行的关键技术,是目录服务器的互联网标准协议。

(1) 概况

在 20 世纪 90 年代初期,开发可用于公开访问的 X.500 目录服务器程序成为一个热点。其中,仅有的困难在于 X.500 需要使用复杂、资源密集型且没有被广泛使用的开放式系统互连（Open System Interconnection, OSI）协议。

1990 年,密歇根大学的研究者认识到 X.500 的问题在于需要访问目录的客户端软件的复杂性,因为当时低功能的个人计算机和工作站并没有足够强大的能力运行整套的 OSI/X.500 协议,所以在 1992 年,密歇根大学的研究者决定提出一个目录访问协议,这个协议提出"90% 的 X.500 功能而只需 10% 的代价",这个协议演变成轻型目录访问协议（LDAP）。LDAP 定义在 TCP/IP 之上,极大地简化了与 X.500 服务器之间的通信任务。它定义在 RFC1487 中,并在 1993 年被提交。

LDAPv1 利用一些重要的简化方法实现大多数 X.500 目录的重要特性。它最初被定义为 X.500 代理服务器协议。

1995 年 3 月, LDAPv2 以 RFC1777 形式出现,它几乎没有改变原协议。协议的该版本随后成为互联网标准协议。

RFC2251 定义了 LDAPv3，并最初出现于 1997 年 12 月。它改正了 LDAPv2 的缺点，特别是在引用、复制和安全连接方面。

（2）内容

LDAP 是运行于 TCP/IP 之上的应用层协议，以客户/服务器方式工作。需要特别说明的是，LDAP 定义的只是客户端与服务器之间请求、应答的格式和约定，而对于服务器如何具体实现未作任何规定，那是前端访问协议要解决的事情。

（3）广泛的应用和存在的问题

LDAP 一经制定，立即得到了所有主要的消息传送系统、应用系统、数据库和操作系统厂商的广泛采纳和应用。这有几个方面的原因：网络化的应用迫切需要好的目录访问协议；LDAP 本身简洁易于实现，运行时占用资源少；LDAP 中提供了很多访问目录服务的 API 函数，可以利用它们开发各种基于 LDAP 的应用程序对其进行快速访问。

由于 LDAP 对于服务器本身的实现和服务器之间的交互没有定义，那么便不能保证各家实现的 LDAP 服务器相互兼容，能够互操作。实现情况正是如此，这使得目录内容的更改必须在每个不同厂商的服务器上分别操作实现。

（4）LDAP 与 X.500 的比较

事实上，LDAP 是 X.500 的一个子集（DAP，目录访问协议）的简化版本。而且与 X.500 不同，LDAP 支持 TCP/IP，这对访问互联网是必需的。

X.500 是一族关于目录服务的标准的统称，这是一项宏大的计划，定义独立于应用和网络平台的全球目录服务的协议和信息模型。X.500 标准非常完善，对于信息模型、复制策略、安全措施、客户端访问协议都有详尽的定义，但由于太复杂，几乎没有实现产品，而且在运行时要占用大量的系统资源。

（5）LDAP 目录的优势

LDAP 协议是跨平台的、标准的协议，得到了业界的广泛认可。因为它是互联网的标准，产商都很愿意在产品中加入对 LDAP 的支持。LDAP 服务器可以是任何一个开发源代码或商用的 LDAP 目录服务器（或者还可能是具有 LDAP 界面的关系型数据库），因为可以用同样的协议、客户端连接软件包和查询命令与 LDAP 服务器进行交互。与 LDAP 不同的是，如果软件厂商想在软件产品中集成对 DBMS 的支持，需要对每一个数据库服务器单独定制。

与很多商用的关系型数据库不同，用户不必为 LDAP 的每一个客户端连接或许可协议付费。

大多数的 LDAP 服务器安装起来都很简单，也容易维护和优化。

（6）信息模型

目录信息树（Directory Information Tree，DIT）及其相关概念构成了 LDAP 协议的信息模型，如图 7-17 所示。

目录信息树是目录数据库数据的存储结构，一个目录数据库可以有多棵目录信息树。LDAP 目录的这种以树状的层次结构来存储数据的模式，

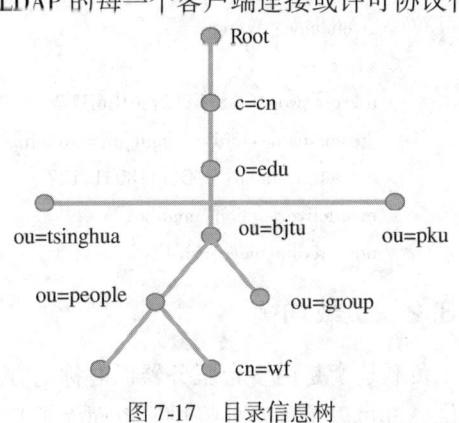

图 7-17　目录信息树

就像 DNS 树或 UNIX 文件的目录树一样。目录信息树的根（Root）是一个虚根，并没有实际意义。树中的任意一个结点都是目录信息树的一个入口（Entry）。每一个结点旁的标注指明了该入口的一个或多个属性值，构成了该入口的相关辨识名（Relative Distinguished Name，RDN），把该入口与其他同级入口区别开来。从特定入口到根的直接下级入口的相关辨识名序列形成了该特定入口的辨识名（Distinguished Name，DN），可以在整个树中标识该入口。

DN 是一系列由逗号分隔的属性和属性值组。其排列的规则是由结点自下而上直到根。例如，从 cn＝wf 这一特定入口一直到 c＝cn 入口存在一条唯一的路径，路径上的所有入口组成一个序列，该序列的所有相关辨识名就构成了用户 wf 的辨识名：

cn＝wf,ou＝people,ou＝bjtu,o＝edu,c＝cn

（7）目录数据库

目录数据库是以目录为信息模型、以目录树为存取方式的。它不同于关系模型下的关系数据库及其上的二维表。操作目录数据库的语言称为 LDIF 语言。类似于 SQL 语言，LDIF 语言可以对目录数据库进行操作，包括建立、删除、查询、修改、安全控制等。目录数据库的特点是读效率大于写效率，这是与目录服务的特点相吻合的。

（8）LDIF

LDIF 是 LDAP Data Interchange Format 的缩写，翻译为数据交换格式。

LDIF 主要被应用在基于 LDAP 目录服务的服务器之间进行信息的装入（恢复）和导出（备份）操作。也可借助它的特性，通过编制程序将一个数据库中的信息转换成 LDIF 格式，进而将转换结果装入 LDAP 服务器。以下是一个 LDIF 文件的部分示例。

```
dn：uid＝wf,ou＝People,o＝bjtu.edu.cn
mailhost：center.bjtu.edu.cn
mail：wf@center.bjtu.edu.cn
objectclass：top
objectclass：person
objectclass：organizationalPerson
objectclass：inetorgperson
objectclass：mailrecipient
objectclass：nsmessagingserveruser
cn：Wang Feng
uid：wf
givenname：Wang
sn：Feng
userpassword：｛SHA｝2Ll6ICujJ7j3GcphYfVGYlbWKac＝
creatorsname：uid＝admin,ou＝Administrators,ou＝TopologyManagement,o＝NetscapeRoot
createtimestamp：20011118031712Z
maildeliveryoption：mailbox
preferredlanguage：zh-CN
```

7.3.2 负载均衡

负载均衡是由多台服务器以对称的方式组成一个服务器集合，每台服务器都具有等价的地位，都可以单独对外提供服务而无须其他服务器的辅助。通过某种负载分担技术，将外部发送来的请求均匀地分配到对称结构中的某一台服务器上,而接收到请求的服务器独立地回应客户的请求。负载均衡是提高系统性能的一种前沿技术,也是一种广泛应用于服务器集群系统中的新技术。目前,比较常用的负载均衡技术主要有 DNS 轮循、NAT 均衡、协商式处理、流量分发和反向代理等。

1. DNS 轮循

DNS 轮循方案是技术上最简单、应用上方便、结构上最直观的一种负载均衡方案。其基本原理是,在 DNS 服务器中设定对同一个互联网主机名的多个 IP 地址的映射,在 DNS 收到查询主机名的请求时,系统就会循环地将所有对应的 IP 地址逐个返回。这样,就能够将不同的客户端连接定位到不同 IP 的主机上,也就能够实现比较简单的负载均衡功能。这种方案有两个致命的缺点,一是只能实现对基于互联网主机名请求的负载均衡,而不是 IP 地址,如果是直接基于 IP 地址的请求则系统无能为力;二是在集群内有结点发生故障的情况下,DNS 服务器仍会将这个结点的 IP 地址返回给查询方,因此仍会不断地有客户请求试图与已出故障的结点建立连接。在这种情况下,即使手工修改 DNS 服务器的对应设置,将故障结点的 IP 地址删除,但由于互联网上所有的 DNS 服务器都有缓存机制,所以仍会有成千上万的客户连接不到集群,除非等到所有 DNS 缓存都超时。

2. NAT 均衡

该方案使用带有 NAT(网络地址转换)功能的高档路由器或交换机来实现系统负载均衡功能。所谓 NAT,是指实现多个私有 IP 地址对单个公共 IP 地址的转换。图 7-18 所示为一个用路由器实现负载均衡的例子。

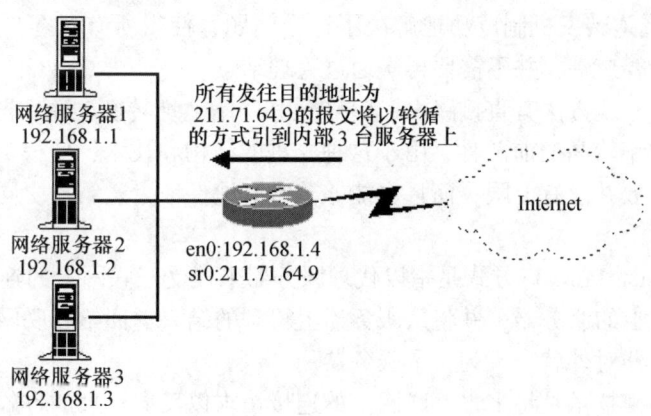

图 7-18　用路由器实现负载均衡

该方案的主要缺点,一是由于采用了特殊的硬件,使得整个系统中存在非工业标准部件,影响系统的扩充、维护和升级;二是价格极其昂贵,与软件的解决方案是数量级上的差别;三是只能实现对结点系统一级的状态检查,无法细化到服务器一级的检查。

3. 协商式处理

协商式处理又叫并行过滤。这种方案的原理是客户请求会同时被所有的结点所接收,然后所有结点按照一定的规则协商决定由哪个结点处理这个请求。该方案中比较显著的特点就是整个集群中没有显著的管理结点,所有决定由全体工作结点共同协商作出。这种协商式处理方案的特点如下:

1）由于各结点间要进行的通信量太大，加重了网络的负担，一般需要增加结点通信的专用网络，这又反过来加大了安装维护的难度和费用。

2）由于每个结点都要接收所有的客户请求并进行分析，所以加重了网络驱动层的负担，降低了结点本身的工作效率，同时也使网络驱动层很容易成为结点系统的瓶颈。

3）由于要更改网络驱动层的程序，所以并不是一个通用方案，只能够实现对特殊平台的支持。

4）在少量结点的情况下协商的效率还可以接受，一旦结点数量增加，通信和协商将变得异常复杂和低效，整个系统的性能会有非线性的大幅度下降。所以，此类方案一般在理论上只允许最多十几个结点。

5）无法实现异地结点集群。

6）由于集群内没有统一的管理者，所以可能出现混乱的异常现象。

4. 流量分发

流量分发的原理是所有的用户请求首先到达集群的管理结点，管理结点可以根据所有服务结点的处理能力和现状来决定这个请求分发给某个服务结点。当某个服务结点由于硬件或软件原因发生故障时，管理结点能够自动检测到并停止向这个服务结点分发流量。这样，既通过将流量分担而增加了整个系统的性能和处理能力，又可以很好地提高系统的可用性。

在流量分发中，通过将管理结点本身作为一个集群，可以消除由于管理结点自身的单一性带来的单一故障点。当然，在某些流量分发系统中，由于所有客户流量都要通过管理结点，也很容易使管理结点成为整个系统的传输瓶颈。但现代新系统（如 Turbo Cluster Server）通过直接路由或 IP 隧道转发机制成功地解决了这个问题，使得所有对客户响应的流量都由服务结点直接返回给客户端，并不需要再次通过管理结点。

流量分发的具体实现方法有直接路由、IP 隧道和网络地址转换 3 种。先进的 Turbo Cluster Server 系统支持效率较高的前两种，由于这种先进的结构和技术，使得 Turbo Cluster Server 集群内的服务结点数并没有上限，而且也能够非常好地保证大量结点协同工作的效率。

5. 反向代理

反向代理（Reverse Proxy）方式是指以代理服务器来接受互联网上的连接请求，然后将请求转发给内部网络上的服务器，并将从服务器上得到的结果返回给互联网上请求连接的客户端，此时代理服务器对外就表现为一个服务器。

反向代理负载均衡技术是将来自互联网上的连接请求以反向代理的方式动态地转发给内部网络上的多台服务器进行处理，从而达到负载均衡的目的。

反向代理负载均衡能以软件方式来实现，如 apache mod_ proxy、netscape proxy 等，也可以在高速缓存器、负载均衡器等硬件设备上实现。反向代理负载均衡可以将优化的负载均衡策略和代理服务器的高速缓存技术结合在一起，提升静态网页的访问速度，提供有益的性能；由于网络外部用户不能直接访问真实的服务器，具备额外的安全性（同理，NAT 负载均衡技术也有此优点）。

其缺点主要表现在以下两个方面：

反向代理是处于 OSI 参考模型第七层的，所以就必须为每一种应用服务专门开发一个反向代理服务器，这样就限制了反向代理负载均衡技术的应用范围，现在一般都用于对 Web 服务器的负载均衡。

针对每一次代理，代理服务器都必须打开两个连接，一个对外，另一个对内。因此，在并发连接请求数量非常大的时候，代理服务器的负载也就非常大了，最后代理服务器本身会成为服务的瓶颈。

7.4 习题

1. 名词解释

（1）PKI；（2）防火墙；（3）网管代理；（4）拒绝服务攻击；（5）LDAP。

2. 填空题

（1）802.1X 系统由_____、_____和_____3 个实体组成。

（2）网络管理的主要任务分为_____、_____、_____、_____、_____、_____和_____7 个方面。

（3）对 MIB 值的存放有_____和_____两种方式。

（4）常用的负载均衡技术有_____、_____、_____、_____和_____5 种方式。

3. 选择题

（1）在路由器上，通过访问列表对进出内部网的 IP 地址进行限制的技术，从技术特点上更类似于【　　】。

A）网络层防火墙　　B）应用层防火墙　　C）代理服务器　　D）A、B、C 都不是

（2）操作目录数据库的语言称为【　　】。

A）DIT　　　　　B）RDN　　　　　C）LDIF　　　　　D）SQL

4. 简答题

（1）防火墙技术分为哪两类？试分析它们的优缺点。

（2）简述防火墙与入侵保护系统的区别。

（3）请绘出远程访问系统模型。

（4）简要分析 RADIUS 与 TACACS+ 的主要区别。

（5）请绘出 SNMP v1 的网络管理模型，并简述其中各部分的功能。

（6）请绘出 3 大主流存储技术的模型图，并分析它们的特点。

5. 案例分析

在互联网上，IP 地址是一种有限的资源，对于一个企业来说申请大量的合法 IP 地址往往是不可能的，而随着企业的发展，内部网的上网计算机数越来越多，总会出现 IP 地址不够用的问题。那么怎样来解决企业内部 IP 地址不够的问题呢？